PASSCODE

한국사 심화 (1·2·3급)
능력검정시험

시대별·유형별
기출 307제

시대고시기획

한국사능력검정시험 안내

한국사능력검정시험이란?

한국사능력검정시험은 한 나라의 국민으로서 가져야 하는 기본적인 역사적 소양을 측정하고, 역사에 대한 전 국민적 공감대를 형성하기 위한 시험입니다. 한국사능력검정시험은 한국사에 관한 유일한 국가자격 시험으로, 국가 기관인 교육부 직속 국사편찬위원회에서 직접 주관ㆍ시행하고 있습니다. 국사편찬위원회에서는 우리 역사에 대한 관심을 제고하고, 한국사 전반에 걸쳐 역사적 사고력을 평가하는 다양한 유형의 문항을 개발하고 있으며, 이를 통해 한국사 교육의 올바른 방향을 제공하고 있습니다. 특히 한국사능력검정시험은 관공서나 기업체의 신규 채용이나 승진 시험 등에 다양하게 활용되면서 많은 사람들의 주목을 받고 있습니다.

한국사능력검정시험의 특징

✔ **응시자의 계층이 매우 다양합니다.**

한국사능력검정시험은 입시생이나, 각종 채용 시험과 같은 동일한 집단이 아니라, 다양한 연령층과 직업군을 가진 사람들이 응시하고 있습니다. 한국사에 대한 관심과 애정만 있다면 응시자의 학력 수준이나 연령 등은 더욱 다양해질 것입니다.

✔ **국가 기관인 국사편찬위원회가 주관합니다.**

국사편찬위원회는 우리 역사에 대한 자료를 관장하고 있는 교육부 직속 기관입니다. 한국사능력검정시험은 우리나라 역사에 관한 자료를 조사ㆍ연구ㆍ편찬하는 국사편찬위원회가 주관ㆍ시행을 함으로써, 수준 높고 참신한 문항과 공신력 있는 관리를 통해 안정적인 시험 운영을 하고 있습니다.

✔ **참신한 문항 개발에 노력하고 있습니다.**

매회 시험마다 단순 암기 위주의 보편적인 문항보다는, 다양한 영역에서 여러 접근 방법을 통해 풀 수 있는 참신한 문항을 새로 개발하고 있습니다. 또한, 탐구력을 증진할 수 있는 문항 개발을 통해 기존 시험의 틀을 탈피하려고 노력하고 있습니다.

✔ **'선발 시험'이 아니라 '인증 시험'입니다.**

합격의 당락을 결정하는 선발 시험의 성격이 아니라, 한국사의 학습 능력을 인증하는 시험입니다.

한국사능력검정시험의 목적

한국사능력검정시험 종류 및 인증 등급

시험 종류	인증 등급	합격 점수	문항 수(객관식)
심화	1급	만점의 80% 이상	50문항 (5지 택1)
	2급	만점의 70% 이상	
	3급	만점의 60% 이상	
기본	4급	만점의 80% 이상	50문항 (4지 택1)
	5급	만점의 70% 이상	
	6급	만점의 60% 이상	

◉ 심화: 한국사 심화과정으로서 한국사에 대한 체계적인 이해를 바탕으로 한국사의 주요 사건과 개념을 종합적으로 이해하고, 역사 자료를 분석·해석하는 능력, 한국사의 흐름 속에서 시대적 상황 및 쟁점을 파악하는 능력을 평가

◉ 기본: 한국사 기본과정으로서 기초적인 역사 상식을 바탕으로 한국사의 필수 지식과 기본적인 흐름을 이해하는 능력을 평가

※ 시험 관련 정보와 자세한 사항은 국사편찬위원회 한국사능력검정시험 홈페이지(www.historyexam.go.kr)에서 확인하시기 바랍니다.

시험 활용 및 특전

● 3급 이상 합격자에 한해 교원 임용시험 응시자격 부여
● 2급 이상 합격자에 한해 인사혁신처 시행 5급 국가공무원 공개경쟁채용시험 및 외교관 후보자 선발시험 응시자격 부여
● 2급 이상 합격자에 한해 인사혁신처 시행 지역인재 7급 수습직원 선발시험 추천 자격요건 부여
● 공무원 경력경쟁채용시험에 가산점 부여
● 군무원 공개경쟁채용시험에서 한국사 과목을 한국사능력검정시험으로 대체
● 국가·지방공무원 7급 공개경쟁채용시험에서 한국사 과목을 한국사능력검정시험으로 대체
● 국비 유학생, 해외파견 공무원, 이공계 전문연구요원(병역) 선발 시 국사시험을 한국사능력검정시험(3급 이상 합격)으로 대체
● 2022년부터 경찰 공개경쟁채용시험에서 한국사 과목을 한국사능력검정시험으로 대체
● 일부 대학의 수시모집 및 육군·해군·공군·국군간호사관학교 입시 가산점 부여
● 일부 공기업 및 민간기업의 직원 채용이나 승진 시 반영

빅데이터 분석으로 탄생한 시대별 · 유형별 기출 307제!

한능검 완전 정복을 위한 시대고시기획 한국사수험연구소의 두 가지 고민!

❶ 두꺼운 개념서 말고, 기출문제로만 시대 공부를 끝낼 수는 없을까?

❷ 방대한 내용 중 시험에 나오는 부분만 골라 효율적으로 암기할 수 있는 방법은 무엇일까?

"이 모든 걸 충족하는 수험서를 만들기 위해 한능검 기출문제 나노 단위 분석!"

1단계 빅데이터 분석
한능검 기출문제 **시대 분류**

| 01 선사시대 | 02 고대 | 03 고려 | 04 조선전기 | 05 조선후기 | 06 근대 | 07 일제 강점기 | 08 현대 | 09 테마 |

2단계 빅데이터 분석
시대 안에서 다시 **빈출 주제 분류**

🔍 **1910년대 무단 통치기**
- 49회 44번
- 48회 34번
- 47회 43번
- 44회 41번
⋮

🔍 **대한민국 임시 정부**
- 50회 44번
- 47회 45번
- 46회 41번
- 45회 42번
- 43회 40번
- 41회 36번
⋮

🔍 **3 · 1 운동**
- 48회 38번
- 47회 41번
- 46회 39번
- 42회 38번
⋮

3단계 빅데이터 분석
주제별 주요 출제 유형 분류

49회 21번

21 (가)~(다) 학생이 발표한 내용을 일어난 순서대로 옳게 나열한 것은? [2점]

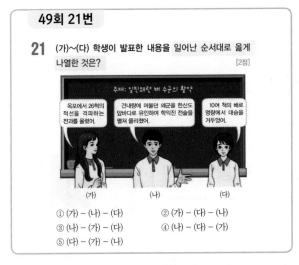

① (가) - (나) - (다) ② (가) - (다) - (나)
③ (나) - (가) - (다) ④ (나) - (다) - (가)
⑤ (다) - (가) - (나)

문제 유형 도출 ▶▶ 순서 나열형 문제

45회 24번

24 다음 일기의 훼손된 부분에 해당하는 시기의 사실로 옳은 것은? [2점]

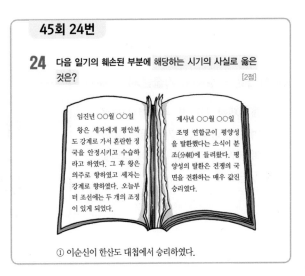

① 이순신이 한산도 대첩에서 승리하였다.

문제 유형 도출 ▶▶ 시기 일치형 문제

39회 27번

27 (가), (나) 사이의 시기에 있었던 사실로 옳은 것은? [2점]

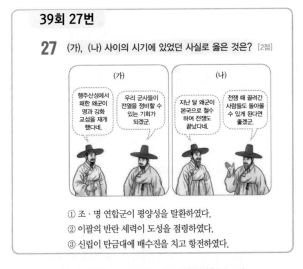

① 조·명 연합군이 평양성을 탈환하였다.
② 이괄의 반란 세력이 도성을 점령하였다.
③ 신립이 탄금대에 배수진을 치고 항전하였다.

문제 유형 도출 ▶▶ 시기 일치형 문제

37회 19번

19 (가)~(라)를 일어난 순서대로 옳게 나열한 것은? [3점]

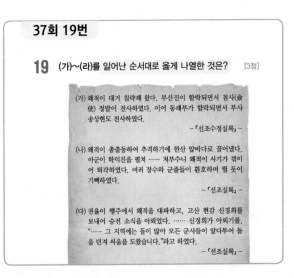

문제 유형 도출 ▶▶ 순서 나열형 문제

분석 주제 ▶ 임진왜란

분석 결과 ▶ 임진왜란 문제의 주요 출제 유형은 순서 나열형, 시기 일치형

합격 전략 ▶ 임진왜란은 사건의 전개 과정을 중점적으로 공부하는 것이 포인트!

구성과 특징

SETP 1

"시대별, 유형별 기출문제 풀이"

❶ 시대별 – 주제별 기출문제 •┄┄┄┄┄┄

기출문제를 시대별, 주제별로 분류
하여 시대 공부를 단기에 끝낼 수 있
으며, 취약한 시대를 한눈에 파악할
수 있습니다.

❷ 합격전략 제시 •┄┄┄┄┄┄

해당 주제에 특정 문제 유형이 반복
출제되는 경우, 이를 공략할 수 있는
중요 학습 포인트를 제시해 줍니다.

❸ 문제 유형 제시

기출문제의 유형을 빈칸형 , 사료형 ,
사진형 , 설명형 , 순서 나열형 , 시기 일치형 ,
연표형 , 합답형 으로 분류하여 해당하
는 문제 유형을 제시해 줍니다.

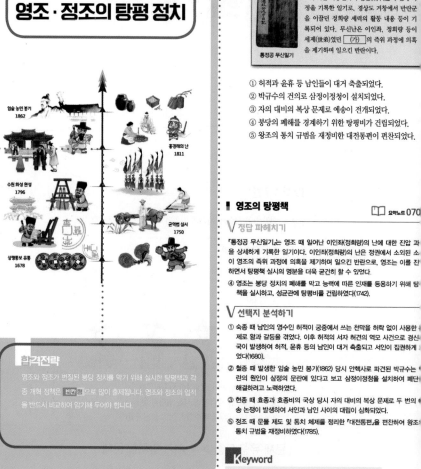

주 제
33
영조·정조의 탕평 정치

임술 농민 봉기
1862

수원 화성 완성
1796

상평통보 유통
1678

홍경래의 난
1811

균역법 실시
1750

합격전략

영조와 정조가 변질된 붕당 정치를 막기 위해 실시한 탕평책과 각
종 개혁 정책은 빈칸형 으로 많이 출제됩니다. 영조와 정조의 업적
을 반드시 비교하여 암기해 두어야 합니다.

139 빈칸형 [46회 26번]

(가) 왕의 재위 기간에 있었던 사실로 옳은 것은? [3

이 책은 이승원이 무신난(戊申亂)의 전개 과
정을 기록한 일기로, 경상도 거창에서 반란군
을 이끌던 정희량 세력의 활동 내용 등이 기
록되어 있다. 무신난은 이인좌, 정희량 등이
세제(世弟)였던 (가) 의 즉위 과정에 의혹
을 제기하며 일으킨 반란이다.

통정공 무신일기

① 허적과 윤휴 등 남인들이 대거 축출되었다.
② 박규수의 건의로 삼정이정청이 설치되었다.
③ 자의 대비의 복상 문제로 예송이 전개되었다.
④ 붕당의 폐해를 경계하기 위한 탕평비가 건립되었다.
⑤ 왕조의 통치 규범을 재정비한 대전통편이 편찬되었다.

█ 영조의 탕평책   📖 요약노트 070

∨ 정답 파헤치기

『통정공 무신일기』는 영조 때 일어난 이인좌(정희량)의 난에 대한 진압 과
을 상세하게 기록한 일기이다. 이인좌(정희량)의 난은 정권에서 소외된 소
이 영조의 즉위 과정에 의혹을 제기하며 일으킨 반란으로, 영조는 이를 진
하면서 탕평책 실시의 명분을 더욱 굳건히 할 수 있었다.
④ 영조는 붕당 정치의 폐해를 막고 능력에 따른 인재를 등용하기 위해 탕
책을 실시하고, 성균관에 탕평비를 건립하였다(1742).

∨ 선택지 분석하기

① 숙종 때 남인의 영수인 허적이 궁중에서 쓰는 천막을 허락 없이 사용한
제로 왕과 갈등을 겪었다. 이후 허적의 서자 허견의 역모 사건으로 경신
국이 발생하여 허적, 윤휴 등의 남인이 대거 축출되고 서인이 집권하게
었다(1680).
② 철종 때 발생한 임술 농민 봉기(1862) 당시 안핵사로 파견된 박규수는
란의 원인이 삼정의 문란에 있다고 보고 삼정이정청을 설치하여 폐단
해결하려 노력하였다.
③ 현종 때 효종과 효종비의 국상 당시 자의 대비의 복상 문제로 두 번의
송 논쟁이 발생하여 서인과 남인 사이의 대립이 심화되었다.
⑤ 정조 때 문물 제도 및 통치 체제를 정리한 『대전통편』을 편찬하여 왕조
통치 규범을 재정비하였다(1785).

K Keyword

#이승원 #무신난(戊申亂)의 전개 과정을 기록한 일기
#이인좌 #정희량 #세제(世弟) #『통정공 무신일기』

정답 ④

SETP 2

문제를 다 푸셨다면 이제 요약노트를 펼치세요!

"요약노트로 취약 부분 완벽 커버"

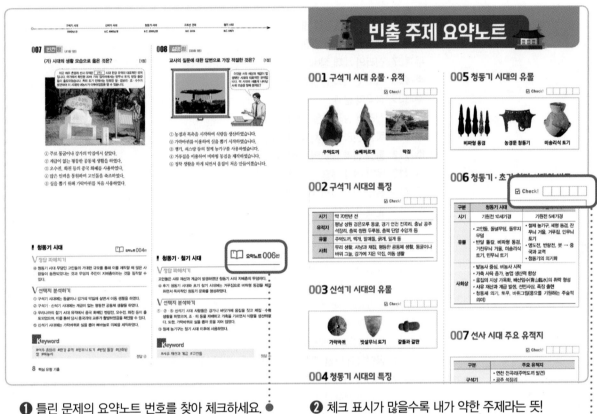

❶ 틀린 문제의 요약노트 번호를 찾아 체크하세요.

❷ 체크 표시가 많을수록 내가 약한 주제라는 뜻!

이 주제를 중점적으로 복습하세요!

SETP 3

마지막 실력 점검!

"최종모의고사로 완벽 마무리"

QR코드를 스캔하면 최종모의고사 정답 및 해설을
다운로드 할 수 있습니다.

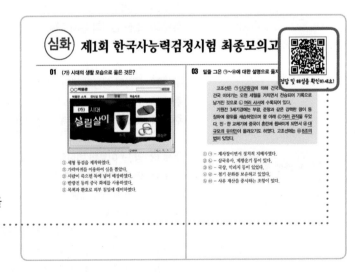

이 책의 차례

I

선사 시대의 문화와 국가의 형성

I 단원 출제 비율(최신 10회분)

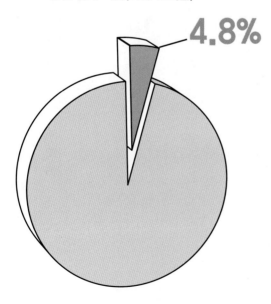

4.8%

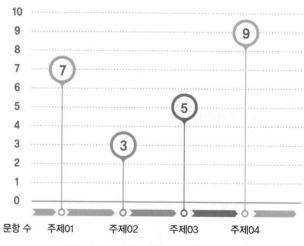

I 단원 주제별 출제 문항 수(최신 10회분)

※순서 나열형, 시기 일치형, 합답형 등의 경우 한 문항이 여러 주제에 중복 해당되기도 합니다.

주제별 키워드

주제 01 **구석기 · 신석기 시대의 생활 및 사회 모습**	뗀석기, 주먹도끼, 슴베찌르개, 주먹도끼, 동굴, 막집, 갈돌과 갈판, 빗살무늬 토기, 가락바퀴, 뼈바늘, 농경 시작, 움집
주제 02 **청동기 시대의 생활 및 사회 모습**	반달 돌칼, 민무늬 토기, 거친무늬 거울, 고인돌
주제 03 **고조선의 발전**	단군, 비파형 동검, 미송리식 토기, 8조법, 위만, 준왕
주제 04 **여러 나라의 성장과 철기 문화**	부여, 영고, 고구려, 서옥제, 동맹, 옥저, 민며느리제, 동예, 책화, 삼한, 소도, 단궁, 과하마, 반어피

주제 01

구석기 · 신석기 시대의 생활 및 사회 모습

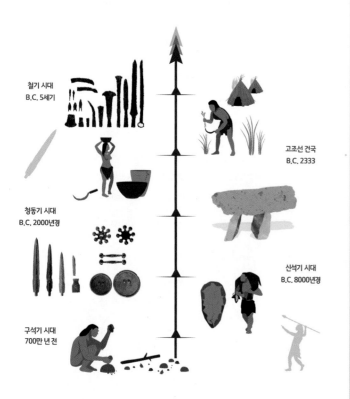

철기 시대
B.C. 5세기

청동기 시대
B.C. 2000년경

구석기 시대
700만 년 전

고조선 건국
B.C. 2333

신석기 시대
B.C. 8000년경

합격전략

주로 1번으로 출제되는 구석기 · 신석기 시대 문제들은 거의 빈칸형으로 출제되고 있습니다. 지문에 주어진 키워드를 통해 빈칸에 들어갈 말을 유추하고, 그에 맞는 설명을 정답으로 고를 수 있도록 공부해야 합니다. 구석기 · 신석기 시대의 유물과 유적, 생활 및 사회 모습을 구별할 수 있어야 합니다.

001 빈칸형 [47회 1번]

(가) 시대의 사회 모습으로 옳은 것은? [1점]

> 단양 수양개 유적에서 출토된 이 슴베찌르개는 주먹도끼와 함께 ____(가)____ 시대의 대표적인 유물 중 하나입니다. 이 유적에서는 슴베찌르개와 함께 돌날과 몸돌 등의 뗀석기도 출토되었습니다.

① 주로 동굴이나 막집에 거주하였다.
② 가락바퀴를 이용하여 실을 뽑았다.
③ 명도전을 이용하여 중국과 교역하였다.
④ 철제 농기구를 사용하여 농사를 지었다.
⑤ 의례 도구로 청동 방울 등을 제작하였다.

구석기 시대

요약노트 001번

정답 파헤치기

① 단양 수양개 유적은 연천 전곡리, 공주 석장리와 함께 구석기 시대를 대표하는 유적지이다. 구석기 시대에는 동굴이나 강가에 막집을 짓고 거주하며 계절에 따라 이동 생활을 하였다. 또한, 주먹도끼, 찍개, 슴베찌르개 등의 뗀석기를 사용하였다.

선택지 분석하기

② 신석기 시대에는 가락바퀴로 실을 뽑아 뼈바늘로 옷을 지어 입었다.

③ 철기 시대 때 중국과의 교류가 활발하여 중국 화폐인 명도전과 반량전이 사용되었다.

④ 철기 시대 이후 쟁기, 호미, 쇠스랑 등의 철제 농기구가 널리 사용되면서 농업 생산량이 증가하였다.

⑤ 청동기 시대에는 의례를 주관할 때 청동 방울이나 거울 등을 제작하여 사용하였다.

Keyword

#단양 수양개 유적 #슴베찌르개 #주먹도끼 #돌날과 몸돌
#뗀석기

정답 ①

002 빈칸형 [44회 1번]

(가) 시대의 생활 모습으로 옳은 것은? [1점]

> 이것은 경기도 고양시 도내동 유적 발굴 현장 모습입니다. 이 유적에서는 약 4~7만년 전에 제작된 주먹도끼, 찌르개, 돌날 등 (가) 시대의 도구들이 8,000여 점이나 출토되었으며, 대규모의 석기 제작 공간이 있었던 것으로 추정됩니다.

① 소를 이용한 깊이갈이가 일반화되었다.
② 주로 동굴이나 강가의 막집에서 살았다.
③ 반량전, 명도전 등의 화폐를 사용하였다.
④ 지배층의 무덤으로 고인돌을 축조하였다.
⑤ 빗살무늬 토기를 이용하여 식량을 저장하였다.

▌구석기 시대

📖 요약노트 002번

✔정답 파헤치기

② 구석기 시대 사람들은 동굴이나 강가에 막집을 짓고 사냥이나 채집을 하면서 살았으며 주먹도끼, 찌르개, 찍개 등의 뗀석기를 사용하였다.

✔선택지 분석하기

① 신라 지증왕 때 소를 이용한 우경을 실시하자 깊이갈이가 가능해져 농업 생산량이 증대되었다. 이후 고려 시대에 이르러 우경이 일반화되었다.
③ 철기 시대에는 중국과 활발한 교역이 이루어져 중국의 화폐인 반량전과 명도전이 사용되었다.
④ 청동기 시대에는 정치 권력과 경제력을 가진 군장이 등장하였는데 군장의 무덤인 고인돌을 통해 당시 이들의 권력을 짐작할 수 있다.
⑤ 신석기 시대의 대표적인 토기인 빗살무늬 토기는 식량을 저장하거나 조리하는 용도로 사용되었다.

Keyword

#도내동 유적 #약 4~7만년 전 #주먹도끼 #찌르개 #돌날
#대규모 석기 제작 공간

정답 ②

---

003 빈칸형 [48회 1번]

(가) 시대의 생활 모습으로 옳은 것은? [1점]

특별 기획전

(가) 시대, 새로운 도구를 사용하다

우리 박물관에서는 농경과 정착 생활이 시작된 (가) 시대 특별전을 마련하였습니다. 당시 사람들이 사용하였던 도구를 통해 그들의 생활 모습을 살펴보는 기회가 되길 바랍니다.

· 기간: 2020.○○.○○.~○○.○○.
· 장소: △△ 박물관 기획 전시실
· 주요 전시 유물

① 주로 동굴이나 강가의 막집에서 살았다.
② 지배층의 무덤으로 고인돌을 축조하였다.
③ 거푸집을 이용하여 세형 동검을 제작하였다.
④ 빗살무늬 토기를 만들어 식량을 저장하였다.
⑤ 쟁기, 쇠스랑 등의 철제 농기구를 사용하였다.

▌신석기 시대

📖 요약노트 003번

✔정답 파헤치기

농경 생활이 시작된 신석기 시대에는 조·피 등을 재배하였고 갈돌과 갈판으로 곡식을 갈아서 음식을 만들어 먹었다. 또한, 가락바퀴로 실을 뽑아 뼈바늘로 옷을 지어 입었다.

④ 신석기 시대에는 빗살무늬 토기를 만들어 식량을 저장하였다.

✔선택지 분석하기

① 구석기 시대 사람들은 주로 동굴이나 강가의 막집에 거주하였으며 계절에 따라 이동 생활을 하였다.
② 청동기 시대에는 정치 권력을 가진 군장이 등장하였는데, 군장의 무덤인 고인돌의 규모를 통해 당시 지배층의 권력을 짐작할 수 있다.
③ 후기 청동기 시대와 초기 철기 시대에는 거푸집을 사용하여 세형 동검을 제작하였고, 이를 통해 독자적인 청동기 문화를 발달시켰다.
⑤ 철기 시대 이후 쟁기, 쇠스랑, 호미 등의 철제 농기구 제작이 가능해지면서 이를 이용하여 농사를 짓기 시작하였고 농업 생산량도 증가하였다.

Keyword

#새로운 도구 #농경과 정착 생활 시작

정답 ④

004 빈칸형 [46회 1번]

(가) 시대의 생활 모습으로 옳은 것은? [1점]

〈체험 프로그램 기획안〉

(가) 시대 생활체험 교실

■ 기획 의도

농경과 정착 생활이 시작된 (가) 시대를 대표하는 서울 암사동 유적에서 당시 사람들의 생활 모습을 재미있게 체험할 수 있는 기회를 마련함.

■ 주요 체험 프로그램
- 빗살무늬 토기 만들어 보기
- 갈대를 이용하여 움집 짓기
- 갈돌과 갈판으로 곡식 갈아보기

① 돌방무덤에 시신을 매장하였다.
② 가락바퀴를 이용하여 실을 뽑았다.
③ 명도전, 반량전 등의 화폐를 사용하였다.
④ 쟁기, 쇠스랑 등의 철제 농기구를 사용하였다.
⑤ 거푸집을 이용하여 비파형 동검을 제작하였다.

▌ 신석기 시대

📖 요약노트 003번

✔ 정답 파헤치기

② 서울 암사동 유적은 신석기 시대를 대표하는 유적지이다. 신석기 시대에는 가락바퀴를 이용하여 실을 뽑아 뼈바늘로 옷을 지어 입었다.

✔ 선택지 분석하기

① 돌방무덤은 삼국 시대의 대표적인 무덤 양식 중 하나로, 주로 굴식 돌방무덤이라고 한다. 돌로 널방을 만들고 그 위를 흙으로 덮어 봉분을 만든 형식이며, 만주 집안 지역이나 평안도 용강 등지에 많이 분포되어 있다.

③ 철기 시대에는 중국과의 교류가 활발해지면서 중국 화폐인 명도전과 반량전이 사용되었다.

④ 철기 시대 이후 쟁기, 호미, 쇠스랑 등의 철제 농기구가 널리 사용되었다.

⑤ 청동기 시대에 거푸집으로 비파형 동검을 제작하면서 독자적인 청동기 문화가 형성되었다.

▮ Keyword

#농경과 정착 생활 시작 #서울 암사동 유적 #빗살무늬 토기
#움집 #갈돌과 갈판

정답 ②

005 빈칸형 [43회 1번]

(가) 시대의 생활 모습으로 옳은 것은? [1점]

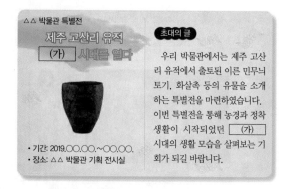

△△ 박물관 특별전

제주 고산리 유적
(가) 시대를 열다

• 기간: 2019.○○.○○.~○○.○○.
• 장소: △△ 박물관 기획 전시실

초대의 글

우리 박물관에서는 제주 고산리 유적에서 출토된 이른 민무늬 토기, 화살촉 등의 유물을 소개하는 특별전을 마련하였습니다. 이번 특별전을 통해 농경과 정착 생활이 시작되었던 (가) 시대의 생활 모습을 살펴보는 기회가 되길 바랍니다.

① 주로 동굴이나 막집에 거주하였다.
② 가락바퀴를 이용하여 실을 뽑았다.
③ 명도전을 이용하여 중국과 교역하였다.
④ 철제 농기구를 사용하여 농사를 지었다.
⑤ 의례 도구로 청동 거울과 방울 등을 제작하였다.

▌ 신석기 시대

📖 요약노트 003번

✔ 정답 파헤치기

② 제주 고산리 유적은 초기 신석기 시대 유적지로, 다량의 석기와 토기 파편 등이 출토되었다. 신석기 시대 사람들은 강가나 바닷가에 움집을 짓고 살면서 뼈낚시 · 그물 · 돌창 · 돌화살을 사용하여 채집 · 수렵 생활을 하였고, 가락바퀴로 실을 뽑아 뼈바늘로 옷을 지어 입기도 하였다.

✔ 선택지 분석하기

① 구석기 시대 사람들은 주로 동굴이나 바위 그늘에서 살았으며, 후기에는 강가에 막집을 짓고 살기도 하였다.

③ 철기 시대 때 중국과 교역이 활성화되면서 중국 화폐인 명도전이 사용되었다.

④ 철기 시대에는 철제 농기구를 제작하여 농업에 이용하였다.

⑤ 청동기 시대에는 청동 거울이나 방울 등을 제작하여 의례 도구로 사용하였다.

▮ Keyword

#제주 고산리 유적 #이른 민무늬 토기 #화살촉 #농경과 정착 생활 시작

정답 ②

주제 02

청동기·철기 시대의 생활 및 사회 모습

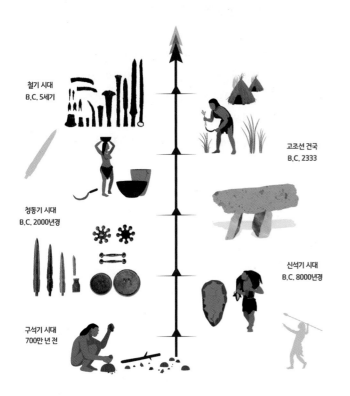

철기 시대
B.C. 5세기

청동기 시대
B.C. 2000년경

구석기 시대
700만 년 전

고조선 건국
B.C. 2333

신석기 시대
B.C. 8000년경

합격전략

청동기·철기 시대 관련 문제는 지문에 주어진 내용을 통해 해당하는 시대가 언제인지를 유추하는 **빈칸형**이나 **설명형**이 주로 출제됩니다. 계급이 발생한 청동기 시대 이후의 사회 모습과 이를 알려주는 유물, 유적을 꼭 알아 두어야 합니다.

006 빈칸형 [49회 1번]

(가) 시대의 생활 모습으로 옳은 것은? [1점]

△△ 박물관 특별전
금속이 우리의 삶으로, (가) 시대로의 여행

모시는 글
우리 박물관에서는 금속을 사용하기 시작한 (가) 시대 특별전을 마련하였습니다. 비파형 동검, 거푸집, 민무늬 토기 등 당시의 생활 모습을 엿볼 수 있는 다양한 유물들을 준비하였으니 많은 관람 바랍니다.

■ 기간: 2020.○○.○○.~○○.○○.
■ 장소: △△ 박물관 특별 전시실

① 주로 동굴이나 막집에서 거주하였다.
② 지배층의 무덤으로 고인돌을 축조하였다.
③ 농경과 목축을 시작하여 식량을 생산하였다.
④ 쟁기, 쇠스랑 등의 철제 농기구를 사용하였다.
⑤ 대표적인 도구로 주먹도끼, 찍개 등을 제작하였다.

청동기 시대

요약노트 004번

정답 파헤치기

청동기 시대의 대표적인 유물에는 비파형 동검, 민무늬 토기, 반달 돌칼, 고인돌, 거친무늬 거울 등이 있다.

② 청동기 시대에는 정치 권력을 가진 군장이 등장하였는데, 군장의 무덤인 고인돌의 규모를 통해 당시 지배층의 권력을 짐작할 수 있다.

선택지 분석하기

① 구석기 시대에는 동굴이나 강가의 막집에서 생활하였다.
③ 신석기 시대에는 조·피 등을 재배하기 시작하였고 가축을 기르기 시작하면서 이를 통해 식량을 생산하였다.
④ 철기 시대 이후 쟁기, 호미, 쇠스랑 등의 철제 농기구를 사용하여 농업 생산량이 증가하였다.
⑤ 구석기 시대에는 주먹도끼, 찍개, 긁개 등의 뗀석기를 제작하여 사용하였다.

Keyword

#금속을 사용하기 시작 #비파형 동검 #거푸집 #민무늬 토기

정답 ②

007 빈칸형 [41회 1번]

(가) 시대의 생활 모습으로 옳은 것은? [1점]

> 이곳 여주 흔암리 선사 유적은 (가) 시대 한강 유역의 대표적인 유적입니다. 여기에서 확인된 20여 기의 집자리에서는 민무늬 토기, 반달 돌칼 등이 출토되었습니다. 특히 토기 안에서는 탄화된 쌀·겉보리·조·수수가 발견되어 이 시대에 벼농사가 이루어졌음을 알 수 있습니다.

① 주로 동굴이나 강가의 막집에서 살았다.
② 계급이 없는 평등한 공동체 생활을 하였다.
③ 오수전, 화천 등의 중국 화폐를 사용하였다.
④ 많은 인력을 동원하여 고인돌을 축조하였다.
⑤ 실을 뽑기 위해 가락바퀴를 처음 사용하였다.

008 설명형 [39회 1번]

교사의 질문에 대한 답변으로 가장 적절한 것은? [1점]

> 이것은 사유 재산과 계급이 발생했던 시대의 대표적인 유적입니다. 이 시대에 새롭게 나타난 사회 모습을 말해 볼까요?

① 농경과 목축을 시작하여 식량을 생산하였습니다.
② 가락바퀴를 이용하여 실을 뽑기 시작하였습니다.
③ 쟁기, 쇠스랑 등의 철제 농기구를 사용하였습니다.
④ 거푸집을 이용하여 비파형 동검을 제작하였습니다.
⑤ 정착 생활을 하게 되면서 움집이 처음 만들어졌습니다.

▌청동기 시대　　　　　📖 요약노트 004번

✔ 정답 파헤치기

④ 청동기 시대 무덤인 고인돌의 거대한 규모를 통해 이를 제작할 때 많은 사람들이 동원되었다는 것과 무덤의 주인이 지배층이라는 것을 짐작할 수 있다.

✔ 선택지 분석하기

① 구석기 시대에는 동굴이나 강가의 막집에 살면서 이동 생활을 하였다.
② 구석기·신석기 시대에는 계급이 없는 평등한 공동체 생활을 하였다.
③ 우리나라의 철기 시대 유적에서 중국 화폐인 반량전, 오수전, 화천 등이 출토되었으며, 이를 통해 당시 중국과의 교류가 활발하였음을 확인할 수 있다.
⑤ 신석기 시대에는 가락바퀴로 실을 뽑아 뼈바늘로 의복을 제작하였다.

Ｋeyword

#여주 흔암리 #한강 유역 #민무늬 토기 #반달 돌칼 #탄화된 쌀 #벼농사

정답 ④

▌청동기·철기 시대　　　　📖 요약노트 006번

✔ 정답 파헤치기

고인돌은 사유 재산과 계급이 발생하였던 청동기 시대 지배층의 무덤이다.

④ 후기 청동기 시대와 초기 철기 시대에는 거푸집으로 비파형 동검을 제작하면서 독자적인 청동기 문화를 형성하였다.

✔ 선택지 분석하기

①·②·⑤ 신석기 시대 사람들은 강가나 바닷가에 움집을 짓고 채집·수렵 생활을 하였으며, 조·피 등을 재배하고 가축을 기르면서 식량을 생산하였다. 또한, 가락바퀴로 실을 뽑아 옷을 지어 입었다.
③ 철제 농기구는 철기 시대 이후에 사용하였다.

Ｋeyword

#사유 재산과 계급 #고인돌

정답 ④

주제 03

고조선의 발전

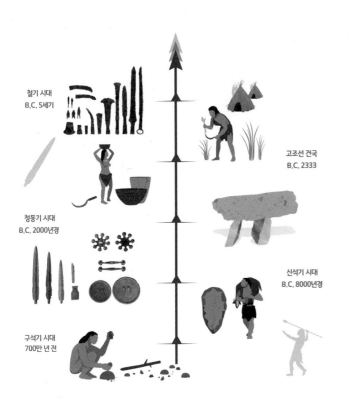

철기 시대
B.C. 5세기

고조선 건국
B.C. 2333

청동기 시대
B.C. 2000년경

신석기 시대
B.C. 8000년경

구석기 시대
700만 년 전

합격전략

고조선 관련 문제는 기본적으로 **사료형**을 기반으로 두고 이를 응용하여 다양한 유형으로 자주 출제됩니다. 위만의 망명이나 사회 모습에 대해 기록한 사료를 통해 고조선임을 유추하여 정답을 고를 수 있어야 합니다.

009 사료형 + 합답형 [41회 2번]

(가) 인물에 대한 설명으로 옳은 것을 〈보기〉에서 고른 것은?

[3점]

> 연왕(燕王) 노관이 한(漢)을 배반하고 흉노로 들어가자,
> (가) 도 망명하였다. 무리 천여 명을 모아 상투를 틀고 오랑캐 복장을 하고서 동쪽으로 도망하여 요새를 나와 패수를 건너 진(秦)의 옛 땅인 상하장에 살았다.
>
> - 『사기』 조선열전 -

• 보기 •
ㄱ. 준왕을 몰아내고 왕이 되었다.
ㄴ. 한 무제가 파견한 군대에 맞서 싸웠다.
ㄷ. 진번과 임둔을 복속시켜 세력을 확장하였다.
ㄹ. 연의 장수 진개의 공격을 받아 땅을 빼앗겼다.

① ㄱ, ㄴ   ② ㄱ, ㄷ   ③ ㄴ, ㄷ   ④ ㄴ, ㄹ   ⑤ ㄷ, ㄹ

고조선: 위만

📖 요약노트 009번

∨ 정답 파헤치기

중국 진한 교체기에 연나라에서 고조선으로 망명하여 왔다는 내용을 통해 (가)는 위만임을 알 수 있다.

ㄱ. 고조선으로 이주해 온 위만은 준왕의 신임을 받아 세력을 넓혀 준왕을 몰아내고 왕이 되었다.

ㄷ. 위만은 당시 확산된 철기 문화를 바탕으로 진번, 임둔 등 주위의 여러 부족을 통합하여 세력을 크게 확장하였다.

∨ 선택지 분석하기

ㄴ. 위만의 손자인 우거왕 때 한 무제의 침공에 항전하였으나 결국 왕검성이 함락되고 고조선은 멸망하였다.

ㄹ. 기원전 3세기경 고조선은 요서 지방을 경계로 연나라와 대립하다가 연의 장수 진개의 공격을 받고 서쪽 땅을 상실하였다.

Keyword

#망명 #상투 #오랑캐 복장 #진(秦) #『사기』 조선열전

정답 ②

안심Touch

010 빈칸형 ✚ 사료형 [49회 2번]

(가) 나라에 대한 설명으로 옳은 것은? [2점]

> 위만이 망명하여 호복을 하고 동쪽의 패수를 건너 준왕에게 투항하였다. 위만은 서쪽 변경에 거주하도록 해 주면, 중국의 망명자를 거두어 ___(가)___의 번병(藩屛)*이 되겠다고 준왕을 설득하였다. 준왕은 그를 믿고 총애하여 박사로 삼고 …… 백 리의 땅을 봉해 주어 서쪽 변경을 지키게 하였다.
>
> ─ 『삼국지』 동이전 ─
>
> *번병: 변경의 울타리

① 국가 중대사를 정사암에서 논의하였다.
② 마립간이라는 왕의 칭호를 사용하였다.
③ 여러 가(加)들이 다스리는 사출도가 있었다.
④ 빈민을 구제하기 위해 진대법을 시행하였다.
⑤ 사회 질서를 유지하기 위해 범금 8조를 두었다.

▍고조선: 위만 📖 요약노트 009번

✔ 정답 파헤치기

중국 진한 교체기에 고조선으로 이주해 온 위만은 준왕의 신임을 받아 서쪽 변경을 수비하는 임무를 맡으면서 세력을 키워 준왕을 몰아내고 고조선의 왕이 되었다.

⑤ 고조선은 사회 질서를 유지하기 위해 범금 8조를 만들었으나 현재는 3개의 조항만 전해진다.

✔ 선택지 분석하기

① 백제의 귀족들은 부여 부소산에 있는 천정대라는 바위를 '정사암(政事巖)'이라 불렀는데, 정사암 회의를 통해 재상을 선출하고 국가의 중대사를 결정하였다.
② 신라는 왕(王)이라는 한자식 칭호를 쓰기 전 임금을 '거서간 → 차차웅 → 이사금 → 마립간'의 순서로 칭하였다. 그중 '가장 높은 우두머리'라는 뜻을 지닌 마립간은 제17대 내물왕부터 제22대 지증왕까지 사용되었다.
③ 부여는 왕 아래 마가, 우가, 저가, 구가의 가(加)들이 각자의 행정 구역인 사출도를 다스렸다.
④ 고구려 고국천왕은 국상인 을파소의 건의에 따라 빈민을 구제하기 위해 먹을거리가 부족한 봄에 곡식을 빌려주고 가을에 갚게 하는 진대법을 실시하였다.

ⓚeyword

#위만이 망명 #준왕에게 투항 #『삼국지』 동이전

정답 ⑤

011 사료형 [39회 3번]

다음 법을 시행하였던 나라에 대한 설명으로 옳은 것은? [2점]

> 범금 8조가 있다. 남을 죽이면 즉시 죽음으로 갚고, 남을 상해하면 곡식으로 배상한다. 남의 물건을 훔친 자가 남자면 그 집의 노(奴)로 삼으며 여자면 비(婢)로 삼는데, 자신의 죄를 용서받으려는 자는 한 사람마다 50만[전]을 내야 한다.
>
> ─ 『한서』 ─

① 신지, 읍차 등의 지배자가 있었다.
② 골품제라는 신분 제도를 마련하였다.
③ 제가 회의에서 국가 중대사를 결정하였다.
④ 왕 아래 상, 대부, 장군 등의 관직을 두었다.
⑤ 여러 가(加)들이 별도로 사출도를 주관하였다.

▍고조선의 사회 📖 요약노트 009번

✔ 정답 파헤치기

④ 고조선은 기원전 3세기 경 부왕, 준왕과 같은 강력한 왕이 등장하여 왕위를 세습하였고, 그 아래 상, 대부, 장군 등의 관직을 두었다.

✔ 선택지 분석하기

① 삼한의 정치적 지배자는 신지, 읍차 등으로 불렸다.
② 신라에는 골품제라는 특수한 신분 제도가 있었으며, 골품에 따라 관직 승진에 제한을 두었다.
③ 고구려는 귀족 회의인 제가 회의를 통해 국가의 중대사를 결정하였다.
⑤ 부여는 왕 아래 마가, 우가, 저가, 구가의 가(加)들이 각자의 행정 구역인 사출도를 다스렸다.

ⓚeyword

#범금 8조 #곡식으로 배상 #『한서』

정답 ④

주제 04

여러 나라의 성장

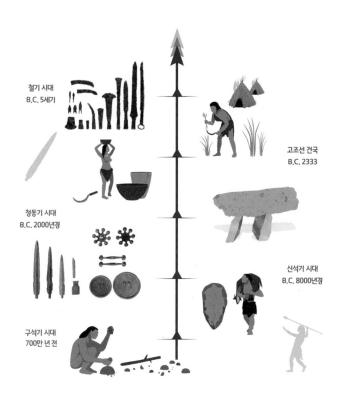

철기 시대
B.C. 5세기

고조선 건국
B.C. 2333

청동기 시대
B.C. 2000년경

신석기 시대
B.C. 8000년경

구석기 시대
700만 년 전

합격전략

연맹 왕국 관련 문제는 그 나라의 사회 모습이나 특징을 사료로 제시하는 **사료**형과 인물의 대화 등을 통해 간략하게 제시하는 **빈칸**형이 주로 출제됩니다. 한 문제에 두 나라가 함께 묶여서 나오는 문제도 많으니 각국의 특징을 정확하게 구별할 수 있도록 공부해야 합니다.

012 빈칸형 [47회 2번]

(가) 나라에 대한 설명으로 옳은 것은? [2점]

> **한국사 교양 강좌**
>
> ### 고구려와 백제의 기원, (가)
>
> 우리 연구소에서는 고구려와 백제의 왕족이 자신들의 기원으로 삼았던 (가) 을/를 주제로 한 역사 강좌를 3차에 걸쳐 마련하였습니다. 고대사에 관심 있는 시민들의 많은 참여 바랍니다.
>
> ⊙ 강좌 내용
> 제1강: 쑹화강 유역의 자연 환경과 경제 생활
> 제2강: 사출도를 통해 본 연맹 왕국의 구조
> 제3강: 1책 12법으로 알아보는 형벌 제도
>
> ⊙ 일시: 2020년 6월 ○○일~○○일, 매주 목요일 저녁 7시
>
> ⊙ 장소: △△ 연구소 대강당

① 신성 구역인 소도를 두었다.
② 영고라는 제천 행사를 열었다.
③ 혼인 풍속으로 민며느리제가 있었다.
④ 부족 간의 경계를 중시하는 책화가 있었다.
⑤ 목지국을 비롯한 많은 소국으로 이루어졌다.

▮ 부여

📖 요약노트 010번

✔ 정답 파헤치기

부여는 왕 아래 마가, 우가, 저가, 구가의 가(加)들이 각자의 행정 구역인 사출도를 다스렸으며, 왕이 통치하는 중앙과 합쳐 5부를 구성하는 연맹 왕국이었다.
② 부여에서는 매년 12월에 풍성한 수확제·감사제의 성격을 지닌 영고라는 제천 행사가 열렸다.

✔ 선택지 분석하기

① 삼한은 소도라는 신성 구역을 따로 두어 제사장인 천군이 이를 관리하는 제정 분리 사회였다.
③ 옥저에는 며느리가 될 여자아이를 신랑 집에 데려다 키우고 성장한 후에 혼인을 시키는 민며느리제가 있었다.
④ 동예는 각 부족 간의 경계를 중요시하여 다른 부족의 영역을 침범하는 경우 노비와 소, 말로 변상하게 하는 책화 제도가 있었다.
⑤ 삼한에서 마한의 세력이 가장 컸으며, 마한을 이루고 있는 소국 중 하나인 목지국의 지배자가 삼한을 대표하였다.

Keyword

#고구려와 백제의 기원 #쑹화강 유역 #사출도 #연맹 왕국 #1책 12법

정답 ②

안심Touch

013 빈칸형 + 사료형 [38회 3번]

(가), (나) 나라에 대한 설명으로 옳은 것은? [3점]

> (가) 동이 지역 중에서 가장 평탄하고 넓은 곳으로 토질은 오곡이 자라기에 알맞다. …… 12월에 지내는 제천 행사에는 연일 크게 모여서 마시고 먹으며 노래하고 춤추는데, …… 이때에는 형옥(刑獄)을 중단하고 죄수를 풀어 준다. 전쟁을 하게 되면 그때에도 하늘에 제사를 지내고, 소를 잡아서 그 발굽으로 길흉을 점친다.
> – 『후한서』 –
>
> (나) 그 나라의 넓이는 사방 2천 리인데, 큰 산과 깊은 골짜기가 많으며 사람들은 산골짜기에 의지하여 산다. …… 혼인에 있어서는 [신랑이] 신부의 집에 가서 살다가 자식을 낳아 장성한 뒤에야 남자의 집으로 돌아온다. …… 금과 은, 재물을 모두 써 성대하게 장례를 치르며, 돌을 쌓아 봉분을 만들고 소나무와 잣나무를 심는다.
> – 『후한서』 –

① (가) – 여러 가(加)들이 별도로 사출도를 주관하였다.
② (가) – 박, 석, 김의 3성이 교대로 왕위를 계승하였다.
③ (나) – 10월에 무천이라는 제천 행사를 열었다.
④ (나) – 읍락 간의 경계를 중시하는 책화가 있었다.
⑤ (가), (나) – 제사장인 천군과 신성 지역인 소도가 있었다.

014 사료형 [48회 2번]

밑줄 그은 '이 나라'에 대한 설명으로 옳은 것은? [2점]

> 이 나라에는 왕이 있고 벼슬로는 상가·대로·패자·고추가·주부·우태·승·사자·조의·선인이 있으며, 존비(尊卑)에 따라 각각 등급을 두었다. 모든 대가들도 스스로 사자·조의·선인을 두었는데, 그 명단은 모두 왕에게 보고하여야 한다. …… 범죄자가 있으면 제가들이 모여 회의하여 즉시 사형에 처하고, 그 처자는 노비로 삼는다.
> – 『삼국지』 동이전 –

① 집집마다 부경이라는 창고가 있었다.
② 12월에 영고라는 제천 행사를 열었다.
③ 혼인 풍습으로 민며느리제가 있었다.
④ 읍락 간의 경계를 중시하는 책화가 있었다.
⑤ 제사장인 천군과 신성 지역인 소도가 존재하였다.

▌부여, 고구려
📖 요약노트 010번

✓ 정답 파헤치기

(가) 부여, (나) 고구려

① 부여는 왕 아래 마가, 우가, 저가, 구가의 가(加)들이 각자의 행정 구역인 사출도를 다스렸으며, 왕이 통치하는 중앙과 합쳐 5부를 구성하였다.

✓ 선택지 분석하기

② 신라는 건국 초기에 박, 석, 김의 3성이 교대로 왕위를 계승하였다.

③·④ 동예는 매년 10월 무천이라는 제천 행사를 열었고, 족외혼을 엄격하게 지켰다. 또한, 읍락 간의 경계를 중요시하여 다른 읍락의 영역을 침범하면 변상하게 하는 책화라는 제도가 있었다.

⑤ 삼한에는 신지, 읍차라는 정치적 지배자와 천군이라는 제사장이 있었으며 천군이 제사를 주관하는 소도라는 신성 지역을 두었다. 이곳은 군장의 세력이 미치지 못하여 죄인이 이곳으로 도망가면 잡아가지 못하였다.

Keyword

#12월 제천 행사 #형옥(刑獄)을 중단 #소 발굽 #길흉 #산골짜기 #신부의 집에 가서 살다가 자식이 장성한 뒤에야 남자의 집으로 돌아옴 #『후한서』

정답 ①

▌고구려
📖 요약노트 010번

✓ 정답 파헤치기

고구려는 왕 아래 상가, 고추가 등의 대가들이 사자, 조의, 선인 등의 관리를 거느렸고, 귀족 회의인 제가 회의를 통해 국가의 중대사를 결정하였다.

① 부경은 고구려의 집집마다 있던 작은 창고로, 곡식, 소금, 찬거리 등을 저장하였다.

✓ 선택지 분석하기

② 부여에서는 매년 12월에 영고라는 제천 행사가 열렸다.

③ 옥저는 여자가 어렸을 때 혼인할 남자의 집에서 생활하다가 성인이 된 후에 혼인을 하는 민며느리제가 있었다.

④ 동예는 각 읍락의 영역을 중요시하여 다른 읍락의 영역을 침범하는 경우 노비와 소, 말로 변상하게 하는 책화 제도를 두었다.

⑤ 삼한은 제정 분리 사회로, 제사장인 천군이 제사를 주관하는 소도라는 신성 지역을 두었다.

Keyword

#상가 #고추가 #사자 #조의 #선인 #대가 #제가들이 모여 회의 #『삼국지』 동이전

정답 ①

015 빈칸형 + 사료형 [42회 3번]

(가), (나) 나라에 대한 설명으로 옳은 것은? [3점]

> (가) 나라가 작아 큰 나라의 틈바구니에서 압박을 받다가 마침내 고구려에 예속되었다. 고구려는 그 [지역 사람] 중에서 대인(大人)을 두고 사자(使者)로 삼아 함께 통치하게 하였다. 또 대가(大加)로 하여금 조세를 책임지도록 하였고, 맥포(貊布)·어염(魚鹽) 및 해산물 등을 천리나 되는 거리에서 짊어져 나르게 하였다.
>
> — 『삼국지』 동이전 —
>
> (나) 해마다 10월이면 하늘에 제사를 지내는데, 밤낮으로 술 마시며 노래 부르고 춤추니 이를 무천(舞天)이라 한다. 또 호랑이를 신(神)으로 여겨 제사 지낸다. …… 낙랑의 단궁이 그 지역에서 산출된다. 바다에서는 반어피가 나며, 땅은 기름지고 무늬 있는 표범이 많고, 과하마가 나온다.
>
> — 『삼국지』 동이전 —

① (가) – 혼인 풍속으로 민며느리제가 있었다.
② (가) – 읍락 간의 경계를 중시하여 책화가 있었다.
③ (나) – 여러 가(加)들이 별도로 사출도를 주관하였다.
④ (나) – 남의 물건을 훔쳤을 때에는 12배로 갚게 하였다.
⑤ (가), (나) – 제사장인 천군과 신성 지역인 소도가 존재하였다.

▌ 옥저, 동예 📖 요약노트 010번

✔ 정답 파헤치기

(가) 옥저는 소금과 해산물 등이 풍부하였고 고구려에 예속되어 각종 공물을 바쳤다.
(나) 동예는 매년 10월에 무천이라는 제천 행사를 열었으며, 특산물로는 단궁, 과하마, 반어피 등이 있었다.
① 옥저는 장차 며느리가 될 여자아이를 데려다 키워서 성장한 후에 혼인을 하는 민며느리제의 풍속이 있었다.

✔ 선택지 분석하기

② 동예는 읍락 간 경계를 중요시하여 다른 읍락을 침범하는 경우에는 노비와 소, 말로 변상하게 하는 책화라는 제도가 있었다.
③ 부여는 왕 아래 마가, 우가, 저가, 구가의 가(加)들이 각자의 행정 구역인 사출도를 다스렸다.
④ 부여는 1책 12법이라는 엄격한 법률이 있어 남의 물건을 훔치면 12배로 갚도록 하였다.
⑤ 삼한은 소도라는 신성 지역을 따로 두어 제사장인 천군이 이를 관리하는 제정 분리 사회였다.

🄺eyword

#고구려에 예속 #맥포(貊布)·어염(魚鹽) #해산물 #10월
#무천(舞天) #단궁 #반어피 #과하마 #『삼국지』 동이전

정답 ①

016 빈칸형 [49회 3번]

(가)에 들어갈 내용으로 옳은 것은? [1점]

신지, 읍차 등의 지배자가 있었던 나라에 대해 발표해 볼까요?

벼농사가 발달하였고, 씨뿌리기가 끝난 5월과 추수를 마친 10월에 제천 행사를 열었습니다.

(가)

① 혼인 풍습으로 민며느리제가 있었습니다.
② 대가들이 사자, 조의, 선인을 거느렸습니다.
③ 제사장인 천군과 신성 지역인 소도가 있었습니다.
④ 남의 물건을 훔쳤을 때는 12배로 갚게 하였습니다.
⑤ 단궁, 과하마, 반어피 등이 특산물로 유명하였습니다.

▌ 삼한 📖 요약노트 010번

✔ 정답 파헤치기

삼한은 마한, 진한, 변한으로 구성된 연맹 왕국으로 신지, 견지, 읍차와 같은 정치적 지배자가 있었다. 또한, 벼농사가 발달하여 해마다 씨를 뿌리고 난 뒤인 5월과 추수를 하는 10월에 계절제를 열어 하늘에 제사를 지냈다.
③ 삼한은 정치적 지배자 외에 천군이라는 제사장을 두는 제정 분리 사회였다. 천군은 제사를 주관하는 소도라는 신성 지역을 다스렸으며, 이곳에는 군장의 세력이 미치지 못하여 죄인이 도망와도 잡아가지 못하였다.

✔ 선택지 분석하기

① 옥저에는 여자가 어렸을 때 혼인할 남자의 집에서 생활하다가 성인이 되면 혼인하는 민며느리제가 있었다.
② 고구려는 왕 아래 상가, 고추가 등의 대가들이 사자, 조의, 선인 등의 관리를 거느렸다.
④ 부여에는 도둑질 한 자는 12배로 배상하도록 하는 1책 12법이라는 엄격한 법률이 있었다.
⑤ 동예에서 생산되는 단궁, 과하마, 반어피 등이 특산물로 유명하였다.

🄺eyword

#신지, 읍차 #벼농사 발달 #5월과 10월에 제천 행사

정답 ③

Ⅱ

고대

Ⅱ단원 출제 비율(최신 10회분)

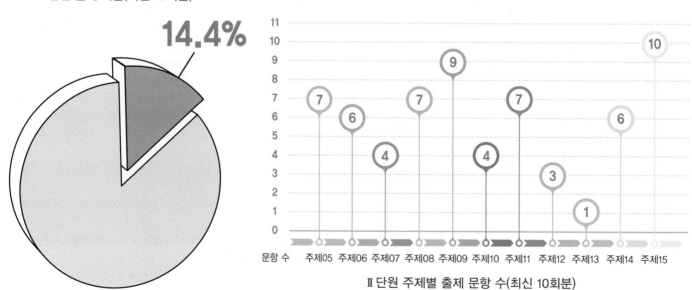

14.4%

Ⅱ단원 주제별 출제 문항 수(최신 10회분)

※순서 나열형, 시기 일치형, 합답형 등의 경우 한 문항이 여러 주제에 중복 해당되기도 합니다.

주제별 키워드

주제	키워드
주제 05 고구려의 성장과 발전	고국천왕, 소수림왕, 광개토 대왕, 장수왕, 율령 반포, 불교 수용, 태학 설립, 남진 정책
주제 06 백제의 중흥과 발전	근초고왕, 무령왕, 성왕, 의자왕, 22담로, 웅진 천도, 사비 천도, 남부여, 대야성 공격
주제 07 신라의 체제 정비와 발전	지증왕, 법흥왕, 진흥왕, 동시전, 우산국, 건원, 거칠부, 화랑도
주제 08 가야 연맹의 변천과 가야 문화	금관가야, 대가야, 김수로왕, 허황옥, 김해, 고령, 철기 문화, 신라에 복속
★ **주제 09** 삼국의 문화	굴식 돌방무덤, 돌무지 덧널무덤, 무용총, 수렵도, 무령왕릉, 미륵사지 석탑, 분황사 모전 석탑, 연가 칠년명 금동여래 입상, 서산 용현리 마애여래 삼존상, 광개토 대왕릉비, 충주 고구려비, 단양 적성비, 백제 금동 대향로, 정림사지 오층 석탑
주제 10 신라의 삼국 통일 과정	김춘추, 나당 동맹, 연개소문, 복신, 도침, 주류성, 안승, 검모잠, 고연무, 보장왕, 매소성 · 기벌포 전투, 황산벌 전투
주제 11 통일 신라의 통치 체제 정비	문무왕, 신문왕, 김흠돌의 난, 관료전, 9주 5소경, 상수리 제도
주제 12 통일 신라 불교의 발전	선종 불교, 원효, 의상, 혜초, 자장, 무애가, 화엄, 부석사, 『왕오천축국전』
주제 13 통일 신라 예술 · 문화의 발전	감은사지 삼층 석탑, 불국사 삼층 석탑, 무구정광대다라니경, 다보탑, 영광탑, 이불 병좌상
주제 14 통일 신라 말의 사회 변화	진성 여왕, 6두품, 최치원, 시무 10조, 김헌창의 난, 원종 · 애노의 난, 장보고의 난, 청해진
★ **주제 15** 발해의 발전	무왕, 문왕, 선왕, 3성 6부, 해동성국, 인안, 장문휴, 주자감

주 제
05

고구려의 성장과 발전

원종·애노의 난
889

신라 삼국 통일
676

고구려 멸망
668

백제 멸망
660

나제 동맹
433

고구려 장수왕
평양성 천도
427

백제 근초고왕
평양성 공격
371

합격전략

고대 삼국 시대 관련 문제는 다양한 유형으로 출제되는 편입니다. 그중에서도 고구려는 백제, 신라를 상대로 정복 활동을 펼치던 광개토 대왕과 장수왕 때의 문제가 자주 출제되는 **시기 일치형**이 상대적으로 자주 나오니 항쟁 과정의 선후 관계를 정확히 파악해 두는 것이 중요합니다.

---

017 사료형 ✚ 연표형 [46회 6번]

다음 사실이 있었던 시기를 연표에서 옳게 고른 것은? [2점]

> 전진 왕 부견이 사신과 승려 순도를 파견하여 불상과 경문을 보내 왔다. 왕이 사신을 보내 답례로 방물(方物)을 바쳤다. 태학을 세우고 자제를 교육시켰다.
>
> — 『삼국사기』 —

246	313	371	427	475	554
(가)	(나)	(다)	(라)	(마)	
관구검의 환도성 함락	낙랑군 축출	고국원왕 전사	평양 천도	개로왕 전사	관산성 전투

① (가) ② (나) ③ (다) ④ (라) ⑤ (마)

▍소수림왕

📖 요약노트 011번

✔ 정답 파헤치기

(다) 고구려 소수림왕은 고국원왕이 백제와의 평양성 전투에서 전사한 위기의 순간 왕위에 올랐다. 그는 중국 전진으로부터 불교를 수용하고 이를 통해 왕실의 권위를 높이고자 하였다(372). 또한, 교육 기관인 태학을 설립하여 인재를 양성하였고(372), 율령 반포를 통해 국가 조직을 정비하였다(373).

K eyword

#전진 왕 부견 #승려 순도 파견 #불상과 경문 #답례로 방물(方物) #태학 #『삼국사기』

정답 ③

018 시기 일치형 ＋ 사료형 [45회 4번]

(가), (나) 사이의 시기에 있었던 사실로 옳은 것은? [3점]

> (가) 왕이 태자와 함께 정예군 3만 명을 거느리고 고구려를 침범하여 평양성을 공격하였다. 고구려왕 사유(斯由)가 필사적으로 항전하다가 날아오는 화살에 맞아 죽었다. 왕이 병사를 이끌고 물러났다.
>
> – 『삼국사기』 –
>
> (나) 고구려왕 거련(巨璉)이 병사 3만 명을 거느리고 와서 한성을 포위하였다. …… 왕은 상황이 어렵게 되자 어찌할 바를 모르다가 기병 수십 명을 거느리고 성문을 나가 서쪽으로 달아났는데, 고구려 병사가 추격하여 왕을 살해하였다.
>
> – 『삼국사기』 –

① 신라의 법흥왕이 불교를 공인하였다.
② 백제의 문주왕이 웅진으로 천도하였다.
③ 고구려의 태조왕이 옥저를 복속시켰다.
④ 고구려의 광개토 대왕이 백제를 공격하였다.
⑤ 백제와 고구려가 동맹을 맺고 신라에 대항하였다.

---

019 시기 일치형 ＋ 사료형 [38회 7번]

(가), (나) 사이의 시기에 있었던 사실로 옳은 것은? [3점]

> (가) [장수왕] 15년, 평양으로 도읍을 옮겼다.
>
> – 『삼국사기』 –
>
> (나) 고구려왕 거련이 몸소 군사를 거느리고 백제를 공격하였다. 백제왕 경(慶)이 아들 문주를 [신라에] 보내 구원을 요청하였다. 왕이 군사를 내어 구해 주려 하였으나 미처 도착하기도 전에 백제가 이미 [고구려에] 함락되었고, 경(慶) 역시 피살되었다.
>
> – 『삼국사기』 –

① 광개토 대왕이 신라에 침입한 왜를 물리쳤다.
② 진흥왕이 화랑도를 국가 조직으로 개편하였다.
③ 소수림왕이 태학을 설립하고 율령을 반포하였다.
④ 개로왕이 고구려를 견제하고자 북위에 국서를 보냈다.
⑤ 근초고왕이 평양성을 공격하여 고국원왕을 전사시켰다.

▌ 광개토 대왕

📖 요약노트 011번

√ 정답 파헤치기

(가) 백제의 최전성기를 이끈 근초고왕은 고구려 평양성을 공격하여 고국원왕을 전사시켰다(371).

(나) 고구려 광개토 대왕의 뒤를 이어 왕위에 오른 장수왕은 수도를 국내성에서 평양성으로 옮기면서 남진 정책을 추진하였다. 이에 따라 백제의 수도 한성을 공격하고 개로왕을 전사시킨 뒤 한강 유역을 차지하였다(475).

④ 고구려 광개토 대왕은 백제를 공격하여 한강 이북 지역을 장악하였다.

√ 선택지 분석하기

① 신라 법흥왕은 이차돈의 순교를 계기로 불교를 공인하였다(527).

② 백제 문주왕은 고구려 장수왕의 공격으로 한강 유역을 빼앗기고 웅진으로 천도하였다(475).

③ 고구려 태조왕은 1세기 후반에 옥저를 복속시키고 영토를 확장하였다.

⑤ 백제 의자왕은 신라의 대야성을 비롯한 40여 개 성을 함락시키고, 이후 정복 활동을 더욱 확대하기 위해 고구려와 동맹을 맺어 신라에 대항하였다(642).

Keyword

#고구려를 침범 #평양성을 공격 #고구려왕 사유(斯由) #고구려왕 거련(巨璉) #한성을 포위 #고구려 병사가 추격 #왕을 살해 #『삼국사기』

정답 ④

▌ 장수왕

📖 요약노트 011번

√ 정답 파헤치기

(가) 고구려 장수왕은 남진 정책의 일환으로 평양으로 천도하였다(427).

(나) 고구려 장수왕은 백제의 수도 한성을 공격하여 개로왕을 죽이고 한강 유역을 장악하였다(475).

④ 장수왕의 남진 정책을 막기 위해 백제 개로왕이 북위에 원병을 요청하였지만 거절당하였다(472).

√ 선택지 분석하기

① 고구려 광개토 대왕은 신라의 요청을 받고 군대를 보내 신라에 침입한 왜를 격퇴하였다(400).

② 신라 진흥왕은 화랑도를 국가적인 조직으로 정비하였다.

③ 고구려 소수림왕은 교육 기관인 태학을 설립하여 인재를 양성하였고(372), 율령 반포를 통해 국가 조직을 정비하였다(373).

⑤ 백제 근초고왕은 고구려 평양성을 공격하여 고국원왕을 전사시켰다(371).

Keyword

#장수왕 #평양 도읍 #고구려왕 거련 #백제 공격 #[신라에] 구원 요청 #경(慶) 피살 #『삼국사기』

정답 ④

안심Touch

주 제
06

백제의 중흥과 발전

원종 · 애노의 난
889

신라 삼국 통일
676

고구려 멸망
668

백제 멸망
660

나제 동맹
433

고구려 장수왕
평양성 천도
427

백제 근초고왕
평양성 공격
371

합격전략

고대 삼국 중 백제는 다양한 유형의 문제가 출제됩니다. 하지만 문제 유형은 달라도 지문에 주어지는 내용과 관련이 있는 왕을 유추한 뒤 해당 왕의 정책을 정답으로 찾는 문제라는 공통점이 있습니다. 백제의 주요 국왕들과 그 정책을 연결시킬 수 있도록 공부해야 합니다.

020 빈칸형 [46회 4번]

(가) 왕에 대한 설명으로 옳은 것은?　　　　　[2점]

사진은 백제의 왕릉에서 발견된 묘지석입니다. 삼국사기를 통해 묘지석에 보이는 사마왕이 (가) 이라는 사실이 확인되었습니다. 이를 통해 이 왕릉은 백제 왕릉 중 피장자가 밝혀진 최초의 사례가 되었습니다.

영동대장군 백제 사마왕은 나이가 62세가 되는 계묘년 5월 임진일인 7일에 돌아가셨다. ……

① 금마저에 미륵사를 창건하였다.
② 윤충을 보내 대야성을 함락하였다.
③ 지방에 22담로를 두어 왕족을 파견하였다.
④ 고흥으로 하여금 서기를 편찬하게 하였다.
⑤ 동진에서 온 마라난타를 통해 불교를 수용하였다.

▌무령왕
📖 요약노트 013번

✔ 정답 파헤치기

충청남도 공주에 위치한 백제 제25대 왕의 무덤인 무령왕릉은 널길과 널방을 벽돌로 쌓은 벽돌무덤으로, 중국 남조의 영향을 받았다. 현재 송산리 고분군 내 무령왕릉은 제7호분으로 분류되어 있으나, 무덤의 주인이 무령왕임을 알 수 있는 묘지석이 출토되었으므로 무령왕릉이라고 부른다.

③ 백제 무령왕은 지방에 22담로를 설치하고 왕족들을 파견하여 지방 통제를 강화하였다.

✔ 선택지 분석하기

① 백제 무왕은 금마저(전라북도 익산)에 미륵사를 창건하였다(601).
② 백제 의자왕은 윤충에게 1만의 병력을 주어 신라의 대야성을 함락시켰으며, 이후 정복 활동을 더욱 확대하기 위해 고구려와 동맹을 맺어 신라에 대항하였다(642).
④ 백제 근초고왕은 고흥으로 하여금 역사서인 『서기』를 편찬하게 하였다(375).
⑤ 백제는 침류왕 때 중국 동진의 승려인 마라난타를 통해 불교를 수용하였다(384).

Keyword

#백제의 왕릉　#『삼국사기』　#영동대장군 백제 사마왕

정답 ③

021 사료형 [45회 6번]

밑줄 그은 '왕'의 업적으로 옳은 것은? [2점]

○ 왕의 이름은 명농이니 무령왕의 아들이다. 지혜와 식견이 뛰어나고 일을 처리함에 결단성이 있었다. 무령왕이 죽고 왕위에 올랐다.

– 『삼국사기』 –

○ 왕이 신라군을 습격하고자 몸소 보병과 기병 모두 50명을 거느리고 밤에 구천(狗川)에 이르렀다. 신라의 복병이 나타나 그들과 싸우다가 혼전 중에 왕이 신라군에게 살해되었다.

– 『삼국사기』 –

① 익산에 미륵사를 창건하였다.
② 동진으로부터 불교를 수용하였다.
③ 신라를 공격하여 대야성을 점령하였다.
④ 사비로 천도하고 국호를 남부여로 고쳤다.
⑤ 고흥으로 하여금 서기를 편찬하게 하였다.

▌성왕

📖 요약노트 013번

∨ 정답 파헤치기

백제 성왕은 신라 진흥왕과 함께 고구려를 공격하여 한강 유역을 차지하면서 백제의 중흥을 도모하였다. 하지만 진흥왕이 나제 동맹을 깨고 백제가 차지한 지역을 점령하자 이에 분노하여 신라를 공격하였고 관산성 전투에서 전사하였다(554).

④ 백제 성왕은 웅진에서 사비로 천도하고 국호를 남부여로 고쳤다(538).

∨ 선택지 분석하기

① 백제 무왕은 익산에 미륵사를 창건하였다(601).
② 백제 침류왕은 동진으로부터 불교를 수용하였다(384).
③ 백제 의자왕은 신라의 대야성을 비롯한 40여 개의 성을 점령하였다(642).
⑤ 백제 근초고왕은 고흥으로 하여금 역사서인 『서기』를 편찬하게 하였다 (375).

Keyword

#명농 #무령왕의 아들 #신라군을 습격 #왕이 신라군에게 살해 #『삼국사기』

정답 ④

022 사료형 [42회 8번]

밑줄 그은 '왕'의 재위 기간에 있었던 사실로 옳은 것은? [2점]

왕이 장군 윤충을 보내 군사 1만 명을 거느리고 신라의 대야성을 공격하게 하였다. 성주 품석이 처자를 데리고 나와 항복하자 윤충이 그들을 모두 죽이고 품석의 목을 베어 왕도(王都)에 보냈다. 남녀 1천여 명을 사로잡아 서쪽 지방의 주·현에 나누어 살게 하고 군사를 남겨 그 성을 지키게 하였다.

– 『삼국사기』 –

① 익산에 미륵사를 창건하였다.
② 사비로 천도하고 국호를 남부여로 고쳤다.
③ 수와 외교 관계를 맺고 친선을 도모하였다.
④ 평양성을 공격하여 고국원왕을 전사시켰다.
⑤ 계백의 결사대를 보내 신라군에 맞서 싸웠다.

▌의자왕

📖 요약노트 013번

∨ 정답 파헤치기

백제 의자왕은 즉위 초 신라에 군대를 보내 대야성을 비롯한 40여 개의 성을 함락시켰다.

⑤ 이후 신라는 당과 동맹을 맺고 나당 연합군을 결성하여 백제를 공격하였다. 이에 황산벌에서 계백의 결사대가 맞서 싸웠으나 결국 패배하면서 백제는 멸망하였다(660).

∨ 선택지 분석하기

① 『삼국유사』에 기록된 서동 설화의 주인공인 백제 무왕은 익산에 미륵사를 창건하였다(601).
② 백제 성왕은 웅진에서 사비로 천도하고(538) 국호를 남부여로 고쳐 새롭게 중흥을 도모하였다.
③ 백제 성왕이 관산성 전투에서 전사한(554) 후 즉위한 위덕왕은 수나라와 우호 관계를 유지하여 고구려를 견제하려 하였다.
④ 백제 근초고왕이 평양성을 공격하여 고구려 고국원왕이 전사하였다(371).

Keyword

#윤충 #신라의 대야성을 공격 #『삼국사기』

정답 ⑤

주제 07

신라의 체제 정비와 발전

원종·애노의 난 889

고구려 멸망 668

백제 멸망 660

고구려 장수왕 평양성 천도 427

신라 삼국 통일 676

나제 동맹 433

백제 근초고왕 평양성 공격 371

합격전략

고구려, 백제와 마찬가지로 신라의 정치사 역시 특정 유형이 아닌 다양한 유형의 문제가 골고루 출제됩니다. 신라의 체제 정비를 위한 여러 정책들을 보고 어떤 왕이 실시한 것인지 고를 수 있다면 다양한 유형의 문제가 나와도 쉽게 공략할 수 있습니다.

023 빈칸형 [42회 5번]

다음 검색창에 들어갈 왕에 대한 설명으로 옳은 것은? [2점]

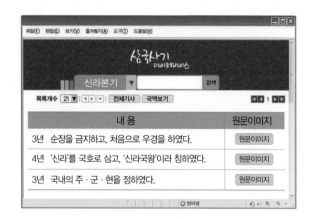

내용	원문이미지
3년 순장을 금지하고, 처음으로 우경을 하였다.	원문이미지
4년 '신라'를 국호로 삼고, '신라국왕'이라 칭하였다.	원문이미지
3년 국내의 주·군·현을 정하였다.	원문이미지

① 첨성대를 세워 천체를 관측하였다.
② 대가야를 정복하여 영토를 확장하였다.
③ 거칠부에게 국사를 편찬하도록 하였다.
④ 건원이라는 독자적인 연호를 사용하였다.
⑤ 시장을 감독하는 관청인 동시전을 설치하였다.

▌지증왕

📖 요약노트 014번

✔ 정답 파헤치기

신라 지증왕은 정치 제도를 정비하기 위해 당시 사로국이었던 국호를 신라로 확정하고 마립간이라는 호칭 대신 왕이라는 칭호를 사용하였으며, 수도와 지방의 행정 구역을 정비하였다. 또한, 지배 계급이 죽었을 때 그 부인이나 노비 등 산 사람을 함께 묻는 순장을 금지하였고, 우경을 장려하여 농업 생산력을 높이고자 하였다.

⑤ 지증왕은 신라의 수도인 경주에 시장을 설치하고 이를 관리·감독하기 위해 동시전을 설치하였다.

✔ 선택지 분석하기

① 신라 선덕 여왕 때 천체 관측을 위한 건축물인 첨성대가 설치되었다.
②·③ 신라 진흥왕은 한강 유역을 차지하고 대가야를 정복하였으며 거칠부에게 역사서인 『국사』를 편찬하게 하였다.
④ 신라 법흥왕은 건원이라는 독자적인 연호를 사용하였다.

Keyword

#순장을 금지 #우경 #신라를 국호로 삼음 #신라국왕 #국내의 주·군·현을 정함

정답 ⑤

024 설명형 [49회 5번]

밑줄 그은 '왕'의 업적으로 옳은 것은? [3점]

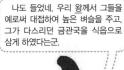

금관국의 김구해가 세 아들과 함께 나라의 보물을 가지고 와서 항복하였다고 하네.

나도 들었네. 우리 왕께서 그들을 예로써 대접하여 높은 벼슬을 주고, 그가 다스리던 금관국을 식읍으로 삼게 하였다는군.

① 관료전을 지급하고 녹읍을 폐지하였다.
② 건원이라는 독자적인 연호를 제정하였다.
③ 지방에 22담로를 두어 왕족을 파견하였다.
④ 독서삼품과를 시행하여 인재를 등용하였다.
⑤ 자장의 건의로 황룡사 구층 목탑을 건립하였다.

▌법흥왕

📖 요약노트 014번

✓ 정답 파헤치기

금관가야의 마지막 왕인 구해왕은 신라 법흥왕에게 나라를 바쳤고, 그 자손들은 진골에 편입되었다(532).
② 법흥왕은 건원이라는 독자적인 연호를 제정하였다(536).

✓ 선택지 분석하기

① 통일 신라 신문왕은 왕권을 강화하기 위해 다양한 정치 개혁을 단행하여 관료전을 지급하고(687), 귀족의 경제 기반인 녹읍을 폐지하였다(689).
③ 백제 무령왕은 지방에 22담로를 설치하고 왕족을 파견하여 지방에 대한 통제를 강화하였다.
④ 통일 신라 원성왕은 국학의 학생들을 대상으로 독서삼품과를 시행하여 유교 경전의 이해 수준에 따라 관리로 채용하였다(788).
⑤ 신라 선덕 여왕 때 당나라에서 유학하고 돌아온 자장의 건의로 외적의 침입을 막기 위한 황룡사 구층 목탑을 짓게 되었다(643).

Keyword

정답 ②

025 사료형 [47회 4번]

밑줄 그은 '왕'의 재위 시기에 있었던 사실로 옳은 것은? [2점]

> ○ 왕이 다시 명령을 내려 좋은 가문 출신의 남자로서 덕행이 있는 자를 뽑아 명칭을 고쳐서 화랑이라고 하였다. 처음으로 설원랑을 받들어 국선(國仙)으로 삼으니, 이것이 화랑 국선의 시초이다.
> – 『삼국유사』 –
>
> ○ 왕이 이찬 이사부에게 명령하여 가라국(加羅國)을 습격하게 하였다. 이때 사다함은 나이가 15~16세였는데 종군하기를 청하였다. …… 그 나라 사람들은 뜻하지 않은 병사들의 습격에 놀라 막아내지 못하였다. 대군이 승세를 타서 마침내 그 나라를 멸망시켰다.
> – 『삼국사기』 –

① 거칠부가 국사를 편찬하였다.
② 김헌창이 웅천주에서 반란을 일으켰다.
③ 이차돈의 순교를 계기로 불교가 공인되었다.
④ 최고 지배자의 호칭이 마립간으로 바뀌었다.
⑤ 자장의 건의로 황룡사 9층 목탑이 건립되었다.

▌진흥왕

📖 요약노트 014번

✓ 정답 파헤치기

신라 진흥왕은 활발한 정복 활동을 전개하여 고구려가 차지하고 있던 한강 유역을 점령하고 대가야를 정복하였다. 또한, 화랑도를 국가적인 조직으로 정비하였으며, 이들은 원광의 세속 5계를 생활 규범으로 삼아 명산대천을 찾아다니며 수련을 하였다.
① 진흥왕은 거칠부에게 역사서인 『국사』를 편찬하게 하였다(545).

✓ 선택지 분석하기

② 통일 신라 헌덕왕 때 아버지 김주원이 왕위 쟁탈전에서 패배한 것에 불만을 품은 웅천주 도독 김헌창이 반란을 일으켰으나 관군에 의해 진압되었다(822).
③ 신라 법흥왕은 이차돈의 순교를 계기로 불교를 신라의 국교로 공인하였다.
④ 신라는 왕(王)이라는 한자식 칭호를 쓰기 전 임금을 '거서간 → 차차웅 → 이사금 → 마립간'의 순서로 칭하였다. 그중 '가장 높은 우두머리'라는 뜻을 지닌 마립간은 제17대 내물왕부터 제22대 지증왕까지 사용되었다.
⑤ 신라 선덕 여왕 때 승려 자장이 주변 9개 민족의 침략을 부처의 힘으로 막기 위한 목탑 건립을 건의하여 황룡사 구층 목탑이 세워졌다(643).

Keyword

정답 ①

주제 08

가야 연맹의 변천과 가야 문화

원종·애노의 난
889

고구려 멸망
668

백제 멸망
660

고구려 장수왕
평양성 천도
427

신라 삼국 통일
676

나제 동맹
433

백제 근초고왕
평양성 공격
371

합격전략

가야 연맹은 금관가야의 건국 과정과 후기 가야 연맹의 성립, 신라에 의해 쇠퇴하는 과정을 다루는 문제가 다양한 유형으로 출제됩니다. 또한, **사진형** 문제로는 철기 관련 문화유산이 반복적으로 출제되므로 이를 꼭 숙지해 두어야 합니다.

---

026 **사료형** [44회 9번]

밑줄 그은 '나라'에 대한 설명으로 옳은 것은? [1점]

> 김구해가 아내와 세 아들, 즉 큰 아들 노종, 둘째 아들 무덕, 셋째 아들 무력과 함께 나라의 창고에 있던 보물을 가지고 와서 항복하였다. [법흥]왕이 예로써 그들을 우대하여 높은 관등을 주고 본국을 식읍으로 삼도록 하였다.
>
> ― 『삼국사기』 ―

① 만장일치제로 운영된 화백 회의가 있었다.
② 빈민을 구제하기 위해 진대법을 실시하였다.
③ 박, 석, 김의 3성이 번갈아 왕위를 차지하였다.
④ 시조 김수로왕의 설화가 삼국유사에 전해진다.
⑤ 오경박사, 의박사, 역박사 등을 일본에 파견하였다.

▌금관가야

📖 요약노트 **017**번

∨ 정답 파헤치기

금관가야의 마지막 왕인 구해왕에 대한 기록이다. 구해왕은 신라 법흥왕의 공격에 항복하면서 나라를 바쳤고, 그 일부 자손들은 신라의 진골로 편입되었다 (532).

④ 가야의 건국 설화를 살펴보면 하늘에서 내려온 알에서 태어난 김수로왕은 금관가야를 세우고, 인도에서 온 허황옥과 결혼하였다.

∨ 선택지 분석하기

① 신라는 귀족 합의체인 화백 회의를 통해 만장일치제로 국정을 운영하였다.
② 고구려 고국천왕은 국상인 을파소의 건의에 따라 먹을거리가 부족한 봄에 곡식을 빌려주고 가을에 갚게 하는 진대법을 실시하였다.
③ 신라는 건국 초기에 박, 석, 김의 3성이 번갈아 왕위를 계승하였다.
⑤ 백제는 일본에 오경박사, 의박사, 역박사 등을 파견하여 일본의 문화 발전에 기여하였다.

K Keyword

#김구해 #나라의 창고에 있던 보물을 가지고 와서 항복 #법흥왕 #높은 관등 #본국을 식읍으로 삼음 #『삼국사기』

정답 ④

027 빈칸형 ✚ 사진형 [48회 3번]

(가) 나라의 문화유산으로 옳은 것은? [2점]

이곳은 김해 대성동 고분군 108호분 발굴 조사 설명회 현장입니다. 대형 덩이쇠 40매와 둥근고리큰칼, 화살촉 등 130여 점의 철기 유물이 출토되었습니다. 이번 발굴로 김수로왕이 건국하였다고 전해지는 ⌐(가)⌐ 에 대한 연구가 활발하게 이루어질 전망입니다.

① ② ③

④ ⑤

▌금관가야의 유물

📖 요약노트 018번

✔ 정답 파헤치기

금관가야 최고 지배 계층의 묘역인 경상남도 김해시 대성동 고분군(사적 제341호) 중 가장 온전한 상태의 가야 귀족층 무덤인 108호분을 발굴·조사하는 과정에서 다량의 철기 유물이 출토되었다.

③ 가야의 철기류 판갑옷(대성동 2호 고분 출토)

✔ 선택지 분석하기

① 부여 외리 문양전 일괄(보물 제343호) – 백제

② 칠지도 – 백제

④ 무령왕릉 석수(국보 제162호) – 백제

⑤ 정혜 공주묘 돌사자상 – 발해

▌Keyword

#김해 대성동 고분군 108호분 #덩이쇠 #둥근고리큰칼 #화살촉 #철기 유물 #김수로왕이 건국

정답 ③

---

028 설명형 ✚ 사료형 [45회 3번]

밑줄 그은 '이 나라'에 대한 설명으로 옳은 것은? [2점]

사진은 경상북도 고령을 중심으로 발전하였던 이 나라의 지산동 44호분입니다. 배치도를 보면 으뜸 돌방을 중심으로 30여 기의 순장 돌덧널을 확인할 수 있습니다. 이 고분의 발굴을 통해 이 나라에서 행해졌던 순장의 실체가 확인되었습니다.

← 지산동 44호분 발굴 현장

◻ : 으뜸 돌방
◼ : 순장 돌덧널

↓ 지산동 44호분 무덤 배치도

① 진흥왕 때 신라에 복속되었다.

② 나당 연합군에 의해 멸망하였다.

③ 대가들이 사자, 조의, 선인을 거느렸다.

④ 빈민을 구제하기 위해 진대법을 시행하였다.

⑤ 박, 석, 김의 3성이 교대로 왕위를 계승하였다.

▌대가야

📖 요약노트 017번

✔ 정답 파헤치기

후기 가야 연맹을 이끈 경상북도 고령 지방의 대가야에 대한 설명이다. 지산동 고분군을 비롯한 대가야의 유적지에서는 금동관과 판갑옷, 투구 등이 출토되었으며, 30여 기의 순장 돌덧널을 통해 순장 풍습이 확인되었다.

① 대가야는 진흥왕에 의해 신라에 복속되었고 이로 인해 후기 가야 연맹이 해체되었다.

✔ 선택지 분석하기

② 백제와 고구려는 신라의 삼국 통일 과정에서 나당 연합군의 공격을 받아 멸망하였다.

③ 고구려는 왕 아래 상가, 고추가 등의 대가들이 사자, 조의, 선인 등의 관리를 거느렸다.

④ 고구려의 고국천왕은 국상 을파소의 건의에 따라 봄에 곡식을 빌려주고 가을에 갚게 하는 진대법을 시행하여 빈민을 구제하였다.

⑤ 초기 신라는 박, 석, 김의 3성이 교대로 왕위를 계승하였다.

▌Keyword

#경상북도 고령 #지산동 44호분 #으뜸 돌방 #순장 돌덧널

정답 ①

주 제
09
삼국의 문화

원종·애노의 난
889

신라 삼국 통일
676

고구려 멸망
668

백제 멸망
660

나제 동맹
433

고구려 장수왕
평양성 천도
427

백제 근초고왕
평양성 공격
371

합격전략

삼국 시대의 문화와 관련된 문제는 주로 **사진형**으로 출제되며, 그 중에서도 불교 관련 문화재가 많은 비중을 차지합니다. 삼국의 문화유산이 함께 섞여서 제시되므로 사진만 보고 어느 국가의 문화유산인지 구별할 수 있도록 암기하는 것이 중요합니다.

029 빈칸형 [44회 5번]

(가)~(마) 문화유산에 대한 설명으로 옳은 것은? [3점]

답사 계획서

■ 답사 기간: 2019년 ○○월 ○○일~○○일
■ 주제: 지안 지역의 고구려 유적
■ 경로: 국내성 → 무용총 → 각저총 → 광개토 대왕릉비 → 장군총
■ 준비 사항: 답사 장소와 유적에 대한 자료 조사

① (가) – 백제의 공격으로 고국원왕이 전사한 곳이다.
② (나) – 당시 생활상을 담은 수렵도 등의 벽화가 남아 있다.
③ (다) – 돌무지 덧널무덤으로 다양한 껴묻거리가 출토되었다.
④ (라) – 김정희의 금석과안록에서 비의 설립 시기가 고증되었다.
⑤ (마) – 벽돌무덤으로 중국 양나라와의 문화적 교류를 보여 준다.

▮ 고구려의 문화유산

📖 요약노트 019번

✓ 정답 파헤치기

② 고구려의 만주 집안(지안) 지역이나 평안도 용강 등지에는 고구려의 고분이 많이 남아 있다. 무용총은 고구려의 대표적인 굴식 돌방무덤으로, 고구려인들이 사냥하는 모습을 역동적으로 묘사한 수렵도 등의 벽화가 남아 있다.

✓ 선택지 분석하기

① 4세기 중반 백제의 최전성기를 이끌었던 근초고왕은 고구려의 평양성을 공격하여 고국원왕을 전사시켰다(371).

③ 돌무지 덧널무덤은 신라 초기의 고분 양식으로 도굴이 어려워 다양한 껴묻거리가 출토되었으며, 경주의 천마총과 황남대총이 대표적이다. 중국 집안(지안) 지역의 각저총은 고구려의 대표적인 굴식 돌방무덤 양식이다.

④ 김정희는 조선 후기 금석학 연구를 통해 저술한 『금석과안록』에서 북한산 순수비가 진흥왕 순수비임을 밝혀냈다.

⑤ 충청남도 공주에 위치한 백제 제25대 왕의 무덤인 무령왕릉은 널길과 널방을 벽돌로 쌓은 벽돌무덤으로 중국 남조 양나라의 영향을 받았다. 장군총은 고구려의 대표적인 돌무지무덤이다.

Keyword

#국내성 #무용총 #각저총 #광개토 대왕릉비 #장군총 #지안 지역의 고구려 유적

정답 ②

030 빈칸형 + 사진형 [43회 3번]

(가) 국가의 문화유산으로 옳은 것은? [2점]

□□신문

제△△호 ○○○○년 ○○월 ○○일

고분 벽화 특별전 개최

○○ 박물관에서는 '[(가)] 고분 벽화 특별전'을 개최한다. 이번 특별전에서는 북한의 예술가들이 모사한 강서대묘 사신도, 무용총 수렵도 등의 고분 벽화 수십 점이 전시된다. 또한 안악 3호분 등 [(가)]의 무덤 양식인 굴식 돌방무덤의 실물 모형도 함께 전시된다.

사신도(현무)

---

① ② ③

④ ⑤

▌고구려의 문화유산

📖 요약노트 **021**번

∨ 정답 파헤치기

고구려의 굴식 돌방무덤은 만주 집안(지안) 지역이나 평안도 용강 등지에 많은 무덤 양식으로, 돌로 널방을 만들고 그 위를 흙으로 덮어 봉분을 만든 형식이다. 널방의 벽과 천장에는 수렵도, 씨름도, 사신도 등과 같은 벽화를 그리기도 하였다.

③ 금동 연가 칠년명 여래 입상은 경상남도 의령에서 발견된 고구려의 불상이며 국보 제119호로 지정되어 있다.

∨ 선택지 분석하기

① 철기류 판갑옷(대성동 2호 고분 출토) – 금관가야
② 발해 석등 – 발해
④ 도기 기마인물형 명기(국보 제91호) – 신라
⑤ 무령왕릉 석수(국보 제162호) – 백제

Keyword

#강서대묘 사신도 #무용총 수렵도 #안악 3호분 #굴식 돌방무덤

정답 ③

---

031 빈칸형 [41회 6번]

(가)~(마)에 대한 설명으로 옳은 것은? [2점]

답사 계획서

◆ 주제: 부여에서 만나는 백제의 발자취
◆ 날짜: 2018년 ○○월 ○○일
◆ 경로: 부소산성 → 관북리 유적 → 정림사지 → 궁남지 → 능산리 고분군

---

① (가) – 재상을 선출하던 천정대가 있다.
② (나) – 백제 금동 대향로가 발굴되었다.
③ (다) – 백제의 대표적인 5층 석탑이 남아 있다.
④ (라) – 귀족들의 놀이 도구인 나무 주사위가 출토되었다.
⑤ (마) – 무령왕 부부의 무덤이 발견되었다.

▌백제의 문화유산

📖 요약노트 **020**번

∨ 정답 파헤치기

③ 정림사지 오층 석탑은 충청남도 부여군에 있는 백제 시대의 대표적인 석탑으로, 목탑 양식을 띠는 것이 특징이며 국보 제9호로 지정되어 있다. 당나라의 장수 소정방이 백제를 평정한 공을 기리는 글이 새겨져 있어서 한때 '평제탑(平濟塔)'이라고 불리기도 하였다.

∨ 선택지 분석하기

① 천정대는 부여 부소산에 있는 바위를 칭하며 『삼국유사』에 따르면 천정대를 '정사암(政事巖)'이라 불러 이곳에서 백제의 재상을 선출하였다고 한다.
② 백제 금동 대향로는 도교적 이상향을 표현한 유물로, 부여 능산리 고분군에서 발견되었으며 국보 제287호로 지정되어 있다.
④ 경주에 위치한 신라 시대 연못인 안압지에서 귀족들의 놀이 도구인 나무 주사위(주령구)가 발견되었다.
⑤ 무령왕릉은 중국 남조의 영향을 받은 벽돌무덤으로, 백제의 수도였던 공주(웅진)에 위치해 있다.

Keyword

#부여 #백제 #부소산성 #관북리 유적 #정림사지 #궁남지 #능산리 고분군

정답 ③

032 합답형 + 사진형 [45회 5번]

다음 기획전에 전시될 문화유산으로 적절한 것을 〈보기〉에서 고른 것은? [1점]

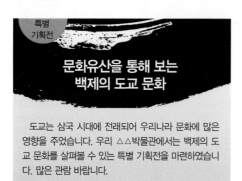

특별 기획전

문화유산을 통해 보는 백제의 도교 문화

도교는 삼국 시대에 전래되어 우리나라 문화에 많은 영향을 주었습니다. 우리 △△박물관에서는 백제의 도교 문화를 살펴볼 수 있는 특별 기획전을 마련하였습니다. 많은 관람 바랍니다.

■ 기간: 2019년 ○○월 ○○일~○○월 ○○일
■ 장소: △△박물관 기획 전시실

• 보기 •

ㄱ. ㄴ. ㄷ. ㄹ.

① ㄱ, ㄴ ② ㄱ, ㄷ ③ ㄴ, ㄷ ④ ㄴ, ㄹ ⑤ ㄷ, ㄹ

| 백제의 문화유산

✔ 정답 파헤치기

ㄴ. 백제의 부여 외리 문양전 일괄(산수무늬 벽돌)은 도교의 신선 사상을 바탕으로 한 산수화가 새겨진 벽돌이다(보물 제343호).

ㄹ. 백제 금동 대향로는 신선들이 사는 이상 세계를 형상화한 무늬를 새겨 넣어 도교적 이상향을 표현하였다(국보 제287호).

✔ 선택지 분석하기

ㄱ. 철제 판갑옷은 가야의 발달된 철기 문화를 짐작할 수 있는 유물이다.

ㄷ. 금동 연가 칠년명 여래 입상은 고구려의 독창성과 중국 북위의 불상 양식을 재해석한 대표적인 고구려 불상이다(국보 제119호).

Keyword

#백제의 도교 문화

정답 ④

033 빈칸형 + 사진형 [46회 10번]

(가)에 들어갈 문화유산으로 옳은 것은? [3점]

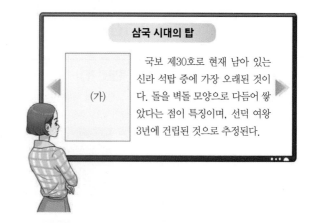

삼국 시대의 탑

(가)

국보 제30호로 현재 남아 있는 신라 석탑 중에 가장 오래된 것이다. 돌을 벽돌 모양으로 다듬어 쌓았다는 점이 특징이며, 선덕 여왕 3년에 건립된 것으로 추정된다.

①  ②  ③

④  ⑤

| 신라의 문화유산

요약노트 020번

✔ 정답 파헤치기

④ 경주 분황사 모전 석탑은 현존하는 신라 석탑 중 가장 오래된 석탑으로 석재를 벽돌 모양으로 만들어 쌓았으며, 선덕 여왕 때인 634년에 건립된 것으로 추정된다. 현재는 3층까지만 남아 있으며 국보 제30호로 지정되어 있다.

✔ 선택지 분석하기

① 영광탑 – 발해

② 부여 정림사지 오층 석탑(국보 제9호) – 백제

③ 제천 장락동 칠층 모전 석탑(보물 제459호) – 통일 신라

⑤ 경주 불국사 다보탑(국보 제20호) – 통일 신라

Keyword

#국보 제30호 #현재 남아 있는 신라 석탑 중 가장 오래된 것
#벽돌 모양 #선덕 여왕 3년에 건립된 것으로 추정

정답 ④

034 빈칸형 ✚ 사료형 [38회 5번]

(가), (나) 무덤 양식에 대한 설명으로 옳은 것은? [2점]

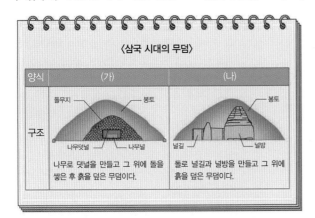

① (가) – 모줄임 천장 구조로 되어 있다.
② (가) – 무덤의 둘레돌에 12지 신상을 새겼다.
③ (나) – 대표적인 무덤으로 황남대총이 있다.
④ (나) – 내부의 천장과 벽에 그림을 그리기도 하였다.
⑤ (가), (나) – 중국 남조의 영향을 받아 만들어졌다.

035 설명형 ✚ 사진형 [35회 7번]

밑줄 그은 '이 불상'으로 옳은 것은? [3점]

① ② ③

④  ⑤

▌삼국의 무덤 양식

📖 요약노트 019번

✔ 정답 파헤치기

(가) 돌무지 덧널무덤, (나) 굴식 돌방무덤
④ 굴식 돌방무덤은 만주 집안(지안) 지역이나 평안도 용강 등지에 많은 무덤 양식으로, 돌로 널방을 만들고 그 위를 흙으로 덮어 봉분을 만든 형식이다. 널방의 벽과 천장에는 수렵도, 씨름도, 사신도 등과 같은 벽화를 그리기도 하였다.

✔ 선택지 분석하기

① 모줄임 천장 구조는 굴식 돌방무덤의 특징이다.
② 통일 신라 시대에 굴식 돌방무덤에 둘레돌을 두르고 12지 신상을 조각하는 독특한 양식이 새롭게 나타났으며 대표적인 예로는 경주 김유신묘가 있다.
③ 황남대총은 돌무지 덧널무덤의 형식을 띠고 있다.
⑤ 백제 무령왕릉은 널방을 벽돌로 쌓은 벽돌무덤이며 중국 남조의 영향을 받았다.

▌삼국 시대의 불상

📖 요약노트 021번

✔ 정답 파헤치기

④ 금동 미륵보살 반가 사유상은 삼국 시대의 대표적인 반가 사유상 중 하나이다. 6세기 중후반에 제작된 것으로 추정되며 국보 제78호로 지정되어 있다.

✔ 선택지 분석하기

① 발해의 수도였던 동경 용원부 유적지에서 고구려 양식을 계승한 이불 병좌상이 발견되었다.
② 금동 관음보살 좌상은 고려 후기에서 조선 초기까지 시기의 작품으로 이국적인 불상 양식을 한국적으로 수용하여 표현하였다.
③ 하남 하사창동 철조 석가여래 좌상은 경기 하남시 하사창동절터에서 출토된 고려의 불상으로 보물 제332호로 지정되어 있다.
⑤ 금동 연가 칠년명 여래 입상은 경남 의령에서 발견된 고구려의 불상으로 국보 제119호로 지정되어 있다.

Keyword

#삼국 시대 무덤 #나무 덧널 #돌무지 #봉토 #널길 #널방

정답 ④

Keyword

#국보 제78호 #반가의 자세 #6세기 중후반에 제작 #금동 불상

정답 ④

주제 10

신라의 삼국 통일 과정

원종 · 애노의 난 889

고구려 멸망 668

백제 멸망 660

고구려 장수왕 평양성 천도 427

신라 삼국 통일 676

나제 동맹 433

백제 근초고왕 평양성 공격 371

합격전략

신라의 삼국 통일 과정 속에는 나당 연합군 결성이나 고구려, 백제의 부흥 운동 등 복잡한 사건들이 많이 등장합니다. 이 사건들의 순서를 물어보는 순서 나열형 이나 시기 일치형 문제가 주로 출제되니 사건 순서를 꼭 암기해야 합니다.

---

036 시기 일치형 + 사료형 [42회 6번]

(가), (나) 사이의 시기에 있었던 사실로 옳은 것은? [3점]

(가) 김춘추가 무릎을 꿇고 아뢰기를, "…… 만약 폐하께서 당의 군사를 빌려주어 흉악한 무리를 잘라 없애지 않는다면 저희 백성은 모두 포로가 될 것이며, 산 넘고 바다 건너 행하는 조회도 다시는 바랄 수 없을 것입니다."라고 하였다. 태종이 매우 옳다고 여겨서 군사의 출동을 허락하였다.

― 『삼국사기』―

(나) 계필하력이 먼저 군사를 이끌고 평양성 밖에 도착하였고, 이적의 군사가 뒤따라 와서 한 달이 넘도록 평양을 포위하였다. …… 남건은 성문을 닫고 항거하여 지켰다. …… 5일 뒤에 신성이 성문을 열었다. …… 남건은 스스로 칼을 들어 자신을 찔렀으나 죽지 못했다. [보장]왕과 남건 등을 붙잡았다.

― 『삼국사기』―

① 당이 안동 도호부를 요동 지역으로 옮겼다.
② 신라와 당의 연합군이 백강에서 왜군을 물리쳤다.
③ 신라가 당의 군대에 맞서 매소성에서 승리하였다.
④ 고구려 안승이 신라에 의해 보덕국왕으로 임명되었다.
⑤ 고구려가 당의 침입에 대비하여 천리장성을 완성하였다.

▍신라의 삼국 통일

📖 요약노트 022번, 023번

✔ 정답 파헤치기

(가) 백제가 신라를 지속적으로 공격하자 김춘추는 고구려 보장왕에게 원병을 요청하였으나 실패하였다. 이에 김춘추는 당과 나당 동맹을 성사시키고 백제를 멸망시켰다(660).

(나) 고구려는 연개소문 사후, 두 아들인 남생과 남건 간의 권력 다툼으로 세력이 약해진 상황이었으므로 결국 나당 연합군의 공격으로 멸망하였다(668).

② 백제 멸망 이후 복신과 도침이 왕자 풍을 왕으로 추대하여 주류성을 중심으로 백제 부흥 운동을 전개하였으나 나당 연합군의 공격으로 실패하였다. 이때 왜의 수군이 백제 부흥군을 지원하고자 백강까지 진격하였으나 패배하였다(663).

✔ 선택지 분석하기

①· ③ 고구려가 멸망한 이후 당나라는 고구려의 옛 땅을 다스리고자 평양에 안동 도호부를 설치하였다(668). 그러나 신라와의 매소성 · 기벌포 전투에서 패배한 후 안동 도호부를 요동으로 옮겼다.

④ 신라 문무왕은 신라로 망명한 고구려 보장왕의 아들 안승을 보덕국왕으로 임명해 금마저에 땅을 주고 당나라에 맞서도록 하였다(674).

⑤ 고구려 영류왕 때 당의 공격에 대비하여 동북의 부여성에서 발해만의 비사성까지 천리장성을 축조하였다(647).

K Keyword

#김춘추 #당의 군사 #태종 #평양성 #남건 #보장왕 #『삼국사기』

정답 ②

037 시기 일치형 + 사료형 [47회 7번]

(가), (나) 사이의 시기에 있었던 사실로 옳은 것은? [2점]

(가) 백제가 대야성을 함락하자 김춘추의 딸 고타소랑이 남편 김품석을 따라 죽었다. 김춘추는 이에 한을 품고 고구려에 군사를 청하여 백제에 그 원한을 갚고자 하니, 왕이 허락하였다.

(나) 김유신 등이 황산 벌판으로 진군하자 백제의 장군 계백이 군사를 거느리고 먼저 험한 곳을 차지하여 세 군데에 진영을 설치하고 기다렸다. 김유신 등은 군사를 세 길로 나누어 네 번을 싸웠으나 전세는 불리하고 병사들은 힘이 다하였다.

① 안승이 보덕국의 왕으로 임명되었다.
② 신라가 당과 군사 동맹을 체결하였다.
③ 을지문덕이 살수에서 대승을 거두었다.
④ 신라군이 기벌포에서 적군을 격파하였다.
⑤ 복신과 도침이 부여풍을 왕으로 추대하였다.

신라의 삼국 통일 📖 요약노트 023번

✓ 정답 파헤치기

(가) 백제 의자왕은 즉위 초 신라에 군대를 보내 대야성을 비롯한 40여 개의 성을 함락시켰다(642).

(나) 김춘추의 노력으로 성사된 나당 연합군이 백제를 공격하여 황산벌에서 계백의 결사대를 물리치고 백제를 멸망시켰다(660).

② 백제가 신라를 지속적으로 공격하자 김춘추는 고구려 보장왕을 만나 원병을 요청하였으나 실패하였다. 그러자 김춘추는 당으로 건너가 나당 동맹을 결성하였다(648).

✓ 선택지 분석하기

① 검모잠, 고연무 등이 보장왕의 서자 안승을 왕으로 추대하고 한성(황해도 재령)과 오골성을 근거지로 고구려 부흥 운동을 전개하였다(669).

③ 수 양제는 113만 대군을 이끌고 고구려를 공격하였으나 을지문덕의 활약으로 살수에서 대패하였다(612).

④ 신라는 매소성 · 기벌포 전투를 승리로 이끌어 당을 한반도에서 몰아내고 삼국 통일을 이룩하였다(676).

⑤ 복신과 도침 등이 부여풍을 왕으로 추대하여 백제 부흥 운동을 전개하였으나 나당 연합군에 의해 실패하였다(663).

Keyword

#백제가 대야성 함락 #김춘추의 딸 고타소랑 #김품석 #고구려에 군사를 청함 #김유신 #황산 #계백

정답 ②

038 순서 나열형 + 사료형 [37회 6번]

(가)~(라)를 일어난 순서대로 옳게 나열한 것은? [2점]

(가) 의자왕은 당과 신라 군사들이 이미 백강과 탄현을 지났다는 소식을 듣고 장군 계백을 시켜 결사대 5천 명을 거느리고 황산으로 가서 신라 군사와 싸우게 하였다.

(나) 유인원과 신라왕 김법민은 육군을 거느려 나아가고, 유인궤와 부여융은 수군과 군량을 실은 배를 거느리고 …… 백강으로 가서 육군과 합세하여 주류성으로 갔다. 백강 어귀에서 왜의 군사를 만나 …… 그들의 배 4백 척을 불살랐다.

(다) 이근행이 군사 20만 명을 이끌고 매소성에 진을 쳤다. 신라군이 (이근행의 군사를) 공격하여 패주시키고, 말 3만여 필과 그만큼의 다른 병기를 얻었다.

(라) 검모잠이 남은 백성들을 모아서 …… 당의 관리와 승려 법안 등을 죽이고 신라로 향하였다. …… 안승을 한성 안으로 맞아들여 받들어 왕으로 삼았다.

① (가) – (나) – (다) – (라)　② (가) – (나) – (라) – (다)
③ (나) – (가) – (라) – (다)　④ (나) – (다) – (가) – (라)
⑤ (다) – (라) – (나) – (가)

신라의 삼국 통일 📖 요약노트 023번

✓ 정답 파헤치기

(가) 신라와 당의 연합군은 백제를 공격하여 황산벌에서 계백의 결사대를 물리치고 백제를 멸망시켰다(660).

(나) 백제 부흥 운동 당시 왜의 수군이 백제 부흥군을 지원하기 위해 백강에 도달하였으나, 나당 연합군의 공격을 받아 큰 피해를 입었다(663).

(라) 검모잠, 고연무 등이 보장왕의 서자 안승을 왕으로 추대하여 한성(황해도 재령)과 오골성을 근거지로 고구려 부흥 운동을 전개하였다(669).

(다) 신라는 당의 세력을 한반도에서 몰아내기 위해 당과의 전쟁을 전개하여 매소성 · 기벌포 전투를 승리로 이끌면서 통일을 이룩하였다(676).

Keyword

#의자왕 #계백 #결사대 5천 명 #황산 #김법민 #백강 #왜의 군사 #매소성 #검모잠 #안승

정답 ②

주제 11

통일 신라의 통치 체제 정비

원종·애노의 난
889

신라 삼국 통일
676

고구려 멸망
668

백제 멸망
660

나제 동맹
433

고구려 장수왕
평양성 천도
427

백제 근초고왕
평양성 공격
371

합격전략

신라는 삼국을 통일한 이후 여러 정책을 통해 국가의 통치 체제를 정비하였습니다. 왕권 강화 정책이나 중앙 및 지방 통치 체제 확립, 토지 제도 정비 등 주제가 다양한 만큼 문제 유형도 다양하게 출제됩니다.

039 사료형 [50회 4번]

밑줄 그은 '왕'에 대한 설명으로 옳은 것은? [2점]

> 용이 검은 옥대를 바쳤다. …… 왕이 놀라고 기뻐하여 오색 비단·금·옥으로 보답하고, 사람을 시켜 대나무를 베어서 바다로 나오자, 산과 용은 홀연히 사라져 보이지 않았다. 왕이 감은사에서 유숙하고 …… 행차에서 돌아와 그 대나무로 피리를 만들어 월성의 천존고에 보관하였다. 이 피리를 불면 적병이 물러가고 병이 나으며, 가물 때 비가 오고 비올 때 개며, 바람이 잦아들고 파도가 평온해졌다. 이를 만파식적(萬波息笛)이라 부르고 국보로 삼았다.
>
> － 『삼국유사』 －

① 병부와 상대등을 설치하였다.
② 이사부를 보내 우산국을 복속하였다.
③ 마립간이라는 칭호를 처음 사용하였다.
④ 매소성 전투에서 당의 군대를 격파하였다.
⑤ 김흠돌을 비롯한 진골 귀족 세력을 숙청하였다.

▌ 신문왕

📖 요약노트 014번

✓ 정답 파헤치기

『삼국유사』에 전해지는 신문왕 때 전설상의 피리인 만파식적(萬波息笛) 설화의 내용이다. 이에 따르면 피리를 불면 적병이 물러가고 병이 낫는 등 나라의 근심이 사라졌다고 한다.

⑤ 신문왕은 장인이었던 김흠돌의 난을 진압한 후 진골 귀족 세력을 숙청하여 왕권을 강화하였다(681).

✓ 선택지 분석하기

① 법흥왕은 병부와 상대등을 설치하고 관등을 정비하여 중앙 집권적 국가 체계를 갖추었다.

② 지증왕은 이사부를 시켜 우산국(울릉도)과 우산도(독도)를 복속시키고 실직주의 군주로 삼았다.

③ 내물왕은 '가장 높은 우두머리'라는 뜻의 마립간 칭호를 처음으로 사용하였다.

④ 문무왕은 매소성 전투와 기벌포 전투에서 승리하여 당의 세력을 한반도에서 몰아냈다.

🄺eyword

#감은사 #대나무로 피리를 만듦 #월성의 천존고 #만파식적(萬波息笛) #『삼국유사』

정답 ⑤

040 빈칸형 [48회 6번]

(가) 왕의 재위 기간에 있었던 사실로 옳은 것은? [2점]

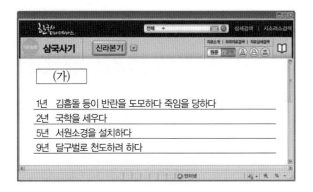

① 이사부를 보내 우산국을 복속하였다.
② 화랑도를 국가 조직으로 개편하였다.
③ 관료전을 지급하고 녹읍을 폐지하였다.
④ 최고 지배자의 칭호를 마립간으로 하였다.
⑤ 이차돈의 순교를 계기로 불교를 공인하였다.

041 사료형 [47회 8번]

교사의 질문에 대한 학생의 답변으로 옳은 것은? [3점]

지도와 같은 지방 행정 구역을 마련한 국가의 통치 제도에 대해 말해 볼까요?

① 중앙군을 2군 6위로 조직했습니다.
② 지방관으로 안찰사를 파견했습니다.
③ 중앙 관제를 3성 6부로 정비했습니다.
④ 관리 감찰을 위해 사정부를 두었습니다.
⑤ 유학 교육 기관으로 주자감을 설치했습니다.

▮ 신문왕

📖 요약노트 014번

√ 정답 파헤치기

신문왕은 장인이었던 김흠돌의 난을 진압한 후 귀족 세력을 숙청하였으며, 유학 교육 기관인 국학을 설치하여 유교 정치 이념을 확립하였다. 또한, 서원소경과 남원소경을 새로 설치하여 기존의 국원소경, 북원소경, 금관소경과 함께 5소경을 구성하는 9주 5소경의 지방 행정 구역 체제를 정비하였다. 이후 경주를 근거지로 하는 귀족 세력을 약화시키기 위해 수도를 달구벌(대구)로 옮기려 하였으나 실패하였다.

③ 신문왕은 왕권을 강화시키기 위해 관료전을 지급하고 귀족 세력의 경제적 기반인 녹읍을 폐지하였다.

√ 선택지 분석하기

① 지증왕은 이사부를 시켜 우산국(울릉도)과 우산도(독도)를 정벌하게 하고 실직주의 군주로 삼았다.
② 진흥왕은 화랑도를 국가적인 조직으로 정비하였다. 이를 통해 전쟁에서 필요한 핵심 병력을 확보하고 국가가 필요로 하는 인재를 양성하였다.
④ 신라는 왕(王)이라는 한자식 칭호를 쓰기 전 임금을 '거서간 → 차차웅 → 이사금 → 마립간'의 순서로 칭하였다. 그중 '가장 높은 우두머리'라는 뜻을 지닌 마립간은 제17대 내물왕부터 제22대 지증왕까지 사용되었다.
⑤ 법흥왕은 이차돈의 순교를 계기로 불교를 신라의 국교로 공인하였다.

Keyword

#김흠돌 등이 반란 도모 #국학 #서원소경 #달구벌로 천도

정답 ③

▮ 통일 신라의 지방 행정 구역

√ 정답 파헤치기

신라는 삼국 통일 이후 확장된 영토를 9주로 나누고 수도 경주의 편재성을 보완하기 위해 5소경을 설치하여 지방 행정 구역의 체계를 확립하였다.

④ 통일 신라는 감찰 기관인 사정부를 두었고, 지방관을 감찰하기 위해 외사정을 파견하기도 하였다.

√ 선택지 분석하기

① 고려의 중앙군은 국왕 친위대인 2군과 수도 및 변경의 방비를 담당하는 6위로 구성되었다.
② 고려 현종은 전국을 5도와 양계, 경기로 나누고 일반 행정 구역인 5도에 지방관인 안찰사를 파견하였다.
③ 발해는 당의 중앙 관제를 모방하여 3성 6부제를 운영하였으나 관청의 명칭과 실제 운영 방식은 발해의 독자적인 성격에 따랐다.
⑤ 발해는 중앙에 최고 교육 기관인 주자감을 두어 유학 교육을 실시하였다.

Keyword

#한주 #삭주 #명주 #웅주 #상주 #전주 #무주 #강주
#양주 #중원경 #북원경 #서원경 #남원경 #금관경

정답 ④

안심Touch

042 설명형 [36회 7번]

교사의 질문에 대한 학생의 답변으로 옳은 것은? [2점]

이와 같은 중앙 통치 체제를 운영한 국가의 지방 통치에 대해 발표해 볼까요?

〈중앙 통치 체제〉
- 집사부, 병부, 위화부 등 총 14개의 중앙 부서 운영
- 집사부의 장관인 시중이 왕명을 받들어 국정 수행
- 감찰 기구인 사정부를 두어 관리의 비리 방지
- 중앙 교육 기관으로 국학 설치

① 전국의 주요 지역에 12목을 설치했어요.
② 경재소를 설치하여 유향소를 통제했어요.
③ 국경 지역인 양계에 병마사를 파견했어요.
④ 상수리 제도를 실시하여 지방 세력을 견제했어요.
⑤ 각 도에 관찰사를 보내 관할 고을의 수령을 감독했어요.

▌통일 신라의 통치 체제

∨ 정답 파헤치기

④ 집사부, 병부, 위화부, 시중, 사정부 등은 통일 신라의 중앙 통치 체제와 관련된 내용이다. 통일 신라는 지방관을 감찰하기 위해 외사정을 파견하였고, 지방 세력을 견제하기 위해 각 주의 향리 자제 1명을 수도 금성으로 보내 머무르게 하는 상수리 제도를 운영하였다.

∨ 선택지 분석하기

① 고려 성종은 중앙의 통치 기구를 개편하여 중앙 관제를 정비하고, 12목에 지방관을 파견하여 지방 세력을 견제하였다.
② 조선 시대의 경재소는 중앙에 설치되어 유향소를 통제하고 중앙과 지방의 연락 기능을 담당하였다.
③ 고려 현종은 전국을 5도와 양계로 나누고 국경 지역인 양계에 병마사를 파견하였다.
⑤ 조선 시대에는 관찰사가 지방에 파견되어 관할 고을의 수령을 감독하고 근무 성적을 평가하였다.

Keyword

#집사부 #병부 #위화부 #시중 #사정부 #국학

정답 ④

043 순서 나열형 ⊕ 사료형 [38회 8번]

(가)~(라)를 시행한 순서대로 옳게 나열한 것은? [2점]

삼국사기로 보는 통일 신라의 토지 제도

(가) 교서를 내려 문무 관료전을 지급하되 차등을 두었다.
(나) 내외(內外) 관료의 녹읍을 폐지하고, 해마다 조(租)를 차등있게 하사하고 이를 항식(恒式)*으로 삼았다.
(다) 처음으로 백성에게 정전을 나누어 주었다.
(라) 내외(內外) 관료에게 매달 지급하던 녹봉을 없애고 다시 녹읍을 주었다.

*항식(恒式): 항상 따라야 하는 형식이나 정해진 법식

① (가) – (나) – (다) – (라)　② (가) – (다) – (라) – (나)
③ (나) – (라) – (가) – (다)　④ (다) – (나) – (가) – (라)
⑤ (라) – (가) – (나) – (다)

▌통일 신라의 토지 제도

📖 요약노트 014번

∨ 정답 파헤치기

(가) 관료전 지급(687): 신문왕은 문무 관리에게 관직 복무의 대가로 수조권이 부여된 관료전을 지급하여 귀족 세력의 약화와 왕권 강화를 도모하였다.
(나) 녹읍 폐지(689): 신문왕은 귀족의 경제적 기반을 약화시키기 위해 귀족들에게 지급하던 녹읍을 폐지하였다.
(다) 정전 지급(722): 성덕왕은 국가의 토지 지배력을 강화하고 수취 체제를 정비하기 위해 토지가 없는 백성들에게 정전을 지급하였다.
(라) 녹읍 부활(757): 경덕왕 때 이르러 귀족 세력이 강성해지고 왕권이 약화되면서 녹읍이 부활되었다.

Keyword

#관료전 #녹읍 폐지 #정전 #녹봉을 없애고 녹읍 지급

정답 ①

주제 12

통일 신라 불교의 발전

원종·애노의 난
889

신라 삼국 통일
676

고구려 멸망
668

백제 멸망
660

나제 동맹
433

고구려 장수왕
평양성 천도
427

백제 근초고왕
평양성 공격
371

합격전략

통일 신라 시기 불교 문제는 유형이 다양하게 제시됩니다. 주로 대표적인 승려들의 활동에 대해 묻는 문제가 출제되므로 이를 꼭 파악하도록 합니다.

---

044 설명형 [45회 8번]

밑줄 그은 '이 종파'에 대한 설명으로 옳은 것은? [2점]

이것은 전라남도 화순군 쌍봉사에 있는 국보 제57호 철감 선사 승탑입니다. 승려의 사리를 봉안하는 승탑은 이 종파가 수용된 이후 9세기부터 유행하였습니다. 이 종파는 도의 선사가 가지산문을 개창한 이래 9산 선문을 형성하였습니다.

① 동경대전을 경전으로 삼았다.
② 단군을 숭배의 대상으로 하였다.
③ 대성전을 세워 옛 성현에 제사를 지냈다.
④ 참선과 수행을 통해 깨달음을 얻고자 하였다.
⑤ 마음속에 한울님을 모시는 시천주를 강조하였다.

▮ 통일 신라 선종 불교

✓ 정답 파헤치기

전라남도 화순군 쌍봉사에 있는 철감 선사 승탑은 국보 제57호로 지정되어 있으며 9세기에 세워진 것으로 추정된다. 이 시기 통일 신라는 왕위 다툼으로 왕권이 크게 약화되면서 지방 세력들이 성장하였고, 이와 함께 선종 불교가 발전하게 되었다. 선종 승려들은 지방 호족 세력들의 지원을 바탕으로 성행하며 대표적 승려 집단인 9산 선문을 형성하였다.

④ 신라 말 도의가 당에서 귀국하며 도입된 선종 불교는 참선과 수행을 통해 깨달음을 얻고자 하는 실천적 경향이 강했다.

✓ 선택지 분석하기

① · ⑤ 동학은 창시자인 최제우가 교리를 정리한 『동경대전』을 경전으로 삼았으며, 마음속에 한울님을 모시는 시천주와 사람이 곧 하늘이라는 인내천 사상을 강조하였다.

② 나철, 오기호 등은 일제의 탄압에 대항하기 위해 민족을 부흥시켜야 한다며 단군을 숭상하는 대종교를 창시하였다.

③ 조선 시대 관학인 성균관과 향교에서는 대성전을 세워 매년 봄, 가을에 공자를 비롯한 옛 성현을 기리는 제사를 지냈다.

K eyword

#화순군 쌍봉사 #국보 제57호 #철감 선사 승탑 #9세
기부터 유행 #도의 선사 #가지산문 #9산 선문

정답 ④

안심Touch

045 빈칸형 [47회 9번]

(가) 인물에 대한 설명으로 옳은 것은? [1점]

> ___(가)___ 은/는 설총을 낳은 이후 속인의 옷으로 바꾸어 입고 스스로 소성거사라고 하였다. 우연히 광대들이 갖고 놀던 큰 박을 얻었는데 그 모양이 괴이하였다. 그 모양을 따라서 도구로 만들어 화엄경의 구절에서 이름을 따와 '무애(無㝵)'라고 하고, 노래를 지어 세상에 퍼뜨렸다.

① 부석사를 창건하였다.
② 백련결사를 주도하였다.
③ 왕오천축국전을 남겼다.
④ 금강삼매경론을 저술하였다.
⑤ 신편제종교장총록을 편찬하였다.

046 빈칸형 ⊕ 사료형 [41회 9번]

(가) 인물에 대한 설명으로 옳은 것은? [2점]

> ___(가)___ 은/는 열 곳의 절에서 교(敎)를 전하게 하니 태백산의 부석사, …… 남악의 화엄사 등이 그것이다. 또한 법계도서인(法界圖書印)을 짓고 아울러 간략한 주석을 붙여 일승(一乘)의 요점을 모두 기록하였다. …… 법계도는 총장(總章) 원년 무진(戊辰)에 완성되었다.
>
> – 『삼국유사』 –

① 황룡사 구층 목탑의 건립을 건의하였다.
② 무애가를 지어 불교 대중화에 노력하였다.
③ 보현십원가를 지어 불교 교리를 전파하였다.
④ 인도와 중앙아시아를 다녀와서 왕오천축국전을 남겼다.
⑤ 현세의 고난에서 구제받고자 하는 관음 신앙을 강조하였다.

▌원효

📖 요약노트 050번

✓ 정답 파헤치기

④ 신라의 승려 원효는 불교 종파의 대립과 분열을 종식시키고 화합을 이루기 위한 화쟁 사상을 주장하였다. 또한, 불교의 대중화를 위해 불교의 교리를 쉬운 노래로 표현한 『무애가』를 지었으며, 불교의 사상적 이해 기준을 확립한 『금강삼매경론』, 『대승기신론소』 등을 저술하였다.

✓ 선택지 분석하기

① 신라의 승려 의상은 당나라의 지엄으로부터 화엄에 대한 가르침을 받고 돌아와 화엄 사상을 정립하고 부석사를 창건하였다.

② 고려의 승려 요세는 만덕사(백련사)에서 자신의 행동을 참회하는 법화 신앙에 중점을 두고 백련사 결사를 주도하였다.

③ 신라의 승려 혜초는 인도와 중앙아시아 지역을 답사한 뒤 『왕오천축국전』을 지었다.

⑤ 고려 문종의 넷째 아들로 승려가 된 의천은 중국 및 우리나라의 불교 관계 저술을 수집하여 『신편제종교장총록』을 편찬하였다.

Keyword

#설총 #소성거사 #화엄경 #무애(無㝵)

정답 ④

▌의상

📖 요약노트 050번

✓ 정답 파헤치기

신라의 승려 의상은 당나라에 가서 지엄으로부터 화엄을 공부하고 돌아와 신라에서 화엄 사상을 펼쳤다. 의상은 부석사를 중심으로 많은 제자들을 양성하면서 화엄 교단을 세웠으며, 『화엄일승법계도』를 저술하였다.

⑤ 의상은 현세에서 고난을 구제받고자 하는 관음 신앙을 강조하였다.

✓ 선택지 분석하기

① 신라의 승려 자장은 주변 9개 민족의 침략을 부처의 힘으로 막기를 염원하여 선덕 여왕에게 황룡사 구층 목탑의 건립을 건의하였다.

② 신라의 승려 원효는 불교의 교리를 쉬운 노래로 표현한 『무애가』를 통해 불교의 대중화를 위해 노력하였다.

③ 고려의 승려 균여는 따라 부르기 쉬운 노래를 이용하여 어려운 불교의 교리를 설파하고자 『보현십원가』라는 향가를 지었다.

④ 신라의 승려 혜초는 인도와 중앙아시아 지역을 순례하고 돌아와 『왕오천축국전』을 저술하였다.

Keyword

#부석사 #화엄사 #일승 #『법계도』 #『삼국유사』

정답 ⑤

주제 13

통일 신라 예술·문화의 발전

원종·애노의 난 889

신라 삼국 통일 676

고구려 멸망 668

백제 멸망 660

나제 동맹 433

고구려 장수왕 평양성 천도 427

백제 근초고왕 평양성 공격 371

합격전략

통일 신라의 예술과 문화 발전상은 불교와 관련이 깊습니다. 어떤 문제 유형으로 출제되더라도 맞힐 수 있도록 불교와 관련된 문화유산을 중심으로 학습합니다.

---

047 빈칸형 + 사진형 [43회 10번]

(가)에 들어갈 문화유산으로 옳은 것은? [3점]

> **사진으로 보는 우리나라의 탑** ◆ 신라 편
>
> (가)
>
> 이 탑은 신문왕 2년에 세워진 것으로, 국보 제112호로 지정된 쌍탑 중 동탑이다. 이 탑은 삼국 통일 이후 조성된 석탑 양식의 전형을 보여주는 것으로 지붕돌, 몸돌 등 각 부분이 여러 개의 석재로 조립되었다는 점이 특징이다. 이 탑이 있는 절은 삼국을 통일한 문무왕의 유업을 이어받아 아들인 신문왕이 완공하였다.

①  ②  ③

④  ⑤

경주 감은사지 동·서 삼층 석탑 📖 요약노트 020번

정답 파헤치기

① 경주 감은사지 동·서 삼층 석탑은 경상북도 경주시 감은사지에 있는 서로 같은 규모와 양식을 갖춘 쌍탑이며, 신문왕 때 세워져 현재는 국보 제112호로 지정되어 있다. 1960년 탑을 해체하여 수리할 때 서쪽 탑에서 금동 사리기(보물 제366-1호)와 금동 사리외함(보물 제366-2호)이 발견되기도 하였다.

선택지 분석하기

② 경주 불국사 다보탑(국보 제20호) - 통일 신라 경덕왕

③ 경주 분황사 모전 석탑(국보 제30호) - 신라 선덕 여왕

④ 평창 월정사 팔각 구층 석탑(국보 제48-1호) - 고려 전기

⑤ 익산 미륵사지 석탑(국보 제11호) - 백제 무왕

Keyword

#신문왕 2년 #국보 제112호 #쌍탑 중 동탑 #삼국 통일 이후 석탑 양식의 전형 #신문왕이 완공

정답 ①

048 빈칸형 [36회 4번]

(가)~(마)에 대한 탐구 활동으로 적절하지 않은 것은? [3점]

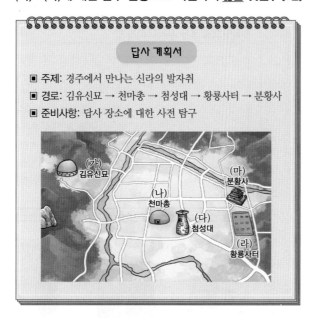

답사 계획서

■ 주제: 경주에서 만나는 신라의 발자취
■ 경로: 김유신묘 → 천마총 → 첨성대 → 황룡사터 → 분황사
■ 준비사항: 답사 장소에 대한 사전 탐구

① (가) – 무덤 둘레돌에 12지 신상을 새긴 이유를 찾아본다.
② (나) – 돌무지 덧널무덤의 내부 구조와 특징을 검색한다.
③ (다) – 무구정광대다라니경의 발견 경위를 조사한다.
④ (라) – 9층 목탑을 건립하였던 목적을 파악한다.
⑤ (마) – 모전 석탑의 제작 방식을 알아본다.

▌ 무구정광대다라니경

✓ 정답 파헤치기

③ 무구정광대다라니경은 경주 불국사 삼층 석탑에서 발견된 세계 최고(最古)의 목판 인쇄물로, 통일 신라 시대 유물이며 국보 제126-6호로 지정되어 있다.

✓ 선택지 분석하기

① 경주 김유신묘는 통일 신라의 무덤 양식인 굴식 돌방무덤으로, 봉분 주위를 둘레돌로 두르고 12지 신상을 조각하였다.
② 경주 천마총은 신라의 무덤 양식인 돌무지 덧널무덤이다. 나무로 곽을 짜고 그 위에 돌을 쌓은 다음 흙을 덮어 만들어져 도굴이 어려웠기 때문에 많은 껴묻거리가 함께 출토되었다.
④ 선덕 여왕 때 자장은 주변 9개 민족의 침략을 부처의 힘으로 막기를 염원하면서 경주 황룡사 구층 목탑의 건립을 왕에게 건의하였다.
⑤ 경주 분황사 모전 석탑은 현존하는 신라 석탑 중 가장 오래된 석탑으로, 석재를 벽돌 모양으로 만들어 쌓았으며 지금은 3층까지만 남아 있다.

Keyword

#경주 #신라 #김유신묘 #천마총 #첨성대 #황룡사터
#분황사

정답 ③

049 빈칸형 [34회 6번]

다음 검색창에 들어갈 인물에 대한 설명으로 옳은 것은?

[3점]

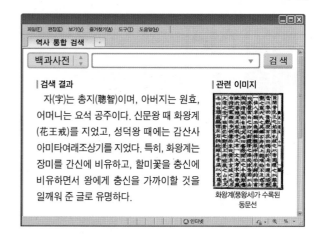

역사 통합 검색

백과사전

| 검색 결과

자(字)는 총지(聰智)이며, 아버지는 원효, 어머니는 요석 공주이다. 신문왕 때 화왕계(花王戒)를 지었고, 성덕왕 때에는 감산사 아미타여래조상기를 지었다. 특히, 화왕계는 장미를 간신에 비유하고, 할미꽃을 충신에 비유하면서 왕에게 충신을 가까이할 것을 일깨워 준 글로 유명하다.

| 관련 이미지

화왕계(풍왕서)가 수록된 동문선

① 진골 귀족 출신으로 화랑세기 등을 저술하였다.
② 외교 문서 작성에 능하여 청방인문표를 집필하였다.
③ 인도와 중앙아시아를 순례하고 왕오천축국전을 지었다.
④ 명망 높은 승려들의 전기를 정리한 해동고승전을 남겼다.
⑤ 한자의 음과 훈을 차용한 이두를 체계적으로 정리하였다.

▌ 설총의 이두

✓ 정답 파헤치기

⑤ 6두품 출신인 설총은 한자의 음(音)과 훈(訓)을 빌려 우리말을 표기하는 이두를 정리하였고, 신문왕에게 풍간(諷諫)의 뜻을 담은 「화왕계」를 올렸다.

✓ 선택지 분석하기

① 신라의 진골 귀족 출신인 김대문은 「화랑세기」 등을 저술하였다.
② 신라의 강수는 외교 문서 작성을 전담하여 당에 김인문을 석방해 줄 것을 청한 「청방인문표」를 작성하였다.
③ 통일 신라 때 혜초는 인도와 중앙아시아를 순례하고 「왕오천축국전」을 저술하였다.
④ 고려 때 각훈이 쓴 「해동고승전」은 삼국 시대 이래 승려들의 전기가 기록되어 있었으나, 현재 일부만 남아 있다.

Keyword

#원효 #요석 공주 #화왕계(花王戒)

정답 ⑤

통일 신라 말의 사회 변화

원종 · 애노의 난
889

신라 삼국 통일
676

고구려 멸망
668

백제 멸망
660

나제 동맹
433

고구려 장수왕
평양성 천도
427

백제 근초고왕
평양성 공격
371

합격전략

진성 여왕 시기의 사회 모습이나 6두품 인물이 당에 건너가 활동하는 모습 등이 출제된다면 이 시기가 통일 신라 말기라는 것을 파악할 수 있어야 합니다.

050 빈칸형 [49회 9번]

다음 검색창에 들어갈 왕의 재위 기간에 있었던 사실로 옳은 것은? [1점]

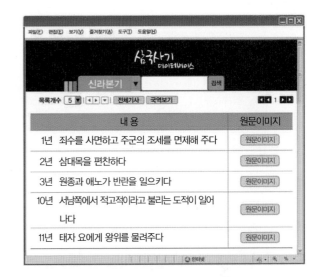

내 용	원문이미지
1년 죄수를 사면하고 주군의 조세를 면제해 주다	원문이미지
2년 삼대목을 편찬하다	원문이미지
3년 원종과 애노가 반란을 일으키다	원문이미지
10년 서남쪽에서 적고적이라고 불리는 도적이 일어나다	원문이미지
11년 태자 요에게 왕위를 물려주다	원문이미지

① 왕의 장인인 김흠돌이 반란을 도모하였다.
② 강조가 정변을 일으켜 김치양을 제거하였다.
③ 거칠부가 왕명을 받들어 국사를 편찬하였다.
④ 최치원이 왕에게 시무 10여 조를 건의하였다.
⑤ 복신과 도침 등이 부여풍을 왕으로 추대하였다.

█ 진성 여왕 시기 사회 모습

요약노트 015번

∨ 정답 파헤치기

진성 여왕이 즉위할 당시 신라는 귀족들의 반란으로 왕권이 약화되었고, 계속되는 수탈로 백성들은 살기 어려운 상황이었다.

④ 최치원은 통일 신라 말 6두품 출신 유학자로 당의 빈공과에 합격하였고, 이후 신라로 돌아와 진성 여왕에게 시무 10여 조를 건의하였으나 결국 받아들여지지 않았다(894).

∨ 선택지 분석하기

① 통일 신라 신문왕의 장인이었던 김흠돌이 모반을 꾀하다 발각되어 처형당하였고, 이를 계기로 신문왕은 귀족 세력을 숙청하고 왕권을 강화하였다(681).

② 고려의 무신 강조가 국가의 혼란을 바로잡고자 정변을 일으켜 김치양을 제거하고 목종은 폐위되었다(1009).

③ 신라 진흥왕은 거칠부에게 역사서인 『국사』를 편찬하게 하였다(545).

⑤ 백제가 멸망한 이후 복신과 도침 등이 부여풍을 왕으로 추대하여 주류성을 중심으로 백제 부흥 운동을 전개하였으나 나당 연합군에 의해 실패하였다(663).

Keyword

#죄수 사면 #주군의 조세 면제 #『삼대목』 편찬 #원종과 애노의 반란 #적고적 #태자 요에게 왕위를 물려줌

정답 ④

051 사료형 [46회 5번]

다음 자료에 나타난 시기에 볼 수 있는 모습으로 적절한 것은?

[2점]

> 오시(午時)에 북서풍이 불었으므로 돛을 올리고 나아갔다. 미시(未時)와 신시(申時) 사이에 적산의 동쪽 언저리에 도착하여 배를 정박하였다. 북서풍이 더욱 세차게 불었다. 이곳 적산은 바위로만 이루어진 우뚝 솟은 산으로, 문등현 청녕향 적산촌이 위치하고 있다. 산에는 적산 법화원이라는 절이 있는데, 본래 장보고가 처음으로 세운 것이다.
>
> – 『입당구법순례행기』 –

① 농상집요를 소개하는 관리
② 만권당에서 대담을 나누는 학자
③ 매소성 전투에서 당군과 싸우는 군인
④ 빈공과를 준비하는 6두품 출신 유학생
⑤ 주류성에서 백제 부흥 운동을 벌이는 귀족

▌ 통일 신라 말기 사회상(6두품)

📖 요약노트 015번

∨ 정답 파헤치기

제시된 사료 『입당구법순례행기』는 일본 승려 엔닌의 당나라 여행기로, 당 입국과 귀국을 도와준 장보고의 은혜에 경의를 표하는 내용을 담고 있다. 법화원은 흥덕왕 때 장보고가 신라인 집단 거주지였던 산둥반도 적산촌에 세운 사찰로, 신라원 중 가장 유명한 사찰이었다.

④ 신라 말에는 6두품 출신들이 당나라로 유학을 떠나 외국인을 위한 과거 전형인 빈공과에 합격하기도 하였다. 대표적인 6두품 출신 도당 유학생으로는 최치원, 최승우, 최언위 등이 있다.

∨ 선택지 분석하기

① 고려 충정왕 때 이암이 중국의 농서인 『농상집요』를 처음 들여왔으나 우리의 농업의 실정과 맞지 않았다.
② 고려 충선왕은 왕위를 물려준 뒤 원의 연경에 만권당을 세우고 이제현 등의 성리학자들을 데려와 원의 학자들과 교류하게 하였다.
③ 신라 문무왕은 나당 전쟁에서 매소성·기벌포 전투를 승리로 이끌며 당의 세력을 한반도에서 몰아내고 통일을 이룩하였다(676).
⑤ 백제가 멸망한 이후 복신과 도침 등은 왕자 풍을 왕으로 추대하고 주류성과 임존성을 거점으로 백제 부흥 운동을 전개하였다(660).

K Keyword

#문등현 청녕향 적산촌 #적산 법화원 #장보고 #『입당구법순례행기』

정답 ④

---

052 시기 일치형 ✚ 사료형 [41회 10번]

(가), (나) 사이의 시기에 있었던 사실로 옳은 것은? [2점]

> (가) 3월에 웅천주 도독 헌창이 아버지 주원이 왕이 되지 못함을 이유로 반란을 일으켜, 국호를 장안이라 하고 연호를 세워 경운 원년이라 하였다. 무진·완산·청(菁)·사벌의 4개 주 도독과 국원경·서원경·금관경의 사신(仕臣), 여러 군현의 수령을 협박해 자기 소속으로 삼았다.
> – 『삼국사기』 –
>
> (나) 진성왕 3년, 나라 안의 모든 주·군에서 공물과 부세를 보내지 않아 창고가 비고 재정이 궁핍해졌다. 왕이 관리를 보내 독촉하니 곳곳에서 도적이 벌떼처럼 일어났다. 이때 원종, 애노 등이 사벌주를 근거지로 반란을 일으켰다.
> – 『삼국사기』 –

① 왕명으로 거칠부가 국사를 편찬하였다.
② 왕의 장인인 김흠돌이 반란을 일으켰다.
③ 병부 등을 설치하여 지배 체제를 정비하였다.
④ 장보고가 청해진을 거점으로 반란을 도모하였다.
⑤ 관리들에게 관료전이 지급되고 녹읍이 폐지되었다.

▌ 통일 신라 말기 반란

📖 요약노트 014번, 024번

∨ 정답 파헤치기

(가) 김헌창의 난(822): 통일 신라 헌덕왕 때 아버지 김주원이 왕위 쟁탈전에서 패배한 것에 불만을 품은 웅천주 도독 김헌창의 반란으로, 관군에 의해 진압되어 실패하였다.

(나) 원종·애노의 난(889): 통일 신라 말 진성 여왕 때 중앙 정권의 무분별한 조세 징수에 대한 반발로 사벌주에서 원종, 애노가 농민 봉기를 일으킨 사건이다.

④ 장보고는 완도에 청해진을 설치하고 해적을 소탕하여 해상 무역권을 장악하며 권세를 누렸다. 그러나 문성왕이 장보고의 딸을 왕비로 삼겠다고 한 것을 철회하자 이에 분노한 장보고는 반란을 일으켰고(장보고의 난, 846), 불안을 느낀 왕실과 귀족들은 자객 염장을 보내 장보고를 살해하였다.

∨ 선택지 분석하기

① 신라 진흥왕은 거칠부에게 역사서인 『국사』를 편찬하게 하였다(545).
② 통일 신라 신문왕의 장인이었던 김흠돌이 모반을 꾀하다 발각되어 처형당하였고, 이를 계기로 신문왕은 귀족 세력을 숙청하고 왕권을 강화하였다(681).
③ 신라 법흥왕은 병부를 설치하고 관등을 정비하여 중앙 집권적 국가 체제를 갖추었다(517).
⑤ 통일 신라 신문왕은 관료전을 지급하고(687) 녹읍을 폐지하여(689) 귀족들의 세력을 약화시키고자 하였다.

K Keyword

#웅천주 도독 헌창 #진성왕 #원종 #애노 #사벌주를 근거지로 반란 #『삼국사기』

정답 ④

주제 15

발해의 발전

원종·애노의 난
889

신라 삼국 통일
676

고구려 멸망
668

백제 멸망
660

나제 동맹
433

고구려 장수왕
평양성 천도
427

백제 근초고왕
평양성 공격
371

합격전략

발해 문제는 주로 **빈칸형** 을 기반으로 하고 이를 응용하여 다양한 유형으로 출제됩니다. 이때 빈칸에 들어가는 말은 거의 '발해' 자체 인 경우가 많으니 발해만이 가지는 특징을 학습해야 합니다.

---

053 빈칸형 + 사료형 [47회 6번]

(가) 국가에 대한 설명으로 옳은 것은? [2점]

> ┌─────┐
> │ (가) │의 무왕이 일본에 보낸 국서
> └─────┘
>
> 속일본기에 " (가) 의 왕 대무예가 고인의(高仁義) 등을 보내어 국서와 선물을 보냈다."라고 기록되어 있다.
>
> …… 고인의, 덕주, 사나루 등 24명에게 서신을 가지고 가도록 하였고, 아울러 담비 가죽 300장을 정중히 보냅니다. 때때로 소식을 보내 우의를 두텁게 하고자 합니다.
>
> — 『해동역사』 —

① 지방의 22담로에 왕족을 파견하였다.
② 교육 기관으로 태학과 경당을 두었다.
③ 골품에 따라 관등 승진에 제한이 있었다.
④ 화백 회의에서 국가의 중대사를 논의하였다.
⑤ 거란도, 영주도 등을 통해 주변 국가와 교류하였다.

▌발해의 전성기

📖 요약노트 025번

√ 정답 파헤치기

발해 무왕은 장문휴로 하여금 수군을 이끌고 당나라의 등주를 공격하였고 이에 발해와 당나라 사이에 분쟁이 일어나게 되었다. 이때 무왕은 당나라와의 충돌에 대비하기 위해 일본에 사신을 보내 통교하였다. 이후 즉위한 문왕은 당과 친선 관계를 맺고 당의 문물을 받아들였다.

⑤ 해동성국이라 불릴 정도로 발달한 발해의 발전상은 교통로를 통해 짐작할 수 있다. 조공도, 영주도, 거란도, 일본도, 신라도와 같은 발해의 교통로들은 상인과 사신이 이동하는 교역로였으며, 이를 통해 발해가 당나라, 신라, 일본 등을 중심으로 여러 나라와 아주 활발하게 대외 무역 활동을 하였음을 확인할 수 있다.

√ 선택지 분석하기

① 백제 무령왕은 지방에 설치한 22담로에 왕족을 파견하여 지방 통제를 강화하였다.
② 고구려 소수림왕은 교육 기관인 태학을 설립하여 인재를 양성하였고(372), 장수왕 때는 지방에 경당을 설치하여 평민 자제들에게 학문과 무술을 가르쳤다.
③ 신라는 골품 제도라는 신분 제도를 운영하였는데 골품은 관직 승진을 제한하였을 뿐만 아니라 일상생활까지 규제하는 기준이 되었다.
④ 신라는 귀족 합의체인 화백 회의를 통해 국가의 중대사를 결정하였으며, 만장일치제로 운영되었다.

Keyword

#무왕 #일본에 보낸 국서 #대무예 #고인의(高仁義)
#덕주 #사나루 #담비 가죽 #『해동역사』

정답 ⑤

안심Touch

054 빈칸형 + 합답형 [37회 8번]

(가) 왕에 대한 설명으로 옳은 것을 〈보기〉에서 고른 것은? [2점]

이곳은 산둥반도의 등주성입니다. (가) 이/가 이 지역에 장문휴를 보내 당의 군대를 격파하였습니다.

● 보기 ●

ㄱ. 중경 현덕부에서 상경 용천부로 천도하였다.

ㄴ. 고구려 유민을 이끌고 동모산에서 건국하였다.

ㄷ. 인안(仁安)이라는 독자적인 연호를 사용하였다.

ㄹ. 대문예로 하여금 흑수 말갈을 정벌하게 하였다.

① ㄱ, ㄴ　　② ㄱ, ㄷ　　③ ㄴ, ㄷ

④ ㄴ, ㄹ　　⑤ ㄷ, ㄹ

055 빈칸형 [49회 8번]

(가) 국가에 대한 설명으로 옳은 것은? [2점]

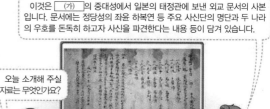

이것은 (가) 의 중대성에서 일본의 태정관에 보낸 외교 문서의 사본입니다. 문서에는 정당성의 좌윤 하복연 등 주요 사신단의 명단과 두 나라의 우호를 돈독히 하고자 사신을 파견한다는 내용 등이 담겨 있습니다.

오늘 소개해 주실 자료는 무엇인가요?

① 광군을 창설하여 외침에 대비하였다.

② 주자감을 설치하여 인재를 양성하였다.

③ 골품제라는 엄격한 신분제를 마련하였다.

④ 9주 5소경의 지방 행정 제도를 갖추었다.

⑤ 왕족인 부여씨와 8성의 귀족이 지배층을 이루었다.

▌ 발해의 정치 기구

📖 요약노트 026번

✔ 정답 파헤치기

발해는 당의 영향을 받아 3성 6부제를 운영하였으나 관청의 명칭과 실제 운영 방식에서 발해의 독자적인 성격을 확인할 수 있다. 당과 달리 정당성에 실제 권력이 집중되어 정당성의 장관인 대내상이 국정을 총괄하였고, 그 아래 6부를 둘로 나누어 좌사정과 우사정이 각각 맡아 운영하였다. 또한, 발해는 신라, 당, 거란, 일본 등과 활발한 무역을 전개하였다.

② 발해는 당나라의 국자감 제도를 받아들여 중앙에 최고 교육 기관인 주자감을 설치하였다. 이곳에서는 왕족과 귀족을 대상으로 유교 교육을 실시하여 인재를 양성하였다.

✔ 선택지 분석하기

① 고려 정종 때 최광윤의 의견을 받아들여 거란의 침입을 대비하기 위한 광군을 창설하였다.

③ 신라에는 골품제라는 특수한 신분 제도가 있었으며 골품에 따라 관직 승진에 제한을 두었다.

④ 통일 신라는 삼국 통일로 확장된 영토를 9주로 나누고 수도 경주의 편재성을 보완하기 위해 5소경을 설치하여 지방 행정 구역 체계를 확립하였다.

⑤ 백제의 지배층은 왕족인 부여씨와 8성의 귀족으로 이루어져 있었다.

▌ 발해의 전성기

📖 요약노트 025번

✔ 정답 파헤치기

ㄷ·ㄹ. 발해 제2대 무왕은 인안(仁安)이라는 독자적인 연호를 사용하고, 동북방의 여러 세력을 복속하여 북만주 지역을 장악하였다. 동생인 대문예를 보내 흑수 말갈을 정벌하게 하였고, 장문휴의 수군으로 당의 등주를 공격하였다.

✔ 선택지 분석하기

ㄱ. 문왕은 발해의 수도를 중경 현덕부에서 상경 용천부로 천도하였다.

ㄴ. 고구려 출신인 대조영이 유민들을 이끌고 지린성 동모산에서 발해를 건국하였다.

Keyword

#산둥반도 #등주성 #장문휴 #당의 군대 격파

정답 ⑤

Keyword

#중대성 #일본의 태정관에 보낸 외교 문서 #정당성의 좌윤 하복연 등 주요 사신단 #두 나라의 우호

정답 ②

056 빈칸형 + 사료형 [40회 6번]

(가) 국가에 대한 설명으로 옳은 것은? [1점]

> [(가)] 중대성이 일본국 태정관에게 보내는 첩(牒)
>
> 귀국에 가서 알현할 사신 정당성 좌윤 하복연과 그 일행 105명을 파견합니다. …… 일본 땅은 동쪽으로 멀리 있고, 요양(遼陽)은 서쪽으로 멀리 있으니, 양국이 서로 떨어져 있는 거리가 1만 리나 되고도 남음이 있습니다. ……

① 옥저를 정복하고 동해안으로 진출하였다.
② 광덕, 준풍 등의 독자적인 연호를 사용하였다.
③ 5경 15부 62주의 지방 행정 제도를 갖추었다.
④ 상수리 제도를 실시하여 지방 세력을 견제하였다.
⑤ 내신 좌평, 위사 좌평 등 6좌평의 관제를 마련하였다.

▌발해의 지방 행정 제도

📖 요약노트 026번

✔ 정답 파헤치기

이 사료는 발해의 중대성에서 사신단을 통해 일본 태정관에게 보낸 문서이다 (841). 이 문서에 나타난 동궁제(東宮制), 수령제(首領制) 등을 통해 발해의 관제나 지방 행정 제도 등을 파악할 수 있다.

③ 발해 선왕은 영토를 크게 확장하여 지방 행정 제도를 5경 15부 62주로 정비하였다.

✔ 선택지 분석하기

① 고구려 태조왕은 옥저를 정복하고 동해안으로 진출하면서 영토를 확장하였다.
② 고려 광종은 국왕의 권위를 높이기 위해 황제라 칭하고 광덕, 준풍 등의 연호를 사용하였다.
④ 신라는 삼국 통일 이후 지방 세력을 견제하기 위해 상수리 제도를 실시하였다.
⑤ 백제 고이왕은 6좌평제와 16관등제를 정비하여 중앙 집권 국가의 토대를 마련하였다.

Keyword

#중대성 #일본국 태정관 #정당성 #좌윤 하복연

정답 ③

---

057 빈칸형 + 사진형 [42회 10번]

(가) 국가의 문화유산으로 옳은 것은? [2점]

□□신문

제△△호 　　　　○○○○년 ○○월 ○○일

[(가)]의 황후 묘지 발굴

순목황후묘 실측도

중국 지린성 허룽시 룽하이촌 룽터우산 고분군에서 [(가)]이/가 황제국이었음을 보여주는 제3대 문왕의 부인 효의황후와 제9대 간왕의 부인 순목황후의 묘지(墓誌)가 발굴되었다. 이와 함께 고구려 양식을 계승한 것으로 보이는 금제 관식도 출토되었다.

 ① ② ③

 ④  ⑤

▌발해의 문화유산

📖 요약노트 027번

✔ 정답 파헤치기

중국 지린성 용두산(룽터우산) 고분군은 발해 왕실의 20여 기 무덤 유적이 남아 있는 곳으로, 발해 문왕의 넷째 딸인 정효 공주묘가 대표적이다.

③ 발해 영광탑은 중국 지린성에 있는 발해 시대의 5층 전탑으로, 당의 영향을 받았다.

✔ 선택지 분석하기

① 부여 정림사지 오층 석탑은 국보 제9호로 지정되어 있으며, 목탑의 구조와 비슷하지만 돌의 특성을 잘 살린 백제의 대표적인 석탑이다.
② 경주 불국사 다보탑은 경주시 불국사에 있는 통일 신라 시대의 화강석 석탑으로, 다보여래의 사리를 모신 탑이며 국보 제20호로 지정되어 있다.
④ 개성 경천사지 십층 석탑은 고려 말 원 간섭기에 원의 석탑 양식에 영향을 받아 대리석으로 만들어진 석탑으로, 국보 제86호이다.
⑤ 서울 원각사지 십층 석탑은 개성 경천사지 십층 석탑을 모방하여 만든 조선 시대 탑으로 국보 제2호로 지정되어 있다.

Keyword

#순목황후묘 #황제국 #문왕 #고구려 양식을 계승

정답 ③

III

고려

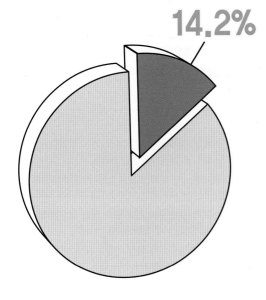

III단원 출제 비율(최신 10회분)

14.2%

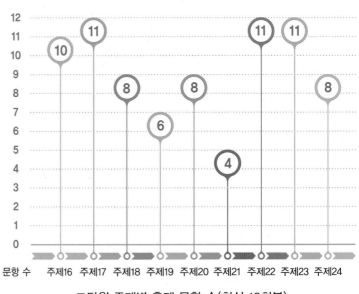

III단원 주제별 출제 문항 수(최신 10회분)

※순서 나열형, 시기 일치형, 합답형 등의 경우 한 문항이 여러 주제에 중복 해당되기도 합니다.

주제별 키워드

주제 16 고려의 건국과 후삼국의 통일	후백제, 후고구려, 견훤, 궁예, 경순왕, 광평성, 마진·태봉, 공산 전투, 고창 전투, 일리천 전투
주제 17 고려의 통치 체제 정비	태조 왕건, 사심관 제도, 흑창, 훈요 10조, 광종, 쌍기, 과거 제도, 음서 제도, 노비안검법, 성종, 최승로의 시무 28조, 중서문하성, 어사대
주제 18 문벌 귀족 사회의 동요와 무신 정권의 성립	인종, 이자겸의 난, 묘청의 서경 천도 운동, 무신 정변, 이의방, 정중부, 이의민, 최충헌, 봉사 10조, 교정도감, 최우, 김사미·효심의 난, 최광수의 난
주제 19 거란과 여진의 침입 및 격퇴	광군, 서희의 외교 담판, 강동 6주, 강감찬, 귀주 대첩, 윤관의 별무반, 동북 9성
주제 20 원의 침입과 대몽 항쟁	강화도 천도, 처인성 전투, 삼별초 항쟁, 몽골풍 유행(변발, 호복), 권문세족
주제 21 공민왕의 반원 개혁 정책과 새로운 정치 세력의 성장	공민왕, 정동행성, 쌍성총관부 탈환, 신돈, 전민변정도감, 최영, 이성계, 신진 사대부
주제 22 고려의 경제와 사회	경시서, 주전도감, 해동통보, 삼한통보, 해동중보, 활구(은병), 벽란도, 전시과, 구제도감·구급도감
주제 23 학문과 사상의 발전	9재 학당, 7재, 사학 12도, 국자감, 경학박사, 『삼국사기』, 『삼국유사』, 『제왕운기』, 김부식, 일연, 의천, 해동 천태종, 교관겸수, 지눌, 정혜쌍수·돈오점수
주제 24 문화유산과 과학 기술	팔만대장경, 논산 관촉사 석조 미륵보살, 안동 봉정사 극락전, 평창 월정사 팔각 구층 석탑, 청자 상감운학문 매병, 『직지심체요절』, 『향약구급방』, 최무선의 화통도감

주제
16

고려의 건국과 후삼국의 통일

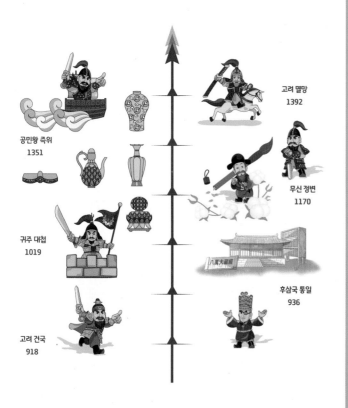

공민왕 즉위
1351

귀주 대첩
1019

고려 건국
918

고려 멸망
1392

무신 정변
1170

후삼국 통일
936

합격전략

고려 건국 전후 시기에는 궁예, 견훤에 대한 문제가 다양한 유형으로 출제됩니다. 후삼국 통일 과정에서는 **순서 나열형** 문제가 빠지지 않으니 이 시기 사건들의 선후 관계를 꼭 암기해 두어야 합니다.

058 설명형 [49회 10번]

다음 대화에 나타난 인물에 대한 설명으로 옳은 것은? [2점]

① 후당, 오월에 사신을 보냈다.
② 금산사에 유폐된 후 고려에 귀부하였다.
③ 지방관을 감찰하고자 외사정을 파견하였다.
④ 청해진을 설치하여 해상 무역을 전개하였다.
⑤ 마진이라는 국호와 무태라는 연호를 사용하였다.

궁예의 후고구려

요약노트 028번

✓ 정답 파헤치기

신라의 왕족 출신인 궁예는 북원 양길의 휘하로 들어가 세력을 키워 송악에 도읍을 정하고 후고구려를 세웠다(901). 이후 광평성을 중심으로 한 정치 기구를 새롭게 마련하기도 하였으나 미륵불을 자칭하고 폭정을 일삼자 왕건에 의해 축출되었다(918).

⑤ 궁예는 영토를 확장하여 철원으로 천도하고 국호를 마진으로 바꿨다가 다시 태봉으로 바꾸기도 하였으며 무태라는 연호를 사용하였다.

✓ 선택지 분석하기

① 후백제를 건국한 견훤은 중국 후당, 오월에 사신을 파견하여 외교 관계를 맺었다.
② 후백제를 세운 견훤이 넷째 아들인 금강을 후계자로 삼으려 하자 맏아들 신검이 금강을 죽이고 견훤을 금산사에 유폐시키면서 결국 견훤은 고려로 귀부하였다(935).
③ 문무왕은 삼국 통일 이후 지방관을 감찰하기 위해 외사정을 파견하였다(673).
④ 통일 신라 때 장보고는 완도에 청해진을 설치하여 해상 무역을 장악하였다(828).

Keyword

#신라 왕족의 후예 #송악을 도읍 #광평성 #미륵불을 자칭
#폭정

정답 ⑤

059 빈칸형 [47회 10번]

(가) 국가에 대한 설명으로 옳은 것은? [2점]

특별 전시회 안내

우리 박물관에서는 전주 동고산성 발굴 특별 전시회를 개최합니다. 동고산성에서는 '전주성(全州城)'명 수막새 등 견훤이 세운 (가) 와/과 관련된 유물들이 출토되었습니다. 이번 전시회를 통해 후당, 오월과 교류한 (가) 의 모습을 살펴볼 수 있을 것입니다.

- **기간**: 2020년 ○○월 ○○일~○○월 ○○일
- **장소**: △△ 박물관 특별 전시실

① 광평성 등의 정치 기구를 두었다.
② 공산 전투에서 고려군에 대승을 거두었다.
③ 인안이라는 독자적인 연호를 사용하였다.
④ 청해진을 중심으로 해상 무역을 전개하였다.
⑤ 국호를 마진으로 바꾸고 철원으로 천도하였다.

견훤의 후백제

📖 요약노트 **028**번

✔ 정답 파헤치기

② 신라의 군인 출신인 견훤은 세력을 키워 완산주(현재 전주)에 도읍을 정하고 후백제를 건국하였다(900). 중국의 후당, 오월에 사신을 파견하여 외교 관계를 맺기도 하였으며, 신라의 금성을 급습하고 공산 전투에서 고려에 승리를 거두며 세력을 확장시켰다.

✔ 선택지 분석하기

① · ⑤ 후고구려를 건국한 궁예는 영토를 확장하여 철원으로 천도하고 국호를 마진으로 바꿨다가 다시 태봉으로 바꾸기도 하였다. 또한, 광평성을 중심으로 새로운 정치 기구를 마련하여 국가 체제를 정비하였으나 이후 미륵 신앙에 기반을 둔 전제 정치를 추구하면서 민심을 잃었고 왕건을 중심으로 한 호족 세력들에 의해 축출되었다(918).

③ 발해의 무왕은 대조영의 뒤를 이어 왕위에 올랐으며, 인안(仁安)이라는 독자적인 연호를 사용하였다.

④ 통일 신라의 장보고는 완도 지역에 청해진을 설치하여 해적들을 소탕하고 해상 무역권을 장악하였다. 이를 토대로 당, 신라, 일본을 잇는 국제 무역을 주도하였다.

Keyword

#전주 동고산성 #전주성(全州城)명 수막새 #견훤 #후당 · 오월과 교류

정답 ②

060 빈칸형 ✚ 사료형 [36회 10번]

(가), (나) 인물의 활동으로 옳은 것은? [3점]

> (가) 은/는 본래 신라의 왕자로서 도리어 제 나라를 원수로 삼아 심지어는 선조(先祖)의 화상(畫像)을 칼로 베었으니 그 행위가 매우 어질지 못하였다. (나) 은/는 신라의 백성으로서 신라의 녹을 먹으면서 세력을 키우다가 화(禍)를 일으킬 마음을 품고 (신라의) 도읍을 침범하여 임금과 신하를 살해하니 (그 행위가) 마치 짐승과 같았다. 참으로 천하의 으뜸가는 악인이로다. 그러므로 (가) 은/는 그 신하로부터 버림을 당하였고, (나) 은/는 그 아들에게서 화가 생겨났으니 모두 스스로 불러들인 것인데 누구를 원망한단 말인가.
>
> – 『삼국유사』 –

① (가) – 완산주를 도읍으로 하여 후백제를 세웠다.
② (가) – 국호를 마진으로 바꾸고 철원으로 천도하였다.
③ (나) – 송악을 도읍으로 정하고 후고구려를 건국하였다.
④ (나) – 서경을 중시하여 북진 정책의 전진 기지로 삼았다.
⑤ (가), (나) – 황산 전투에서 왕건의 고려군에게 패배하였다.

궁예, 견훤

📖 요약노트 **028**번

✔ 정답 파헤치기

(가) 궁예, (나) 견훤

② 송악에 도읍을 정하고 후고구려를 건국한 궁예는 영토를 확장하여 철원으로 천도하고 국호를 마진으로 바꾸었다.

✔ 선택지 분석하기

① 통일 신라 말 군인 출신인 견훤이 세력 기반을 확대하여 완산주에 도읍을 정하고 후백제를 건국하였다(900).

③ 통일 신라 말 왕족 출신인 궁예는 송악을 도읍으로 정하고 후고구려를 건국하였다(901).

④ 고려를 건국한 왕건은 서경(평양)을 중시하여 북진 정책의 전진 기지로 삼았다.

⑤ 후백제는 황산 전투에서 왕건의 고려군에 패배하고 항복하면서 멸망하였다(936).

Keyword

#본래 신라의 왕자 #신라 왕을 살해 #『삼국유사』

정답 ②

061 순서 나열형 + 사료형 [46회 11번]

(가)~(라)를 일어난 순서대로 옳게 나열한 것은? [3점]

(가) 견훤이 크게 군사를 일으켜 고창군(古昌郡)의 병산 아래에 가서 태조와 싸웠으나 이기지 못하였다. 전사자가 8천여 명이었다.

(나) 태조는 정예 기병 5천을 거느리고 공산(公山) 아래에서 견훤을 맞아서 크게 싸웠다. 태조의 장수 김락과 신숭겸은 죽고 모든 군사가 패하였으며, 태조는 겨우 죽음을 면하였다.

(다) [태조가] 뜰에서 신라왕이 알현하는 예를 받으니 여러 신하가 하례하는 함성으로 궁궐이 진동하였다. …… 신라국을 폐하여 경주라 하고, 그 지역을 [김부에게] 식읍으로 하사하였다.

(라) 태조가 …… 일선군으로 진격하니 신검이 군사를 거느리고 막았다. 일리천을 사이에 두고 대치하였다. …… 후백제의 장군들이 고려 군사의 형세가 매우 큰 것을 보고, 갑옷과 무기를 버리고 항복하였다.

① (가) - (나) - (다) - (라)
② (가) - (나) - (라) - (다)
③ (나) - (가) - (다) - (라)
④ (나) - (가) - (라) - (다)
⑤ (다) - (가) - (나) - (라)

▌후삼국의 통일 과정
📖 요약노트 029번

✔ 정답 파헤치기

(나) 공산 전투(927): 후백제의 견훤이 경주를 기습 공격하자 고려의 왕건은 신라를 돕기 위해 출전하였다. 그러나 대구 팔공산 근처에서 후백제군의 기습 공격을 받아 크게 패하였고, 후백제군에게 포위된 왕건을 대신하여 왕건의 옷을 입고 맞서던 신숭겸과 장수 김락 등이 전사하였다.

(가) 고창 전투(930): 공산 전투에서 승리한 견훤은 교통의 요충지였던 고창(안동)을 포위하여 공격하였으나 8,000여 명의 사상자를 내며 왕건에게 크게 패하였다. 그 결과 왕건은 경상도 일대에서 견훤 세력을 몰아내고 후삼국 통일의 기반을 마련하였다.

(다) 신라의 항복(935): 신라의 경순왕(김부)이 스스로 고려에 투항하면서 신라가 멸망하게 되었다.

(라) 일리천 전투(936): 견훤의 귀순 후 신검의 후백제군과 왕건의 고려군이 일리천 일대에서 전투를 벌여 고려군이 크게 승리하였다. 이로 인해 후백제가 멸망하고 고려는 후삼국을 통일하였다.

🅚eyword

#견훤 #고창군(古昌郡)의 병산 #태조 #공산(公山) #태조의 장수 김락과 신숭겸 #신라왕이 알현 #김부에게 식읍으로 하사 #신검 #일리천

정답 ③

062 설명형 [44회 11번]

다음 시나리오의 상황 이후에 전개된 사실로 옳은 것은? [3점]

S# 17. 완산주의 궁궐 안

왕이 넷째 왕자인 금강을 총애하여 왕위를 물려주려 하자, 첫째 왕자가 신하 신덕과 영순의 권유를 받아들여 왕을 금산사에 유폐한 뒤 앞으로의 대책을 논의한다.

첫째 왕자: 이제 어찌하면 좋겠소?

신덕: 금강을 살려두면 반드시 후환이 생길 것입니다.

영순: 옳습니다. 속히 사람을 보내 처치하십시오.

① 신숭겸이 공산 전투에서 전사하였다.
② 궁예가 정변으로 왕위에서 축출되었다.
③ 견훤이 경주를 습격하여 경애왕을 죽게 하였다.
④ 신검이 일리천 전투에서 고려군에 패배하였다.
⑤ 왕건이 고창 전투에서 후백제군을 상대로 승리하였다.

▌후삼국의 통일 과정
📖 요약노트 029번

✔ 정답 파헤치기

④ 견훤이 넷째 아들인 금강을 후계자로 삼으려는 것에 불만을 품은 맏아들 신검이 견훤을 금산사에 유폐하였고, 탈출한 견훤은 고려 왕건에게 귀순하였다. 이후 신검의 후백제군과 왕건의 고려군 사이에 벌어진 일리천 전투에서 고려군이 대승을 거두면서 후백제는 멸망하였고, 고려가 후삼국을 통일하였다(936).

✔ 선택지 분석하기

① 견훤의 후백제군이 신라의 수도를 급습하자 고려가 군사를 보내 신라를 도왔으나 공산 전투에서 패배하였다. 이때 고려군에 포위된 태조 왕건을 구출하고 신숭겸이 전사하였다(927).

② 후고구려를 세운 궁예는 미륵 신앙을 바탕으로 한 전제 정치로 인해 백성과 신하들의 원성을 사면서 왕건에 의해 축출되었다(918).

③ 견훤의 후백제군이 신라의 수도인 금성(경주)을 습격해 경애왕을 살해하고 경순왕을 즉위시켰다(927).

⑤ 고려 왕건은 고창 전투에서 후백제에 대승을 거두면서 후삼국 통일의 유리한 고지를 점령하였다(930).

🅚eyword

#완산주 #넷째 왕자 금강 #첫째 왕자 #금산사 유폐

정답 ④

주제 17

고려의 통치 체제 정비

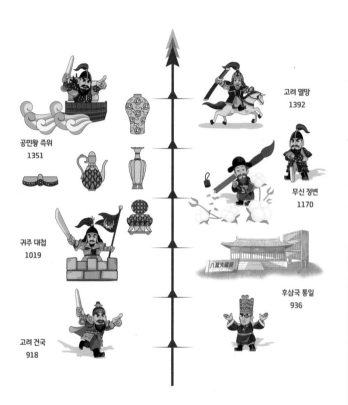

공민왕 즉위
1351

고려 멸망
1392

무신 정변
1170

귀주 대첩
1019

후삼국 통일
936

고려 건국
918

합격전략

고려 건국 초기 주요 왕들의 업적과 통치 제도에 대한 문제가 많이 출제됩니다. 문제 유형은 다양하지만 공통적으로 통치 제도나 정책을 제시하고 어떤 왕에 해당하는 내용인지를 묻는 문제입니다.

063 설명형 [49회 11번]

다음 가상 인터뷰의 왕이 추진한 정책으로 옳은 것은? [2점]

김부를 경주의 사심관으로 임명하신 의도는 무엇인가요?

투항한 김부의 공을 치하하고, 부호장 이하의 관직 등에 대한 일을 맡게 하여 지방 세력을 견제하고자 한 것입니다.

① 흑창을 설치하여 빈민을 구제하였다.
② 양현고를 두어 장학 기금을 마련하였다.
③ 노비안검법을 시행하여 재정을 확충하였다.
④ 전국에 12목을 설치하고 지방관을 파견하였다.
⑤ 전시과 제도를 마련하여 관리에게 토지를 지급하였다.

▌태조 왕건

📖 요약노트 031번

∨ 정답 파헤치기

고려를 건국한 태조는 지방 호족을 견제하고 지방 통치를 원활하게 하기 위해 지방 호족 출신자를 그 지역의 사심관으로 임명하였는데, 고려에 항복한 신라의 마지막 왕인 경순왕(김부)을 경주의 사심관으로 삼았다.

① 고려 태조는 빈민을 구제하기 위하여 춘궁기에 곡식을 대여해 주고 추수 후에 회수하는 흑창을 설치하였다.

∨ 선택지 분석하기

② 고려 예종은 관학 교육의 진흥을 위해 국자감을 재정비하고 장학 재단인 양현고를 설치하였다.

③ 고려 광종은 노비안검법을 실시하여 억울하게 노비가 된 자를 양인으로 해방시켜 국가 재정을 확충하고 호족 세력을 약화시키고자 하였다.

④ 고려 성종은 최승로의 시무 28조를 받아들여 중앙의 통치 기구를 개편하고, 전국 12목에 지방관을 파견하여 지방 세력을 견제하였다.

⑤ 고려 경종은 관리를 대상으로 한 토지 제도인 전시과 제도를 처음 실시하였다.

Keyword

#김부를 경주의 사심관으로 임명 #투항한 김부의 공을 치하 #지방 세력을 견제

정답 ①

064 빈칸형 ＋ 사료형 [42회 13번]

(가) 왕이 시행한 정책으로 옳지 않은 것은? [2점]

> 발해가 거란의 군사에게 격파되자 그 나라 세자인 대광현 등이 우리나라가 의(義)로써 흥기하였으므로 남은 무리 수만 호를 거느리고 밤낮으로 길을 재촉하여 달려왔습니다. [(가)]께서는 이들을 더욱 가엾게 여기시어 영접과 대우가 매우 두터웠고, 성과 이름을 하사하시기까지 이르렀습니다. 또한 그들을 종실의 족보에 붙이고, 본국 조상들의 제사를 받들도록 하셨습니다.
> – 『고려사』 –

① 평양을 서경으로 삼아 중시하였다.
② 민생 안정을 위해 흑창을 설치하였다.
③ 경순왕 김부를 경주의 사심관으로 삼았다.
④ 국자감에 7재라는 전문 강좌를 개설하였다.
⑤ 계백료서를 지어 관리의 규범을 제시하였다.

065 시기 일치형 ＋ 빈칸형 [47회 11번]

(가) 시기에 있었던 사실로 옳은 것은? [2점]

① 정방이 설치되었다.
② 별무반이 편성되었다.
③ 노비안검법이 실시되었다.
④ 독서삼품과가 시행되었다.
⑤ 정동행성 이문소가 폐지되었다.

▌태조 왕건

📖 요약노트 031번

✓ 정답 파헤치기

(가) 고려 태조 왕건

④ 고려 예종은 관학 교육의 진흥을 위해 국자감을 재정비하여 전문 강좌인 7재를 개설하였다.

✓ 선택지 분석하기

① 고려 태조는 고구려의 옛 영토를 회복하기 위해 서경(평양)을 중시하고 북진 정책을 추진하였다.

② 고려 태조는 민생 안정을 위해 춘궁기에 곡식을 대여해 주고 추수 후에 회수하는 흑창을 설치하였다.

③ 고려 태조는 고려에 항복한 신라의 마지막 왕인 경순왕을 경주의 사심관으로 임명하여 그 지방의 자치를 감독하게 하였다.

⑤ 고려 태조는 『정계』와 『계백료서』를 통해 임금에 대한 신하의 도리를 강조하면서 관리가 지켜야 할 규범을 제시하였다.

▮Keyword

#발해가 거란의 군사에게 격파됨 #세자인 대광현 #성과 이름을 하사 #『고려사』

정답 ④

▌광종

📖 요약노트 031번

✓ 정답 파헤치기

• 고려 태조는 후대 왕들에게 훈요 10조를 남겨 고려 왕조가 나아갈 방향을 제시하였으며, 북진 정책과 민생 안정책 및 숭불 정책 등에 대한 10가지 지침이 담겨 있다.

• 고려 성종 때 최승로는 시무 28조를 건의하여 불교 행사의 억제와 유교의 발전을 요구하였고, 역대 왕들의 치적에 대한 잘잘못을 평가하여 교훈으로 삼도록 하였다. 성종은 최승로의 의견을 받아들여 다양한 제도를 시행하고 통치 체제를 정비하였다.

③ 고려 광종은 호족의 세력을 약화시키기 위해 노비안검법을 실시하였다 (956).

✓ 선택지 분석하기

① 무신 정권 시기 최충헌의 뒤를 이어 집권한 최우는 자신의 집에 정방을 설치하고 인사 행정을 담당하는 기관으로 삼아 인사권을 장악하였다(1225).

② 고려 숙종 때 부족을 통일한 여진족이 고려의 국경을 자주 침입하자 윤관이 왕에게 건의하여 신기군, 신보군, 항마군으로 구성된 별무반을 편성하였다(1104).

④ 통일 신라 원성왕은 국학의 학생들을 대상으로 독서삼품과를 시행하여 유교 경전의 이해 수준에 따라 관리로 채용하였다(788).

⑤ 고려 공민왕은 친원 세력을 몰아내는 반원 자주 정책을 추진하면서 원이 고려에 대한 내정 간섭 기구로 이용하였던 정동행성 이문소를 폐지하였다.

▮Keyword

#훈요 10조 #최승로 #시무 28조

정답 ③

066 설명형 [50회 13번]

밑줄 그은 '왕'의 재위 기간에 볼 수 있는 모습으로 가장 적절한 것은? [1점]

얼마 전 왕께서 친히 위봉루에 나가 과거 급제자를 발표하셨다더군.

한림학사 쌍기가 이번에 처음 과거의 지공거를 맡았다네.

① 녹과전을 지급받는 관리
② 만권당에서 책을 읽는 학자
③ 주전도감에서 화폐를 주조하는 장인
④ 노비안검법에 의해 양인으로 해방된 노비
⑤ 금속 활자로 직지심체요절을 인출하는 기술자

▍광종

📖 요약노트 031번

✔ 정답 파헤치기

고려 광종은 후주 출신 쌍기의 건의를 받아들여 과거 제도를 시행하였다 (958). 첫 과거 시험이 치러졌을 때 광종은 위봉루라는 누각에서 과거 급제를 발표하기도 하였다.

④ 광종은 노비안검법을 실시하여(956) 억울하게 노비가 된 사람들을 해방시키고 이를 통해 호족의 세력을 약화하고자 하였다.

✔ 선택지 분석하기

① 고려 후기 몽골의 침입 이후 국고가 탕진되자 원종 때 경기 8현 내의 토지를 관리에게 녹봉 대신 등급에 따라 나누어 주었는데, 이를 녹과전이라고 하였다.

② 고려 충선왕은 왕위를 물려준 뒤 원의 연경에 만권당을 세우고 이제현 등의 성리학자들을 데려와 원의 학자들과 교류하게 하였다.

③ 고려 숙종 때 승려 의천이 국가 재정 관리의 효율성을 위해 화폐 발행을 건의하였다. 이에 따라 화폐 주조를 전담하는 관서인 주전도감을 설치하고 해동통보와 삼한통보, 해동중보 등의 동전과 활구(은병)를 주조하여 유통하였다.

⑤ 고려 우왕 때 청주 흥덕사에서 간행한 직지심체요절은 현존하는 세계 최고(最古)의 금속 활자본으로 공인받고 있으며, 현재 프랑스 국립 박물관에 소장되어 있다.

Keyword

#위봉루에 나가 과거 급제자를 발표 #한림학사 #쌍기 #지공거

정답 ④

067 설명형 [46회 12번]

다음 장면에 등장하는 왕이 추진한 정책으로 옳은 것은? [2점]

몇 해 전에 설치한 12목에 경학박사와 의학박사를 각 1명씩 파견하여 지방의 인재를 가르치고 깨우칠 수 있도록 하라. 아울러 지방관들은 지역의 인재를 중앙으로 천거하도록 하여 이것을 항구적인 법식으로 삼도록 하라.

① 지방 세력 통제를 위해 향리제를 정비하였다.
② 주전도감을 설치하여 해동통보를 발행하였다.
③ 쌍기의 건의를 받아들여 과거제를 실시하였다.
④ 정계와 계백료서를 지어 관리의 규범을 제시하였다.
⑤ 국자감을 성균관으로 개칭하고 유학 교육을 강화하였다.

▍성종

📖 요약노트 031번

✔ 정답 파헤치기

고려 성종은 최승로의 시무 28조를 받아들여 유교 정치 이념에 따라 통치 체제를 정비하였다. 이에 따라 최고 교육 기관으로 국자감을 설치하였고, 12목에 경학박사와 의학박사를 파견하는 등 유학 교육을 활성화하고자 하였다.

① 고려 성종은 지방관을 파견하고 향리제를 마련하여 지방 세력을 견제하였다. 전국의 주요 지역에 12목을 설치하고 목사를 파견하였으며, 지방의 중소 호족을 향리로 편입하여 통제하였다.

✔ 선택지 분석하기

② 고려 숙종 때 상업 활동이 활발해지면서 주전도감에서 삼한통보와 해동통보, 해동중보 등의 동전과 활구(은병)를 만들었으나 크게 유통되지는 못하였다(1102).

③ 고려 광종은 후주에서 온 쌍기의 건의를 받아들여 과거제를 실시하였다 (958).

④ 고려 태조는 『정계』와 『계백료서』를 지어 관리가 지켜야 할 규범을 제시하였다.

⑤ 고려 충렬왕 때에 국학을 성균관으로 개칭하고, 공자 사당인 문묘를 새로 건립하여 유교 교육의 진흥에 나섰다. 이후 공민왕은 성균관을 순수한 유교 교육 기관으로 개편하고 유교 교육을 강화하였다.

Keyword

#12목 #경학박사 #의학박사 #지역의 인재를 중앙으로 천거

정답 ①

068 빈칸형 ➕ 합답형 [44회 12번]

(가), (나) 기구에 대한 설명으로 옳은 것을 〈보기〉에서 고른 것은? [2점]

이번에 (가) 의 수장인 문하시중의 자리에 오르셨다고 들었습니다. 영전을 축하드립니다.

고맙네. 자네가 (나) 에서 맡고 있는 어사대부 직책도 중요하니 열심히 하시게.

• 보기 •
ㄱ. (가) - 화폐, 곡식의 출납과 회계를 맡았다.
ㄴ. (가) - 국정을 총괄하는 최고 중앙 관서였다.
ㄷ. (나) - 원 간섭기에 도평의사사로 개편되었다.
ㄹ. (나) - 관리 임명에 대한 서경권을 행사하였다.

① ㄱ, ㄴ ② ㄱ, ㄷ ③ ㄴ, ㄷ ④ ㄴ, ㄹ ⑤ ㄷ, ㄹ

069 사료형 ➕ 합답형 [41회 16번]

(가), (나) 제도에 대한 설명으로 옳은 것을 〈보기〉에서 고른 것은? [2점]

(가) 제술업·명경업의 두 업(業)과 의업·복업(卜業)·지리업·율업·서업·산업(算業) …… 등의 잡업이 있었는데, 각각 그 업으로 시험을 쳐서 벼슬길에 나아가게 하였다.
– 『고려사』 –

(나) 무릇 조상의 공로[蔭]로 벼슬길에 나아가는 자는 모두 나이 18세 이상으로 제한하였다.
– 『고려사』 –

• 보기 •
ㄱ. (가) - 재가한 여자의 자손은 응시에 제한을 받았다.
ㄴ. (가) - 향리의 자제가 중앙 관직으로 진출하는 통로가 되었다.
ㄷ. (나) - 후주 출신 쌍기의 건의로 시작되었다.
ㄹ. (나) - 사위, 조카, 외손자에게 적용되기도 하였다.

① ㄱ, ㄴ ② ㄱ, ㄷ ③ ㄴ, ㄷ ④ ㄴ, ㄹ ⑤ ㄷ, ㄹ

▌고려의 정치 기구

📖 요약노트 033번

∨ 정답 파헤치기

(가) 중서문하성, (나) 어사대

ㄴ. 중서문하성은 국정을 총괄하며 정책을 심의하고 결정하는 최고 중앙 관서로, 문하시중이 관서의 수장이었으며 재신과 낭사로 구성되었다.

ㄹ. 어사대는 정치의 잘잘못을 논의하고 풍속을 교정하며 관리의 비리를 감찰하고 탄핵하는 기능을 하였다. 어사대의 관원과 중서문하성의 낭사는 대간이라고 불리며 서경·간쟁·봉박의 권한을 가지고 있었는데, 이러한 권한은 왕이나 고위 관리들의 활동을 제약하여 정치 운영에 견제와 균형을 이루었다.

∨ 선택지 분석하기

ㄱ. 고려의 삼사는 화폐와 곡식의 출납 및 회계를 담당하였다.

ㄷ. 고려의 도병마사는 재신(중서문하성의 2품 이상)과 추밀(중추원의 2품 이상)이 모여 국방 문제를 담당하는 국가 최고의 회의 기구였다. 본래 임시적인 기구였으나 충렬왕 때 상설 기구인 도평의사사로 개편되어 최고 정무 기구로 발전하였다.

Keyword

#수장인 문하시중 #어사대부

정답 ④

▌과거 제도와 음서 제도

📖 요약노트 048번

∨ 정답 파헤치기

(가) 고려의 과거 제도는 과거라는 시험을 통해 관리를 등용하는 제도로, 문과(문관)·잡과(기술관)·승과(승려)로 나뉘어 시행되었다.

(나) 고려의 음서 제도는 공신이나 5품 이상 고위 관리의 자손들이 시험 없이 관리에 등용되는 제도를 말한다.

ㄴ. 과거는 법적으로 양인 이상이면 응시가 가능하였지만 실제로는 귀족·향리의 자제가 다수 응시하여 관직에 진출하였다.

ㄹ. 음서 제도의 적용 범위는 공신과 종실의 자손, 5품 이상 고위 관료의 아들, 친·외손자, 사위, 동생, 조카 등이었다.

∨ 선택지 분석하기

ㄱ. 조선 시대의 과거 제도 중 문과는 죄인이나 탐관오리의 아들, 재가한 여자의 자손, 서얼에게 응시 제한을 두었다.

ㄷ. 고려 광종은 후주 출신인 쌍기의 건의를 수용해 과거제를 실시하여 신진 인사를 등용하였다.

Keyword

#제술업 #명경업 #잡업 #시험을 쳐서 벼슬길에 나아감
#조상의 공로[蔭]로 벼슬길에 나아가는 자 #『고려사』

정답 ④

주제 18

문벌 귀족 사회의 동요와 무신 정권의 성립

고려 멸망
1392

공민왕 즉위
1351

무신 정변
1170

귀주 대첩
1019

후삼국 통일
936

고려 건국
918

합격전략

문벌 귀족 사회에 균열이 일어난 것을 알 수 있는 대표적인 사건은 묘청의 서경 천도 운동과 이자겸의 난입니다. 지문에 제시된 힌트를 통해 이 사건에 해당하는 내용을 고르는 **사료**형이나 **빈칸**형 문제가 자주 출제됩니다. 또한, 집권자가 자주 바뀌었던 무신 정권 시기는 주어진 지문을 보고 해당하는 무신 집권자가 누구인지 알 수 있어야 합니다.

---

070 사료형 [45회 19번]

밑줄 그은 '왕'의 재위 기간에 있었던 사실로 옳은 것은? [2점]

> 백관을 소집하여 금을 섬기는 문제에 대한 가부를 의논하게 하니 모두 불가하다고 하였다. 유독 이자겸, 척준경만이 "금이 …… 정치를 잘하고 병력도 강성하여 날로 강대해지고 있습니다. 또 우리와 서로 국경이 맞닿아 있어 섬기지 않을 수 없는 상황입니다. 게다가 작은 나라로서 큰 나라를 섬기는 것은 선왕의 도리이니, 사신을 보내 먼저 예를 갖추어 찾아가는 것이 옳습니다."라고 하니 왕이 이 말을 따랐다.
>
> - 『고려사』 -

① 최충헌이 봉사 10조를 올렸다.
② 명학소의 망이 · 망소이가 봉기하였다.
③ 최무선의 건의로 화통도감이 설치되었다.
④ 강조가 정변을 일으켜 김치양을 제거하였다.
⑤ 묘청이 수도를 서경으로 옮길 것을 주장하였다.

■ 묘청의 서경 천도 운동

📖 요약노트 035번

✔ 정답 파헤치기

고려 인종 때 실권자였던 문벌 귀족 이자겸은 만주 지역을 장악한 금과의 무력 충돌을 피하고자 군신 관계 요구를 수용하였다. 이후 인종은 이자겸이 왕의 외척으로서 최고의 권력을 누리며 왕의 자리까지 넘보자 이자겸을 제거하려다 실패하였고, 이에 이자겸의 난이 일어났다(1126).

⑤ 이자겸의 난 이후 인종은 왕권을 회복시키고자 정치 개혁을 추진하였다. 이 과정에서 묘청과 정지상을 중심으로 한 서경 세력과 김부식을 중심으로 한 개경 세력 간의 대립이 발생하였다. 서경 세력은 서경 천도와 칭제 건원, 금국 정벌을 주장하였으나 받아들여지지 않자 묘청이 서경에서 반란을 일으켰다(1135).

✔ 선택지 분석하기

① 최충헌은 이의민을 몰아내고 권력을 잡은 후 명종에게 봉사 10조라는 사회 개혁안을 제시하였으나, 이는 민생 안정보다는 본인의 권력 유지에 목적을 둔 것이었다(1196).

② 고려 무신 정권기에 공주 명학소에서 망이 · 망소이가 과도한 부역과 차별 대우에 항거하여 농민 반란을 일으켰다(1176).

③ 고려 말 우왕 때 최무선은 화통도감의 설치를 건의하여 화약과 화포를 제작하였고, 이를 활용하여 진포 대첩에서 왜구를 격퇴하였다(1380).

④ 고려의 무신 강조가 국가의 혼란을 바로잡고자 정변을 일으켰고, 목종의 외척인 김치양을 제거하여 목종은 폐위되고 현종이 즉위하였다(1009).

Keyword

#금을 섬기는 문제 #이자겸 #척준경 #『고려사』

정답 ⑤

071 설명형 [40회 12번]

밑줄 그은 '이 사건'에 대한 설명으로 옳은 것은? [1점]

한국사 대담 **단재 신채호의 역사 인식**

단재 신채호 선생은 이 사건을 조선 역사상 일천년래 제일 대사건으로 평가하였습니다. 그 이유가 무엇인가요?

선생은 이 사건을 진취 사상 대 보수 사상의 싸움으로 보아, 전자가 패하고 후자가 승리하면서 우리 역사가 사대적, 보수적으로 전개되었다고 이해하였기 때문입니다.

① 이성계가 위화도에서 회군하여 최영을 제거하였다.
② 왕실의 외척인 이자겸이 척준경과 함께 난을 일으켰다.
③ 묘청 일파가 김부식이 이끄는 관군에 의해 토벌되었다.
④ 조위총이 군사를 일으켜 정중부 등의 제거를 도모하였다.
⑤ 강조가 정변을 일으켜 김치양을 제거하고 목종을 폐위하였다.

▌ 묘청의 서경 천도 운동 📖 요약노트 035번

√ 정답 파헤치기

신채호는 『조선상고사』에서 묘청의 서경 천도 운동을 1천 년 역사상 제1의 사건이라고 평가하였다.

③ 묘청을 중심으로 한 서경 세력은 풍수지리설을 바탕으로 서경 천도와 칭제 건원, 금국 정벌을 주장하였으나 받아들여지지 않았다. 이에 묘청은 서경에서 반란을 일으켰으나(1135) 김부식의 관군에 의해 진압되었다(1136).

√ 선택지 분석하기

① 고려 우왕 때 이성계는 왕명에 따라 요동 정벌을 위해 출병하였으나 의주 부근의 위화도에서 말을 돌려 개경으로 회군하였다(1388).

② 고려 인종이 당시 권력을 장악하고 있던 외척 세력인 이자겸을 제거하려다 실패하면서 이자겸의 난이 일어났다(1126).

④ 무신 정권에 반발한 조위총이 정중부와 이의방을 타도하겠다는 명분으로 반란을 일으켰다(1174).

⑤ 고려의 무신 강조가 목종의 모후인 천추태후와 정부인 김치양으로 인한 국가의 혼란을 바로잡고자 정변을 일으켜, 목종이 폐위되고 현종이 즉위하였다(1009).

Keyword

#단재 신채호 #조선 역사상 일천년래 제일 대사건 #진취 사상 대 보수 사상의 싸움

정답 ③

072 설명형 [36회 14번]

밑줄 그은 '그대'의 활동으로 옳은 것은? [2점]

역적 이의민이 선왕인 의종을 시해하고 백성을 괴롭히며 왕위를 엿보기까지 하였으므로 신이 제거하였습니다. 폐하께서는 낡은 것을 개혁하고 새로운 정치를 도모하시기 바랍니다.

그대가 올린 봉사 10조를 잘 읽어 보았소. 올린대로 행하도록 하시오.

① 정방을 설치하여 인사권을 행사하였다.
② 교정별감이 되어 국정 전반을 장악하였다.
③ 처인성에서 몽골 장수 살리타를 사살하였다.
④ 전민변정도감의 책임자로서 개혁을 이끌었다.
⑤ 거란의 침입에 대비하여 개경에 나성을 축조하였다.

▌ 무신 정권(최충헌) 📖 요약노트 036번, 037번

√ 정답 파헤치기

② 최충헌은 무신 정권 시기 권력을 장악하고 있던 이의민을 몰아내고 봉사 10조라는 사회 개혁안을 제시하였으나, 국가 발전이나 민생 안정보다는 주로 권력 유지에 목적을 둔 것이었다. 최충헌은 최고 집정부의 역할을 하는 교정도감을 설치하고 교정별감이 되어 국정을 장악하였으며, 사병 기구인 도방을 확대하여 자신의 권력을 강화하였다.

√ 선택지 분석하기

① 무신 정권 시기 최우는 자신의 집에 정방을 설치하여 인사권을 장악하였다.

③ 몽골의 2차 침입 때 승장 김윤후가 이끄는 민병과 승군이 처인성에서 몽골 군에 항전하여 살리타를 사살하고 승리를 거두었다.

④ 고려 공민왕 때 왕의 신임을 받은 신돈이 전민변정도감의 책임자로서 개혁을 이끌었다.

⑤ 고려 현종 때 강감찬은 귀주 대첩 이후 거란의 침입에 대비하기 위해 왕에게 건의하여 개경에 나성을 쌓아 도성 주변 수비를 강화하였다.

Keyword

#역적 이의민 #의종을 시해 #봉사 10조

정답 ②

073 빈칸형 + 사료형 [39회 15번]

(가) 인물에 대한 설명으로 옳은 것은? [3점]

> • 고종 12년, …… 이때부터 [(가)] 은/는 정방을 자기 집에 설치하고 문사를 선발하여 여기에 소속시켰으니, 이를 비칙치라고 불렀다.
> — 『고려사』 —
>
> • 고종 14년, [(가)] 의 문객들은 당대에 이름난 학자들이 많았는데, 이들을 3번(番)으로 나누어 돌아가면서 서방에서 숙직하도록 하였다.
> — 『고려사』 —

① 칭제 건원과 금국 정벌을 주장하였다.
② 봉사 10조를 올려 시정 개혁을 제안하였다.
③ 보현원에서 정변을 일으켜 정권을 장악하였다.
④ 강화도로 도읍을 옮겨 몽골의 침략에 대비하였다.
⑤ 전민변정도감의 판사가 되어 권문세족을 견제하였다.

▌무신 정권(최우)
📖 요약노트 036번

√ 정답 파헤치기

④ 고려 최씨 무신 정권을 통해 권력을 장악하고 있던 최우는 몽골의 침입에 항전하기 위해 강화도로 천도하였다.

√ 선택지 분석하기

① 묘청과 정지상을 중심으로 한 서경 세력은 서경 천도와 칭제 건원, 금국 정벌을 주장하였으나 받아들여지지 않자 서경에서 반란을 일으켰다.
② 최충헌은 무신 정권 시기 권력을 장악하고 있던 이의민을 몰아내고 봉사 10조라는 사회 개혁안을 제시하였으나 권력 유지에 목적을 두고 있어 큰 성과를 거두지는 못하였다.
③ 정중부를 중심으로 한 무신들이 보현원에서 정변을 일으켜 조정을 장악하고 의종을 폐위시켰다.
⑤ 고려 공민왕에게 등용된 신돈은 전민변정도감의 판사로 임명되어 권문세족에게 빼앗긴 토지를 원래 주인에게 돌려주고 억울하게 노비가 된 자를 풀어주는 등의 개혁을 단행하였다.

Keyword

#정방을 자기 집에 설치 #서방 #『고려사』

정답 ④

074 사료형 + 연표형 [41회 13번]

다음 사건이 일어난 시기를 연표에서 옳게 고른 것은? [2점]

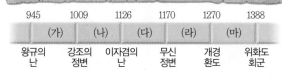

> ○ 남쪽에서 적(賊)들이 봉기하였다. 가장 심한 자들은 운문을 거점으로 한 김사미와 초전을 거점으로 한 효심이었다. 이들은 유랑민을 불러 모아 주현(州縣)을 습격하여 노략질하였다.
> — 『고려사절요』 —
>
> ○ 최광수가 마침내 서경에 웅거해 반란을 일으켜 고구려흥복병마사(高句麗興復兵馬使) 금오위섭상장군(金吾衛攝上將軍)이라 자칭하고 막료들을 임명하여 배치한 후 정예군을 모았다.
> — 『고려사』 —

945	1009	1126	1170	1270	1388
(가)	(나)	(다)	(라)	(마)	
왕규의 난	강조의 정변	이자겸의 난	무신 정변	개경 환도	위화도 회군

① (가)　② (나)　③ (다)　④ (라)　⑤ (마)

▌무신 정권 시기의 농민 봉기
📖 요약노트 038번

√ 정답 파헤치기

고려 무신 정권 시기에는 과도한 수탈과 차별에 항거하여 농민 반란이 빈번하게 일어났다. 그 예로는 청도와 초전(울산)에서 일어난 김사미·효심의 난(1193)과 서경(평양)에서 일어난 고구려 부흥 운동인 최광수의 난(1217) 등이 있다.

Keyword

#운문을 거점 #김사미 #초전을 거점 #효심 #주현을 습격 #최광수 #서경에 웅거해 반란 #고구려흥복병마사 #『고려사절요』 #『고려사』

정답 ④

주제 19

거란과 여진의 침입 및 격퇴

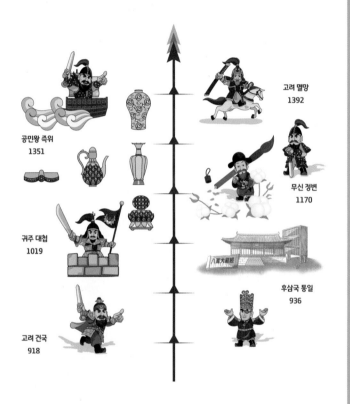

공민왕 즉위 1351

고려 멸망 1392

무신 정변 1170

귀주 대첩 1019

후삼국 통일 936

고려 건국 918

합격전략

거란과 여진의 침입과 이에 대한 고려의 대응은 주로 **사료**형 문제로 출제됩니다. 사료에 나타난 인물이나 지명 등을 보고 침입한 국가가 어디인지 파악한 뒤 이에 맞선 고려의 대응을 선택지에서 고를 수 있어야 합니다.

---

075 빈칸형 ✚ 사료형 [41회 14번]

(가) 국가에 대한 고려의 대응으로 옳은 것은? [2점]

> [가] 에서 사신을 파견하여 낙타 50필을 보냈다. 왕은 [가] 이/가 일찍이 발해와 화목하다가 갑자기 의심하여 맹약을 어기고 멸망시켰으니, 매우 무도하여 친선 관계를 맺어 이웃으로 삼을 수는 없다고 생각하였다. 드디어 교빙을 끊고 사신 30인을 섬으로 유배 보냈으며, 낙타는 만부교 아래에 매어 두니 모두 굶어 죽었다.
>
> — 『고려사』 —

① 침입에 대비하여 광군을 창설하였다.
② 화통도감을 설치하여 화포를 제작하였다.
③ 진관 체제를 실시하여 국방을 강화하였다.
④ 상비군으로 구성된 훈련도감을 설치하였다.
⑤ 좌 · 우별초와 신의군으로 삼별초를 조직하였다.

거란의 침입: 광군

📖 요약노트 039번

✓ 정답 파헤치기

제시된 자료는 거란이 발해를 멸망시켰기 때문에 화친할 수 없다는 이유로 고려 태조가 거란에서 보낸 낙타를 만부교에 묶어 굶어 죽게 한 만부교 사건이다(942).

① 고려 정종 때 최광윤의 의견을 받아들여 거란의 침입에 대비하기 위한 광군을 조직하였다.

✓ 선택지 분석하기

② 고려의 최무선은 화통도감의 설치를 건의하여 화약과 화포를 제작하였고, 이를 활용하여 진포에서 왜구를 격퇴하였다.

③ 조선 세조 때 전국을 여러 개의 진관으로 개편한 진관 체제를 완성하여 국방을 강화하였다.

④ 임진왜란 중 유성룡의 건의에 따라 포수, 사수, 살수의 삼수병으로 편성된 훈련도감을 설치하였다.

⑤ 최우가 치안 유지를 위해 설치한 야별초가 확대되어, 좌별초와 우별초로 나누고, 몽골의 포로가 되었다가 탈출한 신의군이 합류하여 삼별초를 구성하였다. 이후 고려 정부가 강화도에서 개경으로 환도하자 배중손을 중심으로 한 삼별초는 이에 반대하며, 강화도, 진도, 제주도로 이동하여 대몽 항쟁을 전개하였다.

🔑 Keyword

#낙타 #교빙을 끊고 사신 30인을 섬으로 유배 보냄 #만부교
#『고려사』

정답 ①

076 설명형 [37회 14번]

교사의 질문에 대한 학생의 답변으로 옳은 것은? [1점]

> 이 우표에는 고려 현종 10년(1019)에 강감찬이 이끄는 고려군이 소배압의 10만 대군을 물리친 전투 장면이 그려져 있습니다. 이 전투에 대해 말해 볼까요?

① 개경까지 침입한 홍건적을 몰아냈어요.
② 몽골군의 침략을 처인성에서 물리쳤어요.
③ 쌍성총관부를 공격하여 철령 이북의 땅을 수복했어요.
④ 강동 6주의 반환 등을 요구한 거란의 침략을 격퇴했어요.
⑤ 내륙까지 쳐들어와 약탈하던 왜구를 황산에서 무찔렀어요.

▌거란의 침입: 귀주 대첩

📖 요약노트 040번

√ 정답 파헤치기

④ 거란이 강동 6주의 반환 등을 요구하며 침입하자 강감찬은 귀주에서 소배압이 이끄는 10만 대군에 맞서 대승을 거두었다(1019).

√ 선택지 분석하기

① 고려 말 홍건적이 개경까지 침입해오자 최영, 이성계 등이 이들을 격퇴하였다.
② 몽골의 2차 침입 때 승장 김윤후가 이끄는 민병과 승군이 처인성에서 몽골군에 항전하여 적장인 살리타를 사살하고, 몽골군에 승리를 거두었다.
③ 공민왕은 쌍성총관부를 공격하여 원나라에 빼앗긴 철령 이북의 영토를 수복하였다.
⑤ 이성계는 황산에서 왜구의 침입을 격퇴하였다.

Keyword

#고려 현종 #강감찬 #고려군 #소배압

정답 ④

077 사료형 [43회 13번]

다음 상황 이후에 전개된 사실로 옳은 것은? [3점]

> 여진이 이미 그 소굴을 잃자 보복하고자 맹세하며, 땅을 돌려 달라는 것을 빌미로 여러 추장들이 해마다 와서 다투었다. …… 또 개척한 땅이 크고 넓어서 9성 사이의 거리가 아득히 멀고, 골짜기가 험하고 깊어서 적들이 여러 차례 매복하여 오고가는 사람들을 노략질하였다. …… 이때에 이르러 왕이 여러 신하들을 모아 의논하여 끝내 9성을 여진에게 돌려주었으며, 전쟁에 쓰이는 도구와 군량을 내지(內地)로 옮기고 그 성에서 철수하였다.
> － 『고려사』 －

① 강감찬이 귀주에서 외적을 격퇴하였다.
② 강조가 정변을 일으켜 왕을 폐위하였다.
③ 이자겸이 금의 사대 요구 수용을 주장하였다.
④ 서희가 외교 담판을 벌여 강동 6주를 획득하였다.
⑤ 부여성에서 비사성에 이르는 천리장성이 축조되었다.

▌여진의 침입: 동북 9성

📖 요약노트 039번

√ 정답 파헤치기

고려 숙종 때 부족을 통일한 여진족이 고려의 국경을 자주 침입하자 윤관이 왕에게 건의하여 별무반을 편성하였다. 윤관의 별무반은 예종 때 여진족을 물리치고 동북 9성을 설치하였으나 이후 여진족이 고려에 조공을 약속하며 동북 9성 반환을 요청하자 고려는 이를 수락하여 동북 9성을 되돌려 주었다(1109).

③ 동북 9성을 반환받은 여진족은 12세기에 세력을 확장하여 만주를 장악하고 금을 건국하였다. 거란을 멸망시킨 금이 고려에 군신 관계를 요구하자 실권자인 이자겸은 금과의 무력 충돌을 피하고자 그 요구를 받아들였다.

√ 선택지 분석하기

① 강감찬은 거란의 소배압이 이끄는 10만 대군에 맞서 귀주에서 대승을 거두었다(1019).
② 고려의 무신 강조가 목종의 모후인 천추태후와 정부인 김치양으로 인한 국가의 혼란을 바로잡고자 정변을 일으켜, 목종이 폐위되고 현종이 즉위하였다(1009).
④ 고려의 서희는 거란의 1차 침입 때 소손녕과의 외교 담판을 통해 강동 6주를 획득하였다(993).
⑤ 고구려 영류왕 때 당의 공격에 대비하여 동북의 부여성에서 발해만의 비사성까지 천리장성을 축조하였다(647).

Keyword

#여진 #매복하여 노략질 #9성을 여진에게 돌려줌
#성에서 철수 #『고려사』

정답 ③

078 빈칸형 + 사료형 [36회 13번]

(가) 부대에 대한 설명으로 옳은 것은? [2점]

> 민영(閔瑛)은 사람됨이 호방하여 의협심이 있었다. 어려서부터 매와 개를 데리고 사냥하고 말을 달려 격구(擊毬)하는 것을 좋아하였으며, 벼슬을 구하지 않았다. 그의 부친 민효후가 동계 병마 판관이 되어 적에 맞서 싸우다 사망하였다. 그는 이를 한스럽게 여겨 복수를 하여 부친의 치욕을 갚으려 하였다. 때마침 예종이 동쪽 오랑캐를 정벌하려 하자, 민영은 자청하여 [가]의 신기 군에 편성되었다. …… 매번 군대의 선봉이 되어서 말을 타고 돌격하여 적군을 사로잡고 물리친 것이 한두 번이 아니었다.
>
> – 민영 묘지명 –

① 경대승에 의해 설치된 숙위 기관이다.
② 여진을 정벌하여 동북 9성 일대를 확보하였다.
③ 진도에서 제주도로 근거지를 옮겨 활동하였다.
④ 최씨 무신 정권의 권력 기반 강화를 위해 조직되었다.
⑤ 9주에 1정씩 배치되고 한주(漢州)에만 1정을 더 두었다.

079 순서 나열형 + 사료형 [42회 14번]

(가)~(라)를 일어난 순서대로 옳게 나열한 것은? [3점]

> (가) 강감찬이 수도에 성곽이 없다 하여 나성을 쌓을 것을 요청하니, 왕이 그 건의를 따라 왕가도에게 명령하여 축조하게 하였다.
>
> (나) 양규가 흥화진으로부터 군사 7백여 명을 이끌고 통주까지 와서 군사 1천여 명을 수습하였다. 밤중에 곽주로 들어가서 지키고 있던 거란군을 급습하여 모조리 죽인 후 성 안에 있던 남녀 7천여 명을 통주로 옮겼다.
>
> (다) 묘청 등이 왕에게 말하기를, "신들이 보건대 서경의 임원역은 음양가들이 말하는 대화세(大華勢)이니 만약 이곳에 궁궐을 세우고 옮기시면 천하를 병합할 수 있을 것이요, 금이 공물을 바치고 스스로 항복할 것입니다."라고 하였다.
>
> (라) 윤관이 여진을 평정하고 6성을 새로 쌓았다 하여 하례하는 표를 올렸고, 임언에게 공적을 칭송하는 글을 짓게 하여 영주(英州) 남청(南廳)에 걸었다. 또 공험진에 비를 세워 경계로 삼았다.

① (가) – (나) – (다) – (라)
② (가) – (나) – (라) – (다)
③ (나) – (가) – (라) – (다)
④ (나) – (다) – (가) – (라)
⑤ (다) – (라) – (나) – (가)

▌여진의 침입: 별무반

📖 요약노트 041번

✓ 정답 파헤치기

(가) 별무반

② 고려 숙종 때 부족을 통일한 여진족이 고려의 국경을 자주 침입하자 윤관이 왕에게 건의하여 별무반을 편성하였다(1104). 예종 때 별무반은 여진족을 물리치고 동북 9성을 설치하였다(1107).

✓ 선택지 분석하기

① 경대승은 정중부를 제거하고 사병 집단을 조직화한 숙위 기관인 도방을 설치하였다.

③ 고려 정부가 강화도에서 개경으로 환도하자 배중손, 김통정을 중심으로 한 삼별초는 이에 반대하여 강화도, 진도, 제주도로 이동하며 대몽 항쟁을 전개하였다(1270~1273).

④ 최씨 무신 정권은 교정도감이라는 최고 권력 기구를 두었고, 정방을 통해 인사권을 장악하였다. 또한, 도방과 삼별초 같은 군사 기구를 두어 권력 기반을 강화하였다.

⑤ 통일 신라 신문왕은 지방군을 10정으로 조직하여 9주에 1정씩 배치하고 국경 지역인 한주에만 1정을 더 배치하였다.

▌고려의 대외 관계

📖 요약노트 039번

✓ 정답 파헤치기

(나) 흥화진 전투(1010): 강조의 정변(1009)을 구실로 2차 침입을 한 거란군이 압록강을 건너 흥화진을 공격하였다. 고려 장수 양규는 거란의 압박에도 굴하지 않고 전투를 지휘하여 적을 물리쳤다.

(가) 나성 천리장성 축조(1033~1044): 고려 현종 때 강감찬의 건의로 나성을 쌓아 개경을 방비하였고 압록강 하구에서 동해안까지 천리장성을 쌓아 국경 수비를 강화하였다.

(라) 동북 9성 설치(1107): 고려 숙종 때 부족을 통일한 여진족이 자주 침입하자 윤관이 왕에게 건의하여 별무반을 편성하였다. 윤관의 별무반은 여진족을 물리치고, 예종 때 동북 9성을 설치하였다.

(다) 묘청의 서경 천도 운동(1135): 이자겸의 난(1126) 이후 김부식을 중심으로 한 개경 세력과 묘청, 정지상을 중심으로 한 서경 세력 간의 대립이 발생하였다. 서경 세력은 서경 천도와 칭제 건원, 금국 정벌을 주장하였으나 받아들여지지 않자 서경에서 반란을 일으켰다.

Keyword

#예종 #동쪽 오랑캐를 정벌 #신기군

정답 ②

Keyword

#강감찬 #나성 #양규 #흥화진 #거란군을 급습 #묘청
#서경 #윤관 #여진을 평정 #6성

정답 ③

원의 침입과 대몽 항쟁

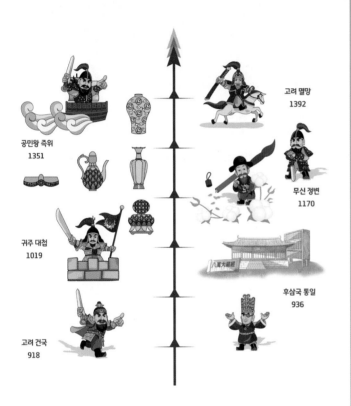

고려 멸망
1392

공민왕 즉위
1351

무신 정변
1170

귀주 대첩
1019

후삼국 통일
936

고려 건국
918

합격전략

원은 여러 차례에 걸쳐 고려를 침입하였는데, 각 침입 시기별 고려의 대응을 구분하고 원 간섭기의 정치적·사회적 특징도 알아 두어야 합니다.

080 빈칸형 ✚ 사료형 [42회 16번]

(가) 국가의 침입에 대한 고려의 대응으로 옳지 않은 것은?
[3점]

> ○ (가) 의 장수 합진과 찰랄이 군사를 거느리고 …… 거란을 토벌하겠다고 말하면서 화주, 맹주, 순주, 덕주의 4개 성을 공격하여 격파하고 곧바로 강동성으로 향하였다. …… 조충과 김취려가 합진,완안자연 등과 함께 병사를 합하여 강동성을 포위하니 적들이 성문을 열고 나와 항복하였다.
> – 『고려사』 –
>
> ○ (가) 에서 조서를 보내 이르기를, "…… 너희들이 모의하여 [우리 사신] 저고여를 죽이고서는 포선만노의 백성들이 죽였다고 한 것이 세 번째 죄이다. ……"라고 하였다.
> – 『고려사』 –

① 강화도로 도읍을 옮겨 항전하였다.
② 김윤후가 처인성 전투에서 활약하였다.
③ 화포를 이용하여 진포에서 대승을 거두었다.
④ 다인철소 주민들이 충주 지역에서 저항하였다.
⑤ 대장도감을 설치하여 팔만대장경판을 만들었다.

몽골의 침입

📖 요약노트 **039**번

✔ 정답 파헤치기

고려는 몽골·동진과 연합하여 거란 유민 세력을 격퇴한 강동성 전투를 통해 몽골과 첫 접촉을 하였다(1218). 고려에 왔던 몽골 사신 저고여가 본국으로 귀국 중 암살당하자 몽골은 이를 빌미로 고려와 국교를 단절하고 6차례에 걸쳐 고려를 침입하였다(1231~1259).

③ 고려 우왕 때 최무선의 건의로 화통도감을 설치하여 화약과 화포를 제작하였고, 화포를 활용하여 진포 대첩에서 왜구를 격퇴하였다(1380).

✔ 선택지 분석하기

① 고려는 몽골의 2차 침입에 대항하기 위해 도읍을 개경에서 강화도로 옮겼다.

② 몽골의 2차 침입 때 고려의 승장(僧將) 김윤후가 처인성에서 적장 살리타를 사살하였다.

④ 몽골의 6차 침입 때 충주의 서쪽인 다인철소의 백성들이 몽고군에 대항하여 승리를 거두었다.

⑤ 팔만대장경은 몽골의 고려 침입 당시 부처의 힘으로 몽골군을 물리치고자 대장도감을 설치하여 16년에 걸쳐 제작되었다.

Keyword

#거란 토벌 #강동성 #사신 저고여 #『고려사』

정답 ③

안심Touch

081 빈칸형 [38회 13번]

(가) 군사 조직에 대한 설명으로 옳은 것은? [3점]

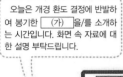

오늘은 개경 환도 결정에 반발하여 봉기한 (가) 을/를 소개하는 시간입니다. 화면 속 자료에 대한 설명 부탁드립니다.

이 자료는 승화후 왕온을 왕으로 추대한 (가) 이/가 일본에 보낸 외교 문서를 일본 측에서 그 이전의 고려 국서와 비교하여 정리한 것입니다.

고려첩장불심조조

① 승려 출신으로 구성된 항마군이 있었다.
② 여진을 정벌하여 동북 9성 일대를 확보하였다.
③ 거란의 침입에 대비하는 과정에서 설치되었다.
④ 경대승이 신변 보호를 위해 만든 사병 조직이다.
⑤ 진도와 제주도로 근거지를 옮기면서 항쟁하였다.

▌ 삼별초의 대몽 항쟁

📖 요약노트 042번

∨ 정답 파헤치기

⑤ 무신 정권 해체 이후 강화도에 있던 고려 조정이 개경으로 환도하면서 몽골과의 강화가 성립되자 삼별초는 이에 반발하여 진도와 제주도로 근거지를 이동하며 대몽 항쟁을 전개하였다.

∨ 선택지 분석하기

①·② 고려 숙종 때 윤관의 건의를 받아들여 설치된 별무반은 기병 신기군, 보병 신보군, 승려 출신의 항마군으로 구성되었다. 이들은 여진족을 북방으로 몰아내고 동북 지역에 9성을 쌓았다.

③ 고려 정종 때 거란의 침입을 대비하기 위해 최광윤의 건의를 수용하여 광군을 조직하였다.

④ 무신 정변 이후 정중부를 제거하고 집권한 경대승이 신변의 위험을 느껴 사병 집단인 도방을 설치하였다.

Keyword

#개경 환도 결정에 반발 #승화후 왕온을 왕으로 추대 #고려첩장불심조조

정답 ⑤

082 설명형 [47회 16번]

교사의 질문에 대한 학생의 답변으로 옳은 것은? [1점]

화면의 그림은 천산대렵도에 그려진 변발과 호복을 한 무사입니다. 이러한 머리 모양과 복장이 지배층 사이에서 유행한 시기에 있었던 사실에 대해 말해 볼까요?

① 윤관이 동북 9성을 쌓았어요.
② 권문세족이 도평의사사를 장악했어요.
③ 정중부 등이 정변을 일으켜 권력을 차지했어요.
④ 초조 대장경을 만들어 국난 극복을 기원했어요.
⑤ 만적을 비롯한 노비들이 신분 해방을 도모했어요.

▌ 원 간섭기

∨ 정답 파헤치기

원 간섭기에 고려 국왕이 원의 공주와 혼인하여 부마국이 되면서 왕실의 호칭과 관제도 격하되었다. 또한, 원에서 일본 원정을 위해 설치한 정동행성은 내정 간섭 기구로 유지되었으며, 지배층을 중심으로 몽골의 풍습인 변발과 호복이 유행하였다.

② 고려의 도병마사는 국방 문제를 논의하던 임시 회의 기구였으나 충렬왕 때 최고 정무 기구인 도평의사사로 개편되어 권문세족이 정치권력을 행사하는 데 이용되었다.

∨ 선택지 분석하기

① 고려 숙종 때 설치된 윤관의 별무반은 예종 때에 여진족을 물리치고 동북 9성을 쌓았다.

③ 정중부를 중심으로 한 무신들이 보현원에서 무신 정변을 일으켜 조정을 장악하고 의종을 폐위시켰다.

④ 고려 현종 때 거란의 침입을 불력으로 물리치고자 초조 대장경을 제작하였다.

⑤ 최씨 무신 정권 시기에 최충헌의 사노비인 만적이 신분 차별에 항거하여 반란을 도모하였으나 사전에 발각되어 실패하였다.

Keyword

#천산대렵도 #변발 #호복 #지배층 사이에서 유행

정답 ②

주제 21

공민왕의 반원 개혁 정책과 새로운 정치 세력의 성장

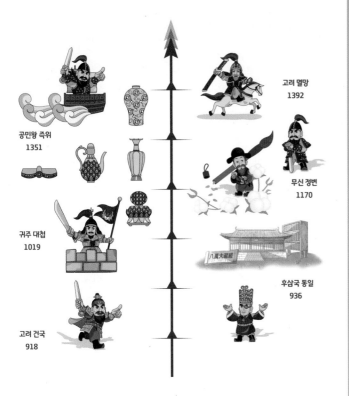

공민왕 즉위
1351

귀주 대첩
1019

고려 건국
918

고려 멸망
1392

무신 정변
1170

후삼국 통일
936

합격전략

공민왕은 고려 시대에서 가장 자주 출제되는 국왕 중 한명이니 꼭 암기해 두어야 합니다. 공민왕의 반원 자주 정책과 왕권 강화 정책을 중심으로 공부하여 다양한 유형으로 출제되어도 맞힐 수 있도록 합니다.

---

083 사료형 [49회 17번]

밑줄 그은 '왕'에 대한 설명으로 옳은 것은? [2점]

> 왕이 지정(至正) 연호의 사용을 중지하고 교서를 내려 말하기를, "…… 기철 등이 군주의 위세를 빙자하여 나라의 법도를 뒤흔들었다. 자신의 기분에 따라 관리를 마음대로 임명하여 정령(政令)이 원칙 없이 바뀌었다. 남이 토지를 가지고 있으면 그것을 차지하고, 노비를 가지고 있으면 빼앗았다. …… 이제 다행히도 조종(祖宗)의 영령에 기대어 기철 등을 처단할 수 있었다."라고 하였다.
>
> — 『고려사』 —

① 중서문하성과 상서성을 복구하였다.
② 원의 요청으로 일본 원정에 참여하였다.
③ 조준 등의 건의로 과전법을 제정하였다.
④ 이인임 일파를 축출하고 왕권을 회복하였다.
⑤ 쌍기의 건의를 받아들여 과거제를 실시하였다.

▌공민왕의 개혁 정치

요약노트 043번

∨ 정답 파헤치기

고려 공민왕은 과감한 개혁 정치를 펼쳐 대외적으로는 반원 정책을, 대내적으로는 왕권 강화를 추진하였다. 반원 정책의 일환으로 원의 연호 폐지, 기철 등 친원 세력 숙청을 실시하고 내정 간섭 기구로 유지되었던 정동행성 이문소를 폐지하였으며, 쌍성총관부를 공격하여 원에 빼앗긴 철령 이북의 땅을 수복하였다.

① 공민왕은 자주적인 개혁 정치를 단행하여 관제 개혁을 추진하였다. 이에 따라 원 간섭기인 충렬왕 때 관제가 격하되면서 설치되었던 첨의부를 고쳐 중서문하성과 상서성으로 복구하였으며 6부제로 환원하였다.

∨ 선택지 분석하기

② 충렬왕 때 원은 고려를 일본 원정에 동원하기 위해 정동행성을 설치하고 여몽 연합군을 구성하였다. 몽골의 일본 원정은 두 차례에 걸쳐 이루어졌으나 일본의 강한 저항과 태풍 등의 자연재해로 인해 모두 실패하였다.

③ 공양왕 때 신진 사대부 조준 등의 건의로 실시된 과전법은 지급 대상 토지를 원칙적으로 경기 지역에 한정하였다.

④ 우왕 때 최영은 이성계와 연합하여 이인임 일파를 축출하고 왕권 강화와 민심 수습을 위해 노력하였다.

⑤ 광종은 후주 출신 쌍기의 건의를 받아들여 과거 제도를 시행하여 신진 세력을 등용하였다.

Keyword

#지정(至正) 연호의 사용을 중지 #기철 등이 군주의 위세를 빙자 #기철 등을 처단 #『고려사』

정답 ①

084 빈칸형 [38회 15번]

(가) 기구에 대한 설명으로 옳은 것은? [1점]

> **역사 용어 해설**
>
> (가)
>
> **1. 개요**
>
> 토지와 노비 문제를 해결하기 위해 설치된 임시 기구로, 불법적으로 빼앗긴 토지를 원래의 주인에게 돌려주거나 억울하게 노비가 된 자들을 본래 신분으로 되돌리기 위해 만들어졌다. 1269년(원종 10)에 처음 설치되었고, 이후 폐지와 설치를 거듭하였다.
>
> **2. 관련 사료**
>
> 신돈이 ____(가)____ 을/를 설치할 것을 청하고 스스로 판사(判事)가 되었다. …… 권세가와 부호 중에 빼앗았던 토지와 노비를 그 주인에게 돌려주는 자가 많아, 온 나라 사람들이 기뻐하였다.

① 원 간섭기에 첨의부로 격하되었다.
② 고려 말에 도평의사사로 명칭이 바뀌었다.
③ 소속 관원이 낭사와 함께 대간으로 불렸다.
④ 공민왕 때 내정 개혁의 일환으로 운영되었다.
⑤ 최씨 무신 정권의 최고 권력 기구로 활용되었다.

▌공민왕의 개혁 정치

📖 요약노트 043번

√ 정답 파헤치기

④ 고려 말 공민왕은 신돈을 등용하고 전민변정도감을 설치하여 권문세족에 의해 점탈된 토지를 돌려주고 억울하게 노비가 된 자를 풀어주는 등 개혁을 단행하였다.

√ 선택지 분석하기

① 원 간섭기인 충렬왕 때 관제가 격하되어 중서문하성과 상서성이 첨의부로 개편되었다.
② 고려 시대 국가 최고 회의 기구였던 도병마사가 충렬왕 때 도평의사사로 개편되어 최고 정무 기구로 발전하였다.
③ 어사대의 관원은 중서문하성의 낭사와 함께 대간이라 불리며 고려 시대 감찰과 간쟁의 임무를 맡았다.
⑤ 고려 최씨 무신 정권기에 최충헌이 설치한 교정도감은 인사 행정 및 재정권까지 장악하였던 최고 권력 기관이었다.

Keyword

#토지와 노비 문제 해결 #임시 기구 #불법적으로 빼앗긴 토지를 원래 주인에게 돌려 줌 #억울하게 노비가 된 자들을 본래 신분으로 되돌림 #1269년(원종 10)에 처음 설치 #신돈 #판사(判事)

정답 ④

085 시기 일치형 ⊕ 사료형 [45회 20번]

(가), (나) 사이의 시기에 있었던 사실로 옳은 것은? [3점]

> (가) 대군이 압록강을 건너서 위화도에 머물렀다. …… 태조가 여러 장수들에게 말하기를 "내가 글을 올려 …… 군사를 돌이킬 것을 청했으나, 왕도 살피지 아니하고, 최영도 늙고 정신이 혼몽하여 듣지 않았다." …… 태조가 회군한다는 소식을 듣고는 사람들이 다투어 밤낮으로 달려서 모여든 사람이 천여 명이나 되었다.
>
> – 『태조실록』 –
>
> (나) [대소 신료들이] 왕위에 오를 것을 간절히 권하여, 태조가 마지못해 수창궁으로 행차하였다. 백관들이 서쪽 궐문에서 줄을 지어 맞이하니, 태조는 말에서 내려 걸어서 대전에 들어가 왕위에 올랐는데, 어좌(御座)를 피하고 기둥 안에 서서 여러 신하들의 하례를 받았다.
>
> – 『태조실록』 –

① 녹읍을 폐지하고 관료전을 지급하였다.
② 조준 등의 건의로 과전법을 제정하였다.
③ 양지아문을 설치하여 양전 사업을 실시하였다.
④ 공로와 인품에 따라 역분전을 차등 지급하였다.
⑤ 직전법을 실시하여 현직 관리에게만 수조권을 지급하였다.

▌신진 사대부와 신흥 무인 세력의 성장

√ 정답 파헤치기

(가) 위화도 회군(1388): 고려 말 우왕 때 이성계는 왕명에 따라 요동 정벌을 위해 출병하였으나 의주 부근의 위화도에서 개경으로 회군하였다.
(나) 조선 건국(1392): 위화도 회군 이후 실권을 잡은 이성계는 고려의 마지막 왕인 공양왕을 폐위시키고 조선을 건국하여 태조로 즉위하였다.
② 이성계는 위화도 회군 이후 신진 사대부 세력과 결탁하여 실권을 장악하였다. 공양왕 때 신진 사대부 조준 등의 건의로 토지 개혁법인 과전법을 제정하였다(1391). 과전법 제도는 이후 이성계와 신진 사대부 세력이 중심이 되어 건국한 조선에서 관리들의 경제적 기반을 보장하고 국가 재정을 유지하는 토대가 되었다.

√ 선택지 분석하기

① 통일 신라 신문왕은 왕권을 강화하기 위해 다양한 정치 개혁을 단행하여 관료전을 지급하고(687) 귀족의 경제 기반인 녹읍을 폐지하였다(689).
③ 대한 제국은 양지아문을 설치하여 토지 조사 사업의 일종인 양전 사업을 실시하였고(1898), 지계아문을 통해 근대적 토지 소유 문서인 지계를 발급하여 토지 소유권을 확립하고자 하였다(1901).
④ 고려 태조는 후삼국 통일에 공을 세운 공신들에게 관등에 관계없이 공로, 인품 등을 기준으로 차등을 두어 역분전을 지급하였다(940).
⑤ 조선 세조는 과전의 세습화로 과전 부족 등을 초래했던 과전법의 폐단을 바로잡기 위해 현직 관리에게만 수조권을 지급하는 직전법을 실시하였다(1466).

Keyword

#위화도 #군사를 돌이킬 것을 청함 #최영 #회군 #왕위에 오를 것 #태조 #수창궁 #『태조실록』

정답 ②

주제 22

고려의 경제와 사회

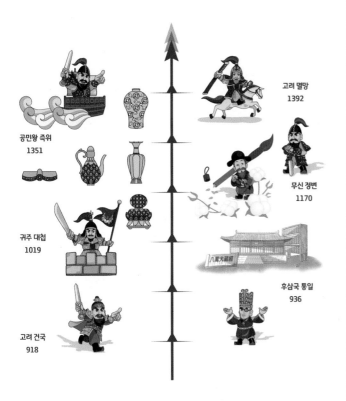

공민왕 즉위
1351

귀주 대첩
1019

고려 건국
918

고려 멸망
1392

무신 정변
1170

후삼국 통일
936

합격전략

고려의 경제 관련 문제는 주로 숙종 때 주조·유통된 화폐나 국제 무역에 대한 내용이 주를 이룹니다. 수취 제도는 토지 제도의 변천을 중심으로 공부하고, 빈민을 구휼하기 위한 고려만의 사회 시책도 다른 국가와 구분하여 암기하도록 합니다.

086 사료형 [43회 15번]

다음 자료에 나타난 시기의 경제 상황으로 옳은 것은? [3점]

> 11월에 팔관회가 열렸다. [왕이] 신봉루에 들러 모든 관료에게 큰 잔치를 베풀었다. 그리고 다음 날 대회(大會)에서 또 술과 음식을 하사하고 음악을 관람하였다. …… 송의 상인과 탐라국도 특산물을 바쳤으므로 자리를 내주어 음악을 관람하게 하였는데, 이후에는 상례(常例)가 되었다.

① 집집마다 부경이라는 창고가 있었다.
② 경시서가 수도의 시전을 감독하였다.
③ 감자, 고구마 등의 구황 작물이 재배되었다.
④ 모내기법 등을 소개한 농가집성이 편찬되었다.
⑤ 국경 지대에서 개시 무역과 후시 무역이 이루어졌다.

고려의 경제 정책

정답 파헤치기

팔관회는 매년 개경과 서경에서 열렸으며 고려 전역은 물론 주변국까지 참여하여 교역의 중요한 계기가 되었다. 태조 왕건은 훈요 10조를 통해 팔관회를 함부로 가감하지 않도록 규정하기도 하였다.

② 고려 조정은 개경에 시전을 설치하였고, 경시서를 두어 시전을 관리·감독하도록 하였다. 경시서는 주로 물가 조절 및 상인들의 감독, 세금 등에 관한 업무를 담당하였다.

선택지 분석하기

① 고구려 때 집집마다 있던 작은 창고를 부경이라고 하였는데, 이곳에 곡식, 찬거리, 소금 등을 저장하였다.

③ 감자와 고구마는 조선 후기에 전래되어 구황 작물로 재배되기 시작하였다.

④ 조선 효종 때 신속에 의해 편찬된 『농가집성』에서 모내기법을 소개하였다. 이후 조선 후기에는 수리 시설의 확충으로 모내기법이 보급되면서 농업 생산량이 증가하였다.

⑤ 조선 후기 청과의 무역이 활발하였던 국경 지역을 중심으로 공적으로 허용된 개시 무역과 사적 무역인 후시 무역이 이루어졌다.

Keyword

#팔관회 #신봉루 #송의 상인 #탐라국 #특산물 #상례(常例)

정답 ②

안심Touch

087 설명형 [45회 18번]

다음 장면에 등장하는 왕의 재위 기간에 있었던 경제 모습으로 옳은 것은? [2점]

일전에 나의 아우인 의천이 화폐를 사용하면 쌀 운반의 수고를 덜고, 간교한 무리의 속임수를 막을 수 있으며, 녹봉 지급과 국가 재정 관리에 편리하다고 건의하였다. 이제 주전도감에서 화폐를 발행하도록 하라.

① 해동통보가 주조되어 유통되었다.
② 전환국에서 백동화가 발행되었다.
③ 중국 화폐인 명도전, 반량전이 널리 사용되었다.
④ 공인이 상평통보를 사용하여 물품을 조달하였다.
⑤ 궁궐 중건 비용을 마련하기 위해 당백전을 발행하였다.

088 사료형 [37회 17번]

다음 자료의 화폐를 제작한 시기의 경제 상황으로 옳은 것은? [2점]

> 왕이 명령하기를, "백성들을 부유하게 하고 나라에 이익을 가져오게 하는 데 돈보다 중요한 것은 없다. …… 이제 금속을 녹여 돈을 주조하는 법을 제정하였으니, 주조한 돈 1만 5천 관(貫)을 여러 관리와 군인들에게 나누어 주어 이를 통용의 시초로 삼고 돈의 명칭을 해동통보라 하여라."라고 하였다.

① 모내기법이 전국적으로 확산되었다.
② 벽란도에서 국제 무역이 이루어졌다.
③ 계해약조를 맺어 일본과 교역을 하였다.
④ 시장을 감독하는 관청인 동시전이 있었다.
⑤ 감자, 고구마 등의 구황 작물이 재배되었다.

▍숙종의 경제 정책

📖 요약노트 045번

∨ 정답 파헤치기

① 고려 숙종 때 승려 의천이 국가 재정 관리의 효율성을 위해 화폐의 발행을 건의하였다. 이에 따라 화폐 주조를 전담하는 관서인 주전도감을 설치하고 해동통보와 삼한통보, 해동중보 등의 동전과 활구(은병)를 주조하여 유통하였다.

∨ 선택지 분석하기

② 조선은 개항 이후 전환국을 설치하고 상평통보 대신 새로운 화폐인 백동화를 주조하여 발행하였다.

③ 철기 시대 때 중국과의 교류가 활발하여 중국 화폐인 명도전과 반량전이 사용되었다.

④ 조선 광해군 때 대동법이 실시된 이후 국가에서 필요한 물품은 공인이 조달하게 되었고 이를 바탕으로 화폐의 유통이 활발해졌다. 이후 숙종 때 상평통보가 주조되어 전국적으로 유통되면서 상품 화폐 경제가 발전하게 되었다.

⑤ 조선 고종 때 흥선 대원군은 경복궁 중건에 필요한 비용을 마련하기 위해 당백전을 발행하였다.

▍고려의 국제 무역

📖 요약노트 046번

∨ 정답 파헤치기

고려 숙종 때 삼한통보, 해동통보 등의 동전과 활구(은병)를 만들어 화폐의 통용을 추진하였다.

② 고려는 예성강 하구에 위치한 국제 무역항인 벽란도를 통해 중국, 아라비아 상인들과 교역을 전개하였다.

∨ 선택지 분석하기

① 모내기법은 고려 말 일부 남부 지방에 도입되었으나, 조선 초기 조정에서는 가뭄의 우려로 인해 금지하였다. 이후 조선 후기에 이르러 전국적으로 크게 확대 실시되었다.

③ 조선 세종은 대마도주의 요구를 받아들여 부산포, 제포, 염포를 개방하였고(1426), 제한된 범위 내에서 무역을 허락하는 계해약조를 체결하였다(1443).

④ 신라는 지증왕 때 경주에 시장을 설치하고 이를 관리·감독하기 위해 동시전을 설치하였다(509).

⑤ 감자와 고구마는 조선 후기에 전래되어 구황 작물로 재배되기 시작하였다.

Keyword

#나의 아우 의천 #화폐를 사용 #쌀 운반의 수고를 덜고 #녹봉 지급과 국가 재정 관리에 편리 #주전도감 #화폐 발행

정답 ①

Keyword

#금속을 녹여 돈을 주조하는 법 제정 #해동통보

정답 ②

089 사료형 ✚ 합답형 [40회 13번]

(가), (나)에 해당하는 토지 제도에 대한 설명으로 옳은 것을 <보기>에서 고른 것은? [2점]

> (가) 경종 원년(976) 11월, 처음으로 직관(職官)과 산관(散官) 각 품의 전시과를 제정하였다.
>
> (나) 공양왕 3년(1391) 5월, 도평의사사가 글을 올려 과전을 주는 법을 정하자고 요청하니 왕이 따랐다.

• 보기 •
ㄱ. (가) – 전지와 시지를 지급하여 수취의 권리를 행사하게 하였다.
ㄴ. (가) – 관리의 사망 시 유가족에게 수신전과 휼양전을 지급하였다.
ㄷ. (나) – 지급 대상 토지를 원칙적으로 경기 지역에 한정하였다.
ㄹ. (나) – 관리의 인품과 공복을 기준으로 하여 토지를 지급하였다.

① ㄱ, ㄴ   ② ㄱ, ㄷ   ③ ㄴ, ㄷ
④ ㄴ, ㄹ   ⑤ ㄷ, ㄹ

▌고려의 토지 제도

✓ 정답 파헤치기

(가) 시정 전시과(976), (나) 과전법(1391)

ㄱ. 고려 경종 때 처음 시행된 전시과 제도는 직역의 대가로 관료에게 토지를 지급하는 제도였다. 관리를 총 18등급으로 나누어 곡물을 수취할 수 있는 전지와 땔감을 얻을 수 있는 시지를 주었으며, 지급된 토지는 수조권만 가질 수 있었다.

ㄷ. 고려 말 공양왕 때 토지 개혁으로 실시된 과전법은 지급 대상 토지를 원칙적으로 경기 지역에 한정하였다.

✓ 선택지 분석하기

ㄴ. 과전법은 관리가 사망하면 유가족에게 수신전과 휼양전 등을 지급하였다.
ㄹ. 전시과는 관품과 인품을 기준으로 직관, 산관에게 토지를 지급하였다.

Keyword

#경종 #전시과 #공양왕 #과전   정답 ②

---

090 빈칸형 [48회 17번]

(가)에 들어갈 내용으로 옳지 않은 것은? [2점]

① 물가 조절을 위해 상평창을 설치하였어.
② 병자에게 의약품을 제공하는 혜민국이 있었어.
③ 환자 치료와 빈민 구제를 위해 동서 대비원을 두었어.
④ 국산 약재와 치료 방법을 정리한 향약집성방이 간행되었어.
⑤ 기금을 모아 그 이자로 빈민을 구제하는 제위보를 운영하였어.

▌고려의 민생 안정책

📖 요약노트 044번

✓ 정답 파헤치기

고려는 구제도감과 구급도감 등을 임시 기관으로 설치하여 재해가 발생하였을 때 백성을 구제하였다. 그중 구제도감은 환자의 질병을 치료하고 병사자의 매장을 관장하며 감염병 확산 등에 대처하는 기능을 담당하였다.

④ 조선 세종 때 우리 풍토에 맞는 약재와 치료 방법을 개발하여 정리한 의학서인 『향약집성방』이 편찬되었다(1433).

✓ 선택지 분석하기

① 상평창은 고려 성종 때 물가 조절을 통한 민생 안정을 위해 개경과 서경에 설치되었다.
② 혜민국은 고려 예종 때 설치되었으며 서민의 질병 치료를 위해 의약을 관리하던 관청이다.
③ 동서 대비원은 고려 때 가난한 백성이 의료 혜택을 받을 수 있도록 개경에 설치되어 환자 진료 및 빈민 구휼을 담당하였다.
⑤ 제위보는 고려 광종 때 기금을 모았다가 백성에게 빌려주고 그 이자로 빈민을 구제하는 기능을 담당하였다.

Keyword

#고려 시대 민생 안정 #감염병 확산 등에 대처 #구제도감   정답 ④

주제 23

학문과 사상의 발전

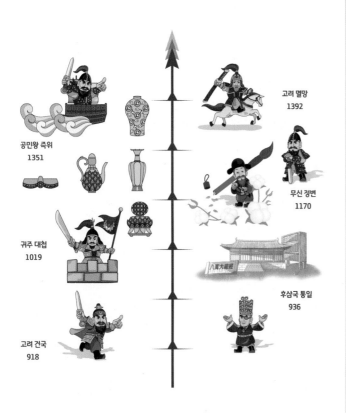

합격전략

고려 시대에는 사학이 발전하였고 이로 인해 위축된 관학을 진흥하기 위한 정책들이 시행된 것이 특징입니다. 성리학이 처음으로 도입되었고, 여러 승려들이 활동하며 불교 사상을 발전시키기도 하였습니다. 이 내용들은 주로 지문에 제시된 힌트를 통해 해당하는 내용을 찾고 이와 관련된 것을 선지에서 골라야 한다는 점에서 비슷한 유형인 빈칸형, 설명형, 사료형 문제로 자주 출제됩니다.

---

091 빈칸형 [48회 12번]

(가)에 들어갈 내용으로 옳은 것은? [2점]

〈한국사 강좌〉

고려 시대의 교육

우리 학회에서는 고려의 교육 제도를 재조명하는 교양 강좌를 마련하였습니다. 많은 참여 바랍니다.

◙ 강좌 내용 ◙

제1강 관학의 정비
- 개경에 국자감을 두다
- 12목에 경학박사를 파견하다

제2강 사학의 융성
- 문헌공도가 설립되다
- 사학 12도가 번창하다

제3강 관학 진흥책
- 국자감에 서적포를 설치하다
- _____(가)_____

• 일시: 2020년 ○○월 ○○일 14:00~17:00
• 장소: □□ 박물관 대강당
• 주최: △△ 학회

① 당에 유학생을 파견하다
② 전문 강좌인 7재를 개설하다
③ 사액 서원에 서적과 노비를 지급하다
④ 글과 활쏘기를 가르치는 경당을 설립하다
⑤ 관리 채용을 위해 독서삼품과를 시행하다

▌ 고려의 관학과 사학

📖 요약노트 047번

∨ 정답 파헤치기

② 고려 중기 최충헌의 문헌공도를 대표로 하는 사학 12도의 발전으로 관학이 위축되었다. 이에 고려 예종 때 국자감을 재정비하여 전문 강좌인 7재를 개설하고, 양현고와 청연각·보문각을 궁중에 설치하여 학문 연구를 장려하였다.

∨ 선택지 분석하기

① 신라 말에는 통상 사신과 함께 당으로 유학생을 파견하였으며, 특히 6두품들이 두각을 나타내어 빈공과에 합격하기도 하였다.

③ 조선 시대에는 국가의 공식 승인을 받은 사액 서원에 토지와 노비, 서적을 지급하였고 면세와 면역의 특권도 부여하였다.

④ 고구려 장수왕은 지방에 경당을 설립하여 평민 자제들에게 학문과 무예를 가르쳤다.

⑤ 통일 신라 원성왕은 국학의 학생들을 대상으로 독서삼품과를 실시하여 유교 경전의 이해 수준에 따라 관리로 채용하였다.

Keyword

#고려의 교육 제도 #관학 정비 #개경에 국자감 #12목에 경학박사 #사학 융성 #문헌공도 #사학 12도 #관학 진흥책 #서적포

정답 ②

092 사료형 [42회 18번]

다음 역사서가 편찬된 이후의 사실로 옳은 것은? [2점]

> ○ 대체로 옛 성인들은 예악으로 나라를 일으키고 인의로 가르침을 베푸는 데 있어 괴력난신(怪力亂神)을 말하지 않았다. 그러나 제왕이 장차 일어날 때에는 …… 보통사람과는 다른 점이 있기 마련이다. …… 이로 보건대 삼국의 시조가 모두 신비로운 데에서 탄생하였다고 하여 이상할 것이 없다. 이 책 머리에 기이(紀異)편을 싣는 까닭도 바로 여기에 있는 것이다.
>
> ○ 신(臣) 이승휴가 지어서 바칩니다. 예로부터 제왕들이 서로 계승하여 주고받으며 흥하고 망한 일은 세상을 경영하는 군자가 밝게 알지 않아서는 안 되는 바입니다. …… 그 선하여 본받을 만한 것과 악하여 경계로 삼을 만한 것은 모두 일마다 춘추필법에 따랐습니다.

① 쌍기의 건의로 과거제가 도입되었다.
② 이제현이 만권당에서 유학자들과 교류하였다.
③ 최충이 유학을 교육하는 9재 학당을 설립하였다.
④ 망이·망소이가 가혹한 수탈에 저항하여 봉기하였다.
⑤ 의천이 불교 교단 통합을 위해 천태종을 개창하였다.

▌성리학의 발전

✓ 정답 파헤치기

· 원 간섭기에 승려 일연이 쓴 『삼국유사』는 불교사를 바탕으로 기록되었으며, 왕력과 함께 기이(紀異)편을 두어 고대의 민간 설화나 전래 기록을 수록하였다(1281). 특히 단군을 우리 민족의 시조로 여겨 단군 건국 설화를 수록하였다.

· 이승휴가 쓴 『제왕운기』는 운문체로 서술된 역사시로, 중국사와 한국사를 7언시, 5언시로 병렬적으로 대비해 서술하였다(1287). 특히 우리나라의 역사를 단군에서부터 서술하였다.

② 충선왕은 왕위를 물려준 뒤 원의 연경에 만권당을 세우고(1314) 고려에서 이제현 등의 성리학자들을 데려와 원의 학자들과 교류하게 하였다.

✓ 선택지 분석하기

① 고려 광종은 후주에서 온 쌍기의 건의를 받아들여 과거제를 도입하였다(958).

③ 고려 문종(1046~1083) 때 사학이 크게 융성하였는데 그중 최충이 세운 9재 학당이 사학 12도 중 가장 번성하였다.

④ 고려 무신 정권 시기에 공주 명학소에서 망이·망소이가 과도한 부역과 차별 대우에 항의하여 농민 반란을 일으켰다(1176).

⑤ 고려 숙종 때 의천이 국청사를 중심으로 해동 천태종을 개창하고 교단 통합 운동을 전개하였다.

Keyword

#괴력난신(怪力亂神) #삼국 #기이(紀異)편 #이승휴 #제왕 #춘추필법

정답 ②

093 사료형 [45회 14번]

교사의 질문에 대한 학생의 답변으로 옳은 것은? [2점]

> 신라, 고구려, 백제가 기틀을 잡고 세 세력이 서로 대립하면서 …… 삼가, 본기 28권, 연표 3권, 지(志) 9권, 열전 10권을 찬술하였습니다. 여기에 표문(表文)을 붙여 성상께 올립니다.
> ─ 『진삼국사표(進三國史表)』 ─

> 이 글은 왕명을 받들어 역사서 편찬을 주도한 인물이 왕에게 올린 진삼국사표입니다. 이 글과 함께 올린 역사서에 대해 발표해 볼까요?

① 기전체 형식으로 서술하였습니다.
② 조선 건국의 정통성을 강조하였습니다.
③ 남북국이라는 용어를 처음 사용하였습니다.
④ 단군 조선에서 고려까지의 역사를 정리하였습니다.
⑤ 불교사를 중심으로 고대의 민간 설화 등을 수록하였습니다.

▌역사서 편찬

📖 요약노트 049번

✓ 정답 파헤치기

① 고려 인종의 명을 받아 김부식이 편찬한 『삼국사기』는 현존하는 우리나라 최고(最古)의 역사서이다. 이는 유교적 사관을 바탕으로 하였고 본기, 연표, 지, 열전 등으로 구성된 기전체 형식이다.

✓ 선택지 분석하기

② 용비어천가는 조선 세종 때 직계 선조인 목조부터 태종까지 여섯 대의 행적에 대해 지은 서사시이다. 이는 선조들의 행적이 하늘의 명을 받은 중국의 제왕과 부합한다는 내용을 통해 조선 왕조 건국의 정통성을 강조하였다.

③ 조선 정조 때 서얼 출신인 유득공이 저술한 『발해고』는 발해를 우리의 역사로 인식하였으며 최초로 '남북국'이라는 용어를 사용하였다.

④ 조선 성종의 명을 받아 집필한 서거정의 『동국통감』과 조선 후기 안정복의 『동사강목』 등은 단군 조선부터 고려 말까지의 역사를 정리하여 편찬한 역사서이다.

⑤ 원 간섭기에 일연이 쓴 『삼국유사』는 불교사를 중심으로 왕력과 함께 기이(紀異)편을 두어 고대의 민간 설화나 전래 기록 등을 수록하였다.

Keyword

#신라·고구려·백제 #본기 #연표 #지(志) #열전 #표문(表文) #진삼국사표(進三國史表) #왕명을 받들어 역사서 편찬 주도

정답 ①

094 설명형 [48회 15번]

밑줄 그은 '그'에 대한 설명으로 옳은 것은? [2점]

> 이것은 경상북도 칠곡군 선봉사에 있는 비석입니다. 문종의 아들인 그가 국청사를 중심으로 천태종을 개창한 행적이 기록되어 있습니다.

① 보현십원가를 지어 불교 교리를 전파하였다.
② 불교 개혁을 주장하며 수선사 결사를 조직하였다.
③ 선문염송집을 편찬하고 유불 일치설을 주장하였다.
④ 불교 관련 설화를 중심으로 삼국유사를 저술하였다.
⑤ 이론 연마와 수행을 함께 강조하는 교관겸수를 제시하였다.

▌의천

📖 요약노트 053번

∨ 정답 파헤치기

칠곡 선봉사 대각국사비는 천태종을 개창한 대각국사 의천의 공적을 기리기 위해 세운 비석이며, 보물 제251호로 지정되어 있다. 고려 문종의 넷째 아들인 의천은 교종과 선종의 불교 통합 운동을 전개하였으며, 국청사를 창건하고 해동 천태종을 개창하였다.

⑤ 의천은 교종과 선종의 통합 운동을 뒷받침하기 위한 사상적 바탕으로 이론의 연마와 실천을 강조하는 교관겸수를 제시하였다.

∨ 선택지 분석하기

① 고려의 승려 균여는 부르기 쉬운 노래를 이용하여 어려운 불교의 교리를 설파하고자 「보현십원가」라는 향가를 지었다.

② 고려 중기 보조국사 지눌은 타락한 고려의 불교를 바로잡고자 송광사를 중심으로 수선사 결사를 제창하였다.

③ 지눌의 제자인 혜심은 유불 일치설을 주장하여 성리학을 수용할 수 있는 사상적 토대를 마련하였으며, 당부터 북송대까지 승려들의 선문공안을 모아 「선문염송집」을 편찬하였다.

④ 고려 원 간섭기인 충렬왕 때 승려 일연이 불교사를 중심으로 「삼국유사」를 저술하였다. 이는 왕력과 함께 기이(紀異)편을 두어 고대의 민간 설화나 전래 기록 등을 수록하였다.

Keyword

#칠곡군 선봉사에 있는 비석 #문종의 아들 #국청사 #천태종 개창

정답 ⑤

095 빈칸형 [46회 14번]

(가)에 들어갈 내용으로 적절한 것은? [2점]

> 여기는 순천시 조계산에 자리한 송광사입니다. 해인사, 통도사와 함께 우리나라 삼보사찰(三寶寺刹) 중 하나로 16명의 국사를 배출하여 승보사찰(僧寶寺刹)로 불립니다. 이곳에서 ___(가)___

① 일연이 삼국유사를 집필하였습니다.
② 원효가 금강삼매경론을 저술하였습니다.
③ 의천이 신편제종교장총록을 편찬하였습니다.
④ 지눌이 정혜쌍수와 돈오점수를 내세웠습니다.
⑤ 요세가 법화 신앙을 바탕으로 백련 결사를 이끌었습니다.

▌지눌

📖 요약노트 053번

∨ 정답 파헤치기

우리나라의 삼보사찰은 불법승을 대표하는 양산 통도사, 합천 해인사, 순천 송광사를 말한다. 그중 송광사는 고려 중기의 보조국사 지눌이 타락한 고려 불교를 바로잡고자 수선사 결사를 제창한 곳이다. 이후 지눌의 제자였던 혜심을 비롯해 조선 초기에 이르기까지 약 180년 동안 16명의 국사(國師)를 배출하였다.

④ 지눌은 승려의 기본인 독경, 수행, 노동에 힘쓰자는 수선사 결사 운동을 전개하였다. 정혜쌍수를 사상적 바탕으로 철저한 수행을 강조하였으며, 내가 곧 부처라는 깨달음을 위한 노력과 함께 꾸준한 수행으로 깨달음의 확인을 강조한 돈오점수를 주장하였다.

∨ 선택지 분석하기

① 일연이 충렬왕 때 5년간 머물면서 「삼국유사」를 집필한 인각사는 선덕 여왕 때 원효가 세운 절로 전해지고 있으며, 현재 군위 인각사지는 사적 제374호로 지정되어 있다.

② 원효가 「금강삼매경」을 풀이한 주석서인 「금강삼매경론」은 황룡사에서 이에 대한 강론을 하려다가 도둑이 이를 훔쳐 달아나자 사흘의 말미를 얻어 다시 저술한 것이라고 전해진다.

③ 의천은 흥왕사에서 화엄종을 중심으로 교종을 통합하려 하였으며, 교장도감을 두고 「신편제종교장총록」을 편찬하였다.

⑤ 요세는 강진 백련사(만덕사)에서 자신의 행동을 참회하는 법화 신앙에 중점을 둔 백련 결사를 제창하였다.

Keyword

#송광사 #삼보사찰(三寶寺刹) 중 하나 #16명의 국사 배출 #승보사찰(僧寶寺刹)

정답 ④

주제 24

문화유산과 과학 기술

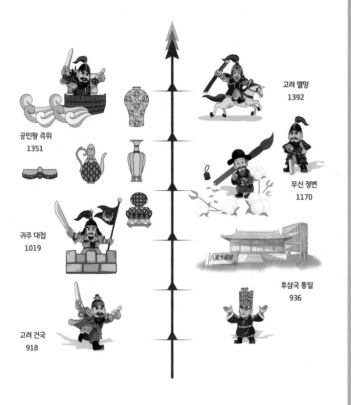

고려 멸망 1392

공민왕 즉위 1351

무신 정변 1170

귀주 대첩 1019

후삼국 통일 936

고려 건국 918

합격전략

고려의 대표적인 문화유산으로는 불상, 석탑, 청자 등이 자주 출제됩니다. **사진형**으로 나오는 경우가 가장 많으니 다른 시대의 문화유산과 구분할 수 있도록 사진 자료를 꼭 익혀 두어야 합니다.

096 빈칸형 + 사진형 [47회 15번]

(가)에 해당하는 문화유산으로 옳은 것은? [1점]

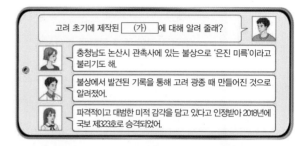

고려 초기에 제작된 (가) 에 대해 알려 줄래?

충청남도 논산시 관촉사에 있는 불상으로 '은진 미륵'이라고 불리기도 해.

불상에서 발견된 기록을 통해 고려 광종 때 만들어진 것으로 알려졌어.

파격적이고 대범한 미적 감각을 담고 있다고 인정받아 2018년에 국보 제323호로 승격되었어.

①  ②  ③

④  ⑤

▍논산 관촉사 석조 미륵보살 입상

📖 요약노트 052번

✔ 정답 파헤치기

① 충남 논산시 관촉사에 있는 논산 관촉사 석조 미륵보살 입상은 국보 제323호로 지정되어 있는 고려 시대의 석불이다. '은진 미륵'이라고도 불리며 머리와 몸통의 비례가 맞지 않는 불균형 때문에 토속적·향토적 느낌을 주는 불상이다.

✔ 선택지 분석하기

② 경산 팔공산 관봉 석조여래 좌상(보물 제431호) – 통일 신라
③ 안동 이천동 마애여래 입상(보물 제115호) – 고려
④ 서산 용현리 마애여래 삼존상(국보 제84호) – 백제
⑤ 파주 용미리 마애이불 입상(보물 제93호) – 고려

ⓚ Keyword

#충청남도 논산시 관촉사 #은진 미륵 #고려 광종 때 만들어진 것 #파격적이고 대범 #국보 제323호

정답 ①

097 빈칸형 [44회 15번]

(가)~(마)에 들어갈 내용으로 적절하지 않은 것은? [3점]

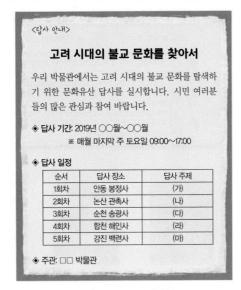

〈답사 안내〉

고려 시대의 불교 문화를 찾아서

우리 박물관에서는 고려 시대의 불교 문화를 탐색하기 위한 문화유산 답사를 실시합니다. 시민 여러분들의 많은 관심과 참여 바랍니다.

◈ 답사 기간: 2019년 ○○월~○○월
　　※ 매주 마지막 주 토요일 09:00~17:00

◈ 답사 일정

순서	답사 장소	답사 주제
1회차	안동 봉정사	(가)
2회차	논산 관촉사	(나)
3회차	순천 송광사	(다)
4회차	합천 해인사	(라)
5회차	강진 백련사	(마)

◈ 주관: □□ 박물관

① (가) – 팔상전을 통해 본 오층 목탑의 구조
② (나) – 석조 미륵보살 입상의 조형적 특징
③ (다) – 보조국사 지눌의 생애와 주요 활동
④ (라) – 팔만대장경의 운반 과정과 보관 경위
⑤ (마) – 법화 신앙을 바탕으로 한 요세의 신앙 결사 운동

고려의 건축

📖 요약노트 051번

✓ 정답 파헤치기

① 안동 봉정사의 극락전은 경상북도 안동시 봉정사에 위치한 고려 시대 건물로, 우리나라 목조 건물 중 가장 오래되었으며 국보 제15호로 지정되어 있다. 봉정사는 통일 신라 때 의상 대사가 창건하였으며 극락전은 고려 때 중수되었다는 기록이 있다(1363).

✓ 선택지 분석하기

② 논산 관촉사 석조 미륵보살 입상은 충청남도 논산시 관촉사에 있는 고려 시대 석불로 국보 제323호로 지정되어 있다. 머리와 몸통의 비례가 맞지 않는 불균형 때문에 토속적·향토적 느낌을 주는 불상이다.

③ 보조국사 지눌은 순천 송광사에서 승려의 기본인 독경, 수행, 노동에 힘쓰자는 수선사 결사 운동을 전개하였다.

④ 합천 해인사에 보관되어 있는 팔만대장경은 몽골이 고려를 침입하였을 당시 부처의 힘으로 몽골군을 물리치기 위해 16년에 걸쳐 제작되었다.

⑤ 요세는 강진 백련사에서 자신의 행동을 참회하는 법화 신앙에 중점을 둔 백련사 결사를 제창하였다.

Keyword

#고려 시대 불교 문화 #안동 봉정사 #논산 관촉사 #순천 송광사 #합천 해인사 #강진 백련사

정답 ①

098 빈칸형 ⊕ 사진형 [40회 15번]

(가)에 들어갈 문화유산으로 옳은 것은? [1점]

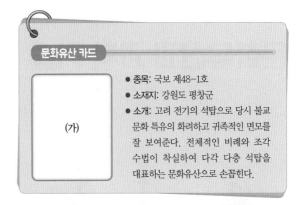

문화유산 카드

(가)

● 종목: 국보 제48-1호
● 소재지: 강원도 평창군
● 소개: 고려 전기의 석탑으로 당시 불교 문화 특유의 화려하고 귀족적인 면모를 잘 보여준다. 전체적인 비례와 조각 수법이 착실하여 다각 다층 석탑을 대표하는 문화유산으로 손꼽힌다.

①  ② ③

④  ⑤

평창 월정사 팔각 구층 석탑

📖 요약노트 052번

✓ 정답 파헤치기

① 평창 월정사 팔각 구층 석탑은 강원도 오대산 월정사 경내에 있는 석탑으로 국보 제48-1호로 지정되어 있으며, 고려 전기 석탑을 대표한다.

✓ 선택지 분석하기

② 개성 경천사지 십층 석탑은 국보 제86호로 지정되어 있으며 고려 말 원 간섭기에 대리석으로 만들어진 석탑으로, 원의 석탑 양식에 영향을 받았다.

③ 경주 불국사 다보탑은 경주시 불국사에 있는 통일 신라 시대의 화강석 석탑으로, 다보여래의 사리를 모신 탑이며 국보 제20호로 지정되어 있다.

④ 부여 정림사지 오층 석탑은 국보 제9호로 지정되어 있다. 목탑의 구조와 비슷하지만 돌의 특성을 잘 살렸으며, 미륵사지 석탑과 함께 백제 시대의 대표적인 석탑이다.

⑤ 안동 신세동 칠층 전탑은 벽돌로 만들어진 탑 중 가장 오래된 것으로, 통일 신라 시대에 만들어졌으며 국보 제16호로 지정되어 있다.

Keyword

#국보 제48-1호 #평창 #고려 전기 석탑 #다각 다층 석탑

정답 ①

099 설명형 + 사진형 [45회 12번]

밑줄 그은 '이 자기'에 해당하는 문화유산으로 옳은 것은?

[1점]

이 자기는 상감 기법으로 고려 시대에 제작한 문화 유산입니다. 상감은 겉 부분을 파낸 후에 그 자리에 백토나 흑토를 메우면서 무늬를 만들어 내는 방식으로, 이를 통해 다양한 무늬를 표현할 수 있었습니다.

①   ②   ③

④   ⑤

고려 청자

📖 요약노트 052번

✔ 정답 파헤치기

④ 청자 상감운학문 매병은 그릇 표면을 파낸 자리에 백토나 흑토 등을 메워 무늬를 내는 고려의 상감 기법이 나타난 청자 매병으로, 국보 제68호로 지정되어 있다.

✔ 선택지 분석하기

① 백자 달항아리는 조선 후기인 18세기에 제작된 백자 항아리의 전형적인 모습이다. 안정적 균형감과 단정한 느낌을 주는 항아리이며 보물 제1439호로 지정되어 있다.

② 청자 참외 모양 병은 고려 인종의 능에서 발견되었으며 고려청자의 전성기인 12세기 초에 만들어진 대표적 비색 청자로, 국보 제94호로 지정되어 있다.

③ 백자 철화매죽문 항아리는 조선 전기인 16세기 후반에 제작된 것으로 추정되며 국보 제166호로 지정되어 있다.

⑤ 백자 청화매죽문 항아리는 조선 전기인 15세기경 제작된 청화 백자 항아리이다. 화려한 연꽃무늬와 세밀한 대나무 표현이 특징이며, 국보 제219호로 지정되어 있다.

Keyword

#상감 기법 #고려 시대 #백토나 흑토 #다양한 무늬를 표현

정답 ④

100 빈칸형 + 합답형 [44회 17번]

(가)에 들어갈 내용으로 옳은 것을 〈보기〉에서 고른 것은?

[2점]

〈주제: ○○ 시대 과학 기술의 발달〉
△△ 모둠 발표

현존하는 가장 오래된 금속 활자본인 직지심체요절이 간행됐어요.

사천대에서 천체와 기상을 관찰했어요.

(가)

• 보기 •
ㄱ. 기기도설을 참고하여 거중기를 제작했어요.
ㄴ. 화통도감을 설치하여 화약과 화포를 제작했어요.
ㄷ. 우리의 약재를 소개한 향약구급방을 편찬했어요.
ㄹ. 농업 기술 혁신 방안을 제시한 임원경제지가 저술됐어요.

① ㄱ, ㄴ ② ㄱ, ㄷ ③ ㄴ, ㄷ ④ ㄴ, ㄹ ⑤ ㄷ, ㄹ

고려 시대 과학 기술

📖 요약노트 052번

✔ 정답 파헤치기

『직지심체요절』은 고려 때 청주 흥덕사에서 간행한(1377) 현존하는 세계 최고(最古)의 금속 활자본으로 공인받고 있으며, 현재 프랑스 국립 도서관에 소장되어 있다. 사천대는 고려 시대 천문 관측을 담당하던 관서를 말한다.

ㄴ. 고려 우왕 때 최무선의 건의로 화통도감을 설치하여 화약과 화포를 제작하였고, 이를 활용하여 진포에서 왜구를 격퇴하였다(1380).

ㄷ. 『향약구급방』은 고려 고종 때 대장도감에서 향약으로 질병을 치료하는 방법과 처방을 모아 간행한 것으로(1236), 우리나라에 전해져 오는 가장 오래된 의방서이다.

✔ 선택지 분석하기

ㄱ. 조선 정조 때 정약용이 『기기도설』을 참고하여 제작한 거중기는 수원 화성을 축조할 때 사용되면서 공사 기간과 비용을 줄이는 데 큰 역할을 하였다.

ㄹ. 조선 후기 실학자 서유구는 농업과 임업, 의식주를 포함한 일상 문화를 집대성하여 당시의 농업 정책과 자급자족의 경제론에 대한 실학적 농촌 경제서인 『임원경제지』를 편찬하였다.

Keyword

#현존하는 가장 오래된 금속 활자본 #『직지심체요절』
#사천대 #천체와 기상 관찰

정답 ③

IV

조선 전기

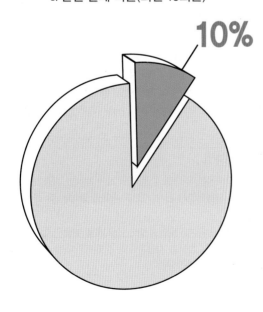

IV단원 출제 비율(최신 10회분)

10%

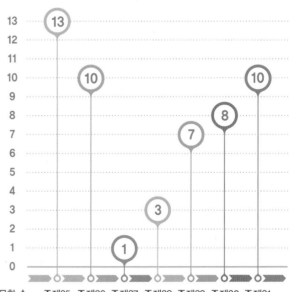

문항 수 주제25 주제26 주제27 주제28 주제29 주제30 주제31

IV단원 주제별 출제 문항 수(최신 10회분)

※순서 나열형, 시기 일치형, 합답형 등의 경우 한 문항이 여러 주제에 중복 해당되기도 합니다.

주제별 키워드

주제 25

조선의 건국과 국가 기반 확립

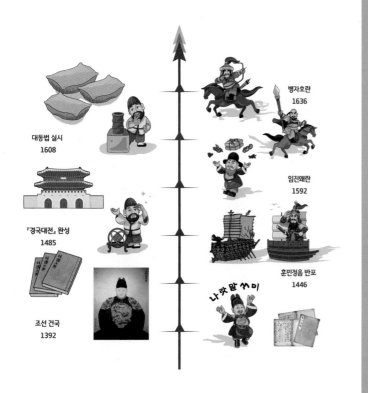

대동법 실시
1608

「경국대전」 완성
1485

조선 건국
1392

병자호란
1636

임진왜란
1592

훈민정음 반포
1446

합격전략

조선 건국 초기에는 태조와 정도전, 세종, 세조, 성종 때의 국가 체제 정비에 관한 내용이 다양한 유형으로 출제됩니다. 국가 기반을 확립하기 위한 정책들이 각각 어떤 왕의 정책인지 암기하도록 합니다. ·

---

101 순서 나열형 [47회 18번]

(가)~(다)를 일어난 순서대로 옳게 나열한 것은? [2점]

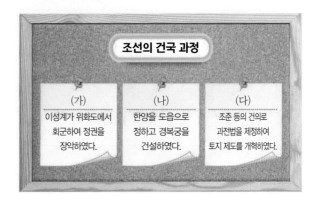

조선의 건국 과정

(가)	(나)	(다)
이성계가 위화도에서 회군하여 정권을 장악하였다.	한양을 도읍으로 정하고 경복궁을 건설하였다.	조준 등의 건의로 과전법을 제정하여 토지 제도를 개혁하였다.

① (가) – (나) – (다) 　② (가) – (다) – (나)
③ (나) – (가) – (다) 　④ (나) – (다) – (가)
⑤ (다) – (나) – (가)

▌조선의 건국 과정

∨ 정답 파헤치기

(가) 위화도 회군(1388): 고려 말의 무신 이성계는 우왕 때 왕명에 따라 요동 정벌을 위해 출병하였으나 의주 부근의 위화도에서 개경으로 회군하였다.

(다) 과전법 제정(1391): 이성계는 위화도 회군 이후 신진 사대부 세력과 결탁하여 실권을 장악하고 개혁 정책을 실시하였다. 이에 따라 공양왕 때 신진 사대부 조준 등의 건의로 토지 개혁법인 과전법을 실시하였는데, 이때 지급 대상 토지를 경기 지역에 한정하였다.

(나) 조선 건국(1392): 이성계는 고려의 마지막 왕인 공양왕을 폐위시키고, 도읍을 개경에서 한양으로 옮기며 조선을 건국하였다. 이후 태조로 즉위하고 경복궁을 창건하였다.

Keyword

#이성계 #위화도에서 회군 #한양 도읍 #경복궁 건설 #조준 #과전법 제정 #토지 제도 개혁

정답 ②

102 사료형 [48회 19번]

다음 글을 쓴 인물에 대한 설명으로 옳은 것은? [2점]

> 선유(先儒)가 불씨(佛氏)의 지옥설을 논박하여 말하기를, "…… 불법(佛法)이 중국에 들어오기 전에도 죽었다가 다시 살아난 사람들이 있었는데, 어째서 한 사람도 지옥에 들어가 소위 시왕(十王)*이란 것을 본 자가 없단 말인가? 그 지옥이란 없기도 하거니와 믿을 수 없음이 명백하다."라고 하였다.
> *시왕(十王): 저승에서 죽은 사람을 재판하는 열 명의 대왕
> – 『삼봉집』 –

① 계유정난을 계기로 정계에서 축출되었다.
② 일본에 다녀와서 해동제국기를 편찬하였다.
③ 기축봉사를 올려 명에 대한 의리를 내세웠다.
④ 군주의 도를 도식으로 설명한 성학십도를 지었다.
⑤ 조선경국전을 저술하여 통치 제도 정비에 기여하였다.

▌정도전

📖 요약노트 055번

✔ 정답 파헤치기

고려 말 급진 개혁파를 이끌었던 정도전은 신흥 무인 세력인 이성계와 연합하여 조선 건국을 주도하였다. 이후 정도전은 한양으로 도읍을 옮긴 후 도성을 쌓고 왕조의 기틀을 마련하는 데 공헌하였다. 또한, 『불씨잡변』을 통해 유학의 입장에서 불교의 배척을 주장하며 비판하였다.

⑤ 정도전은 조선의 유교적 이념을 성문화하여 통치 제도를 정비하기 위해 『조선경국전』을 저술하였다.

✔ 선택지 분석하기

① 조선 세조는 수양 대군 시절 계유정난을 일으켜 황보인, 김종서 등을 정계에서 축출하고 권력을 장악하였다.

② 조선 세종 때 통신사로 일본에 다녀온 신숙주는 성종 때 『해동제국기』를 저술하였다.

③ 조선 효종 때 송시열은 명에 대한 의리를 지키고 청에게 당한 수모를 갚고 주장하며 효종에게 『기축봉사』를 올려 북벌 계획의 핵심 인물이 되었다.

④ 조선 중기의 유학자 이황은 조선의 성리학이 발전하는 데 큰 기여를 하였으며, 군주의 도를 도식으로 설명한 『성학십도』를 저술하였다.

Keyword

#불씨(佛氏)의 지옥설을 논박 #『삼봉집』

정답 ⑤

103 설명형 [46회 19번]

밑줄 그은 '이 왕'의 재위 기간에 있었던 사실로 옳은 것은? [2점]

이만주 정벌도

그림은 이 왕의 명을 받은 최윤덕 장군 부대가 올라산성에서 여진족을 정벌하는 장면입니다. 그 결과 조선은 압록강 유역을 개척하고 여연·자성·무창·우예 등 4군을 설치하였습니다.

① 어영청을 중심으로 북벌이 추진되었다.
② 국왕의 친위 부대인 장용영이 설치되었다.
③ 강홍립 부대가 사르후 전투에 참전하였다.
④ 에도 막부의 요청에 따라 통신사가 파견되었다.
⑤ 제한된 범위의 무역을 허용한 계해약조가 체결되었다.

▌세종

✔ 정답 파헤치기

세종 때 여진족 이만주 등이 압록강 유역을 자주 침범하자 최윤덕을 보내 올라산성의 야인 소굴을 소탕한 것에 대한 그림이다.

⑤ 세종 때 왜구의 요구를 받아들여 남해안의 부산포, 제포, 염포 등 3포를 개방하였고(1426), 제한적 무역을 허용하는 계해약조를 체결하였다(1443).

✔ 선택지 분석하기

① 인조 때 후금과의 관계가 악화되자 어영청을 설치하여 국왕을 호위하게 하였고, 병자호란 이후 청에 볼모로 갔던 봉림 대군이 효종으로 즉위하면서 어영청을 중심으로 북벌을 추진하였다.

② 정조는 국왕의 친위 부대인 장용영을 설치하여(1788) 왕권을 강화하였다.

③ 광해군은 명의 원군 요청으로 강홍립 부대를 파견하였으나 명과 후금 사이에서 중립 외교 정책을 추진하였다. 이에 따라 강홍립의 부대는 후금과의 사르후 전투에서 무모한 싸움을 계속하지 않고 투항하였다.

④ 임진왜란 이후 일본 에도 막부는 꾸준히 조선에 국교 재개와 사절 파견을 요청하였다. 이에 조선은 선조 때인 1607년부터 1811년까지 12회에 걸쳐 통신사를 파견하여 조선의 선진 문화를 일본에 전파하였다.

Keyword

#이만주 정벌도 #최윤덕 장군 #올라산성 #여진족 정벌 #압록강 유역 개척 #여연·자성·무창·우예 등 4군 설치

정답 ⑤

104 빈칸형 + 사료형 [36회 18번]

(가) 인물에 대한 설명으로 옳은 것은? [2점]

> 세종 이래 정치와 교화가 나날이 새로워지고 예악(禮樂)이 제정되어 태평스런 시대를 빛내게 되자, 글 잘하고 절의를 지닌 선비들이 조정으로 모여들었다. …… 그때에 여러 왕자들이 다투어 빈객들을 맞아 들였는데, 문인(文人)과 재사(才士)들이 모두 안평 대군에게 의탁하여 (가) 에게는 이들보다 나은 인재들이 없었다. 한명회가 (가) 을/를 찾아가 신임을 얻게 되자 은밀하게 계책을 올리기를, "세도(世道)에 변고가 있을 때에는 문인들이 쓸모가 없으니 모름지기 무사들과 결탁하소서."라고 하였다.
>
> -『연려실기술』 단종조 고사본말 -

① 계유정난을 통해 정권을 장악하였다.
② 불씨잡변을 지어 불교를 비판하였다.
③ 금위영을 설치하여 5군영 체제를 완성하였다.
④ 두 차례 왕자의 난을 통해 반대파를 제거하였다.
⑤ 삼군부를 부활시켜 군국 기무를 전담하게 하였다.

세조

정답 파헤치기

① 세조는 수양 대군 시절 계유정난을 일으켜 황보인, 김종서 등을 정계에서 축출하고 권력을 장악하였다(1453). 이후 단종의 뒤를 이어 왕으로 즉위하였다.

선택지 분석하기

② 정도전은 『불씨잡변』을 통해 유학의 입장에서 불교를 비판하고 배척을 주장하였다.
③ 숙종은 궁궐을 수비하기 위한 금위영을 설치하여 5군영 체제(훈련도감, 총융청, 수어청, 어영청, 금위영)를 완성하였다.
④ 태종은 제1, 2차 왕자의 난을 통해 정도전 등의 반대파를 제거하였다.
⑤ 흥선 대원군은 삼군부를 부활시켜 군사 및 국방 문제를 전담하게 하였다.

Keyword

#안평 대군 #한명회 #『연려실기술』 단종조 고사본말

정답 ①

105 빈칸형 [43회 22번]

(가) 왕이 실시한 정책으로 옳은 것은? [2점]

> 이 책은 (가) 때 신숙주, 정척 등이 국가와 왕실의 각종 행사를 유교의 예법에 맞게 정리하여 완성한 국조오례의입니다. 국가의 기본 예식인 오례, 즉 제사 의식인 길례, 관례와 혼례 등의 가례, 사신 접대 의례인 빈례, 군사 의식에 해당하는 군례, 상례 의식인 흉례에 대한 규정을 정리해 놓았습니다.

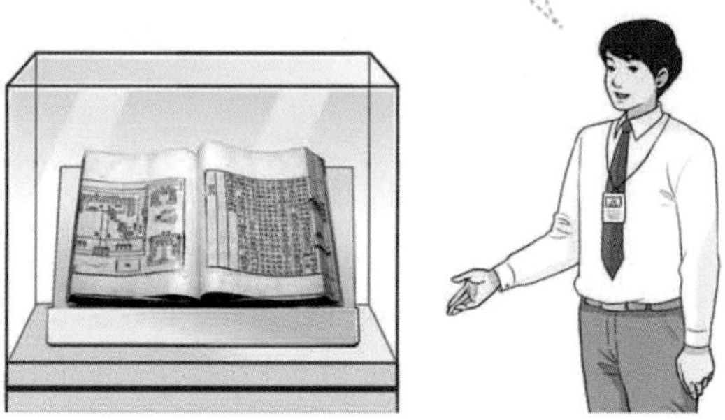

① 경기도에 한하여 대동법을 실시하였다.
② 학문 연구 기관으로 집현전을 설치하였다.
③ 조선의 기본 법전인 경국대전을 반포하였다.
④ 문하부 낭사를 분리하여 사간원으로 독립시켰다.
⑤ 현량과를 실시하여 신진 사림을 등용하고자 하였다.

성종

요약노트 054번

정답 파헤치기

조선 성종 때 신숙주 등이 국가에서 시행하는 행사에 필요한 의례를 정리한 『국조오례의』를 편찬하였다.

③ 조선의 기본 법전인 『경국대전』은 조선 세조 때 편찬되기 시작하여 성종 때 완성 · 반포되었다(1485).

선택지 분석하기

① 광해군 때 공납의 폐단을 해결하기 위해 경기도부터 대동법을 실시하였다. 이 제도는 공납을 전세화하여 공물 대신 쌀을 납부하도록 하였으며, 국가에 필요한 물품을 공인이 조달하게 되면서 상품 화폐 경제가 발달하게 되었다.
② 세종은 유교 정치를 실현하기 위해 집현전을 설치하고 학문 연구와 경연, 서연을 담당하게 하였다.
④ 태종은 왕권 강화를 목적으로 사간원을 독립시켜 신하들을 견제하는 기능을 하게 하였다.
⑤ 중종 때 조광조는 천거제의 일종인 현량과의 실시를 건의하여 사림이 대거 등용될 수 있는 발판을 마련하였다.

Keyword

#신숙주 · 정척 #국가와 왕실의 각종 행사 #유교의 예법
#『국조오례의』 #오례(길례, 가례, 빈례, 군례, 흉례)

정답 ③

주제 26

조선 전기의 통치 체제

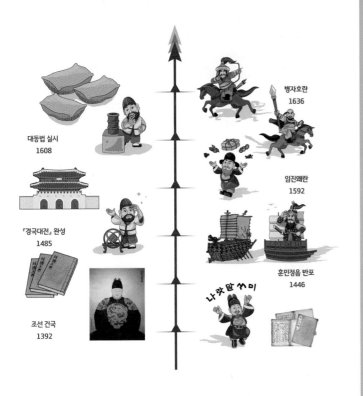

대동법 실시
1608

『경국대전』 완성
1485

조선 건국
1392

병자호란
1636

임진왜란
1592

훈민정음 반포
1446

나랏말 ㅆㅁ

합격전략

조선 전기에 확립된 각종 국가 기관이나 통치 체제들은 주로 **빈칸형**으로 출제됩니다. 각 기관이나 행정 체제의 역할과 특징을 구별하는 것이 중요합니다.

106 빈칸형 [46회 20번]

(가) 기구에 대한 설명으로 옳은 것은? [1점]

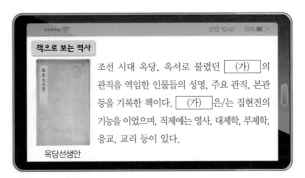

책으로 보는 역사

조선 시대 옥당, 옥서로 불렸던 (가) 의 관직을 역임한 인물들의 성명, 주요 관직, 본관 등을 기록한 책이다. (가) 은/는 집현전의 기능을 이었으며, 직제에는 영사, 대제학, 부제학, 응교, 교리 등이 있다.

옥당선생안

① 수도의 행정과 치안을 담당하였다.
② 사헌부, 사간원과 함께 삼사로 불렸다.
③ 검서관에 서얼 출신 학자들이 기용되었다.
④ 임진왜란을 거치면서 국정 전반을 총괄하였다.
⑤ 국왕 직속 사법 기구로 반역죄, 강상죄 등을 처결하였다.

▌ 홍문관

📖 요약노트 056번

∨ 정답 파헤치기

② 조선 시대에 사헌부, 사간원과 함께 삼사를 구성하며 언론의 역할을 수행하던 홍문관은 집현전을 계승한 기구로서 옥당이라고 불리며 왕의 자문 역할과 경연, 경서, 사적 관리 등의 업무를 담당하였다.

∨ 선택지 분석하기

① 한성부는 조선의 수도인 한성의 행정과 치안을 담당하였다.

③ 정조 때에 서얼 출신인 유득공, 이덕무, 박제가 등이 규장각 검서관으로 등용되었다.

④ 중종 때 임시 기구로 설치된 비변사는 명종 때 을묘왜변을 계기로 상설 기구화되었고, 임진왜란을 거치면서 권한과 기능이 확대되어 중앙 기구로 자리잡았다. 왜란과 호란 이후에는 군사 문제뿐만 아니라 외교, 재정, 인사 등 국정 전반을 총괄하면서 기능이 더욱 강화되었다.

⑤ 의금부는 조선 시대 국왕 직속 사법 기구로 반역죄, 강상죄 등을 범한 중죄인을 다루었다.

Keyword

#옥당 #옥서 #집현전의 기능 #대제학 #부제학 #응교 #교리 #『옥당선생안』

정답 ②

안심Touch

107 빈칸형 [49회 18번]

(가) 기구에 대한 설명으로 옳은 것은? [2점]

> 이것은 악장가사에 실린 상대별곡(霜臺別曲)으로 '상대'는 관리를 감찰하고 풍속을 바로잡는 임무를 맡은 (가) 을/를 의미합니다. (가) 의 대사헌을 역임한 권근은 이 가사에서 관원들이 일을 끝내고 연회를 즐기는 장면 등을 흥미롭게 묘사하였습니다.

① 은대(銀臺)라고도 불렸다.
② 집현전의 학문 연구 기능을 계승하였다.
③ 서얼 출신 학자들이 검서관에 등용되었다.
④ 임진왜란을 거치면서 국정 최고 기구로 성장하였다.
⑤ 5품 이하의 관리 임명 과정에서 서경권을 행사하였다.

▌사헌부

📖 요약노트 056번

√ 정답 파헤치기

상대별곡(霜臺別曲)은 조선 초기 사헌부의 대사헌을 지낸 권근이 지은 경기체가로, '상대(霜臺)'는 사헌부를 가리키는 것이다.

⑤ 사헌부는 조선 시대에 언론 활동, 풍속 교정, 백관에 대한 규찰과 탄핵 등을 관장하던 관청이다. 사간원과 함께 양사 또는 대간이라 하여 5품 이하 관리의 임명과 관련된 서경권을 행사하였다.

√ 선택지 분석하기

① 승정원은 조선 시대 왕명의 출납을 관장하던 관청으로, 정원(政院), 후원(喉院), 은대(銀臺), 대언사(代言司) 등으로 불리기도 하였다.
② 홍문관은 성종 때 집현전의 학문 연구 기능을 계승하기 위해 설치된 기구이다. 왕의 자문 역할과 경연, 경서, 사적 관리 등의 업무를 담당하였으며 사헌부, 사간원과 함께 삼사를 구성하였다.
③ 규장각은 정조 때 새로운 인재를 양성하고 정책을 연구하기 위해 설치되었으며, 유득공, 이덕무, 박제가 등 서얼 출신들이 규장각 검서관으로 등용되기도 하였다.
④ 비변사는 중종 때 설치된 임시 기구였으나 임진왜란을 거치면서 조직과 기능이 확대되어 상설 기구로 자리잡았고, 의정부를 대신하여 국정 전반을 총괄하는 실질적인 최고의 기구로 성장하였다.

Keyword

#상대별곡(霜臺別曲) #관리를 감찰하고 풍속을 바로잡는 임무 #대사헌 #권근

정답 ⑤

108 빈칸형 [42회 21번]

(가), (나)에 대한 설명으로 옳은 것은? [2점]

> 나는 8도의 부·목·군·현에 파견되는 (가) 입니다. 경국대전에 의하면 임기는 1,800일이고, 원칙적으로 상피제의 적용을 받고 있습니다.

> 나는 지방 관아에서 행정 실무를 담당하는 (나) 입니다. 고려 때와는 달리 요즘은 외역전도 지급받지 못하고 직무를 수행하고 있습니다. 우리들의 수장을 호장이라고도 부릅니다.

① (가) - 단안(壇案)이라는 명부에 등재되었다.
② (가) - 지방의 행정·사법·군사권을 행사하였다.
③ (나) - 감사, 도백으로도 불렸다.
④ (나) - 장례원(掌隸院)을 통해 국가의 관리를 받았다.
⑤ (가), (나) - 잡과를 통해 선발되었다.

▌지방 행정

√ 정답 파헤치기

(가) 수령: 조선은 전국을 8도로 나누고 모든 군현에 수령을 파견하였는데 원칙적으로 고관을 출신지에 임명하지 않는 제도인 상피제의 적용을 받았다.

(나) 향리: 고려 시대 토착 세력이었던 향리는 외역전이라는 토지를 지급받았지만 조선 시대에 아전으로 격하되면서 토지를 지급받지 못하고 수령의 행정 실무를 보좌하였다. 또한, 향리직은 세습되었으나 국가로부터 녹봉을 받지는 못하였고, 문과에 응시할 수 없었다.

② 조선의 수령은 지방의 행정·사법·군사권을 행사하였다.

√ 선택지 분석하기

① 향리는 단안이라는 자체 명부를 가지고 있었는데 거기에는 향리의 성명 및 계층 구별이 기재되어 있었다.
③ 각 지역의 수령들을 감독하기 위해 전국 8도에 파견한 관찰사를 감사, 도백이라고도 하였다.
④ 노비들은 매매·상속·증여의 대상이었으며, 장례원에 의해 국가의 관리를 받았다.
⑤ 수령은 문·무과를 통해 선발되었으나 향리는 세습직이었다. 잡과를 통해서는 기술관이 등용되었다.

Keyword

#8도의 부·목·군·현에 파견 #상피제 #지방 행정 실무 #호장

정답 ②

109 빈칸형 + 사료형 [39회 18번]

(가)에 대한 설명으로 옳은 것은? [2점]

> • 사헌부 대사헌 허응 등이 시무 7조를 올렸다. "…… 주·부·군·현에 각각 수령이 있는데, 향원(鄕愿) 가운데 일 삼기를 좋아하는 무리들이 (가) 을/를 설치하고, 아무 때나 무리 지어 모여서 수령을 헐뜯고 사람을 올리고 내치고, 백성들을 핍박하는 것이 교활한 향리보다 심합니다. 원하건대, 모두 혁거(革去)하여 오랜 폐단을 없애소서."
> – 『태종실록』 –
>
> • 헌납 김대가 아뢰기를, "백성을 괴롭힘은 향리보다 더한 자가 없는데, 수령도 반드시 다 어질 수는 없습니다. 그래서 백성이 편안하게 살 수 없는데, 비록 경재소가 있더라도 귀와 눈이 미치지 못하는 곳은 규명해 낼 수가 없습니다. …… (가) 의 법은 매우 훌륭했습니다만 중간에 폐지하여 이러한 큰 폐단이 생겼으니, 다시 세우는 것이 어떻겠습니까?"라고 하였다.
> – 『성종실록』 –

① 좌수와 별감을 선발하여 운영되었다.
② 대성전을 세워 선현에 제사를 지냈다.
③ 옥당이라고 불리며 경연을 담당하였다.
④ 농민들로 구성된 공동 노동의 작업 공동체였다.
⑤ 매향(埋香) 활동 등 각종 불교 행사를 주관하였다.

▍유향소

√ 정답 파헤치기

① 조선 시대 지방의 수령을 보좌하고 향리를 감찰하는 기구였던 유향소는 좌수와 별감 등의 향임이 회의를 주도하였다.

√ 선택지 분석하기

② 조선 시대 관학인 성균관과 향교에서는 대성전에서 매년 봄, 가을에 공자에 대한 제사를 지냈다.
③ 조선 시대에 사헌부, 사간원과 함께 삼사를 구성하여 언론 역할을 담당하였던 홍문관은 옥당이라고 불리며 왕의 자문 역할과 경연, 경서, 사적 관리 등의 업무를 담당하였다.
④ 두레는 원시 시대부터 지속된 공동 노동체 조직으로, 농촌 사회의 상호 협력, 감찰을 목적으로 조직되었다.
⑤ 향도는 불교 신앙을 바탕으로 고려·조선 초기부터 시작된 향촌 조직이며 매향 활동을 통해 구원을 받아 평안을 기원하였다.

Keyword

#향원(鄕愿) #향리 #경재소 #『태종실록』 #『성종실록』
정답 ①

---

110 빈칸형 [42회 23번]

(가)에 대한 설명으로 옳은 것은? [1점]

○○교육박물관
고대 | 고려 | 조선 | 대한제국 | 일제강점기 | 대한민국

전시관 안내
교육기관 >
교육연표 >
소장품목록 >

(가)

경국대전에 정원이 200명으로 정해져 있었다. 생원·진사인 상재생과 상재생이 모자랄 때 유학(幼學)으로 보충하는 기재생으로 구분되었다. 이들에게는 원점(圓點) 300을 얻으면 문과 초시에 응시할 수 있는 자격을 주었는데, 아침·저녁 식당에 출석하는 것을 원점 하나로 계산해 주었다. 재학 연한은 제한되어 있지 않았다.

● 주요 시설
대성전   명륜당

① 좌수와 별감을 선발하여 운영하였다.
② 지방의 사림 세력이 주로 설립하였다.
③ 전국의 부·목·군·현에 하나씩 설립되었다.
④ 최고의 관립 교육 기관으로 성현의 제사도 지냈다.
⑤ 흥선 대원군에 의해 47개소를 제외하고 철폐되었다.

▍성균관

📖 요약노트 057번

√ 정답 파헤치기

④ 성균관은 조선 시대 최고의 관립 교육 기관으로, 초시인 생원시와 진사시에 합격한 유생들이 우선적으로 입학할 수 있었다. 주요 시설로는 유학을 강의하는 명륜당, 공자를 모시는 대성전, 도서관인 존경각, 숙소인 동·서재 등이 있었다.

√ 선택지 분석하기

① 조선 시대 지방의 유향소는 좌수와 별감 등을 선발하여 운영되었다.
②·⑤ 서원은 선현에 대한 제사와 양반 자제의 교육을 담당하는 조선의 지방 사립 교육 기관으로, 사림 세력의 기반 역할을 하였다. 흥선 대원군은 서원이 면세 등의 혜택으로 국가 재정을 악화시키고 백성을 수탈하는 등 폐단이 발생하자 47개의 서원을 제외하고 모두 철폐시켰다.
③ 향교는 조선 시대 지방민의 교육을 위해 부·목·군·현에 하나씩 설립된 교육 기관이었다.

Keyword

#조선 #교육 기관 #생원·진사 #대성전 #명륜당
정답 ④

안심Touch

주제 27

조선 전기의 토지 제도와 수취 체제

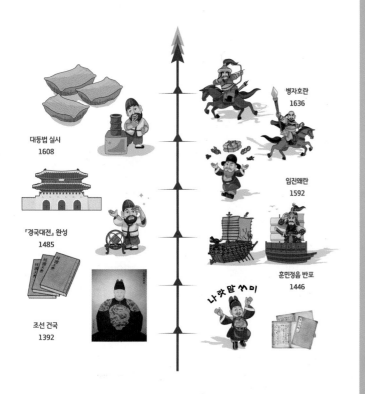

대동법 실시 1608

병자호란 1636

임진왜란 1592

『경국대전』 완성 1485

훈민정음 반포 1446

나랏말쑤미

조선 건국 1392

합격전략

조선의 토지 제도와 수취 제도는 고려 시대의 제도와 비교하여 출제되며, 제도가 개편된 과정과 배경에 대해서도 알고 있어야 합니다. 각 제도의 특징을 정확히 구별할 수 있도록 합니다.

---

111 빈칸형 [40회 20번]

(가) 왕에 대한 설명으로 옳은 것은? [3점]

〈답사 안내 자료집〉

(가) 이/가 묻힌 광릉을 가다

⊙ 광릉 이야기

한명회, 권람 등과 함께 변란을 일으킨 후 왕위에 오른 (가) 은/는 육조 직계제를 실시하고 군제를 개편하는 등 왕권 강화에 노력하였다. 그는 자신의 무덤에 석실과 석곽을 마련하지 말라는 유언을 남겼는데, 이에 따라 내부는 석회다짐으로 막았고, 봉분 둘레에도 병풍석을 세우지 않았다. 이는 백성의 부담을 줄이기 위한 것으로 후대 왕릉 축조의 전범(典範)이 되었다.

① 4군 6진을 설치하여 북방 영토를 개척하였다.
② 대전회통을 편찬하여 통치 체제를 정비하였다.
③ 기유약조를 체결하여 일본과의 무역을 재개하였다.
④ 균역법을 시행하여 백성들의 군역 부담을 줄여주었다.
⑤ 직전법을 실시하여 현직 관리에게만 수조지를 지급하였다.

▌과전법과 직전법

📖 요약노트 054번

√ 정답 파헤치기

계유정난을 통해 단종을 몰아내고 왕으로 즉위한 세조는 왕권 강화를 위해 육조 직계제를 실시하였다.

⑤ 세조는 과전의 세습화로 과전 부족 등의 폐단이 발생하자 이를 바로잡기 위해 현직 관리에게만 수조권을 지급하는 직전법을 실시하였다(1466).

√ 선택지 분석하기

① 세종은 최윤덕과 김종서를 보내 여진을 정벌하여 압록강과 두만강까지 영토를 확장하고 4군 6진을 설치하였다.
② 고종 때 흥선 대원군은 법전인 『대전회통』을 편찬하여 통치 체제를 정비하였다.
③ 광해군 때 대마도주와 기유약조를 체결하여 임진왜란으로 끊겼던 국교가 재개되었고 부산에 왜관이 설치되었다.
④ 영조는 군역으로 인한 농민들의 부담이 가중되자 1년에 2필이었던 군포를 1필만 부담하게 하는 균역법을 시행하였다.

K Keyword

#광릉 #한명회 #권람 #변란 #육조 직계제 #왕권 강화

정답 ⑤

112 사료형 ⊕ 시기 일치형 [43회 21번]

(가), (나) 사이의 시기에 있었던 사실로 옳은 것은? [3점]

> (가) 도평의사사가 글을 올려 과전을 주는 법을 정하자고 요청하니 왕이 따랐다. …… 경기는 사방의 근원이니 마땅히 과전을 설치하여 사대부를 우대하였다. 무릇 경성에 살며 왕실을 보위하는 자는 현직 여부에 상관없이 직위에 따라 과전을 받게 하였다.
>
> (나) 한명회 등이 아뢰기를, "직전(職田)의 세(稅)는 관(官)에서 거두어 관에서 주면 이런 폐단이 없을 것입니다."라고 하였다. [대왕 대비가] 전지하기를, "직전의 세는 소재지의 지방관으로 하여금 감독하여 거두어 주도록 하라."라고 하였다.

① 백성에게 정전을 지급하였다.
② 양전 사업을 실시하여 지계를 발급하였다.
③ 관등에 따라 관리에게 전지와 시지를 차등 지급하였다.
④ 개국 공신에게 인품, 공로를 기준으로 역분전을 지급하였다.
⑤ 수신전, 휼양전 등의 명목으로 세습되는 토지를 폐지하였다.

▌토지 제도의 변화

📖 요약노트 **054**번

∨ 정답 파헤치기

(가) 과전법(1391): 고려 말 공양왕 때 실시된 토지 개혁으로, 지급 대상 토지를 원칙적으로 경기 지역에 한정하였다. 이후 조선에서 관리들을 위한 경제 기반을 보장하고 국가의 재정을 유지하는 기반이 되었다.

(나) 관수 관급제(1470): 조선 성종 때 과도한 수취로 수조권이 남용되자 국가가 조세를 징수하고 관리에게 지급하는 관수 관급제를 실시하였다. 이에 따라 국가의 토지와 농민에 대한 지배력은 강화되었다.

⑤ 세조는 과전법이 과도한 수취 부담과 공신의 증가로 수신전과 휼양전 같은 세습 토지의 증가에 따른 문제를 야기하자 직전법을 실시하여 현직 관리에게만 토지를 지급하였다. 직전법은 과전의 지급 대상을 현직 관리로 제한하였고 수신전과 휼양전도 폐지하였다.

∨ 선택지 분석하기

① 통일 신라 성덕왕은 토지가 없는 백성들에게 정전을 지급하였다(722). 이는 국가의 토지 지배력을 강화하고 수취 체제를 정비하려는 목적에서 시행되었다.

② 대한 제국은 양지아문을 설치하여 양전 사업을 실시하였고(1898), 지계아문을 통해 토지 소유 문서인 지계를 발급하여 근대적 토지 소유권을 확립하고자 하였다(1901).

③ 고려 경종 때 처음 시행된 전시과는 곡물을 수취할 수 있는 전지와 땔감을 얻을 수 있는 시지를 주었고, 수급자들은 지급된 토지에 대해 수조권만 가졌다(976).

④ 고려 태조는 후삼국 통일에 공을 세운 공신들에게 관등에 관계없이 인품, 행실, 공로를 기준으로 역분전을 지급하였다(940).

🗝Keyword

#과전 #경기는 사방의 근원 #현직 여부에 상관없이 직위에 따라 과전 #직전(職田)의 세 #관(官)에서 거두어 관에서 줌

정답 ⑤

113 설명형 [39회 25번]

밑줄 그은 '왕'이 실시한 정책으로 옳은 것은? [2점]

> 이번에 정초와 변효문이 새로운 농서를 편찬했다는군.

> 우리 풍토에 맞는 농법을 보급하기 위한 서적을 편찬하라는 왕의 명을 받들었다고 하네.

① 결작을 징수하여 재정 부족 문제에 대처하였다.
② 연분 9등법을 시행하여 수취 체제를 정비하였다.
③ 기유약조를 체결하여 일본과의 무역을 재개하였다.
④ 설점수세제를 시행하여 민간의 광산 개발을 허용하였다.
⑤ 직전법을 실시하여 현직 관리에게만 수조권을 지급하였다.

▌수취 체제의 정비

📖 요약노트 **072**번

∨ 정답 파헤치기

② 세종은 풍흉의 정도에 따라 세금을 부과하는 연분 9등법을 시행하여 등급에 따라 차등을 두고 조세를 거두었다.

∨ 선택지 분석하기

① 영조는 균역법의 시행으로 부족해진 재정을 보충하기 위해 지주들에게 결작이라 하여 토지 1결당 미곡 2두를 부과하였다.

③ 광해군은 대마도주와 기유약조를 체결하여 임진왜란으로 끊겼던 일본과의 국교를 재개하고 부산에 왜관을 설치하였다.

④ 조선 초기에는 민간의 광산 개발을 금지하였으나, 효종 때부터 이를 허용하는 대신 세금을 받아내는 설점수세제를 시행하였다.

⑤ 세조 때 직전법을 실시하여 과전의 지급 대상을 현직 관리로 제한하였으며, 수신전과 휼양전 등 세습되는 토지를 폐지하였다.

🗝Keyword

#정초 #변효문 #우리 풍토에 맞는 농법

정답 ②

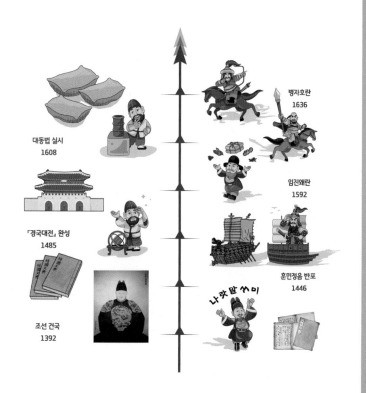

주제 28

조선 전기 향촌 사회와 성리학의 발전

합격전략

조선 시대 향촌 사회의 구성 요소인 지방 서원이나 향약 등의 역할을 중점적으로 파악하고, 성리학을 발전시킨 인물도 알아 둡니다.

114 빈칸형 [46회 30번]

다음 검색창에 들어갈 교육 기관에 대한 설명으로 옳은 것은? [1점]

검색 결과

풍기 군수 주세붕이 안향을 제사하기 위해 사당을 세운 것이 시초이다. 동아시아에 전파되었던 성리학이 지역화되고 변형되는 독특한 과정을 통합적으로 보여 준다는 점 등을 인정받아, 9곳이 2019년에 유네스코 세계 유산으로 등재되었다.

① 전국의 부·목·군·현에 하나씩 설립되었다.
② 입학 자격은 생원, 진사를 원칙으로 하였다.
③ 중앙에서 교관인 교수나 훈도가 파견되었다.
④ 유학을 비롯하여 율학, 서학, 산학을 교육하였다.
⑤ 국왕으로부터 편액과 함께 서적 등을 받기도 하였다.

▌ 서원

요약노트 057번

✓ 정답 파헤치기

⑤ 주세붕의 백운동 서원을 시작으로 지방의 사림들이 전국 각 지역에 서원을 건립하였다. 백운동 서원은 이황의 건의로 최초의 사액 서원인 소수 서원으로 사액되었다. 사액 서원은 국가의 공식 승인을 받은 서원을 의미하며 국가로부터 토지와 노비, 서적을 받고 면세와 면역의 특권을 부여받았다.

✓ 선택지 분석하기

①·③ 향교는 성균관의 하급 관학으로서 지방의 부·목·군·현에 설립되었다. 지방민에 대한 교육을 담당하였고 규모와 지역에 따라 교수 또는 훈도가 파견되었다.

② 성균관은 조선 시대 최고의 국립 교육 기관으로, 초시인 생원시와 진사시에 합격한 유생들이 우선적으로 입학할 수 있었다.

④ 고려 성종 때 설치된 국립 교육 기관인 국자감은 유학부와 기술학부로 나뉘어 유학부에서는 국자학·태학·사문학을, 기술학부에서는 율학·서학·산학을 교육하였다.

Keyword

#풍기 군수 주세붕 #안향을 제사 #성리학 #2019년 유네스코 세계 유산으로 등재

정답 ⑤

115 사료형 ➕ 합답형 [37회 21번]

(가)에 대한 설명으로 옳은 것을 〈보기〉에서 고른 것은?

[2점]

> 하나, 나이가 많고 덕망과 학술을 지닌 1인을 여러 사람들이 도약정(都約正)으로 추대하고, 학문과 덕행을 지닌 2인을 부약정으로 삼는다.　(가)　의 구성원 중에서 교대로 직월(直月)과 사화(司貨)를 맡는다. ……
> 하나, 세 가지 장부를 두어　(가)　에 가입하기를 원하는 자들, 덕업(德業)이 볼 만한 자들, 과실(過失)이 있는 자들을 각각의 장부에 기록한다. 이를 직월이 맡았다가 매번 모임이 있을 때 약정에게 알려서 각각 그 순위를 매긴다.
>
> － 『율곡전서』 －

• 보기 •

ㄱ. 흥선 대원군에 의해 철폐되었다.
ㄴ. 지방 사족이 주요 직임을 맡았다.
ㄷ. 대성전을 세워 선현에 제사를 지냈다.
ㄹ. 풍속 교화와 향촌 자치의 역할을 하였다.

① ㄱ, ㄴ　　② ㄱ, ㄷ　　③ ㄴ, ㄷ
④ ㄴ, ㄹ　　⑤ ㄷ, ㄹ

116 빈칸형 [43회 23번]

다음 검색창에 들어갈 인물의 활동으로 옳은 것은? [2점]

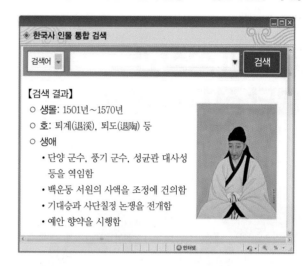

① 양명학을 연구하여 강화 학파를 형성하였다.
② 명에 대한 의리를 내세워 기축봉사를 올렸다.
③ 군주의 도를 도식으로 설명한 성학십도를 지었다.
④ 다양한 개혁 방안을 제시한 동호문답을 저술하였다.
⑤ 재상 중심의 정치를 강조한 조선경국전을 편찬하였다.

▌ 향약

📖 요약노트 058번

✔ 정답 파헤치기

ㄴ · ㄹ. 향촌 사회의 자치 규약인 향약은 조선 사회의 풍속을 교화하고 향촌 사회의 질서 유지와 치안을 담당하였으며, 지방 사족이 주요 직임을 맡아 운영되었다.

✔ 선택지 분석하기

ㄱ. 흥선 대원군은 서원이 면세 등의 혜택으로 국가 재정을 악화시키고 백성을 수탈하는 폐해를 저지르자 47개의 서원을 제외하고 모두 철폐하였다.
ㄷ. 조선 시대 관학인 성균관과 향교에서는 대성전을 세워 매년 봄, 가을에 공자를 비롯한 옛 성현에 대해 제사를 지냈다.

🅚eyword

#도약정(都約正) #부약정 #직월(直月)과 사화(司貨) #덕업(德業)이 볼 만한 자 #과실(過失)이 있는 자 #『율곡전서』

정답 ④

▌ 성리학의 발전: 이황

✔ 정답 파헤치기

③ 퇴계 이황은 조선 중기의 대표적인 유학자로, 성리학 발전에 큰 기여를 하였으며 군주의 도를 도식으로 설명한 『성학십도』를 저술하였다.

✔ 선택지 분석하기

① 정제두는 지행합일을 중요시하는 양명학을 체계적으로 연구하였고, 강화도에서 후진 양성에 힘을 기울여 강화 학파를 형성하였다.
② 송시열은 효종에게 기축봉사를 올려 명에 대한 의리를 지키고 청에게 당한 수모를 갚아주자고 주장하면서 북벌 계획의 핵심 인물이 되었다.
④ 이이는 왕도 정치의 이상을 문답식으로 저술한 『동호문답』을 통해 다양한 개혁 방안을 제시하였다.
⑤ 정도전은 유교적 통치 규범을 확립하기 위해 『조선경국전』을 편찬하였다.

🅚eyword

#퇴계(退溪) #퇴도(退陶) #백운동 서원의 사액 #사단 칠정 논쟁 #예안 향약

정답 ③

주제 29

사림의 성장과 붕당 정치의 전개

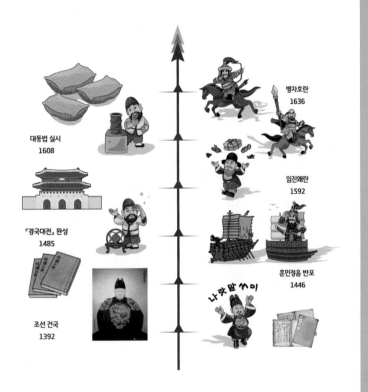

대동법 실시 1608	병자호란 1636
	임진왜란 1592
『경국대전』 완성 1485	훈민정음 반포 1446
조선 건국 1392	나랏말 ᄊᆞ미

합격전략

사림 세력과 훈구 세력이 대립하였던 붕당 정치의 전개 과정을 알아 두고, 각 사화의 발생 원인과 순서를 꼭 암기해야 합니다.

117 빈칸형 [45회 21번]

다음 검색창에 들어갈 인물에 대한 설명으로 옳은 것은?

[2점]

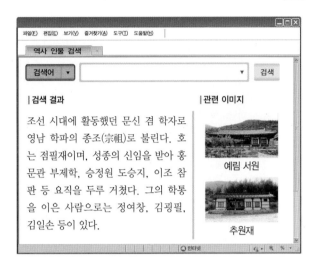

파일(F) 편집(E) 보기(V) 즐겨찾기(A) 도구(T) 도움말(H)

역사 인물 검색

검색어 ▼ [ ] ▼ 검색

검색 결과

조선 시대에 활동했던 문신 겸 학자로 영남 학파의 종조(宗祖)로 불린다. 호는 점필재이며, 성종의 신임을 받아 홍문관 부제학, 승정원 도승지, 이조 참판 등 요직을 두루 거쳤다. 그의 학통을 이은 사람으로는 정여창, 김굉필, 김일손 등이 있다.

관련 이미지

예림 서원

추원재

① 갑술환국으로 정계에서 축출되었다.
② 반정 공신의 위훈 삭제를 주장하였다.
③ 무오사화의 발단이 된 조의제문을 작성하였다.
④ 색경을 저술하여 농업 기술 발전에 이바지하였다.
⑤ 양명학을 연구하여 강화 학파 형성의 기초를 마련하였다.

▌ 사림의 성장: 김종직

📖 요약노트 060번

✔ 정답 파헤치기

③ 성종 때 훈구 세력의 견제를 위해 등용된 사림 세력들은 주로 삼사의 언관직에 진출하여 훈구파를 비판하며 세력을 키웠다. 그중 영남 사림파의 영수 김종직의 제자 김일손은 김종직이 작성한 조의제문을 사초에 기록하였는데, 사림 세력과 대립 관계였던 유자광, 이극돈 등의 훈구 세력과 연산군이 이를 문제 삼으면서 무오사화가 발생하였다(1498).

✔ 선택지 분석하기

① 숙종 때 갑술환국을 거치면서 남인 세력이 축출되고 서인에서 분화된 노론과 소론이 정국을 주도하게 되었다.

② 중종은 반정으로 왕위에 오른 후 훈구파를 견제하고 연산군의 폐정을 개혁하기 위해 사림파를 중용하였다. 이때 등용된 조광조는 반정 공신들의 위훈 삭제 등을 주장하였다.

④ 박세당은 숙종 때 토질에 따른 재배 품종과 양잠법 등을 소개한 농서인 『색경』을 저술하여 농업 기술 발전에 이바지하였다.

⑤ 정제두는 조선 후기 지행합일을 중시하는 양명학을 체계적으로 연구하여 강화도에서 후진 양성에 힘쓰면서 강화 학파를 형성하였다.

🅺eyword

#영남 학파의 종조(宗祖) #점필재 #성종의 신임 #정여창·김굉필·김일손 #예림 서원 #추원재

정답 ③

118 사료형 [46회 23번]

다음 사건을 계기로 일어난 사실로 옳은 것은? [2점]

> 정국공신을 개정하는 일로 전지하기를, "충신이 힘을 합쳐 나를 후사(後嗣)로 추대하여 선왕의 유업을 잇게 하니, 그 공이 적다 할 수 없으므로 훈적(勳籍)에 기록하여 영구히 남기도록 명하였다. 그러나 초기에 일이 황급하여 바르게 결단하지 못하고 녹공(錄功)을 분수에 넘치게 하여 뚜렷한 공신까지 흐리게 하였으니 …… 이 때문에 여론이 거세게 일어나 갈수록 울분이 더해 가니 …… 내 어찌 공훈 없이 헛되이 기록된 것을 국시(國是)로 결단하지 않을 수 있겠는가? …… 추가로 바로 잡아서 공권(功券)*을 맑게 하라."라고 하였다.
>
> *공권(功券): 공신에게 지급하던 포상문서

① 정여립 모반 사건으로 기축옥사가 일어났다.

② 남곤 등의 고변으로 조광조 일파가 축출되었다.

③ 양재역 벽서 사건으로 이언적 등이 화를 입었다.

④ 조의제문이 발단이 되어 김일손 등이 처형되었다.

⑤ 공신 책봉에 불만을 품고 이괄이 반란을 일으켰다.

▌기묘사화

📖 요약노트 060번

√ 정답 파헤치기

② 중종이 반정 이후 훈구파를 견제하기 위해 사림파를 중용하면서 등용된 조광조는 천거제의 일종인 현량과를 실시하여 사림이 대거 등용될 수 있는 발판을 마련하였다. 또한, 경연 강화, 언론 활성화, 반정 공신들의 위훈 삭제, 소격서 폐지, 향약 시행, 소학 보급 등을 주장하였으나 공신들의 반발로 기묘사화가 발생하면서 대부분 축출되었다(1519).

√ 선택지 분석하기

① 선조 때 정여립 모반 사건 당시 기축옥사가 발생하면서 서인의 공격으로 동인이 큰 타격을 입었다(1589). 이 사건을 계기로 동인이 북인과 남인으로 분화되었다.

③ 명종 때 문정 왕후의 수렴청정을 비판한 양재역 벽서 사건으로 정미사화가 발생하였다(1547). 이때 송인수, 이약빙 등이 사사되고 이언적, 권벌 등은 유배되는 등 많은 사림 세력들이 화를 입었다.

④ 연산군 때 사관 김일손이 스승인 김종직의 조의제문을 사초에 기록하자 사림 세력과 대립 관계였던 유자광, 이극돈 등의 훈구 세력이 이를 문제 삼아 연산군에게 알리면서 무오사화가 발생하였다(1498).

⑤ 인조가 반정을 통해 왕위에 오르는 과정에서 큰 공을 세웠던 이괄은 2등 공신으로 책봉된 것에 불만을 품고 이괄의 난을 일으켰다(1624).

K eyword

#정국공신 개정 #후사(後嗣)로 추대 #선왕의 유업 #훈적(勳籍) #추가로 바로 잡아서 공권(功券)을 맑게 함

정답 ②

119 설명형 [45회 29번]

밑줄 그은 '임금'이 재위했던 시기의 사실로 옳은 것은? [3점]

① 신유박해로 천주교인들이 처형되었다.

② 사림이 동인과 서인으로 나뉘게 되었다.

③ 홍경래 등이 봉기하여 정주성을 점령하였다.

④ 외척 간의 대립으로 을사사화가 발생하였다.

⑤ 자의 대비의 복상 문제로 예송이 전개되었다.

▌을사사화

📖 요약노트 060번

√ 정답 파헤치기

④ 인종의 뒤를 이어 명종이 어린 나이로 즉위하자, 명종의 어머니인 문정 왕후가 수렴청정을 하였다. 이후 인종의 외척 세력인 대윤(윤임)과 명종의 외척 세력인 소윤(윤원형)의 대립이 심화되면서 을사사화가 발생하였고, 이때 윤임을 비롯한 대윤 세력과 사림들이 큰 피해를 입었다(1545).

√ 선택지 분석하기

① 순조 때 노론 벽파가 천주교를 대대적으로 탄압하면서 300여 명의 천주교 신자들이 처형되었고, 정약전, 정약용 등이 유배를 가게 되었다(신유박해, 1801).

② 선조 때 이조 전랑 임명권을 놓고 사림 세력이 김효원을 중심으로 한 동인과 심의겸을 중심으로 한 서인으로 분화되면서 붕당 정치가 시작되었다.

③ 순조 때 세도 정치로 인한 삼정의 문란과 서북 지역민에 대한 차별에 항거하여 홍경래의 난이 일어났다(1811). 반란군은 가산에서 시작하여 정주성 등 평안도 일부 지역을 점령하였으나 관군에 의해 진압되었다.

⑤ 현종 때 효종의 왕위 계승에 대한 정통성과 관련하여 자의 대비의 복상 문제를 놓고 서인과 남인 사이에 두 차례의 예송 논쟁이 전개되었다.

K eyword

#양재역에 벽서 #이기 #윤원형 #조정에 큰 변고

정답 ④

120 순서 나열형 + 사료형 [48회 21번]

(가)~(라) 사건을 일어난 순서대로 옳게 나열한 것은? [3점]

> (가) 갑자년 봄에, 임금은 어머니가 비명에 죽은 것을 분하게 여겨 그 당시 논의에 참여하고 명을 수행한 신하를 모두 대역죄로 추죄(追罪)하여 팔촌까지 연좌시켰다.
>
> (나) 정문형, 한치례 등이 의논하기를, "지금 김종직의 조의제문을 보니, 차마 읽을 수도 볼 수도 없습니다. …… 마땅히 대역의 죄로 논단하고 부관참시해서 그 죄를 분명히 밝혀 신하들과 백성들의 분을 씻는 것이 사리에 맞는 일이옵니다."라고 하였다.
>
> (다) 정유년 이후부터 조정 신하들 사이에는 대윤이니 소윤이니 하는 말들이 있었다. …… 자전(慈殿)*은 밀지를 윤원형에게 내렸다. 이에 이기, 임백령 등이 고변하여 큰 화를 만들어 냈다.
>
> (라) 언문으로 쓴 밀지에 이르기를, "조광조가 현량과를 설치하자고 청한 것도 처음에는 인재를 얻기 위해서라고 생각했더니 …… 경들은 먼저 그를 없앤 뒤에 보고하라."라고 하였다.
>
> *자전(慈殿): 임금의 어머니

① (가) – (나) – (다) – (라)
② (가) – (나) – (라) – (다)
③ (나) – (가) – (라) – (다)
④ (나) – (다) – (가) – (라)
⑤ (다) – (라) – (나) – (가)

▌ 조선의 사화

📖 요약노트 060번

✓ 정답 파헤치기

(나) 무오사화(1498): 연산군 때 사관 김일손이 영남 사림파의 영수인 김종직의 조의제문을 실록에 기록하였는데, 사림 세력과 대립 관계였던 유자광, 이극돈 등의 훈구 세력과 연산군이 이를 문제 삼으면서 무오사화가 발생하였다.

(가) 갑자사화(1504): 연산군의 생모인 폐비 윤씨 사건의 전말을 연산군이 알게 되면서 갑자사화가 발생하였다. 이로 인해 당시 폐비 윤씨 사건에 관련된 인물들과 무오사화 때 피해를 면하였던 사람들까지 큰 화를 입었다.

(라) 기묘사화(1519): 중종 때 등용된 조광조는 현량과 실시, 소격서 폐지, 위훈 삭제 등의 급진적인 개혁을 실시하였다. 이에 반발한 훈구 세력들이 주초 위왕 사건을 일으켜 기묘사화가 발생하면서 조광조를 비롯한 사림들이 피해를 입었다.

(다) 을사사화(1545): 인종의 뒤를 이어 명종이 어린 나이로 즉위하자 명종의 어머니 문정 왕후가 수렴청정을 하였다. 인종의 외척인 윤임을 중심으로 한 대윤 세력과 명종의 외척인 윤원형을 중심으로 한 소윤 세력의 대립으로 을사사화가 발생하여 윤임을 비롯한 대윤 세력과 사림들이 큰 피해를 입었다.

Keyword

#갑자년 #임금은 어머니가 비명에 죽은 것을 분하게 여김 #김종직의 조의제문 #부관참시 #대윤·소윤 #윤원형 #이기·임백령 #조광조 #현량과

정답 ③

121 빈칸형 [33회 25번]

(가) 붕당에 대한 설명으로 옳지 않은 것은? [3점]

> 김효원이 이조 전랑의 물망에 올랐을 때, 심의겸이 이전의 잘못을 지적하였다. 그 후에 심의겸의 동생 심충겸이 이조 전랑으로 천거되자, 이번에는 김효원이 나서 외척이라 하여 반대하였다. 이로 인해 양쪽으로 편이 갈라져 서로 배척하였는데, 김효원을 지지하는 사람들을 동인, 심의겸을 지지하는 사람들을 ___(가)___ (으)로 부르기 시작했다.

① 광해군을 축출한 인조반정으로 집권하였다.
② 이이와 성혼의 문인을 중심으로 형성되었다.
③ 정여립 모반 사건을 빌미로 기축옥사를 주도하였다.
④ 선조 때 왕세자 책봉 문제로 정치적 입지가 약화되었다.
⑤ 효종비의 사망 이후 전개된 예송의 결과 정국을 주도하였다.

▌ 붕당의 출현

📖 요약노트 059번

✓ 정답 파헤치기

붕당은 인사권을 가진 이조 전랑 임명권을 두고 각각 심의겸과 김효원을 중심으로 사림이 서인과 동인으로 나뉜 것에서 비롯되었다. 서인은 이이와 성혼의 문인들이 중심을 이루었고, 동인은 이황과 조식, 서경덕의 학문을 계승한 문인들이 중심을 이루었다. 정여립 모반 사건 당시 서인의 공격으로 동인이 큰 타격을 받았으나, 정철이 광해군 세자 건저 문제로 탄핵되면서 서인들도 큰 타격을 받았다(1591). 이후 광해군이 즉위하여 북인 정권이 세력을 잡았으나 영창 대군 사사와 인목 대비 유폐 문제를 빌미로 서인 세력이 인조반정을 일으키면서 광해군이 왕위에서 물러나게 되었다(1623).

⑤ 현종 때 효종과 효종비의 국상 당시 자의 대비의 복상 문제로 예송 논쟁이 발생하여 서인과 남인 사이의 대립이 심화되었다. 효종의 국상인 기해예송에서는 서인들이 승리하였으나, 이후 효종비 국상 때인 갑인예송에서는 남인들의 주장이 받아들여졌다.

Keyword

#김효원 #이조 전랑 #심의겸 #양쪽으로 편이 갈라져 서로 배척

정답 ⑤

주제 30

조선 전기 문화와 과학 기술

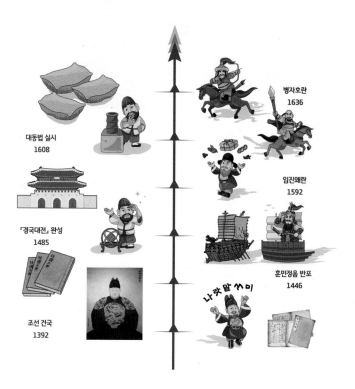

대동법 실시
1608

『경국대전』 완성
1485

조선 건국
1392

병자호란
1636

임진왜란
1592

나랏말쓰미

훈민정음 반포
1446

합격전략

조선 전기의 문화는 주로 세종 때 다방면으로 발전하였기 때문에 세종과 관련하여 자주 출제되는 편입니다. 이외에도 조선 전기의 책이나 석탑 등 문화유산들을 조선 후기의 것과 비교하여 알아 두어야 합니다.

122 빈칸형 [44회 25번]

(가)~(마)에 대한 설명으로 옳은 것은? [2점]

한국사 과제 안내문

■ 다음에 제시된 조선의 관찬 기록물 중 하나를 선택하여 보고서를 제출하시오.

• 조보 ──────────────────── (가)
• 일성록 ────────────────── (나)
• 비변사등록 ────────────── (다)
• 승정원일기 ────────────── (라)
• 조선왕조실록 ────────────── (마)

■ 조사 방법: 문헌 조사, 인터넷 검색 등
■ 제출 기간: 2019년 ○○월 ○○일~○○월 ○○일
■ 분량: A4 용지 3장 이상

① (가) - 유네스코 세계 기록 유산으로 등재되었다.
② (나) - 광해군 때부터 기록되기 시작하였다.
③ (다) - 국왕의 비서 기관에서 발행한 관보이다.
④ (라) - 정조가 세손 시절부터 쓴 일기에서 유래하였다.
⑤ (마) - 춘추관 관원들이 편찬 업무에 참여하였다.

▌역사서 편찬

∨ 정답 파헤치기

⑤ 『조선왕조실록』은 조선 태조 때부터 철종 때까지 역사를 편년체 형식으로 기록한 것으로, 국보 제151호로 지정되어 있다. 실록은 왕의 사후에 다음 왕이 즉위하면 시정기와 사초 등을 근거로 춘추관 내 설치된 실록청에서 편찬하였다.

∨ 선택지 분석하기

① 승정원에서 발행하였던 『조보』는 오늘날의 관보와 비슷한 성격을 가지고 있었다. 유네스코 세계 기록 유산으로 등재되어 있는 조선 시대 관찬 기록물은 『일성록』, 『승정원일기』, 『조선왕조실록』 등이다.

② 『일성록』은 국보 제153호로, 영조 때부터 순종까지 국정 운영 내용을 매일 정리한 국왕의 일기이다. 일기의 형식을 갖추고 있으나 실질적으로는 정부의 공식적인 기록물로, 정조가 세손 시절부터 쓴 『존현각일기』가 그 모태이다.

③ 『비변사등록』은 국보 제152호로, 조선 중·후기의 국가 최고 회의 기관이었던 비변사의 활동을 기록한 자료이며 『조선왕조실록』, 『승정원일기』, 『일성록』과 함께 조선 시대 4대 관찬 사료로 손꼽힌다.

④ 승정원은 국가의 모든 기밀을 취급하던 국왕의 비서 기관으로, 『승정원일기』는 조선 왕조 최대의 기밀 기록이다. 또한, 『조선왕조실록』을 편찬할 때 기본 자료로 이용되었으며, 1부밖에 없는 원본은 국보 제303호로 지정되어 있다.

K Keyword

#『조보』 #『일성록』 #『비변사등록』 #『승정원일기』
#『조선왕조실록』

정답 ⑤

123 설명형 [49회 20번]

밑줄 그은 '이 왕'의 재위 시기에 있었던 사실로 옳은 것은?

[3점]

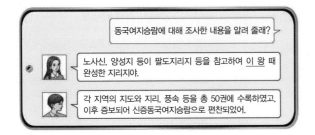

동국여지승람에 대해 조사한 내용을 알려 줄래?

노사신, 양성지 등이 팔도지리지 등을 참고하여 이 왕 때 완성한 지리지야.

각 지역의 지도와 지리, 풍속 등을 총 50권에 수록하였고, 이후 증보되어 신증동국여지승람으로 편찬되었어.

① 전통 한의학을 정리한 동의보감이 완성되었다.
② 역대 문물을 정리한 동국문헌비고가 편찬되었다.
③ 음악 이론 등을 집대성한 악학궤범이 간행되었다.
④ 세계 지도인 혼일강리역대국도지도가 만들어졌다.
⑤ 한양을 기준으로 한 역법서인 칠정산 내편이 제작되었다.

▌지리서 및 음악 이론서

📖 요약노트 054번

√ 정답 파헤치기

성종 때 노사신, 양성지, 강희맹 등이 각 도의 지리, 풍속, 인물 등을 기록한 관찬 지리지인 『동국여지승람』을 편찬하였다.

③ 성종 때 성현 등이 왕명에 따라 의궤와 악보를 정리한 『악학궤범』을 저술하였다.

√ 선택지 분석하기

① 선조 때 허준이 집필하기 시작한 『동의보감』은 각종 의학 지식과 치료법에 관한 의서로, 광해군 때 완성되었다(1610).

② 영조 때 각종 제도의 연혁과 내용을 정리한 『동국문헌비고』를 편찬하여 문물 제도를 정비하였다(1770).

④ 태종 때 김사형, 이무, 이회 등이 우리나라 최초의 세계 지도이자 현존하는 동양 최고(最古)의 지도인 혼일강리역대국도지도를 제작하였다(1402).

⑤ 세종 때 중국의 수시력과 아라비아의 회회력을 참고로 하여 한양을 기준으로 천체 운동을 계산한 역법서인 『칠정산』을 편찬하였다(1442).

Keyword

#『동국여지승람』 #노사신 #양성지 #『팔도지리지』 참고 #각 지역의 지도와 지리·풍속 등을 총 50권에 수록 #『신증동국여지승람』

정답 ③

124 설명형 [47회 17번]

밑줄 그은 '국왕'의 재위 시기에 볼 수 있는 모습으로 적절하지 않은 것은?

[2점]

장영실 님, 반갑습니다. 국왕의 명으로 이번에 시각을 스스로 알려주는 자격루를 제작하셨는데, 작동 원리를 설명해 주시겠습니까?

물받이 통에 물이 고이면 지렛대의 힘으로 굴러간 쇠구슬이 인형을 작동시켜 종, 북, 징을 울리게 하고 팻말로 시각을 알리도록 고안하였습니다.

① 집현전에서 근무하는 관리
② 농사직설을 읽고 있는 지방관
③ 칠정산 내·외편을 편찬하는 학자
④ 주자소에서 갑인자를 제작하는 장인
⑤ 화통도감에서 화약 무기를 시험하는 군인

▌세종 시기 과학 기술

📖 요약노트 062번

√ 정답 파헤치기

세종은 부국강병과 민생 안정을 위해 과학 기술을 중시하였다. 이에 따라 장영실은 물시계인 자격루와 해시계인 앙부일구, 강우량을 측정하는 측우기를 제작하는 등 과학 기술 분야에서 뚜렷한 성과를 남겼다.

⑤ 고려 말 우왕 때 최무선이 화통도감의 설치를 건의하여 화약과 화포를 제작하였고, 화포를 활용하여 진포 대첩에서 왜구를 격퇴하였다(1380).

√ 선택지 분석하기

① 세종은 집현전을 설치하고 학문 연구와 경연, 서연을 담당하게 하여 유교 정치의 활성화를 꾀하였다.

② 세종은 정초, 변효문 등을 시켜 우리 풍토에 맞는 농서인 『농사직설』을 간행하였다(1429).

③ 세종 때 이순지와 김담은 중국의 수시력과 아라비아의 회회력을 참고로 내편(內篇)과 외편(外篇)으로 이루어진 역법서 『칠정산』을 완성하였다(1442).

④ 세종의 명으로 주자소에서 갑인자가 주조되어 조선의 활자 인쇄술이 한층 더 발전하였다(1434).

Keyword

#장영실 #시각을 스스로 알려주는 자격루

정답 ⑤

125 설명형 + 사료형 [43회 20번]

밑줄 그은 '이 왕'의 재위 기간에 있었던 사실로 옳은 것은?

[1점]

> 이 서사시는 조선의 건국 시조들을 찬양하고 왕조의 창업을 합리화한 것으로, 이 왕이 정인지, 권제 등에게 명하여 훈민정음으로 편찬하도록 하였습니다.

제1장
해동의 여섯 용이 나시어서
그 행동하신 일마다 모두 하늘이 내리신 복이시니
그러므로 옛날의 성인의 하신 일들과 부절을 합친 것처럼 꼭 맞으시니.

제2장
뿌리가 깊은 나무는 아무리 센 바람에도 움직이지
아니하므로, 꽃이 좋고 열매도 많으니
...

① 훈련 교범인 무예도보통지가 편찬되었다.
② 전통 한의학을 정리한 동의보감이 간행되었다.
③ 최초로 100리 척을 사용한 동국지도가 제작되었다.
④ 우리 풍토에 맞는 농법을 소개한 농사직설이 간행되었다.
⑤ 각 도의 지리, 풍속 등이 수록된 동국여지승람이 편찬되었다.

▌세종의 문화적 업적

📖 요약노트 062번

✔ 정답 파헤치기

「용비어천가」는 세종 때 직계 선조인 목조부터 태종까지 여섯 대의 행적에 대해 지은 서사시로, 선조들의 행적이 하늘의 명을 받은 중국의 제왕과 부합한다는 내용을 통해 조선 왕조 건국의 정통성을 강조하고 있다.

④ 세종 때 정초, 변효문 등을 시켜 우리 풍토에 맞는 농서인 「농사직설」을 간행하였다(1429).

✔ 선택지 분석하기

① 정조 때 왕명에 따라 이덕무, 박제가, 백동수가 종합 무예서인 「무예도보통지」를 편찬하였다(1790).
② 선조의 명으로 허준이 「동의보감」의 편찬을 시작하여 광해군 때 완성하였다.
③ 영조 때 정상기는 최초로 100리 척을 사용한 동국지도를 제작하였다.
⑤ 성종 때 노사신, 강희맹 등이 각 도의 지리, 풍속, 인물 등을 기록한 「동국여지승람」을 편찬하였다.

Keyword

#조선의 건국 시조 찬양 #왕조 창업 합리화 #훈민정음으로 편찬 #해동의 여섯 용

정답 ④

126 빈칸형 + 사진형 [44회 20번]

(가)에 해당하는 문화유산으로 옳은 것은?

[2점]

문화유산 발표 대회

(가)

> 이것은 조선 전기의 석탑으로, 국보 제2호입니다. 원나라 탑 양식의 영향을 받았으며, 화려한 조각이 돋보이는 석탑입니다.

①  ②  ③

④  ⑤

▌서울 원각사지 십층 석탑

✔ 정답 파헤치기

① 조선 전기 불교는 숭유 억불 정책으로 억압받았으나 세조 때 왕실의 지원을 받아 원각사지 십층 석탑이 건립되었다. 이 탑은 고려의 개성 경천사지 십층 석탑을 본떠 만든 것으로, 대리석을 재료로 하였으며 국보 제2호로 지정되어 있다.

✔ 선택지 분석하기

② 부여 정림사지 오층 석탑(국보 제9호)
③ 경주 불국사 다보탑(국보 제20호)
④ 양양 진전사지 삼층 석탑(국보 제122호)
⑤ 익산 미륵사지 석탑(국보 제11호)

Keyword

#조선 전기 석탑 #국보 제2호 #원나라 탑 양식의 영향

정답 ①

주제 31

조선 전기 대외 관계와 임진왜란 · 병자호란

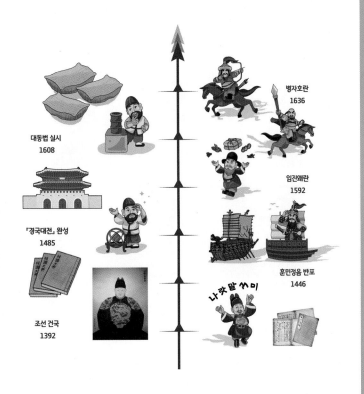

대동법 실시 1608

『경국대전』 완성 1485

조선 건국 1392

병자호란 1636

임진왜란 1592

훈민정음 반포 1446

합격전략

조선 전기 대외 관계에 대한 문제는 어느 국가에 대한 내용인지 파악하는 것이 포인트입니다. 또한, 임진왜란 관련 문제는 순서 나열형이 많이 출제되므로 전쟁의 전개 과정을 꼭 파악해 두어야 합니다.

127 사료형 [34회 21번]

다음 정책을 시행한 왕의 업적으로 옳은 것은? [2점]

> ○ 왕 16년, 옛 땅의 회복을 논의하였다. 소다로(所多老)의 땅이 넓고 기름지며 적들이 오가는 요충지이기 때문에, 옛 터전의 북쪽인 회질가(會叱家)의 땅에다 벽성(壁城)을 설치하고, 남도(南道)의 민호(民戶)를 이주시켜 채우고 경원 도호부를 옮겨 판관과 토관을 두었다.
> ○ 왕 16년 2월, 함길도 감사 김종서가 경원 · 영북진 두 고을에 모두 판관을 둘 것을 청하니, 즉시 이조에 명을 내려 두 의정(議政)에게 동의를 얻어 문무가 구비된 자를 택하여 보고하게 하였다.

① 독창적인 문자인 훈민정음을 창제하였다.
② 조선의 기본 법전인 경국대전을 반포하였다.
③ 궁중 음악을 집대성한 악학궤범을 편찬하였다.
④ 균역법을 실시하여 군역의 부담을 줄이고자 하였다.
⑤ 현직 관리에게만 수조권을 지급하는 직전법을 실시하였다.

┃ 여진에 대한 강경책

📖 요약노트 062번

✔ 정답 파헤치기

① 우리나라의 독창적인 문자인 훈민정음을 창제한 세종은 최윤덕과 김종서를 시켜 여진족을 몰아내고 압록강과 두만강 일대에 4군과 6진을 설치하여 영토를 확장하였다. 또한, 사민 정책을 실시하여 삼남 지방의 백성들을 이곳으로 이주시켜 살도록 하였다.

✔ 선택지 분석하기

② 『경국대전』은 조선의 기본 법전으로 세조 때 편찬하기 시작하여 성종 때 완성되었다(1485).
③ 성종 때 성현 등이 왕명에 따라 의궤와 악보를 정리한 『악학궤범』을 저술하였다.
④ 영조는 백성들의 군역 부담을 줄여 주기 위해 기존 1년에 2필씩 납부하던 군포를 1필로 줄이는 균역법을 실시하였다(1750).
⑤ 세조 때 과전법의 폐단을 바로잡기 위해 현직 관리에게만 토지를 지급하는 직전법을 실시하였다(1466).

K Keyword

#옛 땅의 회복 #남도의 민호 이주 #경원 도호부 #함길도 감사 김종서

정답 ①

128 순서 나열형 [49회 21번]

(가)~(다) 학생이 발표한 내용을 일어난 순서대로 옳게 나열한 것은? [2점]

주제: 임진왜란 때 수군의 활약

옥포에서 26척의 적선을 격파하는 전과를 올렸어.

견내량에 머물던 왜군을 한산도 앞바다로 유인하여 학익진 전술을 펼쳐 물리쳤어.

10여 척의 배로 명량에서 대승을 거두었어.

(가)   (나)   (다)

① (가) - (나) - (다)

② (가) - (다) - (나)

③ (나) - (가) - (다)

④ (나) - (다) - (가)

⑤ (다) - (가) - (나)

129 순서 나열형 + 사료형 [37회 19번]

(가)~(라)를 일어난 순서대로 옳게 나열한 것은? [3점]

(가) 왜적이 대거 침략해 왔다. 부산진이 함락되면서 첨사(僉使) 정발이 전사하였다. 이어 동래부가 함락되면서 부사 송상현도 전사하였다.
– 『선조수정실록』 –

(나) 왜적이 총출동하여 추격하기에 한산 앞바다로 끌어냈다. 아군이 학익진을 펼쳐 …… 쳐부수니 왜적이 사기가 꺾이어 퇴각하였다. 여러 장수와 군졸들이 환호하며 뛸 듯이 기뻐하였다.
– 『선조실록』 –

(다) 권율이 행주에서 왜적을 대파하고, 고산 현감 신경희를 보내어 승전 소식을 아뢰었다. …… 신경희가 아뢰기를, "…… 그 지역에는 돌이 많아 모든 군사들이 앞다투어 돌을 던져 싸움을 도왔습니다."라고 하였다.
– 『선조실록』 –

(라) (이순신이) 노량에 도착하니 많은 왜적이 이르렀다. 불의에 진격하여 한참 혈전을 하던 중 이순신이 몸소 왜적에게 활을 쏘다가 왜적의 탄환에 가슴을 맞아 배 위에 쓰러졌다. …… 왜적이 마침내 대패하니 사람들은 모두 "죽은 이순신이 산 왜적을 물리쳤다."라고 하였다.
– 『선조실록』 –

① (가) - (나) - (다) - (라)

② (가) - (나) - (라) - (다)

③ (나) - (가) - (라) - (다)

④ (나) - (다) - (가) - (라)

⑤ (다) - (라) - (나) - (가)

▌임진왜란의 주요 해전

📖 요약노트 064번

✓ 정답 파헤치기

(가) 옥포 해전(1592.5.): 이순신은 경상우수사 원균과 함께 옥포만에서 왜선 500여 척 중 26척을 격침시켰다. 이는 임진왜란에서의 첫 승리로, 이후의 전황을 유리하게 전개시키는 계기가 되었다.

(나) 한산도 대첩(1592.7.): 이순신의 수군은 학익진 전법 등을 활용하여 한산도 대첩에서 왜군을 크게 물리쳤으며, 이는 진주 대첩, 행주 대첩과 함께 임진왜란 3대 대첩으로 불린다.

(다) 명량 해전(1597.9.): 이순신이 12척의 배로 울돌목(명량)의 좁은 수로를 활용하여 왜군의 133척의 배에 맞서 싸워 큰 승리를 거두었다.

Keyword

#임진왜란 때 수군의 활약 #옥포 #왜군을 한산도 앞바다로 유인 #학익진 전술 #명량에서 대승

정답 ①

▌임진왜란의 발발 과정

📖 요약노트 064번

✓ 정답 파헤치기

(가) 일본을 통일한 도요토미 히데요시는 원정군을 편성하여 조선을 침공하였다. 부산진 첨사 정발과 동래 부사 송상현이 항전하였으나 패하여 전사하였다(1592.4.).

(나) 이순신은 왜의 수군을 한산도 앞바다로 유인한 뒤 학익진을 활용하여 큰 승리를 거두었다(1592.7.).

(다) 조명 연합군의 평양성 탈환으로 인해 후퇴한 왜군은 행주산성을 공격하였다. 이에 권율을 중심으로 한 조선 군대와 백성들이 항전하여 왜군에 승리를 거두었다(1593.2.).

(라) 도요토미 히데요시가 유언으로 철수할 것을 명령하자 왜군은 철수를 단행하였다. 이순신을 중심으로 한 조선 수군은 노량 해전에서 철수하는 적함 200여 척을 격파하였으나, 이순신이 적의 유탄에 맞아 전사하였다(1598.11.).

Keyword

#부산진 함락 #정발·송상현 전사 #『선조수정실록』 #한산 앞바다 #학익진 #왜적이 퇴각 #『선조실록』 #권율 #행주에서 왜적을 대파 #이순신 #노량

정답 ①

130 빈칸형 ➕ 사료형 [41회 26번]

(가)에 대한 설명으로 옳은 것은? [2점]

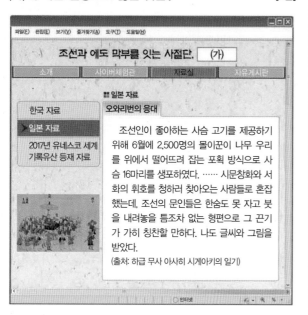

조선과 에도 막부를 잇는 사절단. (가)

소개 / 사이버체험관 / 자료심 / 자유게시판

한국 자료
일본 자료
2017년 유네스코 세계 기록유산 등재 자료

일본 자료
오와리번의 응대

조선인이 좋아하는 사슴 고기를 제공하기 위해 6월에 2,500명의 몰이꾼이 나무 우리를 위에서 떨어뜨려 잡는 포획 방식으로 사슴 16마리를 생포하였다. …… 시문창화와 서화의 휘호를 청하러 찾아오는 사람들로 혼잡했는데, 조선의 문인들은 한숨도 못 자고 붓을 내려놓을 틈조차 없는 형편으로 그 끈기가 가히 칭찬할 만하다. 나도 글씨와 그림을 받았다.

(출처: 하급 무사 아사히 시게아키의 일기)

① 매년 정기적으로 파견되었다.
② 다녀온 여정을 연행록으로 남겼다.
③ 하정사, 성절사, 천추사 등이 있었다.
④ 사절 왕래를 위하여 북평관을 개설하였다.
⑤ 19세기 초까지 파견되어 문화 교류의 역할을 하였다.

▌임진왜란 이후 일본과의 관계

✓ 정답 파헤치기

(가) 통신사

⑤ 임진왜란 이후 에도 막부는 꾸준히 조선에 국교 재개와 사절 파견을 요청하였다. 이에 조선은 선조 때인 1607년부터 1811년까지 12회에 걸쳐 통신사를 파견하여 조선의 선진 문화를 일본에 전파하였다.

✓ 선택지 분석하기

①·②·③ 조선은 명나라와 청나라에 매년 정기적으로 사절(하정사·성절사·천추사)을 보냈다. 또한, 청나라 사절단의 기행 일기인 연행록을 남겼는데 홍대용, 박지원이 저술한 것이 대표적이다.

④ 세종 때 한양에 여진의 사절단을 대접하는 북평관을 설치하고 조공 무역을 허락하였다.

Keyword

#에도 막부 #사절단

정답 ⑤

---

131 설명형 [40회 25번]

다음 상황 이후에 전개된 사실로 옳은 것은? [2점]

며칠 전 역적의 입을 통해 김제남과 함께 영창 대군을 옹립하기로 모의한 사실이 밝혀졌습니다. 영창 대군이 비록 아무 것도 모르는 어린아이라 할지라도 용서받을 수 없는 죄가 있사오니, 법대로 처리하게 하소서.

① 서인이 반정을 일으켜 정권을 장악하였다.
② 외척 간의 갈등으로 을사사화가 일어났다.
③ 조의제문이 발단이 되어 김일손 등이 처형되었다.
④ 정여립 모반 사건을 계기로 기축옥사가 발생하였다.
⑤ 이조 전랑 임명을 둘러싸고 김효원과 심의겸이 대립하였다.

▌광해군과 인조반정

🔖 요약노트 066번

✓ 정답 파헤치기

광해군은 왕위를 위협할 요소를 제거하기 위해 형인 임해군과 동생 영창 대군을 살해하고, 선조의 아내인 인목 대비를 폐위시켜 경운궁에 가두었다.

① 광해군 때 북인 세력이 집권하였고 명과 후금 사이에서 중립 외교를 추진하였다. 그러나 서인 세력이 광해군의 중립 외교 정책과 영창 대군 사사 사건, 인목 대비 유폐 문제를 빌미로 인조반정을 일으켜 광해군이 폐위되고 인조가 왕위에 올랐다(1623).

✓ 선택지 분석하기

② 명종 때 명종의 외척인 소윤(윤원형)과 인종의 외척인 대윤(윤임)이 대립하면서 을사사화가 발생하였다(1545).

③ 연산군 때 김일손이 스승인 김종직의 조의제문을 실록에 기록한 것을 유자광, 이극돈 등의 훈구 세력이 문제 삼고 연산군에게 알리면서 무오사화가 발생하였다(1498).

④ 선조 때 정여립 모반 사건 당시 기축옥사가 발생하여 서인의 공격으로 동인이 큰 타격을 입었다(1589).

⑤ 선조 때 이조 전랑 임명권을 놓고 김효원을 중심으로 한 동인과 심의겸을 중심으로 한 서인으로 사림이 분화되면서 붕당 정치가 시작되었다.

Keyword

#역적 #김제남 #영창 대군 옹립

정답 ①

132 설명형 [48회 22번]

밑줄 그은 '이 전쟁' 중에 있었던 사실로 옳은 것은? [3점]

소현 세자께서 돌아가셨다네. 그런데 시신이 검은빛이었고 이목구비에서 모두 피가 흘러 나왔다는군.

이 전쟁에 패하여 청에 인질로 갔다가 8년 만에 돌아오실 때도 건강하셨던 세자께서 어찌 두 달 만에 그리되셨는가?

① 이괄의 반란 세력이 도성을 장악하였다.
② 곽재우, 고경명 등이 의병장으로 활약하였다.
③ 김준룡이 근왕병을 이끌고 광교산에서 항전하였다.
④ 외적의 침입에 대응하여 임시 기구로 비변사가 처음 설치되었다.
⑤ 포수 · 사수 · 살수의 삼수병으로 편제된 훈련도감이 신설되었다.

병자호란

요약노트 066번

정답 파헤치기

중국을 통일한 후금은 국호를 청으로 바꾸고 조선에 군신 관계를 요구하였으나 조선에서 이를 거절하자 병자호란이 발생하였다. 인조는 남한산성에서 항전하였으나 강화도로 보낸 왕족과 신하들이 인질로 잡히자 삼전도에서 굴욕적인 항복을 하였고, 소현 세자와 봉림 대군 등이 볼모로 청에 압송되었다. 이후 소현 세자가 8년 만의 인질 생활을 끝내고 귀국한 지 두 달 만에 의문의 죽음을 당하고 봉림 대군이 효종으로 즉위하였다.
③ 조선 중기의 무신 김준룡은 병자호란이 발생하자 휘하의 군사들을 이끌고 적에게 포위당한 남한산성으로 진군하면서 군사를 모아 병력을 보강한 뒤 용인의 광교산을 거점으로 청에 항전하였다.

선택지 분석하기

① 인조반정 때 큰 공을 세웠던 이괄이 공신 책봉 과정에서 2등 공신을 받자 이에 불만을 품고 반란을 일으켜 도성을 장악하였다(1624).
② 홍의장군 곽재우와 고경명 등은 조선 중기 북인 조식의 제자로, 임진왜란 때 의병으로 활약하였다.
④ 중종 때 외적의 침입에 대비하기 위한 임시 기구로 설치된 비변사는 명종 때 을묘왜변을 계기로 상설 기구화 되었다.
⑤ 임진왜란 중 유성룡의 건의에 따라 포수 · 사수 · 살수의 삼수병으로 편제된 훈련도감을 설치하였다.

Keyword

#소현 세자 #전쟁에 패하여 청에 인질로 감

정답 ③

133 사료형 [43회 25번]

다음 자료를 활용한 탐구 활동으로 가장 적절한 것은? [2점]

최명길이 아뢰기를, "종묘사직의 존망이 호흡하는 사이에 달려 있어 해볼 만한 일이 없으니, 청컨대 혼자 말을 타고 달려가서 적장을 보고 까닭 없이 군사를 발동하여 몰래 깊이 쳐들어온 뜻을 묻겠습니다. 오랑캐가 만일 다시 신의 말을 듣지 않고 신을 죽인다면 신은 마땅히 말발굽 아래에서 죽을 것이요, 다행히 서로 이야기가 되면 잠시라도 그들의 칼날을 멈추게 할 것이니, 한성 가까운 곳에서 방어할 만한 땅은 남한산성만 한 데가 없으니, 청컨대 전하께서는 [도성의] 수구문을 통해 나가신 후 서둘러 산성으로 옮기시어 일의 추이를 보소서."라고 하였다.
－『연려실기술』－

① 삼별초의 이동 경로를 찾아본다.
② 통신사의 활동 내용을 살펴본다.
③ 위화도 회군의 결과를 알아본다.
④ 계해약조의 체결 과정을 조사한다.
⑤ 삼전도비의 건립 배경을 파악한다.

삼전도의 굴욕

요약노트 066번

정답 파헤치기

⑤ 병자호란 당시 남한산성에서 항전을 전개하던 중에 청과 싸워야 한다는 주전론과 강화를 맺자는 주화론의 논쟁이 심화되었다. 그러던 중 인조는 강화도로 보낸 왕족과 신하들이 인질로 잡히자 남한산성에서 나와 삼전도에서 청에 굴욕적인 항복을 하였다(1637).

선택지 분석하기

① 고려 시대 삼별초는 강화도, 진도, 제주도로 근거지를 이동하면서 대몽 항쟁을 전개하였다(1270~1273).
② 임진왜란 이후 조선은 에도 막부의 요청으로 통신사를 12회에 걸쳐 파견하면서 조선의 선진 문화를 일본에 전파하였다.
③ 고려 우왕 때 이성계는 왕명에 따라 요동 정벌을 위해 출병하였으나 의주 부근의 위화도에서 말을 돌려 개경으로 회군하였다(1388).
④ 세종은 대마도주의 요구를 받아들여 부산포, 제포, 염포를 개방하였고(1426), 제한된 범위 내에서 무역을 허락하는 계해약조를 체결하였다(1443).

Keyword

#최명길 #종묘사직의 존망 #오랑캐 #남한산성 #『연려실기술』

정답 ⑤

V

조선 후기

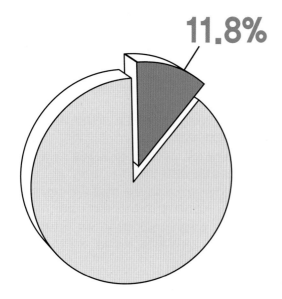

V단원 출제 비율(최신 10회분)

11.8%

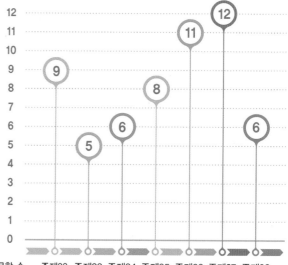

V단원 주제별 출제 문항 수(최신 10회분)

문항 수　　주제32　주제33　주제34　주제35　주제36　주제37　주제38

※순서 나열형, 시기 일치형, 합답형 등의 경우 한 문항이 여러 주제에 중복 해당되기도 합니다.

주제별 키워드

주제 32 **양 난 이후의 변화와 붕당 정치의 변질**	비변사, 훈련도감, 나선 정벌, 예송 논쟁, 경신환국 · 기사환국 · 갑술환국
주제 33 **영조 · 정조의 탕평 정치**	탕평책, 탕평비, 초계문신제, 수원 화성, 장용영, 규장각, 『대전통편』
주제 34 **수취 체제의 개편**	영정법, 대동법, 균역법, 선무군관
주제 35 **세도 정치와 농민 봉기**	세도 정치, 홍경래의 난, 임술 농민 봉기, 삼정이정청
주제 36 **조선 후기 사회적 · 경제적 변화와 신분제의 동요**	송상, 만상, 책문 후시, 사상, 금난전권, 통청 운동, 서얼
주제 37 **실학 및 새로운 사상의 등장**	정약용, 거중기, 『기기도설』, 『마과회통』, 이익, 『성호사설』, 박지원, 『열하일기』, 박제가, 『북학의』, 동학 창시, 천주교 전래
주제 38 **조선 후기 문화의 새 경향과 과학 기술**	판소리, 시사, 김홍도, 정선, 진경산수화, 보은 법주사 팔상전, 김정희, 곤여만국전도

주제 32

양 난 이후의 변화와 붕당 정치의 변질

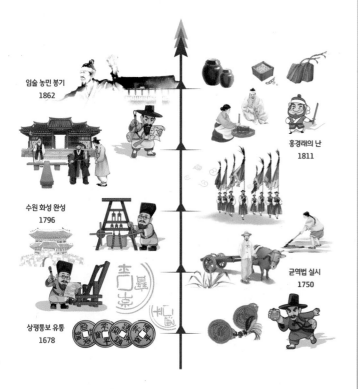

임술 농민 봉기 1862

수원 화성 완성 1796

상평통보 유통 1678

홍경래의 난 1811

균역법 실시 1750

합격전략

임진왜란과 병자호란을 거치며 발생한 조선의 정치적·사회적 변화에 관한 문제 중에서는 비변사의 역할 변천과 군제 개편(훈련도감 창설)이 단골 출제 주제입니다. 또한, 붕당 정치가 변질되기 시작하면서 발생한 예송 논쟁과 환국도 발생 순서와 원인을 중심으로 학습해야 합니다.

134 빈칸형 + 합답형 [40회 26번]

(가)에 대한 설명으로 옳은 것을 〈보기〉에서 고른 것은? [2점]

> 변방의 일은 병조가 주관하는 것입니다. …… 그런데 근래 변방 일을 위해 (가) 을/를 설치했고, 변방에 관계되는 모든 일을 실제로 다 장악하고 있습니다. …… 혹 병조 판서가 참여하는 경우가 있기는 하지만 도리어 지엽적인 입장이 되어버렸고, 참판 이하의 당상관은 전혀 일의 내용을 모르고 있습니다. …… 청컨대 혁파하소서.

보기
- ㄱ. 왕명 출납을 맡은 왕의 비서 기관이었다.
- ㄴ. 임진왜란 이후 조직과 기능이 확대되었다.
- ㄷ. 조광조를 비롯한 사림의 건의로 혁파되었다.
- ㄹ. 세도 정치 시기에 외척의 세력 기반이 되었다.
---

① ㄱ, ㄴ ② ㄱ, ㄷ ③ ㄴ, ㄷ ④ ㄴ, ㄹ ⑤ ㄷ, ㄹ

❙ 비변사

√ 정답 파헤치기

비변사는 조선 중종 때 외적의 침입에 대비하기 위해 임시로 설치되었고, 명종 때 을묘왜변을 계기로 상설 기구가 되었다.

- ㄴ. 비변사는 임진왜란과 병자호란을 거치며 군사 문제뿐만 아니라 외교, 재정, 인사 등 거의 모든 정무를 총괄하게 되었다.
- ㄹ. 비변사의 기능이 강화되면서 의정부와 6조 중심의 행정 체계는 유명무실해졌고, 세도 정치기에는 비변사를 중심으로 요직을 독점한 유력 가문들이 권력을 장악하였다.

√ 선택지 분석하기

- ㄱ. 승정원은 왕의 비서 기관으로서 왕명의 출납을 담당하였다.
- ㄷ. 조광조를 비롯한 사림들은 도교 행사를 주관하던 소격서의 폐지를 주장하였다.

Keyword

#변방에 관계되는 모든 일을 장악 #혁파

정답 ④

135 설명형 [43회 24번]

밑줄 그은 '이 부대'에 대한 설명으로 옳은 것은? [2점]

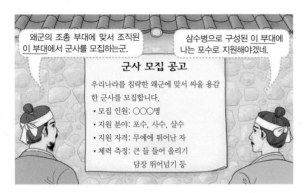

왜군의 조총 부대에 맞서 조직된 이 부대에서 군사를 모집하는군.

삼수병으로 구성된 이 부대에 나는 포수로 지원해야겠네.

군사 모집 공고

우리나라를 침략한 왜군에 맞서 싸울 용감한 군사를 모집합니다.

• 모집 인원: ○○○명
• 지원 분야: 포수, 사수, 살수
• 지원 자격: 무예에 뛰어난 자
• 체력 측정: 큰 돌 들어 올리기 담장 뛰어넘기 등

① 최씨 무신 정권의 군사적 기반이었다.
② 급료를 받는 상비군이 주축을 이루었다.
③ 국경 지역인 북계와 동계에 배치되었다.
④ 이종무의 지휘 아래 대마도 정벌에 참여하였다.
⑤ 국왕의 친위 부대로 수원 화성에 외영을 두었다.

▌훈련도감

✓ 정답 파헤치기

② 임진왜란 중 유성룡의 건의에 따라 포수, 사수, 살수의 삼수병으로 편성된 훈련도감을 설치하였다. 이들은 장기간 근무를 하고 급료를 받는 상비군으로, 의무병이 아닌 직업 군인의 성격을 가지고 있었다.

✓ 선택지 분석하기

① 최씨 무신 정권 시기에 최우가 치안 유지를 위해 설치한 야별초가 확대되어 좌별초와 우별초로 나뉘었고, 몽골의 포로가 되었다가 탈출한 신의군이 합세하여 삼별초를 구성하였다. 이는 최씨 무신 정권의 군사적 기반이었다.
③ 고려는 국경 지역인 양계(동계, 북계)에 주진군을 배치하였다.
④ 세종은 왜구의 침입이 빈번하자 이종무를 보내 대마도를 정벌하였다.
⑤ 정조는 왕권을 뒷받침하는 군사적 기반을 갖추기 위해 친위 부대인 장용영(서울에 내영, 수원에 외영)을 설치하였다.

Keyword

#왜군의 조총 부대에 맞서 조직 #삼수병으로 구성 #포수 #사수 #살수

정답 ②

136 빈칸형 [49회 25번]

(가) 전쟁 이후에 있었던 사실로 옳은 것은? [2점]

이것은 (가) 의 결과 심양에 볼모로 잡혀간 봉림 대군이 쓴 한글 편지입니다. 편지에는 척화론을 내세우다 끌려와 함께 있던 김상헌에 대한 염려가 담겨 있습니다.

① 국경 지역에 4군 6진이 개척되었다.
② 나선 정벌에 조총 부대가 동원되었다.
③ 강홍립 부대가 사르후 전투에 참전하였다.
④ 정봉수와 이립이 용골산성에서 항전하였다.
⑤ 제한된 무역을 허용한 기유약조가 체결되었다.

▌효종의 북벌 정책

요약노트 066번

✓ 정답 파헤치기

병자호란(1636) 때 인조가 삼전도에서 청에 굴욕적인 항복을 하였고, 소현 세자와 봉림 대군 등은 볼모로 청에 압송되었다. 이후 조선으로 돌아온 봉림 대군은 효종으로 즉위하여 북벌을 추진하였다.

② 효종 때 러시아가 만주 지역까지 침략해오자 청은 조선에 원병을 요청하였다. 이에 조선에서는 두 차례에 걸쳐 조총 부대를 출병시켜 나선 정벌을 단행하였다(1654, 1658).

✓ 선택지 분석하기

① 세종 때 최윤덕이 압록강 상류 지역에 4군을 설치하고(1433), 김종서가 두만강 하류 지역에 6진을 설치하였다(1449).
③ 광해군은 명의 요청으로 강홍립 부대를 파견하였으나 명과 후금 사이에서 추진하던 중립 외교 정책에 따라 사르후 전투에서 무모한 싸움을 계속하지 않고 투항하였다.
④ 인조 때 정묘호란이 발발하자 정봉수와 이립이 용골산성에서 의병을 이끌며 후금에 항전하였다.
⑤ 광해군 때 대마도주와 기유약조를 체결하여 임진왜란으로 끊겼던 국교가 재개되고 제한된 무역을 허용하며 부산에 왜관이 설치되었다(1609).

Keyword

#심양에 볼모 #봉림 대군 #척화론 #김상헌에 대한 염려

정답 ②

137 빈칸형 [43회 26번]

(가)에 대한 설명으로 옳은 것은? [2점]

> 현종 때 일어난 (가) 에 대해 말씀해 주십시오.

> (가) 은/는 효종 사후 인조의 계비인 자의 대비의 복상 기간을 두고 벌어진 논쟁입니다.

① 사림과 훈구의 갈등이 원인이 되었다.
② 서인과 남인 사이에 발생한 전례 문제이다.
③ 북인이 정국을 주도하던 시기에 전개되었다.
④ 외척 세력인 대윤과 소윤의 대립으로 일어났다.
⑤ 동인이 남인과 북인으로 분열되는 결과를 가져왔다.

138 사료형 [42회 25번]

다음 상황 이후에 전개된 사실로 옳은 것은? [3점]

> 인평 대군의 아들 여러 복(복창군·복선군·복평군)이 본래 교만하고 억세었는데, 임금이 초년에 자주 병을 앓았으므로 그들이 몰래 못된 생각을 품고 바라서는 안 될 자리를 넘보았다. …… 남인에 붙어서 윤휴와 허목을 스승으로 삼고 …… 그들이 허적의 서자 허견을 보고 말하기를, "임금에게 만약 불행한 일이 생기면 너는 우리를 후사로 삼게 하라. 우리는 너에게 병조 판서를 시킬 것이다."라고 하였다. …… 이 때 김석주가 남몰래 그 기미를 알고 경신년 옥사를 일으켰다.
>
> – 『연려실기술』 –

① 자의 대비의 복상 문제로 예송이 전개되었다.
② 정여립 모반 사건으로 서인이 정국을 주도하였다.
③ 이괄의 난이 일어나 반란군이 도성을 장악하였다.
④ 북인이 서인과 남인을 배제한 채 정국을 독점하였다.
⑤ 희빈 장씨 소생의 원자 책봉 문제로 환국이 발생되었다.

▌예송 논쟁　　　　　　　　　📖 요약노트 068번

✓ 정답 파헤치기

② 현종 때 효종과 효종비의 국상 당시 예송 논쟁이 발생하여 서인과 남인 간의 대립이 심화되었다. 처음 효종의 국상 때 인조의 계비인 자의 대비의 복상 기간을 놓고 서인은 1년, 남인은 3년을 주장하여 서인이 승리하였다(기해예송). 이후 효종비 국상 때 같은 문제가 제기되어 서인 측은 9개월, 남인 측은 1년을 주장하였는데 남인의 주장이 받아들여졌다(갑인예송).

✓ 선택지 분석하기

① 연산군 때 김일손이 스승인 김종직의 조의제문을 실록에 기록하였다. 이를 유자광, 이극돈 등의 훈구 세력이 문제 삼아 연산군에게 알리면서 무오사화가 발생하였다(1498).
③ 광해군 때 북인 세력이 서인과 남인을 누르고 정권을 장악하여 명과 후금 사이에서 중립 외교를 추진하였다.
④ 명종 때 명종의 외척인 소윤(윤원형 세력)과 인종의 외척인 대윤(윤임 세력)의 갈등으로 인해 을사사화가 발생하였다(1545).
⑤ 선조 때 정여립 모반 사건으로 기축옥사가 발생하였다(1589). 이로 인해 피해를 입은 동인이 북인과 남인으로 분화되었다.

Keyword

#현종 #효종 사후 자의 대비의 복상 기간

정답 ②

▌경신환국, 기사환국　　　　　　📖 요약노트 069번

✓ 정답 파헤치기

남인의 영수인 허적이 궁중에서 쓰는 천막을 허락 없이 사용한 문제로 숙종과 갈등을 빚었다. 결국 허적의 서자인 허견의 역모사건으로 허적을 비롯한 남인이 몰락하고 서인이 집권하게 되었다(경신환국, 1680).

⑤ 숙종 때 희빈 장씨의 소생에 대한 원자 책봉 문제로 기사환국이 발생하여 서인이 대거 축출되고 남인이 집권하게 되었다(1689). 이때 서인 세력의 영수인 송시열이 사사(賜死)되고 중전이었던 인현 왕후는 폐위되었으며, 희빈 장씨가 왕비로 책봉되었다.

✓ 선택지 분석하기

① 현종 때 효종과 효종비의 국상에 대한 자의 대비의 복상 문제로 두 번의 예송이 발생하여 서인과 남인의 대립이 심화되었다.
② 선조 때 발생한 정여립 모반 사건으로 기축옥사가 일어나 서인이 정국을 주도하게 되었다.
③ 인조반정에서 큰 공을 세웠던 이괄이 2등 공신을 받은 것에 대한 불만을 품고 이괄의 난을 일으켰다.
④ 광해군 때 북인 정권이 서인과 남인을 누르고 정권을 장악하였다.

Keyword

#인평 대군 #남인 #윤휴 #허목 #허적 #허견 #김석주
#경신년 옥사 #『연려실기술』

정답 ⑤

주제 33

영조 · 정조의 탕평 정치

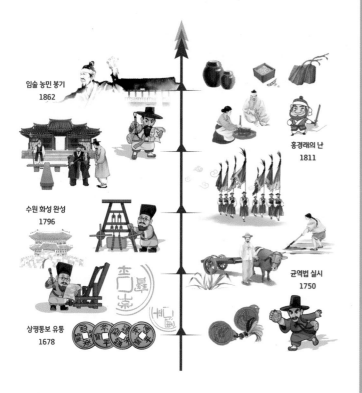

임술 농민 봉기
1862

흥경래의 난
1811

수원 화성 완성
1796

균역법 실시
1750

상평통보 유통
1678

합격전략

영조와 정조가 변질된 붕당 정치를 막기 위해 실시한 탕평책과 각종 개혁 정책은 **빈칸형**으로 많이 출제됩니다. 영조와 정조의 업적을 반드시 비교하여 암기해 두어야 합니다.

---

139 **빈칸형** [46회 26번]

(가) 왕의 재위 기간에 있었던 사실로 옳은 것은? [3점]

통정공 무신일기

이 책은 이승원이 무신난(戊申亂)의 전개 과정을 기록한 일기로, 경상도 거창에서 반란군을 이끌던 정희량 세력의 활동 내용 등이 기록되어 있다. 무신난은 이인좌, 정희량 등이 세제(世弟)였던 [(가)]의 즉위 과정에 의혹을 제기하며 일으킨 반란이다.

① 허적과 윤휴 등 남인들이 대거 축출되었다.
② 박규수의 건의로 삼정이정청이 설치되었다.
③ 자의 대비의 복상 문제로 예송이 전개되었다.
④ 붕당의 폐해를 경계하기 위한 탕평비가 건립되었다.
⑤ 왕조의 통치 규범을 재정비한 대전통편이 편찬되었다.

영조의 탕평책

📖 요약노트 070번

✔ 정답 파헤치기

『통정공 무신일기』는 영조 때 일어난 이인좌(정희량)의 난에 대한 진압 과정을 상세하게 기록한 일기이다. 이인좌(정희량)의 난은 정권에서 소외된 소론이 영조의 즉위 과정에 의혹을 제기하며 일으킨 반란으로, 영조는 이를 진압하면서 탕평책 실시의 명분을 더욱 굳건히 할 수 있었다.

④ 영조는 붕당 정치의 폐해를 막고 능력에 따른 인재를 등용하기 위해 탕평책을 실시하고, 성균관에 탕평비를 건립하였다(1742).

✔ 선택지 분석하기

① 숙종 때 남인의 영수인 허적이 궁중에서 쓰는 천막을 허락 없이 사용한 문제로 왕과 갈등을 겪었다. 이후 허적의 서자 허견의 역모 사건으로 경신환국이 발생하여 허적, 윤휴 등의 남인이 대거 축출되고 서인이 집권하게 되었다(1680).

② 철종 때 발생한 임술 농민 봉기(1862) 당시 안핵사로 파견된 박규수는 민란의 원인이 삼정의 문란에 있다고 보고 삼정이정청을 설치하여 폐단을 해결하려고 노력하였다.

③ 현종 때 효종과 효종비의 국상 당시 자의 대비의 복상 문제로 두 번의 예송 논쟁이 발생하여 서인과 남인 사이의 대립이 심화되었다.

⑤ 정조 때 문물 제도 및 통치 체제를 정리한 『대전통편』을 편찬하여 왕조의 통치 규범을 재정비하였다(1785).

Keyword

#이승원 #무신난(戊申亂)의 전개 과정을 기록한 일기
#이인좌 #정희량 #세제(世弟) #『통정공 무신일기』

정답 ④

안심Touch

140 빈칸형 [48회 26번]

(가) 왕의 재위 기간에 있었던 사실로 옳지 않은 것은? [2점]

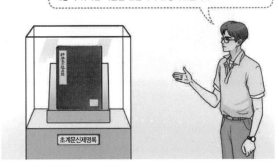

> 이 책은 초계문신제로 선발된 학자들의 명단을 정리한 인명록입니다. [(가)] 때부터 시행된 초계문신제는 인재 양성과 문풍 진작을 위한 문신 재교육 과정으로 37세 이하의 문신 중 학문에 재능이 뛰어난 이들을 선발하여 운영하였습니다.

초계문신제명록

① 경기도에 한해서 대동법이 실시되었다.
② 국왕의 친위 부대인 장용영이 설치되었다.
③ 서얼 출신의 학자들이 규장각 검서관에 기용되었다.
④ 통치 체제를 정비하기 위해 대전통편이 편찬되었다.
⑤ 육의전을 제외한 시전 상인의 금난전권이 폐지되었다.

▌정조

📖 요약노트 071번

✔ 정답 파헤치기

초계문신제는 문과에 급제한 문신들을 규장각에서 재교육하여 인재를 양성하는 정조의 핵심 정책이었다. 37세 이하의 초급 문신 중 학문적 재능이 탁월한 이들을 의정부 정승의 추천으로 선발해 3년간 재교육하였다. 경사(經史)와 제술(製述)을 집중적으로 교육해 유교 경전과 역사를 통달하게 하고, 문제에 따라 격식에 맞추어 문장을 짓는 교육도 체계적으로 진행하였다.

① 광해군 때 공납의 폐단을 해결하기 위해 경기도부터 대동법을 실시하였다.

✔ 선택지 분석하기

② 정조는 국왕의 친위 부대인 장용영을 설치하여 왕권을 강화하였다.
③ 정조는 서얼 출신인 유득공, 이덕무, 박제가 등을 규장각 검서관으로 등용하였다.
④ 정조는 법전인 『대전통편』을 편찬하여 문물 제도와 통치 체제를 정비하였다.
⑤ 정조가 실시한 신해통공으로 인해 육의전을 제외한 시전 상인들의 금난전권이 폐지되었다.

![Keyword]
Keyword

#초계문신제 #인재 양성 #문풍 진작 #문신 재교육 과정
#『초계문신제명록』

정답 ①

141 빈칸형 [47회 24번]

(가)에 들어갈 내용으로 옳은 것은? [1점]

> 조선 시대 국왕을 알아맞히는 문제입니다. 이제 5단계 힌트입니다.

한국사 퀴즈

5단계 힌트	(가)
4단계 힌트	규장각 설치
3단계 힌트	신해통공 실시
2단계 힌트	초계문신제 시행
1단계 힌트	조선의 제22대 국왕

① 훈련도감 설치
② 수원 화성 건설
③ 나선 정벌 단행
④ 간도 관리사 파견
⑤ 이인좌의 난 진압

▌정조

📖 요약노트 071번

✔ 정답 파헤치기

조선의 제22대 국왕 정조는 규장각을 설치하고 이곳에서 인재 양성을 위하여 새롭게 관직에 오르거나 기존 관리들 중 능력 있는 문신들을 재교육시키는 초계문신제를 시행하였다. 또한, 채제공의 건의에 따라 시전 상인의 금난전권을 폐지하는 신해통공을 실시하기도 하였다.

② 정조는 사도 세자의 묘를 수원으로 옮기고 수원 화성을 건립하여 정치적·군사적 기능을 부여하였다.

✔ 선택지 분석하기

① 선조 때 임진왜란 중 유성룡의 건의에 따라 포수, 사수, 살수의 삼수병으로 편성된 훈련도감을 설치하였다. 이들은 급료를 받는 상비군으로, 의무병이 아닌 직업 군인의 성격을 가졌다.
③ 효종 때 러시아가 만주 지역까지 침략해오자 청은 조선에 원병을 요청하였고, 조선에서는 두 차례에 걸쳐 조총 부대를 출병시켜 나선 정벌을 단행하였다.
④ 의화단 운동으로 인해 청의 관심이 소홀해진 틈을 타 러시아가 간도를 점령하였고(1900), 대한 제국은 간도에 살고 있는 조선인을 보호하기 위해 이범윤을 간도 관리사로 파견하였다.
⑤ 숙종 때 남인과의 세력 다툼 끝에 집권한 서인 세력은 다시 소론과 노론으로 나뉘었다. 이후 영조 때 정권에서 배제된 소론과 남인 일부가 연합하여 경종의 죽음과 영조의 정통성에 대해 의문을 제기하며 이인좌, 정희량 등을 중심으로 반란을 일으켰으나 진압되었다.

![Keyword]
Keyword

#규장각 #신해통공 #초계문신제 #조선의 제22대 국왕

정답 ②

수취 체제의 개편

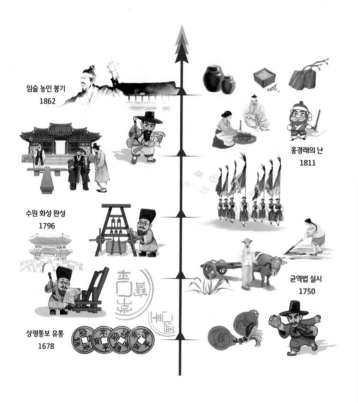

임술 농민 봉기
1862

홍경래의 난
1811

수원 화성 완성
1796

균역법 실시
1750

상평통보 유통
1678

합격전략

조선 시대의 수취 체제는 크게 조세, 공납, 군역으로 분류되며, 이에 대한 문제가 골고루 출제되니 각 체제의 개편 배경과 특징을 정확하게 파악할 수 있어야 합니다.

---

142 빈칸형 [33회 24번]

(가)에 대한 설명으로 옳은 것은? [2점]

> **(가)의 실시**
>
> ○배경
> - 재정 수입 감소, 농민 생활 피폐
> - 전분 6등, 연분 9등의 복잡한 징수 절차로 인한 수취의 어려움
> ○결과
> - 안정적인 국가 재정의 확보
> - 부가세 증가로 인해 농민의 실질적 부담 감소 효과는 미흡

① 과전 지급 대상을 현직 관리로 제한하였다.

② 선혜법이라는 이름으로 경기도에서 처음 실시하였다.

③ 부족한 재정을 충당하기 위해 선무군관포를 수취하였다.

④ 공인을 통해 각 관청에 필요한 물품을 공급하도록 하였다.

⑤ 풍흉에 관계없이 대부분 농지에서 1결당 4~6두의 전세를 거두었다.

▮ 영정법
요약노트 072번

정답 파헤치기

⑤ 양 난 이후 농경지의 황폐화와 전세 제도의 문제로 인해 농민들의 삶이 어려워졌다. 이에 인조는 개간을 권장하여 경작지를 확충하고 농민 부담을 줄이기 위해 영정법을 실시하여 풍흉에 관계없이 전세를 토지 1결당 미곡 4두로 고정시켰다(1635).

선택지 분석하기

① 세조 때 직전법을 실시하여 과전의 지급 대상을 현직 관리로 제한하고, 수신전과 휼양전을 폐지하였다.

②·④ 광해군 때 대동법은 선혜법이라는 이름으로 경기도에서 처음 실시되었다. 백성들에게 공물을 쌀로 징수하였고, 공인을 통해 각 관청에서 필요한 물품들을 조달받았다.

③ 영조는 균역법을 시행하여 군역을 개혁하면서 부족해진 재정을 보충하기 위해 일부 상류층에게 선무군관 칭호를 주고 군포 1필을 납부하도록 하였다.

K Keyword

#재정 수입 감소 #전분 6등·연분 9등의 복잡한 징수 절차 #안정적 국가 재정 확보

정답 ⑤

안심Touch

143 설명형 [49회 23번]

밑줄 그은 '이 법'에 대한 설명으로 옳은 것은? [1점]

① 양반에게도 군포를 부과하였다.
② 1결당 쌀 4~6두로 납부액을 고정하였다.
③ 비옥도에 따라 토지를 6등급으로 나누었다.
④ 일부 상류층에게 선무군관포를 징수하였다.
⑤ 특산물 대신 쌀, 베, 동전 등으로 납부하게 하였다.

▌대동법

📖 요약노트 072번

∨ 정답 파헤치기

⑤ 대동법은 방납의 폐단을 해결하기 위해 공납을 전세화하여 쌀이나 베, 동전 등으로 납부하게 하는 제도로, 광해군 때 경기도에서 처음 시행되었다. 이후 강원도에서 실시되었고 충청도, 전라도, 경상도 순으로 확대되었으며 평안도와 함경도를 제외한 전국에서 시행되었다.

∨ 선택지 분석하기

① 흥선 대원군은 군정의 문란을 해결하기 위해 호포제를 실시하여 양반에게도 군포를 부과하였다.
② 인조는 양 난 이후 어려워진 농민들의 부담을 줄이기 위해 영정법을 실시하여 풍흉에 관계없이 전세를 토지 1결당 미곡 4~6두로 고정하였다(1635).
③ 세종은 비옥도에 따라 토지를 6등급으로 나누어 조세를 차등 징수하는 전분 6등법을 실시하였다(1444).
④ 영조는 균역법의 시행으로 부족해진 재정을 보충하기 위해 지주들에게 결작이라 하여 토지 1결당 미곡 2두를 부과하였고, 일부 상류층에게 선무군관이라는 칭호를 주고 군포 1필을 납부하게 하였다.

K eyword

#공납의 폐단을 해결할 목적 #경기도와 강원도 지역에서 실시 #충청도와 전라도에도 확대 시행

정답 ⑤

144 합답형 [41회 25번]

밑줄 그은 '대책'의 내용으로 옳은 것을 〈보기〉에서 고른 것은? [2점]

• 보기 •
ㄱ. 양전 사업을 실시하여 지계를 발급하였다.
ㄴ. 어염세, 선박세를 국가 재정으로 귀속시켰다.
ㄷ. 선무군관에게 1년에 1필의 군포를 징수하였다.
ㄹ. 수신전, 휼양전 등의 명목으로 세습되는 토지를 폐지하였다.

① ㄱ, ㄴ   ② ㄱ, ㄷ   ③ ㄴ, ㄷ   ④ ㄴ, ㄹ   ⑤ ㄷ, ㄹ

▌균역법

📖 요약노트 072번

∨ 정답 파헤치기

영조는 백성들의 군역 부담을 줄여주기 위해 기존 1년에 2필씩 납부하던 군포를 1필로 줄이는 균역법을 실시하였다(1750).
ㄴ · ㄷ. 영조는 균역법의 시행으로 부족해진 재정을 보충하기 위해 어장세, 염세, 선박세 등을 거두고, 일부 상류층에게 선무군관이라는 칭호를 주어 군포 1필을 납부하게 하였다. 또한, 지주에게 결작이라 하여 토지 1결당 미곡 2두를 부담하게 하였다.

∨ 선택지 분석하기

ㄱ. 대한 제국은 지계아문을 설치하고 토지 소유 문서인 지계를 발급하여 근대적 토지 소유권을 확립하고자 하였다(1901).
ㄹ. 세조는 직전법을 실시하여 과전의 지급 대상을 현직 관리로 제한하고, 수신전과 휼양전을 폐지하였다(1466).

K eyword

#군포 #1필 #세입 감소 대책

정답 ③

주제 35

세도 정치와 농민 봉기

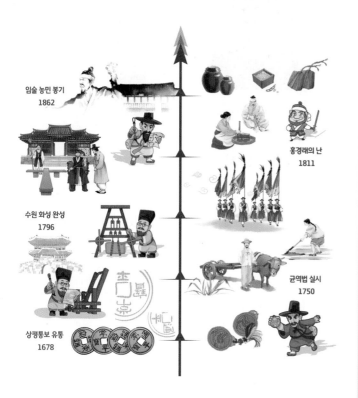

임술 농민 봉기
1862

홍경래의 난
1811

수원 화성 완성
1796

균역법 실시
1750

상평통보 유통
1678

합격전략

조선 후기 세도 정치의 특징과 이 시기에 빈번하였던 농민 봉기 중 가장 대표적인 홍경래의 난, 임술 농민 봉기 문제는 자주 함께 출제됩니다. 특히, 홍경래의 난과 임술 농민 봉기를 헷갈리지 않도록 비교 학습해야 합니다.

145 설명형 [47회 28번]

밑줄 그은 '시기'에 있었던 사실로 옳지 <u>않은</u> 것은? [2점]

이 불상은 고창 선운사 동불암지 마애여래좌상입니다. 이 불상 안에 있는 비기(秘記)가 세상에 나오는 날 나라가 망한다는 이야기가 있었습니다. 이러한 예언 사상은 안동 김씨 등 왕실의 외척을 비롯한 소수의 특정 가문이 비변사를 중심으로 권력을 독점한 시기에 널리 퍼졌습니다.

① 을사사화가 발생하였다.
② 홍경래가 난을 일으켰다.
③ 삼정이정청이 설치되었다.
④ 최제우가 동학을 창시하였다.
⑤ 이양선이 나타나 통상을 요구하였다.

▌세도 정치

∨ 정답 파헤치기

조선 후기 외척 안동 김씨 가문의 세도 정치는 순조부터 철종 때까지 전개되었으며, 이때 정감록 같은 비기, 도참 등 예언 사상이 유행하여 말세의 도래, 왕조 교체, 변란 예고 등의 낭설로 민심이 혼란스러웠다. 고려 시대의 불상인 고창 선운사 동불암지 마애여래좌상(보물 제1200호) 안의 비기가 나오는 날 한양이 망한다는 이야기가 퍼지기도 하였다.

① 명종이 어린 나이로 즉위하여 어머니 문정 왕후가 수렴청정을 하였다. 그러자 인종의 외척인 대윤(윤임 세력)과 명종의 외척인 소윤(윤원형 세력)이 대립하여 을사사화가 발생하였고, 대윤 세력과 사림들이 큰 피해를 입었다(1545).

∨ 선택지 분석하기

② 세도 정치로 인한 삼정의 문란과 서북 지역민에 대한 차별에 항거하여 홍경래의 난이 일어났다(1811).
③ 세도 정치기에 삼정의 문란으로 인해 진주 지역에서 임술 농민 봉기가 발생하였다(1862). 이후 파견된 안핵사 박규수는 삼정이정청을 설치하여 삼정의 문란을 해결하고자 하였다.
④ 세도 정치기에 최제우는 동학을 창시하고(1860) 인내천 사상을 통한 인간 평등을 주장하였다.
⑤ 세도 정치기에는 이양선이 자주 출몰하여 조선에 문호 개방과 통상을 요구하였다.

Keyword

#고창 선운사 동불암지 마애여래좌상 #비기(秘記) #예언 사상 #안동 김씨 등 왕실 외척 #비변사 중심 #권력 독점

정답 ①

146 설명형 [44회 23번]

밑줄 그은 '주상'의 재위 기간에 있었던 사실로 옳은 것은?

[2점]

> 주상께서 각 궁방과 중앙 관서의 공노비를 해방시켜 모두 양민으로 삼도록 허락하셨다고 하네.

> 노비안을 모아 돈화문 밖에서 불태우라고 하셨다더군.

① 신유박해로 다수의 천주교도가 처형되었다.
② 박규수의 건의로 삼정이정청이 설치되었다.
③ 명의 요청으로 강홍립의 부대가 파견되었다.
④ 붕당의 폐해를 경계하기 위한 탕평비가 건립되었다.
⑤ 통치 체제를 정비하기 위해 대전회통이 편찬되었다.

▌세도 정치

√ 정답 파헤치기

① 순조가 11살의 나이로 즉위하면서 정순 왕후의 수렴청정과 함께 노론 벽파가 정권을 장악하였다. 이들은 남인 시파를 탄압하기 위해 신유박해를 단행하였다. 이때 이승훈, 정약종, 주문모 등 3300여 명의 천주교 신자들이 처형되고, 정약전, 정약용 등이 유배를 가는 등 천주교 전파에 앞장섰던 실학자들과 많은 천주교 신자들이 피해를 입게 되었다. 또한, 순조 때 법적으로 중앙 관서의 공노비를 해방시켜 양민으로 삼았다(1801).

√ 선택지 분석하기

② 철종 때 발생한 임술 농민 봉기에 안핵사로 파견된 박규수는 민란의 원인이 삼정의 문란에 있다고 보고 삼정이정청을 설립하였지만 근본적인 문제를 해결하지는 못하였다.
③ 광해군은 명의 요청으로 강홍립 부대를 파병하였으나 명과 후금 사이에서 중립 외교 정책을 추진하였다.
④ 영조는 붕당 정치의 폐해를 막고 능력에 따른 인재를 등용하기 위해 탕평책을 실시하였고, 성균관에 탕평비를 건립하였다.
⑤ 흥선 대원군은 법전인 『대전회통』을 편찬하여 통치 체제를 정비하였다.

Keyword

#공노비 해방 #양민으로 삼음 #노비안 불태움

정답 ①

147 빈칸형 [49회 28번]

(가) 사건에 대한 설명으로 옳은 것은?

[2점]

정주성공격도

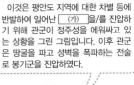

> 이것은 평안도 지역에 대한 차별 등에 반발하여 일어난 (가) 을/를 진압하기 위해 관군이 정주성을 에워싸고 있는 상황을 그린 그림입니다. 이후 관군은 땅굴을 파고 성벽을 폭파하는 전술로 봉기군을 진압하였다.

① 홍경래, 우군칙 등이 주도하였다.
② 흥선 대원군이 다시 집권하는 결과를 가져왔다.
③ 정부가 청군의 출병을 요청하는 계기가 되었다.
④ 사건 수습을 위해 박규수가 안핵사로 파견되었다.
⑤ 폐정 개혁안 실천을 위해 집강소 설치를 요구하였다.

▌홍경래의 난

📖 요약노트 073번

√ 정답 파헤치기

① 순조 때 세도 정치와 삼정의 문란으로 인해 어려움을 겪던 농민들과 서북 지역에 대한 차별 대우에 불만을 품은 평안도 지방 농민들이 몰락 양반 출신인 홍경래를 중심으로 가산군 다복동 지역에서 우군칙, 이희저 등과 함께 반란을 일으켰다(1811). 반란군은 평안도 일부 지역(선천, 정주 등)을 점령하기도 하였으나 관군에 의해 정주성에서 진압되었다.

√ 선택지 분석하기

② 고종 때 신식 군대인 별기군과 차별 대우를 받던 구식 군대가 임오군란을 일으켜(1882) 정부 고관들의 집과 일본 공사관을 공격하였다. 이 사태를 수습하기 위해 흥선 대원군이 다시 집권하게 되었다.
③ 정부는 임오군란, 갑신정변, 동학 농민 운동 당시에 이를 진압하기 위해 청에 출병을 요청하였다.
④ 삼정의 문란과 경상 우병사 백낙신의 수탈에 항거하여 진주 지역의 농민들이 몰락 양반 유계춘을 중심으로 임술 농민 봉기를 일으켰다(1863).
⑤ 동학 농민 운동이 발생하자 이를 진압하기 위해 조선 조정의 요청에 따라 청군과 일본군이 파견되었다. 이에 청과 일본의 군대 개입을 우려한 농민군은 정부와 전주 화약을 맺고 자치 개혁 기구인 집강소 설치를 요구하여 폐정 개혁안을 실천하였다.

Keyword

#평안도 지역에 대한 차별 등에 반발 #관군은 봉기군을 진압
#정주성공격도

정답 ①

148 사료형 + 연표형 [40회 27번]

밑줄 그은 '소란'이 일어난 시기를 연표에서 옳게 고른 것은?

[1점]

> 금번 진주의 난민들이 소란을 일으킨 것은 오로지 전 경상 우병사 백낙신이 탐욕스러워 백성을 침학했기 때문입니다. 경상 우병영의 환곡 결손[還逋] 및 도결(都結)*에 대해 시기를 틈타 한꺼번에 6만 냥의 돈을 가호(家戶)에 배정하여 억지로 부과하려고 하니, 민심이 크게 들끓고 백성들의 분노가 폭발하여 전에 듣지 못했던 소란이 발생하기에 이른 것입니다.
>
> * 도결: 각종 명목의 조세를 토지에 부과하여 징수함

1510	1597	1680	1728	1811	1894
(가)	(나)	(다)	(라)	(마)	
삼포 왜란	정유재란 발발	경신 환국	이인좌의 난	홍경래의 난	동학 농민 운동

① (가)   ② (나)   ③ (다)   ④ (라)   ⑤ (마)

임술 농민 봉기

📖 요약노트 073번

∨ 정답 파헤치기

세도 정치 시기 국가 기강이 해이해지고 삼정의 문란이 극심해지면서 농민 봉기가 확산되었다. 농민들의 민란 가운데 가장 규모가 큰 것은 평안도에서 일어난 홍경래의 난과 진주에서 시작하여 전국으로 확산된 임술 농민 봉기였다. 평안도 지역에서 평안도민에 대한 차별과 지배층의 수탈에 항거하여 일어난 홍경래의 난이 5개월 만에 평정된 이후 사회 불안이 점차 심화되면서 진주에서 전국적인 민란인 임술 농민 봉기가 초래되었다.

⑤ 삼정의 문란과 경상 우병사 백낙신의 수탈에 견디다 못한 농민들이 진주 지역의 몰락 양반인 유계춘을 중심으로 임술 농민 봉기를 일으켰다(1862).

Keyword

#진주 난민들의 소란 #경상 우병사 백낙신 #환곡 결손 및 도결 #가호에 배정하여 억지로 부과

정답 ⑤

---

149 빈칸형 + 사료형 [34회 31번]

(가), (나) 사건에 대한 설명으로 옳은 것은?

[2점]

> (가) 평서대원수는 급히 격문을 띄우노니 우리 관서(關西)의 부로 자제와 공사천민 모두 이 격문을 들으라. …… 심지어 권세 있는 집의 노비들도 관서 사람[西人]을 보면 반드시 평안도놈[平漢]이라 일컫는다. 관서 사람으로서 어찌 원통하고 억울하지 않겠는가. …… 이제 격문을 띄워 먼저 여러 고을의 수령에게 알리노니, 절대로 동요치 말고 성문을 활짝 열어 우리 군대를 맞이하라.
>
> (나) 임술년 2월 19일, 진주 백성 수만 명이 머리에 흰 수건을 두르고 손에는 나무 몽둥이를 들고 무리를 지어 진주 읍내에 모여 서리들의 가옥 수십 호를 불사르고 부수니, 그 움직임이 결코 가볍지 않았다.

① (가) – 황토현에서 관군에게 승리를 거두었다.

② (가) – 사건의 수습을 위해 박규수가 안핵사로 파견되었다.

③ (나) – 삼정이정청 설치의 계기가 되었다.

④ (나) – 지역 차별에 반발한 홍경래가 주도하여 봉기하였다.

⑤ (가), (나) – 남접과 북접이 연합하여 조직적으로 전개되었다.

세도 정치기 농민 봉기

📖 요약노트 073번

∨ 정답 파헤치기

(가) 홍경래의 난은 평안도의 몰락한 양반 출신인 홍경래가 세도 정치와 삼정의 문란으로 인해 고통을 받던 농민들과 평안도 지역에 대한 차별 대우에 불만을 품은 평안도 지방 사람들을 중심으로 가산 지역에서 일으킨 난이다(1811). 평안도 일부 지역을 점령하면서 기세를 올렸으나 관군에 의해 정주성에서 진압되었다.

(나) 진주 지역의 몰락 양반인 유계춘을 중심으로 삼정의 문란과 경상 우병사 백낙신의 수탈에 견디다 못한 농민들이 반발하여 임술 농민 봉기가 발생하였다(1862). 이를 조사하기 위해 안핵사로 파견된 박규수는 민란의 원인이 삼정의 문란에 있다고 보고 삼정이정청을 설치하여 삼정의 폐단을 해결하려고 노력하였다.

∨ 선택지 분석하기

①·⑤ 전라도 고부 군수 조병갑의 횡포에 견디다 못한 농민들이 동학 교도 전봉준을 중심으로 동학 농민 운동을 일으켰다. 농민군이 황토현 전투에서 승리하고 전주성을 점령하며 전라도 일대를 장악하자(1894) 조정에서는 이를 진압하기 위해 청에 원군을 요청하였고, 톈진 조약에 의해 일본도 군대를 파견하였다. 청과 일본의 군대 개입을 우려한 동학 농민군은 정부와 전주 화약을 맺고 집강소를 설치하여 개혁을 실시하였다. 그러나 청일 전쟁이 발발하고 일본의 내정 간섭이 심해지자 외세를 몰아내기 위해 남접과 북접이 연합하여 다시 봉기하였다.

Keyword

#평안도 #관서 사람[西人] #임술년 #진주 백성

정답 ③

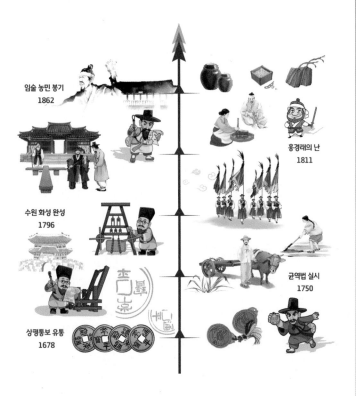

조선 후기 사회적 · 경제적 변화와 신분제의 동요

임술 농민 봉기
1862

홍경래의 난
1811

수원 화성 완성
1796

균역법 실시
1750

상평통보 유통
1678

합격전략

제시된 자료를 통해 조선 후기임을 파악하고 해당하는 사회적 · 경제적 상황을 고르는 문제가 주로 출제됩니다. 고려 시대의 사회적 · 경제적 특징이 선택지에 섞여 있는 경우가 많으니 이를 구별해야 합니다.

---

150 **사료형** [49회 22번]

다음 상황이 나타난 시기에 볼 수 있는 모습으로 적절하지 <u>않은</u> 것은? [2점]

> 사행(使行)이 책문을 출입할 때에는 만상과 송상 등이 은과 인삼을 몰래 가지고 인부나 말 속에 섞여들어 물건을 팔아 이익을 꾀하였다. 되돌아올 때는 수레를 일부러 천천히 가게 하고 사신을 먼저 책문으로 나가게 하여 거리낄 것이 없게 한 뒤에 저희 마음대로 매매하고 돌아오는데 이것을 책문 후시라 한다.

① 장시에서 책을 읽어주는 전기수
② 벽란도에서 교역하는 송의 상인
③ 시사(詩社)에서 시를 낭송하는 중인
④ 관청에 필요한 물품을 납품하는 공인
⑤ 물주의 자금으로 광산을 경영하는 덕대

조선 후기 사회적 · 경제적 변화

📖 요약노트 074번

✔ 정답 파헤치기

18세기 이후 상업의 발전으로 사상(私商)이 전국 각지에서 활발한 상업 활동을 전개하였다. 개성의 송상은 전국에 송방이라는 지점을 설치하고, 청과 일본 사이의 중계 무역으로 많은 부를 축적하였다. 또한, 의주의 만상은 압록강 밖 책문에서 행해지던 사무역인 책문 후시를 통해 청과의 무역 활동을 주도하며 성장하였다.

② 고려 시대에는 예성강 하류에 위치한 국제 무역항 벽란도를 통해 송, 아라비아 상인 등과 활발한 대외 무역을 전개하였다.

✔ 선택지 분석하기

① 조선 후기 소설의 대중화에 따라 직업적으로 소설을 낭독하는 이야기꾼인 전기수가 등장하였다.

③ 조선 후기 중인층과 서민층의 문학 창작 활동이 활발해지면서 시사(詩社)를 조직하기도 하였다.

④ 조선 후기 대동법 실시 이후 국가에서 필요한 물품은 공인이 조달하였으며, 이를 바탕으로 상품 화폐 경제가 발달하였다.

⑤ 조선 후기 광산 개발이 활성화되면서 전문적으로 광산을 경영하는 덕대가 등장하였다.

🅚eyword

#만상과 송상 #은과 인삼 #책문 후시

정답 ②

151 빈칸형 [38회 19번]

(가) 상인에 대한 설명으로 옳은 것은? [1점]

> 이곳은 조선 시대의 상점 터가 확인된 종로 피맛골 발굴 현장입니다. 조선 정부는 이 일대에 행랑을 지어 상가를 조성하고 (가) 에게 빌려주었습니다. (가) 중에는 육의전 상인이 대표적이었습니다.

① 혜상공국을 통해 보호받았다.
② 금난전권이라는 특권을 부여받았다.
③ 전국에 송방이라는 지점을 설치하였다.
④ 책문 후시를 통해 대청 무역을 주도하였다.
⑤ 포구에서 중개 · 금융 · 숙박업 등에 주력하였다.

152 빈칸형 [40회 21번]

(가) 신분에 대한 설명으로 옳은 것은? [2점]

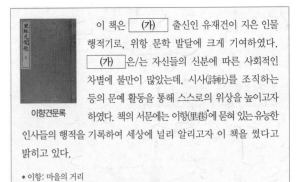

> 이 책은 (가) 출신인 유재건이 지은 인물 행적기로, 위항 문학 발달에 크게 기여하였다. (가) 은/는 자신들의 신분에 따른 사회적인 차별에 불만이 많았는데, 시사(詩社)를 조직하는 등의 문예 활동을 통해 스스로의 위상을 높이고자 하였다. 책의 서문에는 이항(里巷)에 묻혀 있는 유능한 인사들의 행적을 기록하여 세상에 널리 알리고자 이 책을 썼다고 밝히고 있다.
>
> 이항견문록
>
> * 이항: 마을의 거리

① 매매, 증여, 상속의 대상이 되었다.
② 장례원을 통해 국가의 관리를 받았다.
③ 공장안에 등록되어 수공업 제품 생산을 담당하였다.
④ 양인이지만 천역을 담당하는 신량역천으로 분류되었다.
⑤ 관직 진출 제한을 없애달라는 소청 운동을 전개하였다.

■ 조선 후기 상업의 발달

✔ 정답 파헤치기

② 조선 후기에 사상들이 점차 확대되면서 시전의 상권을 장악하자 시전 상인들은 난전을 단속할 수 있는 권리인 금난전권을 행사하였다. 그럼에도 사상이 계속 성장하자 조정에서는 통공 정책을 실시하여 육의전을 제외한 시전들의 금난전권을 폐지하였다.

✔ 선택지 분석하기

① 개항 이후 상업 자유화에 밀려 생업에 위협을 받게 된 보부상을 보호하기 위하여 혜상공국이 설치되었다.
③ 개성의 송상은 전국에 송방이라는 지점을 설치하였다.
④ 만상은 의주를 중심으로 청과의 무역 활동을 통해 성장하였다. 압록강 밖 책문에서 행해지던 책문 후시를 통해 대외 무역에 종사하였다.
⑤ 객주 · 여각은 각 지방의 선상이 물건을 가지고 포구에 들어오면 그 상품의 매매를 중개하며 부수적으로 금융 · 숙박의 영업도 하였다.

Keyword

#조선 시대 상점 #종로 #행랑을 지어 상가 조성 #육의전 상인

정답 ②

■ 조선 후기 신분 변화

📖 요약노트 075번

✔ 정답 파헤치기

중인은 양반과 상민의 중간층으로, 15세기부터 형성되어 조선 후기에 독립된 신분층을 이루었다. 주로 서리, 향리, 기술관, 역리, 서얼로 구성되어 있었으며 직역을 세습하고 같은 신분끼리 거주하였다.

⑤ 조선 후기 서얼과 기술관 등의 중인들은 통청 운동을 통해 신분적 제한을 극복하려는 조직적인 신분 상승 운동을 전개하면서 청요직으로 진출하는 것을 허용해 달라는 상소를 올렸다.

✔ 선택지 분석하기

① · ② 조선 시대 노비들은 매매 · 상속 · 증여의 대상이 되었으며, 장례원을 통해 국가의 관리를 받았다.
③ 조선 전기에는 관영 수공업이 발달하면서 공장안에 등록된 수공업자들이 수공업 제품의 생산을 담당하였다. 이후 민영 수공업이 발달하면서 정조 때 공장안이 폐지되었다.
④ 고려 · 조선 시대의 신량역천은 법적으로 양인 신분이었으나 천한 일을 담당하여 양인과 천인의 중간 계층으로 취급되었다.

Keyword

#유재건 #위항 문학 #시사(詩社) #『이향견문록』

정답 ⑤

주 제
37

실학 및 새로운 사상의 등장

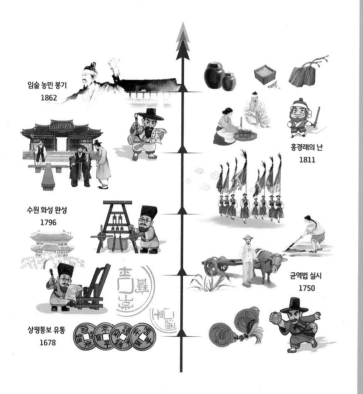

임술 농민 봉기
1862

수원 화성 완성
1796

상평통보 유통
1678

홍경래의 난
1811

균역법 실시
1750

합격전략

조선 후기에 등장한 실학과 관련된 문제들은 대표적인 실학자의 주요 주장을 구별하는 것이 핵심입니다. 또한, 동학과 천주교의 특징도 함께 비교하여 학습해야 합니다.

153 설명형 [49회 26번]

다음 가상 인터뷰의 주인공에 대한 설명으로 옳은 것은?

[3점]

수원 화성 건설을 위해 설계한 거중기에 대해 설명해 주십시오.

공사에 참여한 백성의 어려움을 덜어 주고자 기기도설에 실린 도르래의 원리를 활용하였습니다. 전하께서는 거중기의 사용으로 4만 냥의 비용을 절약했다고 말씀하셨습니다.

① 북학의에서 절약보다 소비를 권장하였다.
② 의산문답에서 중국 중심의 세계관을 비판하였다.
③ 우서에서 사농공상의 직업적 평등을 주장하였다.
④ 마과회통에서 홍역에 대한 의학 지식을 정리하였다.
⑤ 금석과안록에서 북한산비가 진흥왕 순수비임을 고증하였다.

▌정약용

📖 요약노트 076번

✓ 정답 파헤치기

정약용은 정조 때의 실학자로, 『기기도설』을 참고하여 거중기를 제작하였다. 이는 수원 화성을 축조할 때 사용되어 공사 기간과 비용을 줄이는 데 크게 기여하였다.

④ 정약용은 홍역에 대해 연구한 의서인 『마과회통』을 편찬하였다.

✓ 선택지 분석하기

① 박제가는 『북학의』를 저술하여 수레, 배의 이용과 함께 적극적인 소비를 권장하였다.

② 홍대용은 『의산문답』을 저술하여 지전설을 주장하고 중국 중심의 성리학적 세계관을 비판하였다.

③ 유수원은 『우서』를 저술하여 상공업의 진흥과 기술의 혁신을 강조하고, 사농공상의 직업적 평등을 주장하였다.

⑤ 김정희는 금석학 연구를 통해 저술한 『금석과안록』에서 북한산비가 진흥왕 순수비임을 밝혀냈다.

Keyword

#수원 화성 건설을 위해 설계 #거중기 #『기기도설』 #도르래의 원리

정답 ④

154 빈칸형 [47회 26번]

(가) 인물에 대한 설명으로 옳은 것은? [2점]

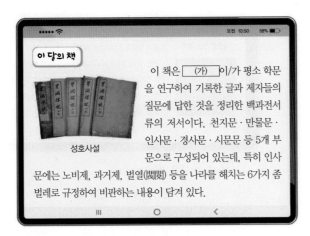

이 책은 (가) 이/가 평소 학문을 연구하여 기록한 글과 제자들의 질문에 답한 것을 정리한 백과전서류의 저서이다. 천지문·만물문·인사문·경사문·시문문 등 5개 부문으로 구성되어 있는데, 특히 인사문에는 노비제, 과거제, 벌열(閥閱) 등을 나라를 해치는 6가지 좀벌레로 규정하여 비판하는 내용이 담겨 있다.

① 북경에 다녀온 후 연행록을 남겼다.
② 양명학을 연구하여 강화 학파를 형성하였다.
③ 북한산비가 진흥왕 순수비임을 고증하였다.
④ 토지 매매를 제한하는 한전론을 제시하였다.
⑤ 북학의를 저술하여 절약보다 소비를 권장하였다.

155 사료형 [43회 28번]

다음 글을 쓴 인물에 대한 설명으로 옳은 것은? [1점]

> 중국의 재산이 풍족할 뿐더러 한 곳에 지체되지 않고 골고루 유통함은 모두 수레를 쓴 이익일 것이다. …… 평안도 사람들은 감과 귤을 분간하지 못하며, 바닷가 사람들은 멸치를 거름으로 밭에 내건만 서울에서는 한 웅큼에 한 푼씩 하니 이렇게 귀함은 무슨 까닭인가. …… 사방이 겨우 몇천 리 밖에 안 되는 나라에 백성의 살림 살이가 이다지 가난함은 한마디로 표현한다면 수레가 국내에 다니지 못한 까닭이라 하겠다.
>
> ─ 『열하일기』 ─

① 양반전에서 양반의 위선과 무능을 풍자하였다.
② 북학의에서 절약보다 적절한 소비를 강조하였다.
③ 곽우록에서 토지 매매를 제한하는 한전론을 제시하였다.
④ 우서에서 사농공상의 직업적 평등과 전문화를 주장하였다.
⑤ 색경에서 담배, 수박 등의 상품 작물 재배법을 소개하였다.

▌이익
📖 요약노트 076번

√ 정답 파헤치기

④ 조선 후기 중농학파 실학자 이익은 『성호사설』을 통해 한 가정의 생활을 유지하는 데 필요한 토지를 영업전으로 정하고, 영업전의 매매를 금지하는 한전론을 주장하였다. 또한, 나라를 좀먹는 6가지의 폐단(노비제, 과거제, 양반 문벌제, 사치와 미신, 승려, 게으름)에 대해 비판하였다.

√ 선택지 분석하기

① 조선이 청에 보낸 사절단은 기행 일기인 연행록을 남겼으며 홍대용, 박지원이 저술한 것이 대표적이다.
② 정제두는 지행합일을 중요시하는 양명학을 체계적으로 연구하였고, 강화도에서 후진 양성에 힘쓰며 강화 학파를 형성하였다.
③ 김정희는 『금석과안록』에서 금석학 연구를 통해 북한산 순수비가 진흥왕 순수비임을 밝혀냈다.
⑤ 박제가는 『북학의』를 저술하여 청의 문물 수용과 적극적인 소비를 권장하였고 수레와 선박의 이용을 주장하였다.

Keyword

#백과전서류의 저서 #나라를 해치는 6가지 좀벌레 #『성호사설』

정답 ④

▌박지원
📖 요약노트 076번

√ 정답 파헤치기

① 조선 후기의 대표적인 중상학파 실학자 박지원은 청에 다녀온 뒤 『열하일기』를 저술하여 상공업의 발달과 화폐 유통의 필요성 및 수레의 이용을 권장하였다. 또한, 『양반전』, 『허생전』, 『호질』 등을 통해 양반의 위선과 무능 및 허례를 풍자하고 비판하였다.

√ 선택지 분석하기

② 박제가는 『북학의』를 저술하여 청의 문물을 적극적으로 수용할 것을 주장하였고 수레, 배의 이용과 함께 적극적인 소비를 권장하였다.
③ 이익은 『성호사설』과 『곽우록』을 저술하였다. 이를 통해 한 가정의 생활을 유지하는 데 필요한 토지를 영업전으로 정하여 법으로 매매를 금지하고 나머지 토지만 매매가 가능하게 하는 한전론을 제시하였다.
④ 유수원은 『우서』를 저술하여 상공업의 진흥과 기술의 혁신을 강조하고, 사농공상의 직업적 평등과 전문화를 주장하였다.
⑤ 박세당의 『색경』은 지방의 농경법을 연구하여 저술한 농법 기술서로, 상품 작물 재배법과 함께 상업적 농업 경영에 대해 소개하였다.

Keyword

#골고루 유통 #수레 #『열하일기』

정답 ①

156 빈칸형 [48회 27번]

(가) 종교에 대한 설명으로 옳은 것은? [1점]

> 경주 사람 최복술은 아이들에게 공부 가르치는 것을 직업으로 삼았다. 그런데 양학(洋學)이 갑자기 퍼지는 것을 차마 보고 앉아 있을 수 없어서, 하늘을 공경하고 순종하는 마음으로 글귀를 지어, [(가)](이)라 불렀다. 양학은 음(陰)이고, [(가)]은/는 양(陽)이기 때문에 양을 가지고 음을 억제할 목적으로 글귀를 외우고 읽고 하였다.

① 배재 학당을 세워 신학문 보급에 기여하였다.
② 박중빈을 중심으로 새생활 운동을 추진하였다.
③ 일제의 통제에 맞서 사찰령 폐지 운동을 벌였다.
④ 마음속에 한울님을 모시는 시천주를 강조하였다.
⑤ 황사영이 외국 군대의 출병을 요청하는 백서를 작성하였다.

157 빈칸형 [42회 28번]

(가) 종교에 대한 설명으로 옳은 것은? [1점]

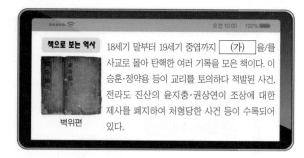

> **책으로 보는 역사**
> **벽위편**
> 18세기 말부터 19세기 중엽까지 [(가)]을/를 사교로 몰아 탄압한 여러 기록을 모은 책이다. 이승훈·정약용 등이 교리를 토의하다 적발된 사건, 전라도 진산의 윤지충·권상연이 조상에 대한 제사를 폐지하여 처형당한 사건 등이 수록되어 있다.

① 단군 숭배 사상을 전파하였다.
② 하늘에 제사 지내는 초제를 거행하였다.
③ 동경대전과 용담유사를 경전으로 삼았다.
④ 청을 다녀온 사신들에 의하여 서학으로 소개되었다.
⑤ 유·불·선을 바탕으로 민간 신앙의 요소까지 포함하였다.

▌동학 창시
　　📖 요약노트 077번

✔ 정답 파헤치기

④ 경주 몰락 양반 출신의 최제우(최복술)가 양학(천주교)의 확산에 대항하여 동학을 창시하였다. 동학은 유·불·선 3교의 교리를 절충하고 민간 신앙의 요소도 결합하였으며, 마음속에 한울님을 모시는 시천주와 사람이 곧 하늘이라는 인내천 사상을 강조하였다.

✔ 선택지 분석하기

① 배재 학당은 미국인 개신교 선교사 아펜젤러가 세운 근대적 사립 학교로, 신학문 보급에 기여하였다.

② 원불교는 박중빈이 창시하였고 개간 및 간척 사업과 저축 운동을 적극적으로 추진하였다. 또한, 허례허식 폐지, 남녀평등, 미신 타파, 금주·단연 등 새생활 운동을 전개하였다.

③ 조선 불교 유신회는 일제가 시행한 사찰령에 저항하여 민족 불교의 자주성을 지키기 위해 사찰령 폐지 운동을 전개하였다.

⑤ 순조 때 신유박해 이후 황사영이 베이징에 있는 주교에게 조선으로 군대를 보내 달라는 내용의 청원서를 보내려다 발각된 사건으로 인해 천주교가 더욱 큰 탄압을 받게 되었다.

▌천주교 전래
　　📖 요약노트 078번

✔ 정답 파헤치기

④ 천주교는 조선 후기 청에 다녀온 사신들에 의해 서학으로 소개되었다. 조정에서는 조상에 대한 제사를 금지하였던 서학(천주교)을 사교로 규정하고 탄압하였다.

✔ 선택지 분석하기

① 나철이 창시한 대종교는 단군 숭배를 통해 민족의식을 고취하고 간도에서 중광단, 북로 군정서군 등을 조직하여 적극적인 항일 투쟁을 전개하였다.

② 고려 시대부터 조선 초기까지 궁중에서 도교를 바탕으로 하늘에 제사를 지내는 초제를 거행하였다.

③·⑤ 조선 후기 최제우가 유·불·선을 바탕으로 민간 신앙까지 포함하여 창시한 동학은 사람이 곧 하늘이라는 인내천 사상을 통해 인간 평등을 주장하였다.

Keyword

#경주 사람 최복술 　#하늘을 공경하고 순종하는 마음 　#양학(洋學)은 음(陰) 　#음을 억제할 목적

정답 ④

Keyword

#사교 　#이승훈 　#정약용 　#윤지충 　#권상연 　#조상에 대한 제사를 폐지 　#『벽위편』

정답 ④

주제 38

조선 후기 문화의 새 경향과 과학 기술

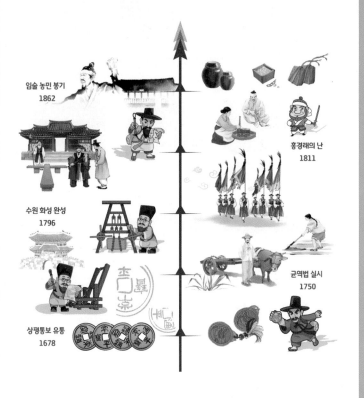

임술 농민 봉기
1862

홍경래의 난
1811

수원 화성 완성
1796

균역법 실시
1750

상평통보 유통
1678

합격전략

조선 후기의 문화는 회화, 건축, 서민 문화 등 다양한 분야에서 출제됩니다. 조선 후기에 발달한 서민 문화의 특징을 알아 두고, 회화 작품이나 건축물은 **사진형** 문제에 대비하여 사진 자료를 꼭 눈에 익혀야 합니다.

---

158 설명형 [36회 29번]

교사의 질문에 대한 학생의 답변으로 가장 적절한 것은? [2점]

이 그림은 김홍도가 중인들의 시사(詩社) 광경을 그린 '송석원시사야연도'입니다. 당시 중인들은 시사를 조직해 활발한 문예활동을 전개하기도 하였습니다. 이 그림이 그려진 시기의 문화에 대해 발표해 볼까요?

① 성현 등이 악학궤범을 편찬하였습니다.
② 정철이 관동별곡, 사미인곡 등의 작품을 지었습니다.
③ 노래와 사설로 줄거리를 풀어 가는 판소리가 발달하였습니다.
④ 서거정이 역대 문학 작품을 선별하여 동문선을 편찬하였습니다.
⑤ 청주 흥덕사에서 금속 활자본인 직지심체요절을 간행하였습니다.

▌ 서민 문화 발달

∨ 정답 파헤치기

조선 후기 서울을 중심으로 중인 이하의 계층이 시사(詩社)를 조직하여 한문학 활동인 위항 문학 활동을 전개하였다.
③ 판소리는 긴 노래의 사설과 악조를 배합하여 하나의 완결된 형태, 즉 판으로 짜서 부르는 노래이다. 탈춤, 산대놀이, 민화 등과 함께 조선 후기에 서민 문화로 발달하였다.

∨ 선택지 분석하기

① 성종 때 성현 등이 왕명에 따라 의궤와 악보를 정리한 『악학궤범』을 편찬하였다.
② 선조 때 정철이 「관동별곡」과 「사미인곡」 등의 작품을 지었다.
④ 성종 때 왕명에 따라 서거정 등이 시문선집인 『동문선』을 편찬하였다.
⑤ 고려 때 청주 흥덕사에서 간행한 『직지심체요절』은 현존하는 세계 최고(最古)의 금속 활자본으로 공인받고 있으며, 현재 프랑스 국립 도서관에 소장되어 있다.

Keyword

#김홍도 #중인 #시사(詩社) #송석원시사야연도 #문예 활동

정답 ③

159 빈칸형 ➕ 사진형 [47회 27번]

(가)의 작품으로 옳은 것은? [1점]

이 그림은 겸재 (가) 이/가 한양 근교의 경치를 그린 경교명승첩 중 한 작품이야.

그는 우리나라의 산천을 사실적으로 표현한 진경산수화의 대표적인 화가로 금강전도를 비롯한 뛰어난 작품을 남겼지.

조선 후기 회화전

①  ②

③  ④

⑤

160 빈칸형 ➕ 사진형 [45회 25번]

(가)에 들어갈 문화유산으로 옳은 것은? [2점]

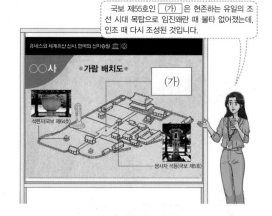

국보 제55호인 (가) 은 현존하는 유일한 조선 시대 목탑으로 임진왜란 때 불타 없어졌는데, 인조 때 다시 조성된 것입니다.

유네스코 세계유산 산사, 한국의 산지승원

○○사 가람 배치도

(가)

석련지(국보 제64호)

쌍사자 석등(국보 제5호)

①  마곡사 대웅보전 ② 금산사 미륵전 ③ 화엄사 각황전

④  무량사 극락전 ⑤ 법주사 팔상전

▎보은 법주사 팔상전

📖 요약노트 080번

✔ 정답 파헤치기

⑤ 보은 법주사 팔상전은 현존하는 우리나라의 탑 중 가장 높은 건축물이며 유일한 조선 시대 목조탑으로, 국보 제55호로 지정되어 있다. 석가모니의 일생을 여덟 폭의 그림으로 나누어 그린 '팔상도'가 있어 팔상전으로 불린다.

✔ 선택지 분석하기

① 공주 마곡사 대웅보전은 백제 무왕 때 창건되었고 임진왜란 때 소실된 것을 조선 효종 때 중건하였으며, 보물 제801호로 지정되어 있다.

② 김제 금산사 미륵전은 조선 시대의 목조 건물로, 국보 제62호로 지정되어 있다. 팔작지붕으로 다포 양식을 따르며 내부는 3층 전체가 하나로 트인 통층 구조이다.

③ 구례 화엄사 각황전은 국보 제67호로 지정되어 있으며, 조선 숙종 때 창건되었다. 정면 7칸, 측면 5칸의 다포계 중층 팔작지붕 건물로, 내부 공간이 통층으로 구성되어 있다.

④ 부여 무량사 극락전은 보물 제356호로 지정되어 있으며, 임진왜란 당시 소실된 것을 인조 때 다시 중창하였다.

▎조선 후기 회화

📖 요약노트 079번

✔ 정답 파헤치기

자료에 제시된 '정선 필 경교명승첩'은 서울 근교와 한강변의 명승명소를 그린 진경산수화와 인물화로 구성된 정선의 그림으로, 보물 제1950호로 지정되어 있다.

② 진경산수화는 중국의 옛 작품을 모방하던 전통적인 산수화와는 달리 직접 우리나라의 빼어난 명승지를 보고 느낀 감정을 그림으로 표현한 것으로, 조선 후기 화가 정선이 개척한 화풍이다. 그의 대표적인 작품으로는 '인왕제색도', '금강전도' 등이 있다.

✔ 선택지 분석하기

① 김홍도의 '옥순봉도' – 조선 후기

③ 강세황의 '영통동구도' – 조선 후기

④ 김정희의 '세한도' – 조선 후기

⑤ 안견의 '몽유도원도' – 조선 전기

▣ Keyword

#겸재 #경교명승첩 #진경산수화 #금강전도

정답 ②

▣ Keyword

#국보 제55호 #현존하는 유일한 조선 시대 목탑 #임진왜란 때 불타 없어짐 #인조 때 다시 조성 #석련지 #쌍사자 석등

정답 ⑤

161 설명형 [39회 29번]

다음 인물에 대한 설명으로 옳은 것은? [1점]

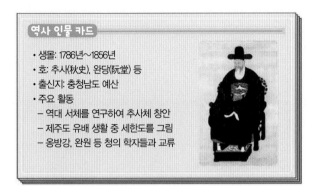

역사 인물 카드
- 생몰: 1786년~1856년
- 호: 추사(秋史), 완당(阮堂) 등
- 출신지: 충청남도 예산
- 주요 활동
  - 역대 서체를 연구하여 추사체 창안
  - 제주도 유배 생활 중 세한도를 그림
  - 옹방강, 완원 등 청의 학자들과 교류

① 거중기를 제작하여 수원 화성 건설에 이용하였다.
② 양반전을 지어 양반의 허례와 무능을 풍자하였다.
③ 최초로 100리 척을 활용한 동국지도를 제작하였다.
④ 북학의를 저술하여 수레와 배의 이용을 권장하였다.
⑤ 금석과안록에서 북한산비가 진흥왕 순수비임을 고증하였다.

▌ 김정희

✔ 정답 파헤치기

김정희는 아버지가 동지부사로 청나라에 갈 때 수행하여 연경에 체류하면서 옹방강, 완원 등 이름난 청의 유학자와 교류하였다. 이후 윤상도의 옥사에 연루되어 제주도에 유배가게 되었고, 유배지에서 역대 서체를 연구하여 추사체를 창안하였다. 또한, 제자인 이상적이 북경에서 구한 책들을 구해 주자 답례로 '세한도'를 그려 주기도 하였다.

⑤ 조선 후기의 문신이자 실학자인 김정희는 금석학 연구를 통해 저술한 『금석과안록』에서 북한산 순수비가 진흥왕 순수비임을 밝혀냈다.

✔ 선택지 분석하기

① 정약용이 『기기도설』을 참고하여 제작한 거중기는 수원 화성을 축조할 때 사용되면서 공사 기간과 비용을 줄이는 데 큰 역할을 하였다.
② 박지원은 「양반전」, 「허생전」, 「호질」 등을 통해 양반의 무능과 허례를 풍자하고 비판하였다.
③ 정상기는 최초로 100리 척을 사용한 동국지도를 제작하였다.
④ 박제가는 『북학의』를 통해 청의 문물을 적극적으로 수용할 것을 주장하였고, 수레와 배의 이용을 권장하였다.

Keyword

#추사(秋史) #완당(阮堂) #추사체 #제주도 유배 생활 #세한도

정답 ⑤

162 설명형 [46회 24번]

밑줄 그은 '시기'에 볼 수 있는 모습으로 적절한 것은? [2점]

한글로 쓰인 을병연행록에 대해 말씀해 주세요.

연행사 일행으로 홍대용이 연경에 갔던 시기에 보고 들은 내용을 기록한 것입니다.

① 제중원에서 치료받는 환자
② 도병마사에서 회의하는 관리
③ 곤여만국전도를 열람하는 학자
④ 당백전을 주조하는 관청 소속 장인
⑤ 벽란도에서 교역하는 아라비아 상인

▌ 곤여만국전도

✔ 정답 파헤치기

『을병연행록』은 조선 후기 북학파 실학자 홍대용이 1765년 연행사의 일행으로 청에 다녀와 당시 청의 정치 · 경제 · 풍속 등 다양한 분야를 한글로 기록한 기행문이다.

③ 조선 후기에 청에서 활동한 서양인 선교사 마테오 리치(Matteo Ricci)가 제작한 세계 지도인 곤여만국전도가 전해졌다(1602). 이 지도에는 중앙에 타원형의 세계 지도가 있고, 그 주위에 이해를 돕기 위한 각종 지도와 그림 등이 수록되어 있다. 이는 서양에 대한 정보를 알리고 조선 사람들의 세계관을 확대하는 데 크게 기여하였다.

✔ 선택지 분석하기

① 개항 이후 미국인 선교사이자 조선 왕실의 의사였던 알렌의 건의로 최초의 서양식 병원인 광혜원이 설립되었고, 설립 직후 제중원으로 명칭이 바뀌었다.
② 고려의 도병마사는 재신(중서문하성의 2품 이상)과 추밀(중추원의 2품 이상)이 모여 국방 및 군사 문제를 논의하는 기구였으나 이후 그 기능이 강화되면서 국사 전반에 관여하기도 하였다.
④ 흥선 대원군은 왕실의 권위 회복을 위해 임진왜란 때 소실된 경복궁을 중건하였으며, 이에 필요한 재정을 확보하기 위해 당백전을 발행하였다.
⑤ 고려는 예성강 하류에 위치한 국제 무역항 벽란도를 통해 송, 아라비아 상인 등과 활발한 대외 무역을 전개하였다.

Keyword

#『을병연행록』 #연행사 #홍대용 #연경

정답 ③

VI

근대

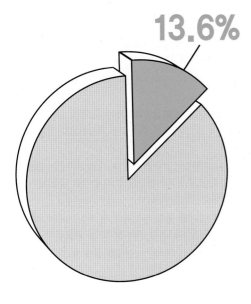

VI단원 출제 비율(최신 10회분)

13.6%

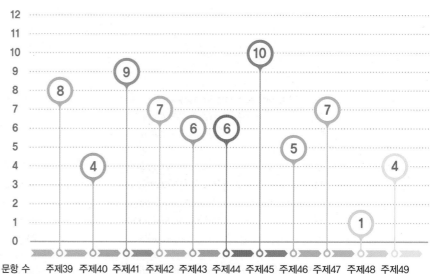

문항 수   주제39 주제40 주제41 주제42 주제43 주제44 주제45 주제46 주제47 주제48 주제49

VI단원 주제별 출제 문항 수(최신 10회분)

※순서 나열형, 시기 일치형, 합답형 등의 경우 한 문항이 여러 주제에 중복 해당되기도 합니다.

주제별 키워드

주제 39 흥선 대원군의 개혁과 통상 수교 거부 정책	흥선 대원군, 호포제, 사창제, 서원 철폐, 병인박해, 제너럴 셔먼호 사건, 병인양요, 오페르트 도굴 사건, 신미양요, 척화비
주제 40 개항과 불평등 조약	강화도 조약(조일 수호 조규), 조일 수호 조규 부록, 조일 무역 규칙, 조미 수호 통상 조약
주제 41 개화 정책과 위정척사 운동	영선사, 보빙사, 통리기무아문, 김홍집, 『조선책략』, 최익현의 위정척사 운동
주제 42 임오군란과 갑신정변	임오군란, 조청 상민 수륙 무역 장정, 갑신정변, 김옥균
주제 43 동학 농민 운동	황토현 전투, 전주 화약, 집강소, 폐정 개혁안, 우금치 전투, 전봉준
주제 44 갑오개혁과 을미개혁	갑오개혁, 군국기무처, 홍범 14조, 을미사변, 을미개혁, 건양
주제 45 대한 제국 수립과 독립 협회	대한 제국, 대한국 국제, 광무개혁, 독립 협회, 절영도 조차 요구 저지
주제 46 일제의 국권 침탈	한일 의정서, 제1차 한일 협약, 포츠머스 조약, 을사늑약, 헤이그 특사, 이준
주제 47 의병 운동과 애국 계몽 운동	을미의병, 정미의병, 13도 창의군, 서울 진공 작전, 안중근, 대한 자강회, 신민회, 대한매일신 보
주제 48 열강의 경제 침탈과 경제적 구국 운동	화폐 정리 사업, 방곡령, 보안회, 황무지 개간권 요구 반대 운동, 국채 보상 운동
주제 49 근대 문물의 수용과 근대적 민족의식의 성장	한성 전기 회사, 경인선 · 경부선, 한성순보, 원산 학사, 주시경, 국문 연구소, 원각사

주제
39

흥선 대원군의 개혁과 통상 수교 거부 정책

울사늑약 체결
1905

대한 제국 선포
1897

동학 농민 운동
1894

갑신정변
1884

임오군란
1882

강화도 조약
1876

합격전략

세도 정치로 인해 혼란해진 국가 체제의 복구와 왕권 강화를 위한 흥선 대원군의 개혁 정책은 자주 출제되는 주제이니 꼭 암기해야 합니다. 또한, 통상 수교 거부 정책의 내용과 이에 따라 발생한 양요의 과정을 시기순으로 파악하여 **시기 일치**형이나 **연표**형 문제에 대비하도록 합니다.

163 빈칸형 ➕ 사료형 [48회 28번]

(가) 인물에 대한 설명으로 옳은 것은? [2점]

> ○ 왕이 말하기를, "요즘 각 고을 백성의 생활 형편이 매우 좋지 않다고 한다. 작년부터 ___(가)___ 이/가 분부를 내려 양반 호(戶)는 노비의 이름으로 포(布)를 내게 하였고, 일반 백성들은 신포(身布)로 내게 하였다. …… 의정부에서는 각 도에 알려 이를 만년의 법식으로 삼는 것이 좋겠다."라고 하였다.
>
> ○ 왕이 말하기를, "요즘에 서원마다 사무를 자손들이 주관하고 붕당을 각기 주장하니, 이로 인한 폐해가 백성들에게 미치는 경우가 많다고 한다. …… 서원을 훼철(毁撤)*하고 신주를 땅에 묻어 버리는 등의 절차를 ___(가)___ 의 분부대로 거행하도록 해당 관청에서 팔도(八道)와 사도(四都)에 알리라."라고 하였다.
>
> *훼철(毁撤): 헐어서 치워 버림
>
> ─ 『승정원일기』 ─

① 통리기무아문과 12사를 설치하였다.
② 양전 사업을 실시하여 지계를 발급하였다.
③ 나선 정벌을 위해 조총 부대를 파견하였다.
④ 교육의 기본 방향을 제시한 교육 입국 조서를 반포하였다.
⑤ 환곡의 폐단을 시정하기 위해 사창제를 전국적으로 시행하였다.

▌흥선 대원군의 개혁 정책

📖 요약노트 081번

✔ 정답 파헤치기

고종이 어린 나이에 왕위에 오르면서 정치적 실권을 잡은 흥선 대원군은 세도 정치로 인해 혼란에 빠진 국가 체제를 복구하고 왕권을 회복하기 위해 각종 개혁 정책을 실행하였다(1863~1873). 국가 재정을 확충하기 위해 양반에게도 군포를 부과하는 호포제를 시행하였으며, 지방의 서원이 면세 등의 혜택으로 국가 재정을 악화시키고 백성을 수탈하는 폐해를 저지르자 47개의 서원을 제외하고 모두 철폐시켰다.
⑤ 흥선 대원군은 사창제를 전국적으로 시행하여 환곡의 폐단을 해결하고자 하였다.

✔ 선택지 분석하기

① 고종은 국내외의 군국 기무를 총괄하는 업무를 맡은 관청인 통리기무아문을 설치하고 그 아래 12사(司)를 두어 행정 업무를 맡게 하였다(1880).
② 대한 제국은 광무개혁 때 양지아문을 설치하여 양전 사업을 실시하였고(1898), 지계아문을 통해 토지 소유 문서인 지계를 발급하여 근대적 토지 소유권을 확립하고자 하였다(1901).
③ 효종 때 러시아가 만주 지역까지 침략해오자 청은 조선에 원병을 요청하였고, 조선에서는 나선 정벌을 위해 두 차례에 걸쳐 조총 부대를 파견하였다(1654, 1658).
④ 제2차 갑오개혁 때 고종은 교육의 기본 방향을 제시한 교육 입국 조서를 반포하였고, 이에 따라 소학교, 중학교, 한성 사범 학교 등이 세워졌다(1895).

Keyword

#양반 호(戶)는 노비의 이름으로 포(布)를 내게 함 #신포(身布)
#서원을 훼철(毁撤) #신주를 땅에 묻어 버림 #『승정원일기』

정답 ⑤

164 시기 일치형 ✚ 사료형 [41회 31번]

(가), (나) 사이의 시기에 있었던 사실로 옳은 것은? [2점]

> (가) 지난 달 조선에서 국왕의 명령에 의해, 선교 중이던 프랑스인 주교 2명과 선교사 9명, 조선인 사제 7명과 무수히 많은 남녀노소 천주교도들이 학살되었습니다. …… 며칠 내로 우리 군대가 조선을 정복하기 위해 출발할 것입니다. …… 이제 우리는 중국 정부의 조선 왕국에 대한 어떤 영향력도 인정하지 않을 것임을 선언합니다.
> – 「베이징 주재 프랑스 대리공사 벨로네의 서한」 –
>
> (나) 이때에 이르러서는 돌을 캐어 종로에 비석을 세웠다. 그 비면에 글을 써서 이르기를, "서양 오랑캐가 침범하는데 싸우지 않으면 즉 화친하는 것이요, 화친을 주장함은 나라를 팔아먹는 짓이다."라고 하였다.
> – 「대한계년사」 –

① 오페르트가 남연군 묘 도굴을 시도하였다.
② 일본 군함 운요호가 영종도를 공격하였다.
③ 영국군이 러시아를 견제하기 위해 거문도를 점령하였다.
④ 조선이 프랑스와 조약을 체결하고 천주교 포교를 허용하였다.
⑤ 조선책략 유포에 반발하여 이만손 등이 영남 만인소를 올렸다.

▌통상 수교 거부 정책
📖 요약노트 082번

✔ 정답 파헤치기

(가) 병인박해(1866), (나) 척화비 건립(1871)

① 오페르트를 비롯한 서양인들이 덕산에 위치한 흥선 대원군의 아버지 남연군의 묘를 도굴하려다가 실패하였다(1868).

✔ 선택지 분석하기

② 일본 군함인 운요호가 강화도 초지진에 침입해 공격한 후 영종도에 상륙해 조선인들을 죽이거나 약탈하는 등의 만행을 저질렀다(운요호 사건, 1875).
③ 영국은 남하하는 러시아를 저지하기 위해 거문도를 무단으로 점령하였다(거문도 사건, 1885).
④ 조선과 프랑스가 조프 수호 통상 조약을 체결하면서 천주교의 포교가 허용되었다(1886).
⑤ 김홍집이 『조선책략』을 들여온 이후 미국과 외교 관계를 맺어야 한다는 여론이 형성되자 이만손을 중심으로 한 영남 유생들이 만인소를 올려 이를 비판하였다(1881).

Keyword

#프랑스인 주교 #선교사 #조선인 사제 #천주교도 학살 #종로에 비석 #서양 오랑캐 #화친을 주장함은 나라를 팔아먹는 것 #『대한계년사』

정답 ①

165 빈칸형 ✚ 합답형 [40회 30번]

(가)에 대한 설명으로 옳은 것을 〈보기〉에서 고른 것은? [2점]

> □□신문
> 제△△호　　　　○○○○년 ○○월 ○○일
>
> **서울시, 양헌수 장군 문집과 일기 등 유형문화재 지정**
>
> 서울시는 [(가)] 때 정족산성 전투를 지휘한 양헌수 장군의 문집인 하거집과 일기 등을 서울시 유형문화재로 지정하였다. [(가)]은/는 로즈 제독의 함대가 강화도를 침략한 사건으로, 양헌수 장군은 정족산성에서 이를 물리치는 데 크게 기여하였다.
>
> 하거집
> 양헌수가 관직 생활을 하면서 남긴 글을 모은 책

─ 보기 ─
ㄱ. 러시아의 절영도 조차 요구를 저지시켰다.
ㄴ. 외규장각 도서가 약탈당하는 피해를 입었다.
ㄷ. 어재연 부대가 광성보에서 결사 항전하였다.
ㄹ. 조선 정부의 프랑스 선교사 처형이 구실이 되어 일어났다.

① ㄱ, ㄴ　② ㄱ, ㄷ　③ ㄴ, ㄷ　④ ㄴ, ㄹ　⑤ ㄷ, ㄹ

▌병인양요
📖 요약노트 082번

✔ 정답 파헤치기

병인양요 때 양헌수 부대는 강화도를 공격한 프랑스 군대를 상대로 정족산성에서 활약하였다(1866).

ㄴ. 프랑스 군대는 강화도에 상륙하여 외규장각 등을 불태우고 의궤와 각종 보물을 약탈해 갔다.
ㄹ. 조선 정부의 천주교 탄압으로 프랑스 선교사 9명이 목숨을 잃은 병인박해를 빌미로 프랑스 군대가 강화도를 침략하였다.

✔ 선택지 분석하기

ㄱ. 독립 협회는 이권 수호 운동을 통해 러시아의 절영도 조차 요구를 저지하였다(1898).
ㄷ. 제너럴 셔먼호 사건을 구실로 미국이 강화도를 공격하여 신미양요가 일어났으나, 어재연이 이끄는 조선 군대가 광성보에서 미국 군대를 막아냈다(1871).

Keyword

#양헌수 #정족산성 #로즈 제독 #강화도 침략 #『하거집』

정답 ④

166 사료형 [46회 31번]

다음 서신이 교환된 이후에 전개된 사실로 옳은 것은? [2점]

> **대원군 귀하**
> 남의 무덤을 파는 것은 예의가 없는 행동이지만 무력을 동원하여 백성을 도탄에 빠뜨리는 것보다 낫기 때문에 하는 수 없이 그렇게 하였소. …… 귀국의 안위가 귀하의 처리에 달려 있으니 좋은 대책을 강구하는 것이 어떻겠소.

> **영종 첨사 회답**
> 너희들이 이번 덕산 묘소에서 저지른 변고야말로 어찌 인간의 도리상 차마 할 수 있는 일이 있겠는가? …… 따라서 우리나라 신하와 백성은 있는 힘을 다하여 너희와는 같은 하늘을 이고 살 수 없다는 것을 맹세한다.

① 어재연 부대가 광성보에서 항전하였다.
② 외규장각의 의궤가 국외로 약탈되었다.
③ 평양 관민이 제너럴 셔먼호를 불태웠다.
④ 로즈 제독의 함대가 양화진을 침입하였다.
⑤ 양헌수 부대가 정족산성에서 프랑스군을 격퇴하였다.

167 사료형 ✚ 연표형 [49회 29번]

다음 상황이 나타난 시기를 연표에서 옳게 고른 것은? [2점]

> 의정부에서 아뢰기를, "서양 오랑캐가 광성진을 침범하였을 때 진무 중군 어재연의 생사는 자세히 알 수 없었습니다. 하지만 지방 수령이 대신할 진무 중군을 임명해 달라고 이미 청한 것을 보면 절개를 지켜 싸우다 전사한 것 같습니다."라고 하였다.
> – 『고종실록』 –

1863	1866	1868	1873	1876	1882
(가)	(나)	(다)	(라)	(마)	
고종 즉위	병인 박해	오페르트 도굴 사건	고종 친정	강화도 조약	조미 수호 통상 조약

① (가)   ② (나)   ③ (다)   ④ (라)   ⑤ (마)

█ 오페르트 도굴 사건
📖 요약노트 082번

∨ 정답 파헤치기

병인양요 이후 독일 상인 오페르트가 충청남도 예산군 덕산면에 위치한 흥선 대원군의 아버지 남연군의 묘를 도굴하려다 실패한 오페르트 도굴 사건이 발생하였다(1868). 이 사건은 조선 내에서 서양인들을 배척하는 분위기가 더욱 심화되는 계기가 되었다.

① 제너럴 셔먼호 사건을 구실로 미국 함대가 강화도에 침입하여 신미양요가 발생하였다(1871). 미국 군대는 초지진, 광성보를 점령하고 어재연이 이끄는 조선 군대와 전투를 벌였다.

∨ 선택지 분석하기

②·④ 병인박해를 구실로 로즈 제독이 이끄는 프랑스 군대가 양화진을 공격하여 병인양요가 발생하였다(1866). 이때 프랑스 군대는 외규장각을 불태우고 의궤 등을 약탈하였다.

③ 미국의 상선 제너럴 셔먼호가 평양 대동강까지 들어와 교역을 요구하자 평양 관민들은 이를 거부하고 배를 불태워 버렸다(1866).

⑤ 양헌수 부대는 병인양요 때 강화도를 공격한 프랑스 군대를 상대로 정족산성에서 크게 활약하여 승리를 거두었다(1866).

Keyword

#대원군 #남의 무덤을 파는 것 #영종 첨사 회답 #덕산 묘소

정답 ①

█ 신미양요
📖 요약노트 082번

∨ 정답 파헤치기

• 오페르트 도굴 사건(1868): 독일 상인 오페르트를 비롯한 서양인들이 충청남도 예산군 덕산면에 위치한 흥선 대원군의 아버지 남연군의 묘를 도굴하려다 실패하였다.

• 고종 친정(1873): 어린 나이에 즉위한 고종 대신 흥선 대원군이 섭정을 실시한 지 10년째 되는 해에 최익현이 흥선 대원군의 정책을 총체적으로 비판하는 내용의 계유상소를 올렸다. 이에 성인이 된 고종은 최익현을 호조참판에 임명하며 흥선 대원군과 본격적으로 대립하였고 친정을 시작하게 되었다.

③ 미국의 상선 제너럴 셔먼호가 평양 대동강까지 들어오자 평양 관민들이 이를 거부하며 배를 불태웠다(제너럴 셔먼호 사건, 1866). 이를 구실로 미국 함대가 강화도에 침입하여 초지진, 광성보를 점령하면서 신미양요가 발생하였으나 어재연이 이끄는 조선 군대가 이를 막아냈다(1871).

Keyword

#서양 오랑캐 #광성진 침범 #진무 중군 어재연 #절개를 지켜 싸우다 전사 #『고종실록』

정답 ③

주제 40

개항과 불평등 조약

대한 제국 선포
1897

을사늑약 체결
1905

동학 농민 운동
1894

갑신정변
1884

임오군란
1882

강화도 조약
1876

합격전략

조선은 개항 이후 여러 열강들과 근대적 조약을 맺었습니다. 이 조약 내용의 일부를 제시하고 어느 국가와 맺은 조약인지를 맞히는 **사료형** 문제가 자주 출제되니 각국과의 조약 내용 중 특징적인 조항들을 꼭 알아 두어야 합니다.

---

168 설명형 [48회 29번]

밑줄 그은 '조약'에 대한 설명으로 옳은 것은? [2점]

> 발신: 의정부
> 수신: 각 도 관찰사, 수원·광주·개성·강화의 유수, 동래 부사
> 제목: 조약 체결 알림
>
> 1. 관련
> 가. 영종진 불법 침입 보고(강화부, 을해년)
> 나. 교섭 결과 보고(신헌, 병자년)
> 2. 일본국과의 조약 체결에 대해 알립니다. 해당 관아에서는 연해 각 읍에 통지하여, 앞으로 일본국의 표식을 게양 또는 부착한 선박이 항해 또는 정박 시 불필요한 충돌을 방지하기 바랍니다.
>
> 붙임: 조약 본문 등사본 1부. 끝.

① 천주교 포교의 허용 근거가 되었다.
② 거중 조정에 대한 내용을 포함하였다.
③ 재정 고문을 두도록 하는 조항을 담고 있다.
④ 조약 체결에 반대하여 민영환이 자결하였다.
⑤ 부산 외 2곳에 개항장이 설치되는 결과를 가져왔다.

▌ 강화도 조약(조일 수호 조규)   📖 요약노트 083번

✔ 정답 파헤치기

⑤ 일본이 운요호 사건을 계기로 조선 정부에 문호 개방을 요구하면서 강화도 조약을 체결하게 되었다(1876). 이는 우리나라 최초의 근대적 조약이었으나 일본인에 대한 치외 법권과 해안 측량권을 포함한 불평등 조약으로, 일본의 요구에 따라 부산, 원산, 인천을 개항하였다.

✔ 선택지 분석하기

① 조선과 프랑스가 조프 수호 통상 조약을 체결하면서 천주교의 포교가 허용되었다(1886).
② 조미 수호 통상 조약은 조선이 서양 국가와 맺은 최초의 조약으로, 청이 러시아와 일본을 견제하고 조선에 대한 청의 종주권을 확인할 목적으로 알선하였다. 이는 거중 조정, 치외 법권, 최혜국 대우 인정 등의 조항이 포함된 불평등 조약이었다(1882).
③ 제1차 한일 협약을 통해 스티븐스가 외교 고문, 메가타가 재정 고문으로 임명되어 대한 제국의 내정에 간섭하였다(1904).
④ 을사늑약이 체결되어 대한 제국의 외교권이 박탈되자 민영환, 조병세 등은 자결을 함으로써 이에 항거하였다(1905).

🄺eyword

#영종진 불법 침입 #강화부 #신헌 #일본국과의 조약 체결

정답 ⑤

안심Touch

169 빈칸형 + 사료형 [45회 31번]

(가), (나) 조약에 대한 설명으로 옳은 것은? [2점]

> (가) 제7관 일본국 인민은 본국의 현행 여러 화폐로 조선국 인민이 소유한 물품과 교환할 수 있으며, 조선국 인민은 그 교환한 일본국의 여러 화폐로 일본국에서 생산한 여러 가지 상품을 살 수 있다.
>
> (나) 제6칙 조선국 항구에 거주하는 일본 인민은 양미와 잡곡을 수출, 수입할 수 있다.

① (가) – 임오군란을 계기로 체결되었다.
② (가) – 최혜국 대우를 처음으로 규정하였다.
③ (나) – 조선책략의 영향으로 체결되었다.
④ (나) – 거중 조정에 대한 내용을 포함하였다.
⑤ (가), (나) – 조일 수호 조규의 후속 조치로 체결되었다.

▌조일 수호 조규의 부속 조약

✔ 정답 파헤치기

일본이 운요호 사건을 계기로 조선 정부에 문호 개방을 요구하면서 체결하게 된 조일 수호 조규(강화도 조약)는 우리나라 최초의 근대적 조약이자 불평등 조약이었다(1876.2.). 같은 해에 이를 보완하기 위한 후속 조치로 조일 수호 조규 부록과 조일 무역 규칙이 추가로 체결되었다.

(가) 조일 수호 조규 부록(1876.7.): 개항장에서 일본 화폐의 유통을 허용하였으며, 일본 상인의 거류지를 설정하고 일본 외교관의 여행의 자유를 허용하였다.

(나) 조일 무역 규칙(1876.7.): 일본에 양미와 잡곡의 무제한 유출을 허용하였으며, 일본 상선에 대한 무항세와 일본 상품에 대한 무관세 조항을 포함하였다.

✔ 선택지 분석하기

① 조선은 임오군란을 계기로 일본과 제물포 조약을 체결하였고, 청과는 조청 상민 수륙 무역 장정을 체결하였다.

② · ③ · ④ 1880년대에 김홍집이 청에서 황쭌셴의 『조선책략』을 국내로 들여왔다. 이로 인해 러시아의 남하 정책에 대비하기 위해 미국과 수교를 맺어야 한다는 여론이 형성되었고, 서양 열강 중 미국과 최초로 조미 수호 통상 조약을 체결하게 되었다(1882). 최혜국 대우를 처음으로 규정하였으며, 치외 법권, 국가 간의 분쟁을 제3국이 해결하는 거중 조정 조항 등이 포함된 불평등 조약이었다.

◤Keyword

#일본국 화폐로 조선국 인민이 소유한 물품과 교환 #조선국 항구에 거주하는 일본 인민 #양미와 잡곡을 수출·수입

정답 ⑤

170 사료형 [41회 32번]

다음 조약에 대한 설명으로 옳은 것은? [3점]

> 제1관 사후 대조선국 군주와 대미국 대통령과 아울러 그 인민은 각각 모두 영원히 화평하고 우호를 다진다. 만약 타국이 어떤 불공평하게 하고 경시하는 일이 있으면 통지를 거쳐 반드시 서로 도와주며 중간에서 잘 조정해 두터운 우의와 관심을 보여준다.
>
> ⋮
>
> 제14관 현재 양국이 의논해 정한 이후 대조선국 군주가 어떤 혜택·은전의 이익을 타국 혹은 그 나라 상인에게 베풀면 …… 미국과 그 상인이 종래 점유하지 않고 이 조약에 없는 것 또한 미국 관민이 일체 균점하도록 승인한다.

① 양곡의 무제한 유출 조항을 포함하고 있다.
② 외국 상인의 내지 통상권을 최초로 규정하였다.
③ 청의 알선으로 서양 국가와 맺은 최초의 조약이다.
④ 스티븐스가 외교 고문으로 부임하는 계기가 되었다.
⑤ 부산, 원산, 인천에 개항장이 설치되는 결과를 가져왔다.

▌조미 수호 통상 조약

     📖 요약노트 083번

✔ 정답 파헤치기

③ 조미 수호 통상 조약은 조선이 서양 국가와 맺은 최초의 조약으로, 청이 러시아와 일본을 견제하고 조선에 대한 청의 종주권을 확인할 목적으로 체결을 알선하였다. 거중 조정, 치외 법권, 최혜국 대우 인정 등의 조항이 담겨 있는 불평등 조약이다(1882).

✔ 선택지 분석하기

① 강화도 조약 이후 맺은 조일 무역 규칙을 통해 양곡의 무제한 유출이 허용되었다(1876).

② 조청 상민 수륙 무역 장정을 통해 최초로 외국 상인의 내지 통상권을 규정하였다(1882).

④ 일제와 제1차 한일 협약을 체결한 뒤 스티븐스가 외교 고문, 메가타가 재정 고문으로 임명되어 대한 제국의 내정에 간섭하였다(1904).

⑤ 우리나라 최초의 근대적 조약인 강화도 조약으로 인해 부산, 원산, 인천이 개항되었고, 개항장에 외국인이 자유로이 통상·거주하며 치외 법권을 누릴 수 있는 구역인 조계가 설정되었다(1876).

◤Keyword

#대미국 대통령 #중간에서 조정 #조약에 없는 것 또한 미국 관민이 일체 균점

정답 ③

주제 41

개화 정책과 위정척사 운동

대한 제국 선포
1897

갑신정변
1884

강화도 조약
1876

을사늑약 체결
1905

동학 농민 운동
1894

임오군란
1882

합격전략

개항 이후 추진된 개화 정책과 이에 따른 국내의 반대 여론, 위정척사 운동의 흐름을 연관 지어 학습해야 합니다. 개화 정책이나 위정척사 운동을 주도한 인물을 중심으로 출제되는 문제가 많은 편이니 각 인물의 활동도 비교하여 알아 둡니다.

---

171 빈칸형 [43회 35번]

(가), (나) 사절단에 대한 설명으로 옳은 것은? [2점]

나는 (가) (으)로서 학생과 기술자를 인솔하여 청으로 가서 전기, 화학 등 선진 과학 기술을 배우게 하고, 우리 나라와 미국과의 조약 체결에 관한 일을 이홍장과 협의하였습니다.

나는 미국 공사의 부임에 대한 답례와 양국의 친선을 위해 파견된 (나) 의 전권대신으로 홍영식, 서광범 등과 미국 대통령 아서를 접견하고 국서와 신임장을 제출하였습니다.

① (가) – 귀국할 때 조선책략을 가지고 들어왔다.
② (가) – 무기 제조 공장인 기기창 설립의 계기를 마련하였다.
③ (나) – 보고 들은 내용을 해동제국기로 남겼다.
④ (나) – 해국도지, 영환지략을 들여와 국내에 소개하였다.
⑤ (가), (나) – 암행어사 형태로 비밀리에 파견되었다.

▌영선사와 보빙사

📖 요약노트 084번

✓ 정답 파헤치기

(가) 영선사: 조선은 김윤식을 중심으로 한 영선사를 청으로 보내 톈진 기기국에서 서양의 근대식 무기 제조 기술과 군사 훈련법을 시찰하게 하였다 (1881).

(나) 보빙사: 조미 수호 통상 조약 체결 이후 민영익, 홍영식, 서광범을 중심으로 보빙사가 파견되었다(1883). 이들은 서양 국가에 파견된 최초의 사절단으로, 미국 대통령을 만나고 다양한 기관들을 시찰하였다.

② 조선은 개항 이후 청에 영선사를 파견한 것을 계기로 근대식 무기 제조 공장인 기기창을 설립하였다(1883).

✓ 선택지 분석하기

① 청나라 사람인 황쭌셴이 저술한 『조선책략』이 김홍집에 의해 조선에 유포되었다(1881).

③ 세종 때 통신사로 일본에 다녀온 신숙주는 성종 때 『해동제국기』를 저술하였다(1471).

④ 역관 출신인 오경석은 청에 자주 왕래하면서 『해국도지』, 『영환지략』 등의 서적을 들여와 통상 개화론 형성에 영향을 주었다.

⑤ 조선 정부는 박정양을 조사로 한 젊은 관리들 중심의 조사 시찰단을 암행어사 형식으로 일본에 파견하였다(1881).

▌Keyword

#청 #선진 과학 기술을 배움 #이홍장 #미국 공사의 부임 #홍영식 #서광범 #미국 대통령 아서

정답 ②

172 설명형 [42회 31번]

다음 서술형 평가의 답안에 들어갈 내용으로 옳은 것은?

[3점]

> **서술형 평가** ○학년 ○○반 이름: ○○○
>
> ◎ 밑줄 그은 '이 기구'에서 추진한 정책을 서술하시오.
>
> <u>이 기구</u>는 변화하는 국내외 정세에 대응하고 개화 정책을 총괄하기 위해 1880년에 설치되었다. 소속 부서로 외교 업무를 담당하는 사대사와 교린사, 중앙과 지방의 군사를 통솔하는 군무사, 외국과의 통상에 관한 일을 맡는 통상사, 외국어 번역을 맡은 어학사, 재정 사무를 담당한 이용사 등 12사가 있었다.
>
> 답안

① 재판소를 설치하여 사법권을 독립시켰다.

② 미국과 합작하여 한성 전기 회사를 설립하였다.

③ 5군영을 2영으로 축소하고 별기군을 창설하였다.

④ 재정 문제를 해결하기 위해 당백전을 주조하였다.

⑤ 교육 입국 조서를 반포하고 외국어 학교 관제를 마련하였다.

▌통리기무아문

√ 정답 파헤치기

고종은 국내외의 군국 기무를 총괄하는 업무를 맡은 관청인 통리기무아문을 설치하고(1880), 그 아래 12사(司)를 두어 행정 업무를 관장하도록 하였다.

③ 통리기무아문은 기존 5군영을 무위영과 장어영의 2군영으로 개편하고 신식 군대인 별기군을 창설하였다(1881).

√ 선택지 분석하기

① 제2차 갑오개혁 때 김홍집·박영효 연립 내각은 재판소를 설치하여 사법권을 독립시켰다.

② 대한 제국 황실은 미국인과 합작하여 한성 전기 회사를 설립하였다.

④ 흥선 대원군은 경복궁 중건에 필요한 재원을 확보하기 위해 상평통보의 약 100배 가치를 가진 당백전을 발행·유통시켰다.

⑤ 갑오개혁 이후 고종은 교육 입국 조서를 반포하여(1895) 교육의 중요성을 강조하면서 소학교, 중학교, 사범 학교, 외국어 학교 등 각종 관립 학교를 설립하였다.

Keyword

#개화 정책 총괄 #1880년 설치 #사대사·교린사·군무사·통상사·어학사·이용사 #12사

정답 ③

---

173 설명형 [49회 30번]

다음 인물에 대한 설명으로 옳은 것은?

[2점]

○○○ 연보

- 1842년   출생
- 1880년   일본에 수신사로 파견됨
- 1884년   좌의정으로 임명됨
- 1894년   총리대신으로 갑오개혁을 주도함
- 1896년   사망

① 황준헌이 쓴 조선책략을 국내에 들여왔다.

② 초대 주미 공사로 임명되어 미국에 파견되었다.

③ 고종의 밀지를 받아 독립 의군부를 조직하였다.

④ 영국인 베델과 함께 대한매일신보를 창간하였다.

⑤ 서유견문을 집필하여 서양 근대 문명을 소개하였다.

▌김홍집

요약노트 084번

√ 정답 파헤치기

강화도 조약 체결 이후 수신사로 일본에 파견되었던 김홍집은 급진 개화파들이 일으킨 갑신정변 이후 좌의정으로 임명되어 일본과의 외교를 담당하였다. 또한, 갑오개혁을 실시하기 위해 설치한 군국기무처의 총재관을 맡아 개혁을 주도하였다.

① 김홍집이 황준헌(황쭌셴)의 『조선책략』을 조선에 들여온 후 러시아의 남하 정책에 대비하기 위해 미국과 수교를 맺어야 한다는 여론이 형성되었다.

√ 선택지 분석하기

② 조미 수호 통상 조약의 체결(1882)로 서양 국가 중 최초로 미국에게 문호를 개방하였고 박정양은 초대 주미 전권공사로 워싱턴에 부임하게 되었다(1887).

③ 독립 의군부는 고종의 밀지를 받아 임병찬을 중심으로 전라도 지방에서 조직된 비밀 독립운동 단체이다(1912). 이들은 복벽주의를 내세우며 의병 전쟁을 준비하는 한편, 조선 총독부에 국권 반환 요구서를 발송하기도 하였다.

④ 영국인 베델과 양기탁을 중심으로 창간된 대한매일신보는 국채 보상 운동 등 항일 민족 운동을 적극적으로 지원하였다(1904).

⑤ 유길준은 미국 유학을 다녀온 뒤 서양 각국의 지리, 역사, 정치, 교육 등을 다룬 『서유견문』을 집필하여 서양 근대 문물을 소개하였다(1895).

Keyword

#일본에 수신사로 파견 #좌의정 #총리대신으로 갑오개혁을 주도

정답 ①

174 합답형 [47회 31번]

다음 가상 대화 이후 전개된 사실로 옳은 것을 <보기>에서 고른 것은? [2점]

> 현재 조선에 가장 시급한 외교 사안이 무엇이라고 생각하십니까?
>
> 김홍집

> 러시아를 막는 것입니다. 이를 위해서는 중국을 가까이 하고, 일본과 관계를 공고히 하며, 미국과 연계하여 자강을 도모해야 합니다.
>
> 황준헌

● 보기 ●

ㄱ. 운요호 사건이 일어났다.

ㄴ. 전국에 척화비가 건립되었다.

ㄷ. 이만손 등이 영남 만인소를 올렸다.

ㄹ. 조미 수호 통상 조약이 체결되었다.

① ㄱ, ㄴ   ② ㄱ, ㄷ   ③ ㄴ, ㄷ

④ ㄴ, ㄹ   ⑤ ㄷ, ㄹ

▌황준헌(황쭌센)의 『조선책략』

✔정답 파헤치기

ㄷ・ㄹ. 『조선책략』은 청나라의 황준헌(황쭌센)이 러시아의 남하 정책에 대비하기 위한 조선, 일본, 청 등 동양 3국의 외교 정책 방향과 미국과의 수교 필요성을 저술한 책이다. 김홍집이 이 책을 조선에 소개하면서 미국과 외교 관계를 맺어야 한다는 여론이 형성되자 이만손을 중심으로 한 영남 유생들이 만인소를 올려 『조선책략』을 비판하고 김홍집의 처벌을 요구하였다(1881). 그러나 이후 서양 국가 중 최초로 미국과 조미 수호 통상 조약을 체결하게 되었다(1882).

✔선택지 분석하기

ㄱ. 일본이 조선의 해안을 조사한다는 구실로 운요호를 강화도에 보내 초지진을 공격하면서 운요호 사건이 발생하였다(1875).

ㄴ. 병인양요와 신미양요를 극복한 흥선 대원군은 외세의 침입을 경계하고 서양과의 통상 수교 반대 의지를 알리기 위해 전국 각지에 척화비를 세웠다(1871).

Keyword

#김홍집 #황준헌 #러시아를 막는 것 #미국과 연계하여 자강 도모

정답 ⑤

175 빈칸형 [36회 32번]

(가) 인물의 활동으로 옳은 것은? [2점]

> 이 사당은 위정척사 운동을 주도한 (가) 의 위패를 모신 충청남도 청양의 모덕사입니다. 흥선 대원군의 하야와 고종의 친정(親政)을 요구하는 상소를 올렸던 그는 왜양일체론을 내세워 강화도 조약 체결에 반대하였습니다.

① 한국독립운동지혈사를 저술하였다.

② 봉오동 전투에서 일본군을 격파하였다.

③ 고종의 밀지를 받아 독립 의군부를 조직하였다.

④ 을사늑약 체결에 반대하여 태인에서 의병을 일으켰다.

⑤ 13도 창의군을 결성하여 서울 진공 작전을 전개하였다.

▌최익현의 위정척사 운동

✔정답 파헤치기

최익현은 고종의 친정과 흥선 대원군의 하야를 주장하는 상소를 올렸으며 왜양일체론에 입각하여 강화도 조약과 단발령에 반발하는 상소를 올리기도 하였다.

④ 최익현은 을사늑약 체결에 반대하면서 전라북도 태인에서 의병 활동을 전개하다 쓰시마 섬에 유배되어 그 곳에서 순국하였다.

✔선택지 분석하기

① 박은식은 갑신정변부터 3·1 운동까지의 역사에 초점을 맞춰 민족의 항일 운동 역사를 다룬 『한국독립운동지혈사』를 저술하였다.

② 홍범도가 이끄는 대한 독립군이 중심이 되어 봉오동 전투에서 일본군을 상대로 큰 승리를 거두었다(1920).

③ 임병찬을 중심으로 한 독립 의군부는 고종의 밀지를 받아 조직되어 의병을 모으고, 총독부에 국권 반환 요구서를 보내 한반도 강점의 부당함을 주장하였다.

⑤ 허위와 이인영을 중심으로 의병들이 13도 창의군을 조직하여 서울 진공 작전을 전개하였으나 실패하였다(1908).

Keyword

#위정척사 운동 주도 #청양의 모덕사 #흥선 대원군의 하야와 고종의 친정(親政) 요구 #왜양일체론 #강화도 조약 체결 반대

정답 ④

주제 42

임오군란과 갑신정변

을사늑약 체결 1905

대한 제국 선포 1897

갑신정변 1884

강화도 조약 1876

동학 농민 운동 1894

임오군란 1882

합격전략

임오군란과 갑신정변은 시험에 꼭 빠지지 않는 근대 시기의 중요 사건입니다. 각 사건의 배경과 결과를 암기하고, 이를 계기로 맺어진 조약들을 숙지하여 **사료형** 문제를 대비할 수 있도록 합니다.

---

176   사료형   [46회 32번]

다음 자료에 나타난 사건에 대한 설명으로 옳은 것은?   [3점]

> 난군(亂軍)이 궐을 침범하였다는 소식을 들었다. 이때에 나라 재정이 고갈되어 각 영이 군인에게 지급할 봉급을 몇 개월 동안 지급하지 못하였다. 영에 소속된 군인이 어느 날 밤에 부대를 조직하고 갑자기 궐내로 진입하여 멋대로 난리를 일으켰다. 중전의 국상(國喪)이 공포되자 선생은 가평 관아로 달려가 망곡례를 행하였다. 얼마 후 국상이 와전되어 사실이 아님을 알고, 군중과는 달리 상복을 입지 않고 집 밖으로 나가지 않았다.
>
> – 『성재집』 –

① 통감부의 방해와 탄압으로 실패하였다.
② 통리기무아문이 설치되는 배경이 되었다.
③ 홍범 14조를 개혁의 기본 방향으로 제시하였다.
④ 일본 공사관에 경비병이 주둔하는 계기가 되었다.
⑤ 김기수가 수신사로 일본에 파견되는 결과를 가져왔다.

▌임오군란

✓ 정답 파헤치기

신식 군대인 별기군과 차별 대우를 받던 구식 군대가 선혜청을 습격하면서 임오군란이 발생하였다(1882). 구식 군인들은 흥선 대원군을 찾아가 지지를 요청하였고, 정부 고관들의 집과 일본 공사관을 습격하였다. 이러한 사태를 수습하기 위해 흥선 대원군이 재집권하기도 하였으나 민씨 일파의 요청으로 청군이 개입하여 군란을 진압하면서 흥선 대원군은 청으로 압송되었다.

④ 임오군란 직후 일본은 군란으로 인한 일본 공사관의 피해와 일본인 교관 피살에 대해 사과 사절단 파견, 주모자 처벌, 배상금 지불, 공사관 경비병의 주둔 등을 요구하며 조선과 제물포 조약을 체결하였다.

✓ 선택지 분석하기

① 김광제, 서상돈 등은 대구에서 국채 보상 운동을 주도하여(1907) 일본에서 도입한 차관 1,300만 원을 갚아 주권을 회복하고자 하였으나 통감부의 방해로 좌절되었다.

② 고종은 국내외의 군국 기무를 총괄하는 관청인 통리기무아문을 설치하고 그 아래 12사(司)를 두어 행정 업무를 관장하도록 하였다(1880).

③ 김홍집 내각은 제2차 갑오개혁 때 홍범 14조를 반포하여 개혁의 기본 방향을 제시하였다(1895). 이는 왕실 사무와 국정 사무를 분리하는 조항 등 근대적 개혁 내용을 담고 있었다.

⑤ 강화도 체결 이후 수신사로 일본에 다녀온 김기수는 신식 기관과 각종 근대 시설을 시찰하고 돌아와 일본의 발전을 고종에게 보고하였다(1876).

▨ Keyword

#난군(亂軍)   #군인에게 봉급을 몇 개월 동안 지급하지 못함
#영에 소속된 군인이 궐내로 진입   #중전의 국상(國喪) 공포
#망곡례   #국상이 와전   #『성재집』

정답 ④

177 사료형 [44회 34번]

다음 조약이 맺어진 배경으로 가장 적절한 것은? [2점]

> 제1조 중국 상무위원은 개항한 조선의 항구에 주재하면서 본국의 상인을 돌본다. …… 중대한 사건을 맞아 조선 관원과 임의로 결정하기가 어려울 경우 북양 대신에게 청하여 조선 국왕에게 공문서를 보내 처리하게 한다.
> 제2조 중국 상인이 조선 항구에서 개별적으로 고소를 제기할 일이 있을 경우 중국 상무위원에게 넘겨 심의 판결한다. 이 밖에 재산 문제에 관한 범죄 사건에 조선 인민이 원고가 되고 중국 인민이 피고일 때에도 중국 상무위원이 체포하여 심의 판결한다.

① 영국이 거문도를 불법 점령하였다.
② 청일 전쟁에서 일본이 승리하였다.
③ 구식 군인들이 임오군란을 일으켰다.
④ 시전 상인들이 철시 투쟁을 전개하였다.
⑤ 운요호가 강화도에 접근하여 무력 시위를 벌였다.

178 사료형 ⊕ 합답형 [44회 32번]

밑줄 그은 '개혁'에 대한 설명으로 옳은 것을 〈보기〉에서 고른 것은? [3점]

> 외무성 아시아국장 카프니스트 백작님께
> 요즘 상하이에 거주하는 유럽인들이 조선인 망명자 살해 사건으로 들썩이고 있습니다. 그는 일본인들의 협력을 기반으로 새로운 질서를 마련하기 위해 청프 전쟁이 벌어진 틈을 타서 자기의 뜻을 펼치기 시작하였습니다. 이에 [정변을 일으켜] 기존의 대신들을 대부분 몰아내고, 스스로 참판에 오르는 등 새로운 관료 조직을 구성하였습니다. 그러나 일본에 대한 뿌리 깊은 증오심으로 조선 민중은 일본인들의 협력을 전제로 한 그의 개혁에 적대감을 갖게 되었습니다. ……
>
> 베이징 주재 러시아 공사 보르

- 보기 -
ㄱ. 집강소를 중심으로 시행되었다.
ㄴ. 토지의 균등 분배를 추진하였다.
ㄷ. 청의 군사 개입으로 실패하였다.
ㄹ. 국가 재정을 호조로 일원화하고자 하였다.

① ㄱ, ㄴ ② ㄱ, ㄷ ③ ㄴ, ㄷ ④ ㄴ, ㄹ ⑤ ㄷ, ㄹ

▌조청 상민 수륙 무역 장정

📖 요약노트 083번

✔ 정답 파헤치기

③ 임오군란을 계기로 청은 조청 상민 수륙 무역 장정을 체결하여 치외 법권과 함께 양화진에 점포 개설권, 내륙 통상권, 연안 무역권을 인정받았다 (1882).

✔ 선택지 분석하기

① 조선에 대한 러시아의 세력 확장에 불안을 느낀 영국이 이를 저지하기 위해 거문도를 불법적으로 점령하였다(1885).

② 청일 전쟁에서 승리한 일본은 청과 시모노세키 조약을 체결하여 요동반도와 타이완을 장악하였으나 러시아, 독일, 프랑스의 삼국 간섭으로 요동반도를 반환하게 되었다(1895).

④ 시전 상인들은 개항 이후 조청 상민 수륙 무역 장정의 체결로 외국 상인들이 침투해 오자 이에 맞서 철시 투쟁을 벌였으며, 황국 중앙 총상회 등을 조직하여 상권 수호 운동을 전개하였다(1898).

⑤ 일본은 조선의 해안을 조사한다는 구실로 운요호를 강화도에 보내 초지진을 공격하였다(운요호 사건, 1875).

▌갑신정변

📖 요약노트 085번

✔ 정답 파헤치기

갑신정변이 실패한 후 망명하여 상하이에서 암살당한 김옥균의 죽음과 관련된 서신이다.

ㄷ·ㄹ. 김옥균을 중심으로 한 급진 개화파는 일본의 군사적 지원을 받아 우정총국 축하연 자리에서 갑신정변을 일으켰다(1884). 이들은 청과의 사대 관계 폐지, 입헌 군주제, 능력에 따른 인재 등용 및 재정을 호조로 일원화할 것을 주장하였으나 청의 개입으로 3일 만에 실패하였다.

✔ 선택지 분석하기

ㄱ. 동학 농민 운동 때 농민군은 정부와 전주 화약을 체결하고 집강소를 설치하여 개혁을 추진하였다.

ㄴ. 동학 농민군은 폐정 개혁안 12개조에서 토지의 균등 경작을 제시하였다.

K eyword

#중국 상무위원 #개항한 조선의 항구에 주재 #중국 상무 위원에게 넘겨 심의 판결

정답 ③

K eyword

#상하이 #조선인 망명자 살해 사건 #청프 전쟁 #정변 #개혁에 적대감

정답 ⑤

주제 43

동학 농민 운동

합격전략

동학 농민 운동은 사건의 전개 과정을 순서대로 파악하는 것이 가장 중요합니다. **빈칸형** 문제이더라도 오답 선택지에 전부 동학 농민 운동에 해당하는 사건이 제시되기도 하므로, 그중에서 빈칸에 해당하는 시기의 사건을 선택할 수 있어야 합니다.

179　빈칸형　[36회 35번]

(가)에 들어갈 내용으로 옳은 것은?　　　[2점]

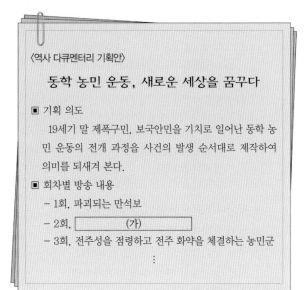

〈역사 다큐멘터리 기획안〉

동학 농민 운동, 새로운 세상을 꿈꾸다

■ 기획 의도
　19세기 말 제폭구민, 보국안민을 기치로 일어난 동학 농민 운동의 전개 과정을 사건의 발생 순서대로 제작하여 의미를 되새겨 본다.
■ 회차별 방송 내용
　– 1회. 파괴되는 만석보
　– 2회. 　　　　(가)
　– 3회. 전주성을 점령하고 전주 화약을 체결하는 농민군
　　　　　　　⋮

① 전라도 순창에서 체포되는 전봉준
② 황토현 전투에서 승리하는 농민군
③ 공주 우금치에서 패배하는 농민군
④ 논산에서 연합하는 남접과 북접 부대
⑤ 무력을 동원하여 경복궁을 점령하는 일본군

▌동학 농민 운동의 전개 과정

📖 요약노트 086번

✔ 정답 파헤치기

② 동학 농민 운동은 전라도 고부 군수 조병갑의 횡포에 견디다 못한 농민들이 동학 교도인 전봉준을 중심으로 규합하면서 발생하였다. 농민군은 황토현 전투에서 관군에게 승리하고 전주성을 점령하면서 한때 전라도 일대를 장악하기도 하였다. 이후 청과 일본의 군대 개입을 우려한 농민군은 정부와 전주 화약을 맺고 해산하였다.

✔ 선택지 분석하기

①·③·④·⑤ 동학 농민군과 전주 화약을 체결한 후 조선 정부에서는 교정청을 설치하여 자주적인 내정 개혁을 시도하였으나 일본군이 무력으로 경복궁을 점령하고 고종을 협박하여 내정 개혁 기구로 군국기무처를 설치하였다. 이러한 소식이 전해지자 전봉준은 다시 봉기하였고, 동학의 남접과 북접이 논산에 집결하였다. 그러나 공주 우금치 전투에서 농민군은 일본군에 패하였고 전봉준이 순창에서 체포되어 서울로 압송되면서 해산되었다.

ⓚKeyword

#동학 농민 운동　#제폭구민　#보국안민　#파괴되는 만석보
#전주 화약 체결

정답 ②

180 빈칸형 [45회 35번]

(가) 운동에 대한 설명으로 옳은 것은? [1점]

기록화로 보는 (가)

고부 관아 점령 → 황룡촌 전투

우금치 전투 ← 삼례 집결

① 을사늑약에 반발하여 봉기하였다.
② 백낙신의 탐학이 발단이 되어 일어났다.
③ 집강소를 중심으로 폐정 개혁안을 실천하였다.
④ 유계춘을 중심으로 봉기하여 진주성을 점령하였다.
⑤ 홍의장군으로 불린 곽재우가 의병장으로 활약하였다.

▌동학 농민 운동의 전개 과정 📖 요약노트 086번

√ 정답 파헤치기

전라도 고부 군수 조병갑의 횡포에 견디다 못한 농민들은 동학 교도 전봉준을 중심으로 동학 농민 운동을 일으켜 고부 관아를 점령한 뒤 황룡촌 전투에서 승리하며 전주성을 점령하고 전라도 일대를 장악하였다(1894). 이후 청과 일본의 군대 개입을 우려한 농민군은 정부와 전주 화약을 맺고 해산하였다. 그러나 일본군이 경복궁을 점령하고 청일 전쟁이 발발하였으며 일본의 내정 간섭이 심해졌다. 이에 농민군은 삼례에 집결하여 다시 봉기하였고, 우금치 전투에서 일본군에게 패하여 전봉준이 서울로 압송되면서 해산되었다.

③ 전주성을 점령한 동학 농민군은 정부와 전주 화약을 맺고 집강소를 중심으로 폐정 개혁안을 실천하였다.

√ 선택지 분석하기

① 을사늑약이 체결되자 이에 반발하여 을사의병이 전개되었다(1905). 유생 출신의 최익현, 민종식과 평민 신돌석 등은 을사의병을 이끈 대표적 의병장이다.
② · ④ 삼정의 문란과 경상 우병사 백낙신의 탐학에 견디다 못한 농민들이 몰락 양반 유계춘을 중심으로 임술 농민 봉기를 일으켜 진주성을 점령하였다(1862).
⑤ 곽재우는 홍의장군으로 불리며 왜군의 호남진출을 저지하는 데 큰 공을 세우면서 임진왜란과 정유재란 때 활약하였다.

Keyword

#고부 관아 점령 #황룡촌 전투 #우금치 전투 #삼례 집결

정답 ③

---

181 빈칸형 [49회 33번]

(가) 인물에 대한 설명으로 옳은 것은? [1점]

선 고 서

고부 군수 조병갑이 부임하여 학정을 행하니 (가) 은/는 그 무리를 이끌고 고부 관아의 창고를 털어 곡식을 농민에게 나누어 주었다. …… 무장에서 일어나 장성에 이르러 관군을 격파하고, 밤낮없이 행군하여 전주성에 들어가니 전라 감사는 이미 도망하였다. …… 위에 기록한 사실은 피고와 공모자 손화중 등이 자백한 공초, 압수한 증거에 근거한 것이니 이에 피고 (가) 을/를 사형에 처한다.

① 단발령 시행에 반발하여 의병을 일으켰다.
② 우금치에서 일본군 및 관군에 맞서 싸웠다.
③ 동학의 2대 교주로 교조 신원 운동을 주도하였다.
④ 명동 성당 앞에서 이완용을 습격하여 중상을 입혔다.
⑤ 13도 창의군을 지휘하여 서울 진공 작전을 전개하였다.

▌전봉준 📖 요약노트 086번

√ 정답 파헤치기

② 청일 전쟁이 발발하고 일본의 내정 간섭이 심해지자 동학 농민군이 다시 봉기하였으나, 우금치 전투에서 일본군에게 패하여 전봉준이 서울로 압송되면서 해산되었다.

√ 선택지 분석하기

① 을미사변과 단발령으로 인해 유인석, 이소응 등의 유생들이 중심이 되어 을미의병을 일으켰고(1895) 농민들이 가담하면서 전국적으로 확산되었다.
③ 동학의 2대 교주인 최시형은 세상을 어지럽히고 백성을 현혹한다는 죄로 처형당한 동학의 창시자 최제우의 교조 신원 운동을 주도하였다.
④ 이재명은 명동 성당 앞에서 을사오적 중 한 명인 이완용을 습격하여 중상을 입혔다(1919).
⑤ 한일 신협약으로 해산된 군인들이 의병 활동을 통해 이인영을 총대장으로 추대하고 13도 창의군을 결성하여 서울 진공 작전을 전개하였다.

Keyword

#고부 군수 조병갑이 부임하여 학정을 행함 #장성에 이르러 관군 격파 #행군하여 전주성에 들어감 #공모자 손화중

정답 ②

주제 44

갑오개혁과 을미개혁

대한 제국 선포 1897

갑신정변 1884

강화도 조약 1876

을사늑약 체결 1905

동학 농민 운동 1894

임오군란 1882

합격전략

제1·2차 갑오개혁과 을미개혁의 분야별 개혁 내용, 각 개혁을 주도한 인물이나 기관 등을 정확하게 구별해야 합니다.

---

182 설명형 [47회 33번]

밑줄 그은 '개혁'의 내용으로 옳지 않은 것은? [3점]

얼마 전에 정부가 교정청을 폐지하고 군국기무처를 설치하여 대대적인 개혁을 단행했다는군.

은 본위제 채택을 포함한 여러 안건을 처리했다고 들었네.

① 과거제를 폐지하였다.
② 연좌제를 금지하였다.
③ 공사 노비법을 혁파하였다.
④ 과부의 재가를 허용하였다.
⑤ 건양이라는 연호를 채택하였다.

▮ 갑오개혁

요약노트 088번

✔ 정답 파헤치기

동학 농민군과 전주 화약을 체결한 후 조선 정부에서는 교정청을 설치하여 자주적인 내정 개혁을 시도하였으나, 일본군이 경복궁을 포위하고 고종을 협박하여 내정 개혁 기구인 군국기무처를 설치하였다. 김홍집과 박정양 등을 중심으로 한 군국기무처는 1차 갑오개혁을 통해 국정과 왕실 사무를 분리하여 국정은 의정부, 왕실 사무는 궁내부가 담당하게 하였다. 또한, 청의 연호를 폐지하고 개국 연호를 사용하였으며 과거제를 폐지하였다. 경제적으로는 탁지아문이 재정 사무를 관장하게 하고 은 본위 화폐 제도와 조세 금납제를 시행하였다(1894).

⑤ 을미개혁 때 건양이라는 연호를 사용하였다(1895).

✔ 선택지 분석하기

①·②·③·④ 갑오개혁을 통해 과거제와 신분제를 폐지하였고, 조혼 금지, 과부의 재가 허용, 연좌제 폐지 등을 규정하여 사회적 악습을 혁파하였다.

Keyword

#교정청 폐지 #군국기무처 설치 #은 본위제 채택

정답 ⑤

183 빈칸형 [44회 36번]

(가) 기구에 대한 설명으로 옳은 것은? [2점]

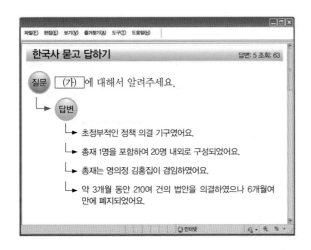

① 공사 노비법의 폐지를 결정하였다.
② 임술 농민 봉기를 계기로 설치되었다.
③ 조광조를 비롯한 사림의 건의로 혁파되었다.
④ 임진왜란을 거치면서 국정 최고 기구로 자리 잡았다.
⑤ 소속 부서로 교린사, 군무사, 통상사 등의 12사를 두었다.

▌ 군국기무처
📖 요약노트 088번

√ 정답 파헤치기

① 군국기무처는 갑오개혁을 실시하기 위해 설치한 기구로, 김홍집이 총재관을 맡아 정치, 군사에 관한 일체의 사무를 관장하였다. 법적으로 공사 노비법을 폐지하였고 조혼 금지, 과부의 재가 허용, 연좌제 폐지 등을 통해 악습을 혁파하였다.

√ 선택지 분석하기

② 임술 농민 봉기 당시 안핵사로 파견된 박규수는 민란의 원인이 삼정의 문란에 있다고 보고 삼정이정청을 설치하여 삼정의 폐단을 해결하려고 노력하였다.

③ 조광조를 비롯한 사림 세력은 도교를 이단으로 배척하였으며, 이에 따라 궁중에서 지내는 도교적 제사인 초제를 주관하는 소격서의 폐지를 주장하였다.

④ 중종 때 임시 기구로 설치된 비변사는 을묘왜변을 계기로 상설 기구화되었다. 이후 임진왜란을 거치면서 조직과 기능이 확대되어 중앙 기구로 자리잡았고 의정부를 대신하여 국정 전반을 총괄한 실질적인 최고의 관청으로 성장하였다.

⑤ 고종은 국내외의 군국 기무를 총괄하는 통리기무아문을 설치하고(1880) 그 아래 사대사 · 교린사 · 군무사 · 변정사 · 통상사 등의 12사(司)를 두어 행정 업무를 맡게 하였다.

Keyword

#초정부적인 정책 의결 기구 #총재는 영의정 김홍집 #법안의결

정답 ①

184 설명형 [40회 34번]

밑줄 그은 '이 개혁'의 내용으로 옳은 것은? [2점]

이것은 고종이 종묘에 바친 독립서고문으로 홍범 14조가 포함되어 있습니다. 홍범 14조는 김홍집과 박영효의 연립 내각이 주도한 이 개혁의 기본 방향이 되었습니다.

① 양전 사업을 실시하고 지계를 발급하였다.
② 상회사인 대동 상회, 장통 상회를 설립하였다.
③ 황제의 군사권을 강화하기 위하여 원수부를 설치하였다.
④ 근대식 무기 제조 기술 도입을 위하여 영선사를 파견하였다.
⑤ 교육 입국 조서를 반포하고 한성 사범 학교 관제를 마련하였다.

▌ 제2차 갑오개혁
📖 요약노트 088번

√ 정답 파헤치기

고종은 종친, 세자 및 백관을 거느리고 종묘에서 개혁 정치의 추진을 서약하는 독립서고문을 바쳤고, 개혁의 기본 방향을 제시하는 홍범 14조를 반포하였다.

⑤ 제2차 갑오개혁 때 고종은 교육 입국 조서를 통해 교육의 중요성을 강조하였으며, 소학교, 중학교, 한성 사범 학교 등을 세웠다.

√ 선택지 분석하기

①·③ 대한 제국은 선포 직후 구본신참을 기본 정신으로 광무개혁을 실시하였으며, 양전 사업 실시, 지계 발급, 원수부 설치 등이 개혁의 주요 내용이었다.

② 조청 상민 수륙 무역 장정의 체결로 외국 상인들이 무차별하게 진출하자 일부 조선 상인들은 외국 자본과 경쟁하기 위해 대동 상회, 장통 상회 등의 상회사를 설립하였다(1882).

④ 개항 이후 조선은 김윤식을 중심으로 한 영선사를 청으로 보내 톈진 기기국에서 서양의 근대식 무기 제조 기술과 군사 훈련법을 시찰하게 하였다(1881).

Keyword

#독립서고문 #홍범 14조 #김홍집과 박영효 연립 내각

정답 ⑤

185 사료형 ⊕ 연표형 [42회 33번]

다음 사건이 일어난 시기를 연표에서 옳게 고른 것은? [2점]

> 일본 장교는 군사의 대오를 정렬하여 합문을 에워싸고 지키
> 도록 명령하여, 흉악한 일본 자객들이 왕후 폐하를 수색하는
> 것을 도왔다. 이에 자객 20~30명이 …… 전각으로 돌입하여
> 왕후를 찾았다. …… 자객들은 각처를 찾더니 마침내 깊은 방
> 안에서 왕후 폐하를 찾아내고 칼로 범하였다. …… 녹원 수풀
> 가운데로 옮겨 석유를 그 위에 바르고 나무를 쌓아 불을 지르
> 니 다만 해골 몇 조각만 남았다.
>
> – 고등재판소 보고서 –

1882	1884	1889	1894	1896	1904
(가)	(나)	(다)	(라)	(마)	
임오 군란	갑신 정변	함경도 방곡령 선포	청·일 전쟁	아관 파천	러·일 전쟁

① (가) ② (나) ③ (다) ④ (라) ⑤ (마)

186 설명형 [46회 34번]

밑줄 그은 '내각'에서 추진한 정책으로 옳은 것은? [2점]

이번에 새로 구성된 내각에서 태양력을 채택했다고 하더군.

나도 들었네. 올해 11월 17일을 새해 1월 1일로 삼는다는군. 이번 조치로 한동안 혼란이 있을 것 같네.

① 건양이라는 연호를 제정하였다.
② 전국 8도를 23부로 개편하였다.
③ 황제 직속의 원수부를 설치하였다.
④ 박문국을 설치하여 한성순보를 발행하였다.
⑤ 공사 노비법을 혁파하고 과거제를 폐지하였다.

▌을미개혁

📖 요약노트 088번

✔ 정답 파헤치기

① 을미사변 이후 김홍집과 유길준을 중심으로 한 친일 내각이 다시 구성되어 제3차 개혁인 을미개혁이 실시되었다. 이 내각은 '건양'이라는 연호를 제정하고 태양력 사용, 우편 사무 개시, 종두법과 단발령 실시 등의 정책을 시행하였다.

✔ 선택지 분석하기

② 박영효 내각이 주도한 제2차 갑오개혁 때 홍범 14조를 반포하여 개혁의 기본 방향을 제시하였고, 지방 행정 구역을 8도에서 23부로 개편하였다 (1894).

③ 대한 제국은 구본신참을 기본 정신으로 하여 광무개혁을 추진하였으며 주요 개혁 내용으로는 양전 사업 실시, 지계 발급, 원수부 설치 등이 있다 (1896).

④ 개항 이후 개화 정책의 일환으로 박문국을 설치하고 최초의 신문인 한성순보를 발행하였다(1883). 한성순보는 순 한문을 사용하고 월 3회 10일마다 발간되었으며, 국내외 정세를 소개하는 정부 관보적 성격을 가지고 있었다.

⑤ 제1차 갑오개혁 때 공사 노비법이 혁파되면서 신분제가 법적으로 폐지되었다(1894).

▌을미사변

✔ 정답 파헤치기

청일 전쟁(1894)에서 승리한 일본은 청과 시모노세키 조약을 체결하여 요동 반도와 타이완을 장악하였으나, 러시아, 독일, 프랑스의 삼국 간섭으로 요동 반도를 반환하게 되었다.

④ 삼국 간섭 이후 일본의 세력이 위축되면서 민씨 세력이 러시아를 통해 일본을 견제하려 하자, 일본은 자객을 보내 경복궁을 습격하여 명성 황후를 시해하는 을미사변을 일으켰다(1895).

🔑 Keyword

#일본 장교 #일본 자객 #왕후 폐하를 칼로 범함

정답 ④

🔑 Keyword

#태양력 채택 #11월 17일을 새해 1월 1일로 삼음

정답 ①

주제 45

대한 제국 수립과 독립 협회

대한 제국 선포
1897

을사늑약 체결
1905

갑신정변
1884

동학 농민 운동
1894

임오군란
1882

강화도 조약
1876

합격전략

대한 제국 수립 이후 실시된 광무개혁은 내용을 중심으로, 독립 협회는 주요 활동을 중심으로 학습해야 합니다. 광무개혁은 앞서 실시된 갑오·을미개혁과 함께 출제되기도 하니 헷갈리지 않도록 합니다.

---

187 사료형 ➕ 합답형 [41회 35번]

다음 상황 이후에 전개된 사실로 옳은 것을 〈보기〉에서 고른 것은? [2점]

> (환구단에서) 천지에 고하는 제사를 지냈다. 왕태자가 배참(陪參)하였다. 예를 마치고 의정부 의정(議政) 심순택이 백관을 거느리고 무릎을 꿇고 아뢰기를, "제례를 마치었으므로 황제의 자리에 오르소서."라고 하였다. 왕이 부축을 받으며 단에 올라 금으로 장식한 의자에 앉았다. 심순택이 나아가 12장문(章文)의 곤면(袞冕)을 입혀 드리고 옥새를 올렸다. 왕이 두 번 세 번 사양하다가 친히 옥새를 받고 황제의 자리에 올랐다.
>
> - 『고종실록』 -

• 보기 •
ㄱ. 관립 실업 학교인 상공 학교가 개교되었다.
ㄴ. 군 통수권 장악을 위한 원수부가 설치되었다.
ㄷ. 근대식 무기 제조 공장인 기기창이 설립되었다.
ㄹ. 서양식 근대 교육 기관인 육영 공원이 세워졌다.

① ㄱ, ㄴ   ② ㄱ, ㄷ   ③ ㄴ, ㄷ   ④ ㄴ, ㄹ   ⑤ ㄷ, ㄹ

▌대한 제국 수립

📖 요약노트 089번

∨ 정답 파헤치기

아관 파천 이후 경운궁(덕수궁)으로 돌아온 고종은 대한 제국을 수립하고, 연호를 광무로 하여 환구단에서 황제로 즉위하였다(1897).

ㄱ. 대한 제국 선포와 함께 이루어진 광무개혁에서 상공 학교와 같은 실업·교육 기관 설립이 추진되었다.

ㄴ. 대한 제국을 선포한 고종은 대한국 국제를 제정한 후 원수부를 설치하여 대원수로서 모든 군대를 통솔하고자 하였다(1899).

∨ 선택지 분석하기

ㄷ. 김윤식을 중심으로 청에 파견된 영선사는 톈진에서 근대 무기 제조 기술과 군사 훈련법을 배우고 돌아왔고(1881), 이를 계기로 근대식 무기 제조 공장인 기기창이 세워졌다(1883).

ㄹ. 최초의 근대식 공립 학교인 육영 공원은 헐버트, 길모어 등 외국인 교사를 초빙하여 양반 자제들에게 영어 교육과 근대 교육을 실시하였다(1886).

Ｋeyword

#환구단 #황제 #옥새 #『고종실록』

정답 ①

안심Touch

188 사료형 [44회 31번]

밑줄 그은 '이 관계'가 발급되던 시기에 있었던 사실로 옳은 것은? [2점]

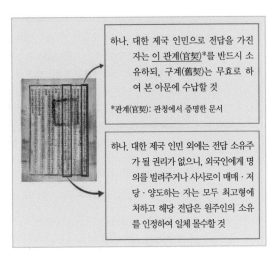

> 하나. 대한 제국 인민으로 전답을 가진 자는 이 관계(官契)*를 반드시 소유하되, 구계(舊契)는 무효로 하여 본 아문에 수납할 것
>
> *관계(官契): 관청에서 증명한 문서

> 하나. 대한 제국 인민 외에는 전답 소유주가 될 권리가 없으니, 외국인에게 명의를 빌려주거나 사사로이 매매·저당·양도하는 자는 모두 최고형에 처하고 해당 전답은 원주인의 소유를 인정하여 일체 몰수할 것

① 이만손 등이 영남 만인소를 올렸다.
② 박문국에서 한성순보가 발행되었다.
③ 조선 형평사 창립 대회가 개최되었다.
④ 러시아가 용암포를 점령하고 조차를 요구하였다.
⑤ 제너럴 셔먼호 사건을 구실로 미군이 강화도를 침략하였다.

▌광무개혁의 양전 사업

📖 요약노트 089번

✔ 정답 파헤치기

대한 제국은 광무개혁의 일환으로 양지아문을 설치하여 양전 사업을 실시하였고, 지계아문을 통해 토지 소유 문서인 지계를 발급하여 근대적 토지 소유권을 확립하고자 하였다(1901).

④ 러시아는 1903년에 용암포를 강제 점령하여 조차를 요구하였고 일본과 영국의 간섭으로 성공하지 못하였다(1903).

✔ 선택지 분석하기

① 김홍집이 『조선책략』을 들여온 이후 미국과 외교 관계를 맺어야 한다는 여론이 형성되자 이만손을 중심으로 한 영남 유생들이 만인소를 올려 이를 비판하였다(1881).

② 개항 이후 박문국에서 최초의 근대 신문인 한성순보를 발간하였다(1883). 한성순보는 순 한문을 사용하고 10일마다 발행되었으며, 정부 관보의 성격을 가지고 있었다.

③ 일제 강점기 때 백정에 대한 차별이 더욱 심해지자 이러한 사회적 차별을 철폐하기 위해 진주에서 조선 형평사를 결성하였다(1923).

⑤ 미국의 상선 제너럴 셔먼호가 교역을 요구하며 평양의 대동강까지 들어오자 평양 관민들이 이를 거부하면서 배를 불태워 버렸다(1866). 이 사건을 구실로 미국이 강화도를 공격하여 신미양요가 일어났다(1871).

Keyword

#대한 제국 #전답 #관계(官契) #구계(舊契)는 무효 #아문

정답 ④

189 순서 나열형 ➕ 사료형 [48회 33번]

(가)~(다)를 발표된 순서대로 옳게 나열한 것은? [3점]

> (가)
> 1. 지금부터는 국내외의 공사(公私) 문서에 개국기년(開國紀年)을 쓴다.
> 1. 과부가 재혼하는 것은 귀천을 막론하고 자신의 의사대로 하게 한다.
> 1. 공노비와 사노비에 관한 법을 일체 혁파하고 사람을 사고 파는 일을 금지한다.

> (나)
> 이번 단발은 위생에 이익이 되고 일을 할 때 편하기 위하여 우리 성상 폐하께서 정치 개혁과 국가의 부강함을 도모하고자 솔선하여 표준을 보이심이라. 무릇 우리 대조선국 인민은 이와 같은 성의를 본받되 의관 제도는 다음과 같이 고시함.
> 1. 망건은 폐지함
> 1. 의복 제도는 외국 제도를 채용하여도 무방함

> (다)
> 제조 원수부는 국방과 용병과 군사에 관한 각 항의 명령을 관장하며 특별히 세운 권한을 가지고 군부와 경외(京外)의 각 부대를 지휘 감독한다.
> 제2조 모든 명령은 대원수 폐하가 원수 전하를 경유하여 하달한다.
> 제3조 원수부는 황궁(皇宮) 내에 설치한다.

① (가) - (나) - (다)
② (가) - (다) - (나)
③ (나) - (가) - (다)
④ (나) - (다) - (가)
⑤ (다) - (나) - (가)

▌갑오·을미·광무개혁

📖 요약노트 088번, 089번

✔ 정답 파헤치기

(가) 제1차 갑오개혁(1894): 청의 연호를 폐지하고 개국 연호를 사용하였다. 국정과 왕실 사무를 각각 의정부와 궁내부가 분리하여 담당하게 하였으며, 탁지아문이 재정 사무를 관장하게 하고 은 본위 화폐 제도와 조세 금납제를 시행하였다. 또한, 공사 노비법 폐지, 조혼 금지, 과부의 재가 허용, 연좌제 폐지 등을 통해 사회적 악습을 혁파하였다.

(나) 을미개혁(1895): 을미사변 이후 을미개혁이 추진되어 건양 연호와 태양력을 사용하게 되었고 단발령이 시행되었다. 단발령은 을미사변으로 격해진 반일 감정의 기폭제가 되어 의병 운동으로 이어지게 되었다.

(다) 광무개혁(1899): 대한 제국을 선포한 고종은 대한국 국제를 제정한 후 원수부를 설치하여 대원수로서 모든 군대를 통솔하고자 하였다.

Keyword

#개국기년(開國紀年) #과부가 재혼하는 것은 자신의 의사 #공노비와 사노비에 관한 법 일체 혁파 #단발 #망건 폐지 #원수부 #국방과 용병과 군사에 관한 권한

정답 ①

190 설명형 [49회 35번]

밑줄 그은 '협회'에 대한 설명으로 옳은 것은? [2점]

> 해산 명령을 철회하고 탄압을 중지하라!
>
> 정부가 우리 협회에 해산 명령을 내리고 보부상까지 동원하여 만민 공동회를 탄압하고 있습니다. 오늘 오후 종로에 모여 해산 명령 철회와 탄압 중지를 요구합시다.

① 대성 학교와 오산 학교를 설립하였다.
② 고종 강제 퇴위 반대 운동을 주도하였다.
③ 일본의 황무지 개간권 요구를 저지하였다.
④ 중추원 개편을 통해 의회 설립을 추진하였다.
⑤ 일본에 진 빛을 갚자는 국채 보상 운동을 전개하였다.

▍독립 협회

📖 요약노트 090번

✔ 정답 파헤치기

독립 협회는 만민 공동회와 관민 공동회를 개최하여 민중에게 근대적 지식과 국권·민권 사상을 고취시켰으며, 헌의 6조를 결의하여 고종에게 건의하기도 하였다(1898). 그러나 독립 협회는 어용 단체인 황국 협회의 방해와 고종의 해산 명령으로 3년 만에 해산되었다.

④ 독립 협회는 중추원 개편을 통한 의회 설립과 서구식 입헌 군주제 실현을 목표로 하였다.

✔ 선택지 분석하기

① 안창호와 양기탁 등이 결성한 신민회는 민족의 실력 양성을 위해 대성 학교와 오산 학교를 세워 민족 교육을 실시하였다.
② 대한 자강회는 교육과 산업 활동을 바탕으로 한 국권 회복을 목표로 활동하였고, 고종의 강제 퇴위 반대 운동을 전개하다가 일제의 탄압으로 해산되었다.
③ 보안회는 일본의 황무지 개간권 요구를 반대하는 운동을 전개하여 요구를 철회시키는 데 성공하였다.
⑤ 국채 보상 운동은 김광제, 서상돈 등의 제안으로 대구에서 시작되었고, 서울에서 조직된 국채 보상 기성회를 중심으로 전국적으로 확산되었다.

𝗞eyword

#정부가 해산 명령 #보부상까지 동원 #만민 공동회 #해산 명령 철회 #탄압 중지

정답 ④

191 빈칸형 ➕ 사료형 [43회 38번]

(가) 단체의 활동으로 옳은 것은? [2점]

> 11월 4일 밤, 조병식 등은 건의소청 및 도약소의 잡배들로 하여금 광화문 밖의 내국 조방 및 큰길가에 익명서를 붙이도록 하였다. …… 익명서는 "(가) 이/가 11월 5일 본관에서 대회를 열고, 박정양을 대통령으로, 윤치호를 부통령으로, 이상재를 내부대신으로 …… 임명하여 나라의 체제를 공화정치 체제로 바꾸려 한다."라고 꾸며서 폐하께 모함하고자 한 것이다.
> － 『대한계년사』 －

① 일본의 황무지 개간권 요구를 저지하였다.
② 러시아의 절영도 조차 요구에 반대하였다.
③ 고종의 강제 퇴위 반대 운동을 전개하였다.
④ 계몽 서적 출판을 위해 태극 서관을 설립하였다.
⑤ 일본에게 진 빛을 갚자는 국채 보상 운동을 주도하였다.

▍독립 협회

📖 요약노트 090번

✔ 정답 파헤치기

독립 협회는 중추원 개편을 통한 의회 설립과 근대적 입헌 군주제의 실현을 목표로 하고 있었으나, 보수 세력이 동원한 황국 협회의 방해와 고종에 의해 3년 만에 해산되었다.

② 독립 협회는 이권 수호 운동을 전개하여 러시아의 절영도 조차 요구를 저지하였다(1898).

✔ 선택지 분석하기

① 보안회는 일제의 황무지 개간권 요구를 반대하는 운동을 전개하여 요구를 철회시켰다.
③ 대한 자강회는 고종의 강제 퇴위 반대 운동을 전개하다 일제의 탄압으로 해산되었다.
④ 신민회는 태극 서관과 자기 회사를 설립하여 민족 산업을 육성하고자 하였다.
⑤ 국채 보상 운동은 김광제, 서상돈 등의 주도로 대구에서 시작되었으며 일본에서 도입한 차관 1,300만 원을 갚아 주권을 회복하고자 하였다.

𝗞eyword

#조병식 #박정양 #윤치호 #이상재 #공화정치 체제 #폐하께 모함 #『대한계년사』

정답 ②

주제 46

일제의 국권 침탈

을사늑약 체결
1905

대한 제국 선포
1897

동학 농민 운동
1894

갑신정변
1884

임오군란
1882

강화도 조약
1876

합격전략

러일 전쟁 이후부터 본격적으로 시작된 일제의 국권 침탈은 **시기 일치형**이나 **순서 나열형** 문제를 통해 그 과정을 물어보는 경우가 많으므로 각종 국권 침탈 조약들의 체결 순서를 중점적으로 파악해 두어야 합니다.

192 설명형 [50회 34번]

다음 사건이 전개된 결과로 옳은 것은?   [2점]

사건 일지

11월 10일   이토, 고종에게 일왕의 친서 전달
11월 15일   이토, 고종을 접견하고 협상 초안 제출
11월 16일   이토, 대한 제국 대신들에게 조약 체결 강요
11월 17일   일본군을 동원한 강압적 분위기 속에서 조약 체결 진행
11월 18일   이토, 외부인(外部印)을 탈취하여 고종의 윤허 없이 조인

① 대한국 국제가 반포되었다.
② 별기군 교관으로 일본인이 임명되었다.
③ 외교권이 박탈되고 통감부가 설치되었다.
④ 고종이 러시아 공사관으로 거처를 옮겼다.
⑤ 제물포에서 러시아 함대가 일본 해군에게 격침되었다.

▌ 을사늑약

요약노트 091번

✔ 정답 파헤치기

③ 일본의 강압으로 을사늑약이 체결되어 대한 제국의 외교권이 박탈되고 통감부가 설치되었다(1905). 이후 이토 히로부미가 초대 통감으로 부임하면서 일제의 내정 간섭이 공식화되었다.

✔ 선택지 분석하기

① 고종은 대한 제국 선포 이후 대한국 국제를 제정하여 원수부를 설치하고 대원수로서 모든 군대를 통솔하고자 하였다(1899).

② 고종이 설치한 개화 기구인 통리기무아문은 기존 5군영을 무위영과 장어영의 2군영으로 개편하고, 신식 군대인 별기군을 창설하였다(1881). 일본은 별기군에게 군사 기술을 가르칠 일본인 교관을 파견하였고, 이로 인해 별기군은 '왜별기', 즉 일본의 별기군이라는 비난을 받기도 하였다.

④ 을미사변으로 인해 신변의 위협을 느낀 고종은 러시아 공사관으로 피신하였다(아관 파천, 1896).

⑤ 한반도와 만주 지역에 대한 지배권을 두고 제국주의 전쟁인 러일 전쟁이 벌어졌다(1904). 일본은 인천 제물포에 있던 러시아 군함을 격침시키고 선전 포고한 뒤 압록강을 거쳐 만주까지 진입하였고, 결국 일본이 한반도와 만주 지역에서 지배권을 확립하며 승리를 거두었다.

Keyword

#이토 #일왕의 친서 #대한 제국 대신들에게 조약 체결 강요 #일본군을 동원한 강압적 분위기 #외부인(外部印) 탈취 #고종의 윤허 없이 조인

정답 ③

193 순서 나열형 + 사료형 [34회 35번]

(가)~(다)를 체결된 순서대로 옳게 나열한 것은? [2점]

(가)	• 대한 정부는 대일본 정부가 추천한 외국인 1명을 외교 고문으로 삼아 외부(外部)에 용빙하여 외교에 관한 주요 사무는 일체 그의 의견을 물어서 시행해야 한다. • 대한 정부는 외국과 조약을 체결하거나 기타 중요한 외교 안건 즉 외국인에 대한 특권 양여와 계약 등의 문제 처리에 관해서는 미리 대일본 정부와 상의해야 한다.
(나)	제2조 러시아 제국 정부는 일본국이 한국에서 정치상, 군사상 및 경제상의 탁절(卓絶)한 이익을 갖는다는 것을 승인하고, 일본 제국 정부가 한국에서 필요하다고 인정하는 지도, 보호 및 감리의 조치를 취함에 있어 이를 방해하거나 간섭하지 않을 것을 약정한다.
(다)	제4조 제3국의 침해나 혹은 내란으로 인하여 대한 제국 황실의 안녕과 영토 보전에 위험이 있을 경우에 대일본 제국 정부는 …… 군사 전략상 필요한 지점을 정황에 따라 차지하여 이용할 수 있다.

① (가) - (나) - (다)
② (가) - (다) - (나)
③ (나) - (가) - (다)
④ (나) - (다) - (가)
⑤ (다) - (가) - (나)

▌일본의 국권 침탈 과정

📖 요약노트 091번

✔ 정답 파헤치기

(다) 한일 의정서(1904.2.): 러일 전쟁 직전 대한 제국은 대외 중립을 선언하였으나 일본은 이를 무시하고 한일 의정서를 체결하여 한반도 내 군사 거점을 확보하였다.

(가) 제1차 한일 협약(1904.8.): 러일 전쟁 중 일제는 제1차 한일 협약을 체결하고 외교 고문으로 스티븐스, 재정 고문으로 메가타를 임명하였다.

(나) 포츠머스 조약(1905): 러일 전쟁 당시 러시아와 일본이 맺은 조약으로, 러시아가 한반도에 대한 일본의 우월권을 인정하였다.

K eyword

#외교 고문 #러시아 제국 정부 #군사 전략 지점

정답 ⑤

194 설명형 [41회 34번]

다음 인물에 대한 설명으로 옳은 것은? [1점]

> **이달의 역사 인물**
>
> ### 국권 침탈에 저항한 구국 운동의 지도자
>
> #### 이준(1859년~1907년)
>
> 1896년에 한성 재판소 검사보로 임명되었다. 을사늑약 폐기를 주장하는 상소 운동을 펼쳤고, 안창호 등과 함께 비밀 결사인 신민회를 조직하여 구국 운동을 전개하였다. 정부에서는 그의 공훈을 기리어 1962년에 건국훈장 대한민국장을 추서하였다.

① 고종의 밀지를 받아 독립 의군부를 조직하였다.
② 영국인 베델과 함께 대한매일신보를 발간하였다.
③ 평양에서 조선 물산 장려회 발기인 대회를 개최하였다.
④ 북간도에 서전서숙을 설립하여 민족 교육을 실시하였다.
⑤ 네덜란드 헤이그에서 열린 만국 평화 회의에 특사로 파견되었다.

▌헤이그 특사 사건

✔ 정답 파헤치기

애국 계몽 운동가인 이준은 독립 협회에 가입하여 만민 공동회 활동에 참여하였다. 또한, 보안회, 헌정 연구회, 신민회 등 애국 계몽 단체의 설립과 활동에 적극적으로 참여하였다.

⑤ 이준은 을사늑약 체결의 부당함을 알리기 위해 고종의 밀명을 받아 이상설, 이위종과 함께 헤이그에서 열린 만국 평화 회의에 특사로 파견되었다 (1907).

✔ 선택지 분석하기

① 임병찬은 고종의 밀명을 받아 독립 의군부를 조직하여 조선 총독부에 국권 반환 요구서를 보내고, 의병 전쟁을 준비하였다.

② 양기탁은 영국인 베델과 함께 대한매일신보를 창간하고 항일 민족 운동을 적극적으로 지원하였다.

③ 조만식을 중심으로 평양에서 조직된 조선 물산 장려회는 '조선 사람 조선 것'을 주장하며, 국산품 장려 운동을 통해 물산 장려 운동을 전개하였다.

④ 이상설 등이 북간도에 서전서숙을 설립하여 민족 교육을 실시하였다.

K eyword

#이준 #한성 재판소 검사보 #을사늑약 폐기 주장 #상소 운동 #신민회

정답 ⑤

안심Touch

주제 47

의병 운동과 애국 계몽 운동

대한 제국 선포
1897

갑신정변
1884

강화도 조약
1876

을사늑약 체결
1905

동학 농민 운동
1894

임오군란
1882

합격전략

항일 의병 운동은 발생 원인을 파악하는 것이 중요하며, 빈칸형 이나 설명형 문제가 주로 출제되는 애국 계몽 운동은 각종 단체들의 주요 활동 내용을 구분하여 알아 두어야 합니다.

---

195 설명형 [43회 37번]

밑줄 그은 '의병'에 대한 설명으로 옳은 것은? [1점]

이곳은 의암 유인석의 위패가 모셔져 있는 충청북도 제천의 자양영당입니다. 이곳에서 유인석은 국모의 원수를 갚고 전통을 보전한다는 복수보형(復讐保形)을 기치로 8도의 유림을 모아 의병을 일으키려는 비밀 회의를 열었습니다.

① 단발령의 시행에 반발하여 봉기하였다.
② 민종식이 이끈 부대가 홍주성을 점령하였다.
③ 국제법상 교전 단체로 승인해 줄 것을 요구하였다.
④ 의병 부대가 연합하여 서울 진공 작전을 전개하였다.
⑤ 조선 총독부에 국권 반환 요구서를 제출하고자 하였다.

▌을미의병

📖 요약노트 092번

✔ 정답 파헤치기

① 1895년에 을미사변과 단발령에 대한 반발로 전국적인 의병 활동이 전개되었다. 유생들이 주도하고 농민들이 가담한 을미의병은 유인석, 이소응 등이 중심이 되었고 아관 파천 이후 고종의 해산 권고로 해산하였다.

✔ 선택지 분석하기

② 을사의병 때 활약한 유생 출신 의병장 민종식은 충청도 홍주성을 점령하고 일본군과 대혈전을 전개하였다.

③ · ④ 한일 신협약 체결 이후 해산된 군인들이 정미의병으로 활약하면서 각국 공사관에 국제법상 교전 단체로 승인해 줄 것을 요구하였다. 이후 해산 군인들은 13도 창의군을 결성하여 서울 진공 작전을 전개하였다.

⑤ 독립 의군부는 조선 총독부에 국권 반환 요구서를 보내 한반도 강점의 부당함을 주장하는 등 대한 제국을 재건하고자 하였다.

Ⓚ Keyword

#의암 유인석 #제천의 자양영당 #국모의 원수 #복수보형(復讐保形) #8도의 유림 #의병

정답 ①

196 사료형 [45회 32번]

다음 자료에 나타난 사건 이후의 사실로 옳은 것은? [2점]

> 해산 결의 이틀 전 오전에 군부 대신과 하세가와 대장이 통감부에 모여 현재 한국 군대를 해산하기로 결정한 결과로, 같은 날 오후 9시 40분에 총리와 법부 대신이 황제에게 아뢴 후에 조칙을 반포하였더라.
>
> – 대한매일신보 –

① 민영환, 조병세 등이 자결로써 항거하였다.

② 13도 창의군이 서울 진공 작전을 전개하였다.

③ 메가타가 주도한 화폐 정리 사업이 시작되었다.

④ 고종이 헤이그 만국 평화 회의에 특사를 파견하였다.

⑤ 구식 군대가 난을 일으켜 일본 공사관을 습격하였다.

▌ 정미의병

📖 요약노트 092번

✔ 정답 파헤치기

일제는 을사늑약 체결 이후 고종의 헤이그 특사 파견 사건을 구실로 한일 신협약(정미 7조약)을 체결하였다(1907). 이를 통해 일제가 대한 제국의 내정을 완전히 장악하고 군대까지 강제 해산시키자 정미의병이 전개되어 전국으로 확산되었다.

② 정미의병의 유생 의병장들은 13도 창의군을 결성하여 이인영을 총대장, 허위를 군사장으로 추대하고 서울 진공 작전을 전개하였다(1908).

✔ 선택지 분석하기

① 을사늑약이 체결되어 대한 제국의 외교권이 박탈되자 민영환, 조병세 등은 자결을 함으로써 이에 항거하였다(1905).

③ 제1차 한일 협약을 통해 재정 고문으로 임명된 메가타는 경제권을 장악하기 위해 화폐 정리 사업을 시작하여 백동화를 제일 은행권으로 교환하였다(1905).

④ 고종은 을사늑약의 부당함을 알리고자 네덜란드 헤이그 만국 평화 회의에 이상설, 이위종, 이준을 특사로 파견하였다(1907).

⑤ 신식 군대와의 차별 대우로 인해 불만이 쌓인 구식 군대가 임오군란을 일으켜 일본 공사관과 선혜청을 습격하였다(1882).

ⓚeyword

#해산 결의 #군부 대신과 하세가와 대장 #통감부 #한국 군대를 해산하기로 결정 #대한매일신보

정답 ②

197 설명형 [46회 38번]

다음 학생들이 발표하고 있는 인물에 대한 설명으로 옳은 것은? [1점]

대한의군 참모중장 ○○○

이것은 그가 뤼순에서 재판받는 장면을 묘사한 취재 삽화입니다. 재판장, 검사, 변호인들이 모두 일본인으로 구성된 불공정한 재판 상황을 보여 주고 있습니다.

사형 판결을 받은 그는 동양 평화론을 저술하던 중 순국하였습니다. 이 글에서 그는 일제의 침략상을 비판하며 한·중·일이 대등한 위치에서 상호 협력해야 한다고 주장하였습니다.

① 동양 척식 주식회사에 폭탄을 투척하였다.

② 하얼빈 역에서 이토 히로부미를 사살하였다.

③ 한인 애국단을 결성하여 의거 활동을 전개하였다.

④ 조선 혁명 간부 학교를 세워 독립군을 양성하였다.

⑤ 명동 성당 앞에서 이완용을 습격하여 중상을 입혔다.

▌ 안중근

✔ 정답 파헤치기

② 안중근은 을사늑약 체결을 주도하고 초대 통감을 지낸 이토 히로부미를 만주 하얼빈에서 사살하여 현장에서 체포된 뒤(1909) 뤼순 감옥에서 순국하였다(1910).

✔ 선택지 분석하기

① 나석주는 의열단원으로 동양 척식 주식회사와 식산 은행에 폭탄을 투척하였다(1926).

③ 김구는 상하이에서 한인 애국단을 결성하여 적극적인 투쟁 활동을 전개하였다(1931). 단원 이봉창, 윤봉길의 의거로 인해 임시 정부에 대한 일제의 탄압이 심해져 1940년 9월에 충칭으로 이동하였다.

④ 김원봉과 의열단 지도부는 군사력 강화를 위해 난징에 조선 혁명 간부 학교를 설립하여 독립군을 양성하였다(1932).

⑤ 이재명은 명동 성당 앞에서 을사오적 중 한 명인 이완용을 습격하여 중상을 입혔다(1909).

ⓚeyword

#대한의군 참모중장 #뤼순에서 재판 #불공정한 재판 #동양 평화론 저술 #일제의 침략상 비판 #한·중·일 대등한 위치

정답 ②

198 사료형 [33회 38번]

다음 취지서를 발표한 단체의 활동으로 옳은 것은? [2점]

> 나라의 독립은 오직 자강(自强)의 여하에 달려 있을 뿐이다. 우리 나라가 예전부터 자강할 방법을 배우지 않아 인민이 저절로 우매해지고 국력이 쇠퇴의 길로 나아가, 마침내 오늘날의 어려운 처지에 이르러 끝내는 다른 나라의 보호를 받게 되었다. 이는 모두 자강할 방법에 뜻을 두지 않았기 때문이다. 이러함에도 불구하고 완고함과 게으름으로 말미암아 자강의 방도에 힘쓸 생각을 하지 않으면 끝내는 멸망에 다다를 뿐이니 …….

① 고종의 강제 퇴위 반대 운동을 전개하였다.
② 중추원 개편을 통한 의회 설립을 추진하였다.
③ 가갸날을 제정하고 기관지인 한글을 발행하였다.
④ 일본의 토지 약탈을 막고자 농광 회사를 설립하였다.
⑤ 대성 학교와 오산 학교를 세워 민족 교육을 실시하였다.

▮ 대한 자강회

📖 요약노트 **093**번

✓ 정답 파헤치기

① 대한 자강회는 교육과 산업 활동을 바탕으로 한 국권 회복을 목표로 하면서 고종의 강제 퇴위 반대 운동을 전개하였으나, 일제의 탄압으로 해산되었다.

✓ 선택지 분석하기

② 독립 협회는 만민 공동회와 관민 공동회를 개최하여 중추원 개편을 통한 의회 설립을 추진하였다.

③ 조선어 연구회는 가갸날을 제정하고 『한글』이라는 기관지를 발행하여 한글 대중화에 힘썼다.

④ 보안회는 일본의 황무지 개간 요구에 맞서 반대 운동을 전개하였고, 일부 실업인과 관리들이 농광 회사를 설립하였다.

⑤ 신민회는 국민 국가 건설을 목표로 하고, 대성 학교와 오산 학교를 세워 민족 교육을 실시하였다.

Keyword

#자강(自强) #다른 나라의 보호를 받게 됨

정답 ①

199 설명형 [48회 36번]

밑줄 그은 '이 단체'에 대한 설명으로 옳은 것은? [2점]

① 일제가 조작한 105인 사건으로 와해되었다.
② 파리 강화 회의에 독립 청원서를 제출하였다.
③ 만민 공동회를 열어 민권 신장을 추구하였다.
④ 독립운동 자금 마련을 위해 독립 공채를 발행하였다.
⑤ 어린이 등의 잡지를 발간하여 소년 운동을 주도하였다.

▮ 신민회

📖 요약노트 **094**번

✓ 정답 파헤치기

신민회는 민족 산업을 육성하고 독립 자금을 마련하기 위해 태극 서관과 자기 회사를 설립하였으며, 민족의 실력 양성을 위해 대성 학교와 오산 학교를 세워 민족 교육을 실시하였다.

① 조선 총독부가 데라우치 총독 암살 미수 사건을 조작하여 많은 민족 운동 가들을 체포한 105인 사건으로 신민회가 와해되었다(1911).

✓ 선택지 분석하기

② 대한민국 임시 정부는 파리 강화 회의에 김규식을 파견하여 독립 청원서를 제출하는 등 외교 활동을 전개하였다(1919).

③ 독립 협회는 만민 공동회와 관민 공동회를 개최하여 민중에게 근대적 지식과 국권·민권 사상을 고취시켰다(1898).

④ 대한민국 임시 정부는 국외 거주 동포들에게 독립 공채를 발행하여 독립 자금을 마련하였다.

⑤ 김기전, 방정환 등이 주축이 된 천도교 소년회는 어린이날을 제정하고 『어린이』라는 잡지를 발간하는 등 소년 운동을 주도하였다.

Keyword

#태극 서관 #신지식 보급 #민족의식 고취 #대성 학교와 오산 학교

정답 ①

200 빈칸형 [45회 33번]

(가) 단체에 대한 설명으로 옳은 것은? [1점]

> [(가)]은/는 안창호, 양기탁, 이승훈이 중심이 되어 조직한 비밀 결사 단체로, 국권을 회복한 뒤 공화 정체의 국가를 수립하고자 하였다. 이를 위해서는 실력 양성에 온 힘을 쏟아야 한다고 규정하고 무엇보다 국민을 새롭게 할 것을 주장하였다.

① 연통제를 통해 독립운동 자금을 모았다.
② 일제의 황무지 개간권 요구를 저지하였다.
③ 중추원 개편을 통해 의회 설립을 추진하였다.
④ 복벽주의를 내세우며 의병 전쟁을 준비하였다.
⑤ 남만주 삼원보에 독립운동 기지를 건설하였다.

▌ 신민회

📖 요약노트 094번

✔ 정답 파헤치기

신민회는 일제에게 빼앗긴 국권 회복과 공화 정체에 바탕을 둔 근대 국가 수립을 목표로 하여 결성된 비밀 결사 단체이다(1907).

⑤ 신민회는 장기적인 독립 전쟁 수행을 위해 국외 독립운동 기지 건설을 추진하여 남만주 삼원보에 경학사를 조직하고 신흥 강습소(훗날 신흥 무관 학교)를 설립하였다.

✔ 선택지 분석하기

① 대한민국 임시 정부는 비밀 행정 조직으로 연통제를 실시하여 국내와의 연락망을 확보하고 독립운동 자금을 모았다.
② 보안회는 일제의 황무지 개간권 요구를 반대하는 운동을 전개하여 요구를 철회시켰다(1904).
③ 독립 협회는 중추원 개편을 통해 의회를 설립하고 근대적 입헌 군주제를 추진하였다(1898).
④ 고종의 밀명을 받아 임병찬이 조직한 독립 의군부는 복벽주의를 내세우며 의병 전쟁을 준비하였다(1912).

Keyword

#안창호 #양기탁 #이승훈 #비밀 결사 #국권 회복 #공화 정체 국가 #실력 양성

정답 ⑤

201 빈칸형 [47회 37번]

(가) 신문에 대한 설명으로 옳은 것은? [1점]

> 독립 유공자의 명패를 부착하는 행사가 해외에서는 처음으로 영국에 있는 베델의 손녀 집에서 열렸습니다. 베델은 양기탁과 함께 [(가)]을/를 창간하여 항일 언론 활동을 전개하였습니다.

해외에서 독립 유공자 명패 부착 행사 열려

① 박문국에서 발간하였다.
② 최초로 상업 광고를 실었다.
③ 을사늑약의 부당성을 주장하였다.
④ 우리나라 최초의 민간 신문이었다.
⑤ 일장기를 삭제한 손기정 사진을 게재하였다.

▌ 항일 언론 활동

📖 요약노트 096번

✔ 정답 파헤치기

대한매일신보는 1904년에 영국인 베델과 양기탁을 중심으로 창간되었다. 항일 민족 운동을 적극적으로 지원하였고 국채 보상 운동을 전국적으로 확산시키는 데 기여하였다.

③ 대한매일신보는 고종의 '을사조약 무효화 선언'을 게재하는 등 을사늑약의 불법성과 부당성을 주장한 항일 언론이었다.

✔ 선택지 분석하기

① 개항 이후 박문국에서 최초의 근대 신문인 한성순보를 발간하였다(1883). 한성순보는 순 한문을 사용하였고 10일마다 발행되었으며, 정부 관보의 성격을 가지고 있었다.
② 한성순보를 계승한 한성주보는 최초로 상업 광고를 게재하였다.
④ 독립신문은 서재필이 정부의 지원을 받아 창간한 최초의 민간 신문으로 한글판과 영문판 두 종류로 발행되었다.
⑤ 1936년 베를린 올림픽 마라톤에서 우승한 손기정 선수를 보도하면서 동아일보 등 일부 신문들이 일장기를 삭제하여 보도한 일장기 말소 사건으로 해당 신문들은 무기정간 등 일제의 언론 탄압을 받았다.

Keyword

#독립 유공자의 명패 부착 행사 #영국의 베델 #양기탁 #항일 언론 활동

정답 ③

주제 48

열강의 경제 침탈과 경제적 구국 운동

대한 제국 선포 1897

갑신정변 1884

강화도 조약 1876

을사늑약 체결 1905

동학 농민 운동 1894

임오군란 1882

합격전략

청일 전쟁 이후 열강들의 경제적 이권 침탈이 심해지자 이에 맞서 각종 단체들이 다양한 이권 수호 운동을 전개하였습니다. 한 문제에서 여러 단체의 활동을 함께 묻는 **합답형** 문제가 출제되기도 하니 단체별 활동 내용을 헷갈리지 않도록 유의해야 합니다.

---

202 빈칸형 ✚ 합답형 [33회 35번]

(가)~(라)에 들어갈 내용으로 적절한 것을 〈보기〉에서 고른 것은? [2점]

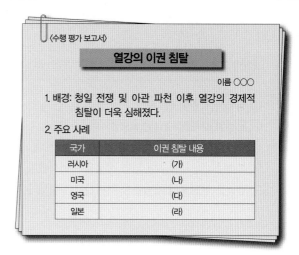

〈수행 평가 보고서〉

열강의 이권 침탈

이름 ○○○

1. 배경: 청일 전쟁 및 아관 파천 이후 열강의 경제적 침탈이 더욱 심해졌다.
2. 주요 사례

국가	이권 침탈 내용
러시아	(가)
미국	(나)
영국	(다)
일본	(라)

• 보기 •
- ㄱ. (가) – 한성과 의주를 연결하는 전신 가설권
- ㄴ. (나) – 운산 금광 채굴권
- ㄷ. (다) – 두만강 유역과 울릉도의 삼림 채벌권
- ㄹ. (라) – 경부선 철도 부설권

① ㄱ, ㄴ   ② ㄱ, ㄷ   ③ ㄴ, ㄷ
④ ㄴ, ㄹ   ⑤ ㄷ, ㄹ

▌ 열강의 이권 침탈

∨ 정답 파헤치기

열강들은 각 조약에 있는 최혜국 조항을 바탕으로 광산, 삼림 자원 및 철도, 전차, 전기 등 교통과 통신 분야에서 이권을 차지하였다.

- ㄴ · ㄹ. 미국은 전기 시설과 운산 금광 채굴권을 독점하였고, 일본은 철도 부설권을 독점하였다.

∨ 선택지 분석하기

- ㄱ. 한성과 의주를 연결하는 전신 가설권은 청이 독점하면서 그들의 정치적 필요에 따라 자국의 전신선과 연결시킬 목적으로 건설되고 운용되었다(1885).
- ㄷ. 러시아는 조선 최대 삼림 자원의 보고인 두만강과 압록강 연안, 울릉도에 대한 삼림 채벌권을 획득하였다.

Ⓚeyword

#이권 침탈 #청일 전쟁 #아관 파천 이후 #경제적 침탈 #러시아·미국·영국·일본

정답 ④

203 사료형 [34회 40번]

다음 자료에 해당하는 사업에 대한 설명으로 옳은 것은? [2점]

> **구(舊) 백동화(白銅貨) 교환에 관한 건**
>
> 제1조 구 백동화 교환에 관한 사무는 금고(金庫)로 처리하도록 하며 탁지부 대신이 이를 감독한다.
>
> 제2조 교환을 위해 제출한 구 백동화는 모두 화폐감정역(貨幣鑑定役)이 감정하도록 한다. 화폐감정역은 탁지부 대신이 임명한다.
>
> 제3조 구 백동화의 백동 비율[品位]·무게[量目]·무늬 모양[印像]·형체가 정식 화폐[正貨] 기준을 충족할 경우, 1개 당 금 2전 5리로 새로운 화폐와 교환한다. 이 기준에 합당하지 않은 부정(不正) 백동화는 1개 당 금 1전의 가격으로 정부에서 사들인다. …… 단, 형태나 품질이 조악하여 화폐로 인정할 수 없는 것은 사들이지 않는다.
>
> – 「관보」, 1905년 6월 29일 –

① 화폐 발행을 위해 전환국이 설치되었다.

② 재정 고문 메가타의 주도로 시행되었다.

③ 은 본위제가 본격적으로 실시되는 배경이 되었다.

④ 황국 중앙 총상회가 중심이 되어 반대 운동을 전개하였다.

⑤ 함경도 관찰사 조병식이 방곡령을 선포하는 계기가 되었다.

▌ 화폐 정리 사업

✔ 정답 파헤치기

② 제1차 한일 협약을 통해 재정 고문이 된 메가타는 경제권을 장악하기 위해 화폐 정리 사업을 추진하여 백동화를 갑·을·병종으로 구분하고 제일 은행권으로 교환하였다(1905).

✔ 선택지 분석하기

① 조선은 개항 이후 전환국을 설치하고 상평통보 대신 새로운 화폐인 백동화를 주조하여 발행하였다(1883).

③ 갑오개혁 당시 신식 화폐 장정을 의결하여 은 본위제를 채택하였다(1894).

④ 조청 수륙 무역 장정이 체결되면서 외국 상인들로 인해 어려움을 겪게 된 시전 상인들이 황국 중앙 총상회를 조직하여 상권 수호 운동을 전개하였다(1898).

⑤ 함경도 관찰사 조병식은 흉년으로 곡물이 부족해지자 일본으로 곡물이 유출되는 것을 막기 위해 방곡령을 선포하였다(1889).

Keyword

#백동화(白銅貨) 교환 #탁지부

정답 ②

204 사료형 [35회 34번]

다음 상황이 전개된 배경으로 가장 적절한 것은? [3점]

> 우리 고을에 흉년이 든 것은 일본 총영사께서도 잘 알고 계실 것입니다. 가난한 백성의 먹을 것이 없는 참상이 눈앞에 가득하니, 곡물 수출은 당분간 중지하지 않을 수 없습니다. …… 음력 을유년 12월 21일을 기점으로 한 달이 지난 이후부터는 쌀 수출이 금지되니 이러한 점을 귀국의 상민(商民)들에게 통지하여 주시기 바랍니다.

① 조일 통상 장정이 체결되었다.

② 러시아가 절영도 조차를 시도하였다.

③ 일본이 황무지 개간권을 요구하였다.

④ 시전 상인들이 황국 중앙 총상회를 조직하였다.

⑤ 메가타의 주도로 화폐 정리 사업이 실시되었다.

▌ 방곡령

📖 요약노트 095번

✔ 정답 파헤치기

① 조선은 일본과의 무역에 대한 관세권을 회복하기 위해 조일 통상 장정을 체결하였다(1883). 이 조약에 천재·변란 등에 의한 식량 부족의 우려가 있을 때 방곡령을 선포할 수 있도록 하는 조항이 포함되어 있다.

✔ 선택지 분석하기

② 러시아는 함대의 연료 보급을 위한 석탄 저장소 부지로 절영도 조차를 요구하였으나 좌절되었다(1898).

③ 일본이 대한 제국에 황무지 개간권을 요구하자 보안회에서 이에 대한 반대 운동을 전개하였다(1904).

④ 개항 이후 조청 상민 수륙 무역 장정이 체결되면서 외국 상인들이 무분별하게 진출하자 시전 상인들은 이에 맞서 황국 중앙 총상회를 조직하여 상권 수호 운동을 전개하였다(1898).

⑤ 제1차 한일 협약 이후 재정 고문으로 임명된 메가타는 화폐 정리 사업을 실시하였다(1905).

Keyword

#흉년 #쌀 수출 금지

정답 ①

205 설명형 [48회 32번]

밑줄 그은 '이 운동'에 대한 설명으로 옳은 것은? [2점]

> 이것은 일제로부터 도입한 차관을 갚기 위해 일어난 <u>이 운동</u>을 기념하여 대구에 세운 조형물입니다. 개화 지식인, 상인, 여성이 엽전을 떠받치고 있는 모습으로 형상화되었습니다.

① 황국 중앙 총상회의 주도로 전개되었다.
② 러시아의 절영도 조차 요구에 반대하였다.
③ 조선 총독부의 방해와 탄압으로 실패하였다.
④ 대한매일신보 등 당시 언론이 적극적으로 참여하였다.
⑤ 일본, 프랑스 등의 노동 단체로부터 격려 전문을 받았다.

206 빈칸형 + 합답형 [39회 36번]

(가)~(라)에 들어갈 내용으로 옳은 것을 〈보기〉에서 고른 것은? [2점]

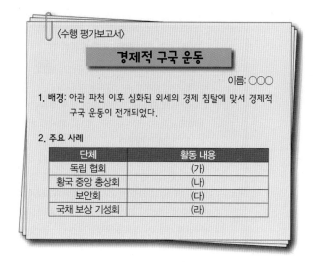

〈수행 평가보고서〉

경제적 구국 운동

이름: ○○○

1. 배경: 아관 파천 이후 심화된 외세의 경제 침탈에 맞서 경제적 구국 운동이 전개되었다.

2. 주요 사례

단체	활동 내용
독립 협회	(가)
황국 중앙 총상회	(나)
보안회	(다)
국채 보상 기성회	(라)

• 보기 •
ㄱ. (가) – 대동 상회, 장통 상회를 설립하였다.
ㄴ. (나) – 러시아의 절영도 조차 요구를 저지하였다.
ㄷ. (다) – 일제의 황무지 개간권 요구를 철회시켰다.
ㄹ. (라) – 금주·금연을 통한 차관 갚기 운동을 전개하였다.

① ㄱ, ㄴ ② ㄱ, ㄷ ③ ㄴ, ㄷ ④ ㄴ, ㄹ ⑤ ㄷ, ㄹ

▌국채 보상 운동

📖 요약노트 095번

✔ 정답 파헤치기

국채 보상 운동은 김광제, 서상돈 등의 제안으로 대구에서 시작된 주권 수호 운동으로, 일본에서 도입한 차관 1,300만 원을 갚아 주권을 회복하고자 하였다(1907).

④ 국채 보상 운동은 대한매일신보, 황성신문 등 당시 여러 언론 기관들의 지원을 받아 전국으로 확산되었다.

✔ 선택지 분석하기

① 시전 상인들은 개항 이후 조청 상민 수륙 무역 장정의 체결로 외국 상인들이 침투해 오자 이에 맞서 1890년 철시 투쟁을 벌였으며, 황국 중앙 총상회 등을 조직하여 상권 수호 운동을 전개하였다.
② 독립 협회는 이권 수호 운동을 통해 러시아의 절영도 조차 요구를 저지하였다(1898).
③ 국채 보상 운동은 통감부의 탄압으로 중단되었다.
⑤ 원산 노동자 총파업은 전국 각지의 노동조합, 청년 단체, 농민 단체 등의 후원과 일본·중국·프랑스·소련의 노동 단체들의 격려 전문을 받았으나 일제의 공작으로 종료되었다.

Keyword

#일제로부터 도입한 차관을 갚기 위함 #대구 #개화 지식인·상인·여성 #엽전

정답 ④

▌경제적 구국 운동

📖 요약노트 095번

✔ 정답 파헤치기

ㄷ. 보안회는 일제의 황무지 개간권 요구에 대한 반대 운동을 벌여 이를 철회시켰다(1904).
ㄹ. 대구에서 시작된 국채 보상 운동은 각종 단체와 언론 기관이 참여하였다. 남자들은 금주·금연하여 돈을 모았으며, 부녀자들은 반지와 비녀를 판 돈을 모아 보상금으로 냈다(1907).

✔ 선택지 분석하기

ㄱ. 개항 이후 객주를 비롯해 자본을 축적한 일부 성공한 상인들은 외국 자본과 경쟁하기 위해 상회사를 세우기 시작하여 평양에는 대동 상회, 한양에는 장통 상회를 설립하였다.
ㄴ. 독립 협회는 이권 수호 운동을 통해 러시아의 절영도 조차 요구를 저지하였다(1898).

Keyword

#경제적 구국 운동 #외세의 경제 침탈 #독립 협회 #황국 중앙 총상회 #보안회 #국채 보상 기성회

정답 ⑤

주제
49

근대 문물의 수용과 근대적 민족의식의 성장

대한 제국 선포
1897

갑신정변
1884

강화도 조약
1876

을사늑약 체결
1905

동학 농민 운동
1894

임오군란
1882

합격전략

개항 이후 개화 정책을 실시하면서 각종 근대적 문물을 수용하게 되었고, 국어 · 국학 연구 등을 통해 근대적 민족의식이 발전하게 되었습니다. 근대 시설은 도입 연도를 암기해야 하며, 언론 · 교육 기관 등에 대한 문제들은 주로 **빈칸형**이나 **설명형**으로 출제되니 해당 특징을 정확하게 구별해야 합니다.

---

207 설명형 [49회 36번]

교사의 질문에 대한 학생의 답변으로 옳은 것은? [2점]

이것은 한성 전기 회사가 공급하는 전기를 사용하여 서대문과 청량리 사이를 운행하던 전차입니다. 전차가 개통된 이후에 도입된 근대 문물에 대해 말해 볼까요?

① 박문국이 세워졌어요.
② 경부선이 완공되었어요.
③ 기기창이 설치되었어요.
④ 한성주보가 발행되었어요.
⑤ 육영 공원이 설립되었어요.

▌ 근대 시설

∨ 정답 파헤치기

대한 제국 황실과 미국인의 합작으로 설립된 한성 전기 회사는 발전소를 세우고 서울 서대문에서 청량리 구간을 운행하는 전차를 개통하였다(1899).

② 서울과 부산을 연결하는 경부선은 우리나라 최초의 철도인 경인선에 이어 두 번째로 개통되었다(1905).

∨ 선택지 분석하기

① 개항 이후 개화 정책의 일환으로 박문국을 설치하고 최초의 근대 신문인 한성순보를 발행하였다(1883).

③ 청에 파견된 영선사가 톈진에서 근대 무기 제조 기술과 군사 훈련법을 배우고 돌아와 근대식 무기 제조 공장인 기기창을 설립하였다(1883).

④ 한성주보는 한성순보를 계승하여 창간되었으며 일주일에 한번 발간되는 우리나라 최초의 주간 신문으로, 최초로 상업 광고를 게재하기도 하였다(1886).

⑤ 최초의 근대식 공립 학교인 육영 공원은 헐버트, 길모어 등의 외국인 교사를 초빙하여 상류층 자제에게 근대 교육을 실시하였다(1886).

Keyword

#한성 전기 회사 #서대문과 청량리 사이를 운행하던 전차 #근대 문물

정답 ②

안심Touch

208 빈칸형 [37회 32번]

(가)~(마)에 대한 설명으로 옳은 것은? [2점]

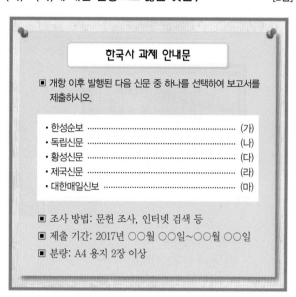

한국사 과제 안내문

■ 개항 이후 발행된 다음 신문 중 하나를 선택하여 보고서를 제출하시오.

- 한성순보 ·· (가)
- 독립신문 ·· (나)
- 황성신문 ·· (다)
- 제국신문 ·· (라)
- 대한매일신보 ·································· (마)

■ 조사 방법: 문헌 조사, 인터넷 검색 등
■ 제출 기간: 2017년 ○○월 ○○일~○○월 ○○일
■ 분량: A4 용지 2장 이상

① (가) – 정부에서 발행하는 순 한문 신문이었다.
② (나) – 국채 보상 운동을 적극적으로 후원하였다.
③ (다) – 외국인이 읽을 수 있도록 영문으로도 발행되었다.
④ (라) – 국권 피탈 후 총독부의 기관지로 전락하였다.
⑤ (마) – 최초로 상업 광고가 게재되었다.

▌ 근대 언론 기관

📖 요약노트 096번

✔ 정답 파헤치기

① 한성순보는 최초의 근대적 신문으로, 10일마다 순 한문으로 발행하였으며 정부 관보의 성격을 가지고 있었다.

✔ 선택지 분석하기

② 대한매일신보, 황성신문, 제국신문, 만세보 등의 언론은 국채 보상 운동을 적극적으로 지원하였다.

③ 독립신문은 서재필이 정부의 지원을 받아 창간한 최초의 민간 신문으로, 한글판과 영문판 두 종류로 발행되었다.

④ 대한매일신보는 양기탁과 베델이 경영에서 물러나고 국권 피탈 이후 매일 신보가 되어 총독부 기관지로 전락하였다.

⑤ 한성순보를 계승한 한성주보는 최초로 상업 광고를 게재하였다.

Keyword

#개항 이후 발행 #한성순보 #독립신문 #황성신문 #제국 신문 #대한매일신보

정답 ①

209 설명형 [49회 39번]

다음 퀴즈의 정답으로 옳은 것은? [1점]

덕원부의 관민이 힘을 합쳐 설립한 우리 나라 최초의 근대 학교로, 외국어 교육 등 을 실시한 이 교육 기관은 무엇일까요?

① 동문학
② 명동 학교
③ 원산 학사
④ 서전서숙
⑤ 배재 학당

▌ 근대 교육 기관

📖 요약노트 097번

✔ 정답 파헤치기

③ 함경남도 덕원 지역의 사람들이 덕원 부사에게 요청하여 설립된 원산 학사는 우리나라 최초의 근대적 사립 학교로, 외국어 교육 등 근대 교육을 실시하였다(1883).

✔ 선택지 분석하기

① 동문학은 조선 정부가 외국어 통역관을 양성하기 위해 설립한 관립 외국어 교육 기관으로, 영어 교육을 실시하였다(1883).

② 명동 학교는 김약연 등이 중국 북만주 명동촌에 설립한 근대적 교육 기관으로, 신문화 보급과 민족의식 고취에 크게 기여하였다(1908).

④ 서전서숙은 이상설 등이 만주 용정촌에 민족 교육을 위해 설립하였다(1906).

⑤ 배재 학당은 미국인 개신교 선교사 아펜젤러가 세운 근대적 사립 학교로, 신학문 보급에 기여하였다(1885).

Keyword

#덕원부의 관민이 힘을 합쳐 설립 #우리나라 최초의 근대 학 교 #외국어 교육 실시

정답 ③

210 빈칸형 [38회 34번]

다음 인물에 대한 설명으로 옳은 것은? [2점]

이달의 인물

한글을 사랑한 ○○○

- 호: 한힌샘, 백천(白泉)
- 생몰: 1876년~1914년
- 주요 활동
  - 독립신문 교보원 활동
  - 국문동식회 조직
  - 국어문법, 말의 소리 저술
- 서훈: 1980년 건국 훈장 대통령장

① 잡지 한글을 간행하였다.
② 한글 맞춤법 통일안을 제정하였다.
③ 가갸날을 제정하고 기념식을 거행하였다.
④ 국문 연구소에서 한글 연구를 체계화하였다.
⑤ 조선어 학회 사건으로 구속되어 옥고를 치렀다.

▌국어 연구

📖 요약노트 098번

∨ 정답 파헤치기

④ 주시경은 국문 연구소(1907)에서 활동하면서 한글의 정리와 국어의 이해 체계 확립에 힘썼다.

∨ 선택지 분석하기

① · ③ 조선어 연구회(1921)는 한글 연구와 더불어 강습회를 열어 한글 보급에 힘썼으며 가갸날을 제정하고 잡지 「한글」을 간행하는 등 한글 대중화에 앞장섰다.

② · ⑤ 조선어 연구회가 조선어 학회로 확대 · 개편되었다(1931). 조선어 학회는 한글 맞춤법 통일안을 제정하였으며, 「우리말큰사전」을 편찬하려 했지만 일제의 방해로 해방 이후에 완성할 수 있었다. 또한, 일제는 조선어 학회를 독립운동 단체로 간주하고 관련된 인사를 체포하고, 학회를 강제 해산시켰는데 이것이 조선어 학회 사건이다(1942).

Keyword

#한글 #한힌샘 #백천(白泉) #국문동식회 #「국어문법」 #「말의 소리」

정답 ④

211 빈칸형 [35회 39번]

(가)에 들어갈 내용으로 옳은 것은? [1점]

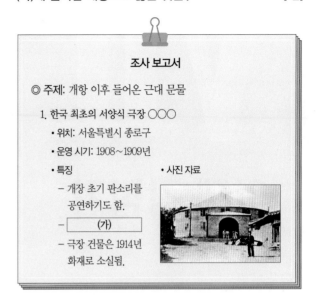

조사 보고서

◎ 주제: 개항 이후 들어온 근대 문물

1. 한국 최초의 서양식 극장 ○○○
   - 위치: 서울특별시 종로구
   - 운영 시기: 1908~1909년
   - 특징
     - 개장 초기 판소리를 공연하기도 함.
     - ▢ (가)
     - 극장 건물은 1914년 화재로 소실됨.
   - 사진 자료

① 알렌의 건의로 만들어졌다.
② 나운규의 아리랑이 개봉되었다.
③ 신간회 창립 대회가 개최되었다.
④ 고종의 황제 즉위식이 거행되었다.
⑤ 은세계, 치악산 등의 신극이 공연되었다.

▌원각사

∨ 정답 파헤치기

⑤ 1908년에 세워진 최초의 서양식 극장인 원각사에서 「은세계」, 「치악산」 등의 신극이 공연되었다.

∨ 선택지 분석하기

① 조선 정부는 알렌의 건의를 받아들여 최초의 서양식 병원인 광혜원을 건립하였다(1885).

② 나운규의 영화 「아리랑」이 개봉되면서 한국 영화가 비약적으로 발전하였다(1926).

③ 1920년대 후반 민족 해방 운동 진영은 정우회 선언을 계기로 민족주의 세력과 사회주의 세력이 합작하여 신간회를 결성하고 초대 회장으로 이상재를 추대하였다(1927).

④ 러시아 공사관에서 돌아온 고종은 대한 제국을 수립하고, 연호를 광무로 하여 황제로 즉위하였다(1897).

Keyword

#개항 이후 근대 문물 #한국 최초의 서양식 극장 #1908년~1909년

정답 ⑤

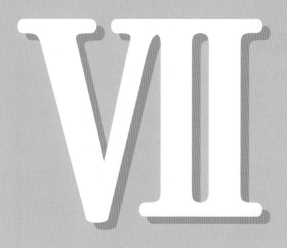

VII

일제 강점기

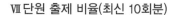

VII 단원 출제 비율(최신 10회분)

17.4%

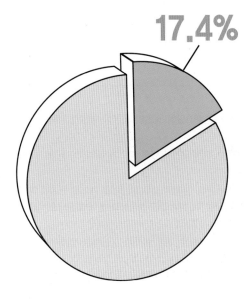

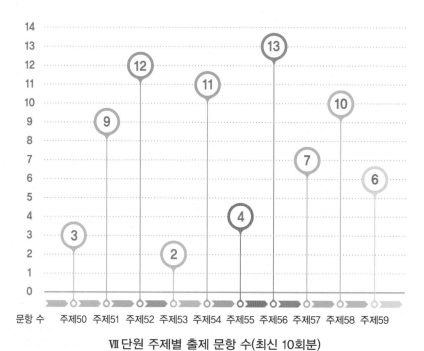

VII 단원 주제별 출제 문항 수(최신 10회분)

※순서 나열형, 시기 일치형, 합답형 등의 경우 한 문항이 여러 주제에 중복 해당되기도 합니다.

주제별 키워드

주제 50 1910년대 일제의 무단 통치와 경제 수탈	무단 통치, 조선 총독부, 조선 태형령, 회사령, 토지 조사 사업
주제 51 1910년대 국내외 민족 운동	독립 의군부, 대한 광복회, 대한 광복군 정부, 대한인 국민회, 장인환 · 전명운 의거
주제 52 3 · 1 운동과 대한민국 임시 정부	3 · 1 운동, 대한민국 임시 정부, 연통제, 교통국, 이륭양행, 태극 서관, 자기 회사, 국민 대표 회의, 대한민국 건국 강령
주제 53 1920년대 일제의 문화 통치와 경제 수탈	문화 통치, 치안 유지법, 산미 증식 계획
주제 54 1920년대 무장 독립 투쟁	봉오동 전투, 대한 독립군, 홍범도, 청산리 전투, 북로 군정서, 김좌진, 의열단, 조선 혁명 선 언, 황푸 군관 학교
주제 55 실력 양성 운동과 만세 운동	물산 장려 운동, 민립 대학 설립 운동, 브나로드 운동, 6 · 10 만세 운동, 광주 학생 항일 운동
주제 56 민족 유일당 운동과 사회 운동	신간회, 정우회 선언, 근우회, 암태도 소작 쟁의, 원산 노동자 총파업, 조선 형평사, 천도교 소년회
주제 57 1930년대 이후 일제의 민족 말살 통치와 전시 수탈	민족 말살 통치, 황국 신민화 정책, 내선일체, 국가 총동원법, 조선 사상범 보호 관찰령, 창 씨개명, 신사 참배
주제 58 1930년대 이후 무장 독립 투쟁	한국 독립군, 조선 혁명군, 조선 의용대, 한국 광복군, 김원봉, 국내 진공 작전, 한인 애국단, 윤봉길, 이봉창
주제 59 민족 문화 수호 운동	민족주의 사학, 신채호, 박은식, 정인보, 백남운, 조선어 학회

주 제
50

1910년대 일제의
무단 통치와 경제 수탈

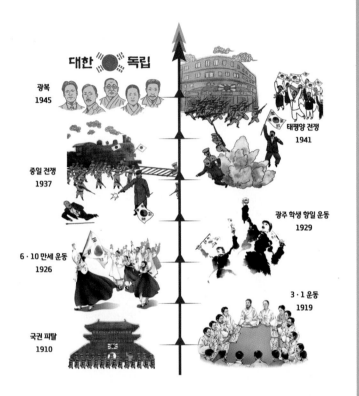

합격전략

일제의 식민 통치가 본격적으로 시작된 1910년대의 무단 통치 정책과 경제 수탈 정책을 파악해야 합니다.

212 사료형 [48회 34번]

다음 법령이 시행된 시기에 볼 수 있는 모습으로 적절한 것은?

[1점]

> 제1조 조선 주차(駐箚) 헌병은 치안 유지에 관한 경찰 및 군사 경찰을 담당한다.
>
> 제5조 헌병은 직무에 관해 정당한 직권을 가진 사람의 요구가 있을 때에는 즉시 응해야 한다.
>
> 제18조 헌병의 복무 및 헌병 보조원에 관한 규정은 조선 총독이 정한다.

① 경성 제국 대학에 다니는 학생
② 원산 총파업에 동참하는 노동자
③ 조선어 학회에서 활동하는 교사
④ 암태도 소작 쟁의에 참여하는 농민
⑤ 조선 태형령을 관보에 게재하는 관리

▌무단 통치

📖 요약노트 099번

✓ 정답 파헤치기

헌병 경찰제는 무단 통치기인 1910년대에 강압적 통치를 목적으로 실시되었다.

⑤ 일제는 무단 통치의 조선 태형령을 실시하여 곳곳에 배치된 헌병 경찰들을 통해 조선인에게만 형벌(태형)을 가하였다(1912).

✓ 선택지 분석하기

① 1920년대 이상재, 이승훈, 윤치호 등을 중심으로 한국인을 위한 고등 교육 기관인 민립 대학 설립 운동이 시작되었고, 일제는 이를 방해하기 위해 경성 제국 대학을 설립하였다(1924).

② 영국인이 경영하는 회사에서 일본인 감독이 조선인 노동자를 구타한 사건을 계기로 원산 총파업이 시작되었다(1929). 이는 원산의 전 노동자가 파업을 단행한 1920년대 최대 규모의 파업이다.

③ 조선어 학회는 일제의 민족 문화 말살 정책에 맞서 우리말과 글의 연구를 통해 민족 문화를 수호하기 위해 조직되었다(1931).

④ 암태도 소작 쟁의는 전라남도 신안군의 암태도에서 소작 농민들이 한국인 지주와 일본 경찰에 맞서 항쟁한 사건이다(1923).

Keyword

#조선 주차(駐箚) 헌병 #치안 유지 #경찰 및 군사 경찰 담당
#규정은 조선 총독이 정함

정답 ⑤

213 설명형 [44회 41번]

밑줄 그은 '이 시기'에 볼 수 있는 일제의 정책으로 옳은 것은? [2점]

이 그림은 토지 조사 사업이 진행되던 이 시기에 총독부가 조선에 대한 식민 통치를 미화하고, 그 실적을 선전하기 위해 개최한 조선 물산 공진회의 회의장 전경을 그린 것입니다. 그림에는 경복궁 일부를 헐어내고 물산 공진회장으로 조성한 모습이 그대로 드러나 있는데, 이는 일제가 조선의 정통성과 존엄성을 훼손하려는 의도였습니다.

① 국가 총동원법을 제정하여 인력과 물자를 수탈하였다.
② 도 평의회, 부·면 협의회 등의 자문 기구를 설치하였다.
③ 재정 고문 메가타의 주도 아래 화폐 정리 사업을 실시하였다.
④ 회사 설립 시 총독의 허가를 받도록 하는 회사령을 적용하였다.
⑤ 독립운동을 탄압하기 위해 조선 사상범 보호 관찰령을 공포하였다.

▌회사령
📖 요약노트 100번

✔ 정답 파헤치기

무력으로 조선을 강점한 일제는 식민 지배를 정당화하기 위해 몽매한 조선을 근대화시킨다는 선전 활동을 벌였다. 그 일환으로 1915년 조선 물산 공진회가 경복궁에서 개최되었다.

④ 1910년대 무단 통치 시기에 일제는 회사령을 공포하여 회사를 설립하거나 해산할 때 총독부의 허가를 받게 하여 민족 기업의 설립을 방해하였다 (1910).

✔ 선택지 분석하기

① 1930년대 중일 전쟁과 태평양 전쟁이 일어나자 일제는 우리 민족을 전쟁에 동원하기 위해 국가 총동원법을 제정하여 인력과 물자 등을 수탈하였다.

② 1920년대 조선 총독부는 3·1 운동 이후 문화 통치를 표방하면서 조선인에게도 참정권과 자치권을 주고 지방 자치제를 실시하겠다고 선전하였다. 이에 따라 도·부·면에 평의회, 협의회라는 이름의 자문 기구를 설치하였으나 오늘날 지방 의회와 같은 의결권은 없었다.

③ 제1차 한일 협약을 통해 재정 고문으로 임명된 메가타는 경제권을 장악하기 위해 화폐 정리 사업을 실시하였다 (1905).

⑤ 1930년대 일제는 독립운동 관련자, 치안 유지법 위반자들을 보호 관찰한다는 명목으로 조선 사상범 보호 관찰령을 공포하였다.

Keyword

#토지 조사 사업 #총독부 #식민 통치 미화 #실적 선전 #조선 물산 공진회

정답 ④

214 사료형 [36회 43번]

다음 법령의 시행 결과로 옳지 않은 것은? [2점]

> 제1조 토지의 조사 및 측량은 이 영(슈)에 의한다.
> ⋮
> 제4조 토지의 소유자는 조선 총독이 정하는 기간 내에 그 주소, 성명 또는 명칭 및 소유지의 소재, 지목, 자번호, 사표, 등급, 지적, 결수를 임시 토지 조사 국장에게 신고하여야 한다. 다만, 국유지는 보관 관청에서 임시 토지 조사 국장에게 통지하여야 한다.
> 제5조 토지의 소유자 또는 임차인, 기타 관리인은 조선 총독이 정하는 기간 내에 그 토지의 사방 경계에 표지판을 세우되, 민유지에는 지목 및 자번호와 소유자의 성명 또는 명칭을, 국유지에는 지목 및 자번호와 보관 관청명을 기재하여야 한다.

① 조선 총독부의 재정 수입이 증대되었다.
② 지계아문이 설치되어 지계가 발급되었다.
③ 일본에서 한국으로의 농업 이민이 증가하였다.
④ 만주와 연해주로 이주하는 농민들이 늘어났다.
⑤ 동양 척식 주식회사의 보유 토지가 확대되었다.

▌토지 조사 사업
📖 요약노트 100번

✔ 정답 파헤치기

1910년대 일제는 식민지 통치의 재정적 기반을 마련하기 위해 토지 조사 사업을 실시하였다. 조선 총독부가 토지 조사국을 설치하고 토지 조사령을 발표하여 일정 기간 내 토지를 신고하도록 하였고 미신고 토지는 총독부에서 몰수하여 일본인에게 헐값으로 불하하였다.

② 대한 제국 수립 이후 광무개혁 때 양전 사업을 실시하여 지계아문이 설치되고 근대적 토지 소유권을 확립하기 위한 지계를 발급하였다 (1901).

✔ 선택지 분석하기

① 토지 조사 사업을 통해 조선 총독부의 지세 수입이 급증하면서 재정 수입이 증대되었다.

③·⑤ 토지 조사 사업을 통해 조선 총독부가 빼앗은 토지를 동양 척식 주식회사 등이 일본인 농업 이주민에게 헐값에 팔아넘기면서 한국으로 농업 이민을 오는 일본인이 증가하였다.

④ 토지 조사 사업으로 일제가 농민들의 관습적 경작권을 부정하면서 소작농의 권리가 약화되었고 몰락한 농민들이 만주나 연해주 등 국외로 이주하였다.

Keyword

#토지 조사 및 측량 #조선 총독 #기간 내에 신고

정답 ②

안심Touch

주제 51

1910년대 국내외 민족 운동

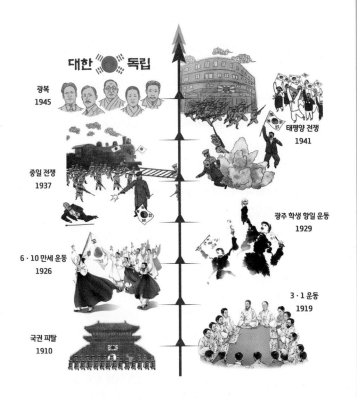

대한 독립

광복
1945

태평양 전쟁
1941

중일 전쟁
1937

광주 학생 항일 운동
1929

6·10 만세 운동
1926

3·1 운동
1919

국권 피탈
1910

합격전략

1910년대의 다양한 민족 운동 단체 중 국내 단체는 활동 내용을 중심으로, 국외 단체는 주요 활동 지역을 중심으로 암기해야 합니다. 주로 지문에 제시된 내용을 통해 어떤 단체인지 추론한 뒤 그에 해당하는 활동을 고르는 빈칸형 문제가 자주 출제됩니다.

---

215 빈칸형 [46회 37번]

(가) 단체에 대한 설명으로 옳은 것은? [2점]

> 이것은 임병찬의 순지비(殉趾碑)입니다. 임병찬은 스승인 최익현과 함께 의병을 일으켰다가 체포되어 쓰시마 섬으로 끌려갔습니다. 유배에서 돌아와 의병 봉기를 도모하던 중 고종의 밀지를 받아 (가) 을/를 조직하였습니다.

① 정우회 선언의 영향으로 결성되었다.
② 일제가 꾸며낸 105인 사건으로 해체되었다.
③ 일제가 치안 유지법을 적용하여 탄압하였다.
④ 백산 상회를 통해 독립운동 자금을 마련하였다.
⑤ 국권 반환 요구서를 조선 총독에게 제출할 것을 계획하였다.

독립 의군부

📖 요약노트 101번

✔ 정답 파헤치기

⑤ 독립 의군부는 고종의 밀지를 받아 임병찬을 중심으로 전라도 지방에서 조직된 비밀 독립운동 단체이다(1912). 복벽주의를 내세우며 의병 전쟁을 준비하였고, 1914년에는 조선 총독부에 국권 반환 요구서를 발송하였다.

✔ 선택지 분석하기

① 1920년대 후반 민족 해방 운동 진영은 정우회 선언(1926)을 계기로 민족주의 세력과 사회주의 세력이 합작하여 민족 유일당 운동의 일환으로 신간회를 결성하였다(1927).

② 신민회는 안창호와 양기탁을 중심으로 결성되어(1907) 국권 회복과 공화 정체에 바탕을 두고 다양한 활동을 펼쳤으나 일제에 의해 날조된 105인 사건으로 해체되었다(1911).

③ 1920년대 사회주의가 확산되자 일제는 치안 유지법을 시행하여 식민지 지배에 저항하는 민족 해방 운동과 사회주의 및 독립운동을 탄압하였다(1925).

④ 백산 상회는 백산 안희제가 독립운동의 자금 지원을 목적으로 부산에 세운 민족 기업으로, 대한민국 임시 정부 초기 독립운동 자금을 지원하였다.

Keyword

#임병찬 #최익현 #의병 봉기 #고종의 밀지를 받아 조직

정답 ⑤

216 빈칸형 [45회 41번]

(가) 단체에 대한 설명으로 옳은 것은? [3점]

이것은 총사령 박상진이 이끌었던 [(가)] 소속의 김한종 의사 순국 기념비입니다. 김한종 의사는 이 단체의 충청도 지부장으로, 군자금 모금을 방해한 아산의 도고 면장인 박용하 처단을 주도하였습니다. 일제 경찰에 체포되어 박상진과 함께 대구 형무소에서 순국하였습니다. 1963년 건국 훈장 독립장이 추서되었습니다.

① 공화 정체의 국가 건설을 지향하였다.
② 대한민국 임시 정부의 주도로 결성되었다.
③ 봉오동에서 일본군을 상대로 승리를 거두었다.
④ 구미 위원부를 설치하여 외교 활동을 전개하였다.
⑤ 중국군과 함께 영릉가 전투에서 큰 전과를 올렸다.

▌대한 광복회

📖 요약노트 101번

✓ 정답 파헤치기

(가)는 박상진을 총사령, 김좌진을 부사령으로 하여 대구에서 결성된 대한 광복회로, 만주에 독립군 기지를 만들고 사관 학교를 설립하여 독립군을 양성하였다.

① 대한 광복회는 공화 정체의 근대적 국민 국가 건설을 지향하였다.

✓ 선택지 분석하기

② 한국 광복군은 충칭에서 대한민국 임시 정부의 직할 부대로 결성되었다 (1940).

③ 홍범도의 대한 독립군은 대한 국민회군, 군무도독부 등의 독립군과 연합하여 봉오동 전투에서 일본군을 상대로 큰 승리를 거두었다(1920).

④ 대한민국 임시 정부는 결성 초기 미국에 구미 위원부를 설치하여 외교 활동을 전개하였다(1919).

⑤ 양세봉이 주도하여 남만주 지역에서 조직된 조선 혁명군은 중국 의용군과 연합하여 영릉가 전투에서 큰 전과를 올렸다(1932).

Keyword

#총사령 박상진 #김한종 의사 #군자금 모금 #박용하 처단
#대구 형무소에서 순국 #건국 훈장 독립장

정답 ①

217 빈칸형 [48회 40번]

(가) 지역에서 전개된 민족 운동에 대한 설명으로 옳은 것은? [2점]

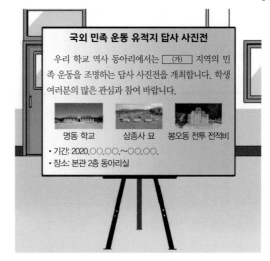

국외 민족 운동 유적지 답사 사진전
우리 학교 역사 동아리에서는 [(가)] 지역의 민족 운동을 조명하는 답사 사진전을 개최합니다. 학생 여러분의 많은 관심과 참여 바랍니다.
명동 학교   삼종사 묘   봉오동 전투 전적비
· 기간: 2020.○○.○○.~○○.○○.
· 장소: 본관 2층 동아리실

① 권업회를 조직하여 기관지를 발행하였다.
② 중광단을 결성하여 항일 투쟁을 전개하였다.
③ 숭무 학교를 설립하여 독립군을 양성하였다.
④ 조선 독립 동맹을 창립하여 대일 항전을 준비하였다.
⑤ 조선 청년 독립단을 결성하여 2·8 독립 선언서를 배포하였다.

▌1910년대 국외 민족 운동(북간도)

📖 요약노트 102번

✓ 정답 파헤치기

북간도 지역에 한인 집단촌이 형성되자 애국지사들이 이곳을 중심으로 독립군을 양성하였다. 이상설은 서전서숙, 김약연은 명동 학교를 세워 민족 교육을 실시하였다. 이 지역에는 대종교의 삼종사(서일, 나철, 김교헌) 묘역과 봉오동 전투를 기념하는 봉오동 전투 전적비 등이 남아 있다.

② 북간도로 이주한 한인들이 대종교를 중심으로 중광단을 조직하여 항일 투쟁을 전개하였다.

✓ 선택지 분석하기

① 연해주 지역에서 이상설을 중심으로 조직된 권업회는 기관지로 권업신문을 발행하고 학교, 도서관 등을 건립하였다.

③ 이근영 등이 중심이 되어 멕시코 메리다 지역에 숭무 학교를 설립하고 무장 투쟁을 준비하였다.

④ 조선 독립 동맹은 화북 지역의 조선인 사회주의자들이 옌안에서 조직한 화북 조선 청년 연합회를 개편한 사회주의 단체로, 대일 항전을 준비하였다.

⑤ 일본 도쿄 유학생들이 중심이 되어 결성한 조선 청년 독립단은 도쿄에서 2·8 독립 선언서를 발표하였다.

Keyword

#국외 민족 운동 유적지 #명동 학교 #삼종사 묘 #봉오동 전투 전적비

정답 ②

안심Touch

218 빈칸형 [46회 35번]

(가) 지역에서 전개된 민족 운동에 대한 설명으로 옳은 것은? [2점]

> **국외 민족 운동 유적지 답사 안내**
>
> 우리 학회에서는 (가) 지역의 민족 운동을 조명하는 답사를 진행하고자 합니다. 관심 있는 분들의 많은 참여 바랍니다.
>
> ■ 기간: 2020년 ○○월 ○○일~○○일
>
> ■ 답사 코스
> 다뉴바 애국선열 기념비 → 리들리 한인 이민 역사 기념각 → 장인환, 전명운 의거지 → 공립 협회 회관 터
>
> ■ 주관: □□학회

① 신흥 강습소를 세워 독립군을 양성하였다.
② 해조신문을 발간하여 국권 회복에 힘썼다.
③ 서전서숙을 설립하여 민족 교육을 실시하였다.
④ 대한인 국민회를 중심으로 외교 활동을 펼쳤다.
⑤ 조선 독립 동맹을 결성하여 대일 항전을 준비하였다.

▌1910년대 국외 민족 운동(미주 지역) 📖 요약노트 103번

√ 정답 파헤치기

미국 샌프란시스코의 다뉴바(Dinuba)와 리들리(Reedley)는 1905년부터 형성된 초기 한인 이민자의 첫 집단 정착촌이자 항일 독립운동의 중심지였다. 안창호를 중심으로 샌프란시스코에 공립 협회가 조직되어 독립운동을 하였으며, 장인환과 전명운은 샌프란시스코에서 대한 제국의 외교 고문이었던 스티븐스를 저격하였다(1908).

④ 샌프란시스코의 한인들은 한인 사회를 구성하여 학교와 교회 등을 세웠고, 대한인 국민회 등의 자치 단체를 만들어 외교 활동을 펼치며 독립운동을 전개하였다.

√ 선택지 분석하기

① 신민회는 항일 무장 투쟁의 필요성을 인식하여 서간도 삼원보 지역에 독립군 양성 학교인 신흥 강습소를 설립하였다. 이는 1919년에 본부를 옮기면서 신흥 무관 학교로 명칭이 바뀌었다.

② 연해주로 이주한 동포들은 순 한글 신문인 해조신문을 발간하여 독립 의식을 고취하면서 국권 회복을 위해 힘썼다.

③ 북간도 지역 만주 용정촌 등의 한인 집단촌을 중심으로 하여 이상설은 서전서숙, 김약연은 명동 학교를 세워 민족 교육을 실시하였다.

⑤ 조선 독립 동맹은 화북 지역의 조선인 사회주의자들이 옌안에서 조직한 화북 조선 청년 연합회를 개편한 사회주의 단체로, 대일 항전을 준비하였다.

Keyword

#다뉴바 애국선열 기념비 #리들리 한인 이민 #장인환·전명운 의거 #공립 협회

정답 ④

219 빈칸형 [40회 37번]

(가)~(마)에 들어갈 내용으로 옳은 것은? [3점]

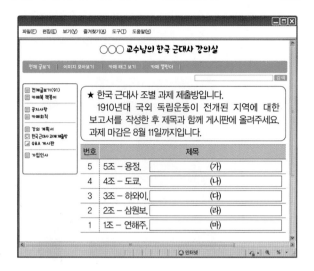

① (가) – 신흥 강습소를 세워 독립군을 양성하다
② (나) – 서전서숙을 설립하여 민족 교육에 힘쓰다
③ (다) – 유학생을 중심으로 2·8 독립 선언서를 발표하다
④ (라) – 대조선 국민 군단을 결성하여 군사 훈련을 실시하다
⑤ (마) – 대한 광복군 정부를 수립하여 무장 독립 전쟁을 준비하다

▌1910년대 국외 민족 운동 📖 요약노트 103번

√ 정답 파헤치기

⑤ 대한 광복군 정부는 연해주 지역에서 무장 독립운동을 전개하였다(1914).

√ 선택지 분석하기

① 신민회는 국외에 독립운동 기지 건설을 추진하여 서간도의 삼원보에 신흥 강습소와 같은 군사 학교를 세우고 독립군을 양성하였다.

② 이상설 등이 만주 용정촌에 서전서숙을 설립하였다.

③ 일본 도쿄 유학생들은 미국 대통령 윌슨의 민족 자결주의를 바탕으로 2·8 독립 선언서를 발표하였다.

④ 박용만은 하와이에서 대조선 국민 군단을 결성하여 독립군 사관 양성을 바탕으로 한 무장 투쟁을 준비하였다.

Keyword

#용정 #도쿄 #하와이 #삼원보 #연해주

정답 ⑤

3·1 운동과 대한민국 임시 정부

대한 독립

광복
1945

태평양 전쟁
1941

중일 전쟁
1937

광주 학생 항일 운동
1929

6·10 만세 운동
1926

3·1 운동
1919

국권 피탈
1910

합격전략

일제 강점기 최대 규모의 만세 운동인 3·1 운동과 이를 계기로 수립된 대한민국 임시 정부의 활동은 주로 **사료형** 문제를 통해 힌트를 제시합니다. 특히, 임시 정부 활동과 관련된 사료는 임시 정부를 수립한 1919년 이후부터 근거지를 옮기면서 활동한 1940년대까지의 내용을 구별할 수 있어야 합니다.

---

220 **사료형** [47회 41번]

다음 자료에 나타난 민족 운동에 대한 설명으로 옳은 것은?

[2점]

> 문: 오늘 종로 1가 사거리 큰 길에서 모인 동기를 진술하라.
>
> 답: 나는 어제 오후 5시 무렵 경성부 남대문로에 있었는데, 자동차에서 뿌린 독립 선언서를 습득하였다. 나는 그 선언서를 읽고 우리 조선국이 독립되었다고 생각하고 기쁨을 참지 못하였다. 그래서 오늘 오후 1시 무렵 종로 1가 사거리 큰 길 중앙에서 독립 만세를 큰 소리로 계속 외쳤더니 5백 명 가량의 군중이 내 주위에 모여들었고, 함께 모자를 흔들면서 만세를 계속 부르며 행진하였다.
>
> 문: 그 선언서의 내용을 진술하라.
>
> 답: 우리 조선이 독립국임과 조선인이 자주민인 것을 선언함 등의 내용이었다. 그리고 조선 민족 대표자 33인의 성명을 기재하고 있었다.
>
> ─ ○○○ 신문조서 ─

① 사회주의 세력의 주도 아래 계획되었다.
② 대한민국 임시 정부 수립의 계기가 되었다.
③ 일제가 105인 사건을 조작하여 탄압하였다.
④ 한국인 학생과 일본인 학생 간의 충돌에서 비롯되었다.
⑤ 배우자 가르치자 다 함께 브나로드 등의 구호를 내세웠다.

▌3·1 운동

📖 요약노트 101번

✓ 정답 파헤치기

② 3·1 운동은 각계각층의 사람들이 참여한 대규모 독립운동으로, 국내외 민족의 주체성을 확인하는 계기가 되어 대한민국 임시 정부의 수립이라는 결과를 가져왔다.

✓ 선택지 분석하기

① 1920년대 사회주의자들과 학생들이 만세 운동을 계획하였으나 사회주의자들이 사전에 발각되면서 학생들을 중심으로 순종의 인산일에 6·10 만세 운동을 전개하였다(1926).

③ 신민회는 일제가 조작한 105인 사건으로 인해 타격을 입고 해산되었다(1911).

④ 한국인 학생과 일본인 학생 간의 충돌을 계기로 시작된 광주 학생 항일 운동은 일제의 식민지 차별 교육에 반발하며 전국적으로 확산되었다(1929).

⑤ 동아일보는 1930년대 초 문맹 퇴치 운동인 브나로드 운동을 전개하며 '배우자 가르치자 다 함께'라는 구호를 내세웠으나 일제의 금지 조처로 중단되었다.

Keyword

#독립 선언서 #독립 만세 #조선이 독립국임 #조선인이 자주민임 #조선 민족 대표자 33인의 성명 기재

정답 ②

안심Touch

221 사료형 [48회 38번]

다음 자료에 나타난 민족 운동에 대한 설명으로 옳은 것은? [1점]

> 그날 오후 2시 10분 파고다 공원에 모였던 수백 명의 학생들이 10여 년간 억눌려 온 감정을 터뜨려 '만세, 독립 만세'를 외치자 뇌성벽력 같은 소리에 공원 근처에 살던 시민들도 크게 놀랐다. 공원 문을 쏟아져 나온 학생들은 종로 거리를 달리며 몸에 숨겼던 선언서들을 길가에 뿌리며 거리를 누볐다. 윌슨 대통령이 주장한 약소민족의 자결권이 실현되는 신세계가 시작된 것이다. 시위 학생들은 덕수궁 문 앞에 당도하자 붕어하신 고종에게 조의를 표하고 잠시 멎었다.
>
> – 스코필드 기고문 –

① 조선 형평사의 주도로 전개되었다.
② 신간회에서 진상 조사단을 파견하였다.
③ 조선 혁명 선언을 활동 지침으로 삼았다.
④ 전개 과정에서 일제가 제암리 학살 등을 자행하였다.
⑤ 성진회와 각 학교 독서회에 의해 전국적으로 확산되었다.

▌ 3 · 1 운동

∨ 정답 파헤치기

④ 제암리 사건은 3 · 1 운동 때 만세 운동이 일어났던 수원(화성) 제암리에서 일본군이 주민들을 학살하고 교회당과 민가를 방화한 사건이다(1919).

∨ 선택지 분석하기

① 일제 강점기 때 백정들은 사회적 차별을 타파하기 위해 조선 형평사를 조직하고 형평 운동을 전개하였다(1923).

② 한국인 학생과 일본인 학생 간의 충돌로 광주 학생 항일 운동이 발생하자 신간회가 진상 조사단을 파견하여 지원하였다(1929).

③ 김원봉이 결성한 의열단(1919)은 신채호가 작성한 조선 혁명 선언을 활동 지침으로 삼고 독립운동을 전개하였다.

⑤ 광주 학생 항일 운동은 일제의 식민지 차별 교육에 반발하여 성진회와 각 학교 독서회를 중심으로 전국 각지에 확산되었다(1929).

Keyword

#파고다 공원 #독립 만세 #윌슨 대통령 #약소민족의 자결권 #고종에게 조의를 표함

정답 ④

222 빈칸형 [39회 38번]

(가)에 대한 설명으로 옳지 않은 것은? [2점]

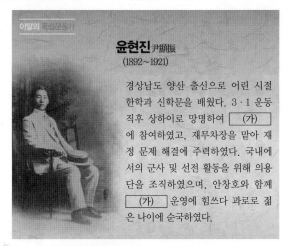

이달의 독립운동가

윤현진 尹顯振
(1892~1921)

경상남도 양산 출신으로 어린 시절 한학과 신학문을 배웠다. 3 · 1 운동 직후 상하이로 망명하여 (가) 에 참여하였고, 재무차장을 맡아 재정 문제 해결에 주력하였다. 국내에서의 군사 및 선전 활동을 위해 의용단을 조직하였으며, 안창호와 함께 (가) 운영에 힘쓰다 과로로 젊은 나이에 순국하였다.

① 구미 위원부를 설치하여 외교 활동을 추진하였다.
② 한인 애국단을 조직하여 의열 투쟁을 전개하였다.
③ 이륭양행에 교통국을 설치하여 국내와 연락을 취하였다.
④ 임시 사료 편찬회를 두어 한일 관계 사료집을 간행하였다.
⑤ 태극 서관을 설립하여 조선 광문회에서 발간한 서적을 보급하였다.

▌ 대한민국 임시 정부 활동

요약노트 104번

∨ 정답 파헤치기

(가) 대한민국 임시 정부: 윤현진은 대한민국 임시 정부의 초대 재무차장으로 상하이 임시 정부의 살림을 도맡았다. 또한, 조선 유학생 학우회와 신아동맹당의 핵심 인물로, 경제적 자립 운동과 교육 운동을 주도하는 등 항일 운동에 앞장섰다.

⑤ 안창호와 양기탁을 중심으로 결성된 신민회는 태극 서관과 자기 회사를 설립하여 민족 산업을 육성하고자 하였다.

∨ 선택지 분석하기

① 대한민국 임시 정부는 결성 초기 미국에 구미 위원부를 설치하여 외교 활동을 전개하였다(1919).

② 대한민국 임시 정부는 1920년대 후반 이후 독립운동의 침체와 곤경을 타개하고 항일 독립운동의 활로를 모색하려는 목적에서 한인 애국단을 조직하여 의열 투쟁을 전개하였다.

③ 대한민국 임시 정부의 교통국 역할을 수행하였던 이륭양행은 아일랜드계 영국인 조지 루이스 쇼가 설립한 무역 선박 회사로 국내와 연락하는 통로였다.

④ 대한민국 임시 정부는 임시 사료 편찬 위원회를 설치하여 한일 관계 사료집을 발간하였다.

Keyword

#윤현진 #3 · 1 운동 #상하이 #재무차장 #의용단 #안창호

정답 ⑤

223 사료형 ➕ 연표형 [45회 42번]

다음 선언서가 발표된 시기를 연표에서 옳게 고른 것은?

[2점]

> 본 국민 대표 회의는 이천만 민중의 공정한 뜻에 바탕을 둔 국민적 대회합으로 최고의 권위를 지녀 …… 독립을 완성하기를 기도하고 이에 선언하노라. …… 본 대표 등은 국민이 위탁한 사명을 받들어 국민적 대단결에 힘쓰며 독립운동이 나아갈 방향을 확립하여 통일적 기관 아래서 대업을 완성하고자 하노라.

1919	1925	1931	1935	1940	1945
(가)	(나)	(다)	(라)	(마)	
대한민국 임시 정부 수립	박은식 대통령 취임	한인 애국단 조직	한국 국민당 창당	김구 주석 취임	8·15 광복

① (가)　② (나)　③ (다)　④ (라)　⑤ (마)

▌국민 대표 회의

📖 요약노트 106번

✓ 정답 파헤치기

① 대한민국 임시 정부는 여러 지역의 임시 정부를 통합하여 외교 활동과 군자금 모집 등의 활동을 하였으나 1920년대에 접어들면서 외교 노선의 한계와 재정난 등으로 인해 침체기를 겪었다. 이에 김구는 임시 정부의 활로를 모색하기 위한 국민 대표 회의를 소집하였다(1923). 그러나 창조파, 개조파 등으로 나뉘어 합의점을 찾지 못한 채로 국민 대표 회의가 해산되었다. 이후 대한민국 임시 정부는 이승만을 탄핵하고 박은식을 대통령으로 선출하였고 1925년 2차 개헌을 단행하여 국무령을 수반으로 하는 의원 내각제를 채택하였다.

Keyword

#국민 대표 회의　#국민적 대화합　#국민적 대단결　#통일적 기관

정답 ①

224 사료형 [46회 41번]

다음 공보가 발표된 이후 대한민국 임시 정부의 활동으로 옳은 것은?

[2점]

> **대한민국 임시 정부 공보 제42호**
>
> ● 3월 18일 임시 의정원에서 임시 정부 대통령 이승만 각하를 임시 헌법 제21조 제14항에 의하여 탄핵하고 심판에 회부하다.
> ● 3월 23일 임시 의정원에서 임시 정부 대통령 이승만 각하를 심판, 면직하다.
> ● 3월 23일 임시 의정원에서 박은식 각하를 임시 헌법 제12조에 의하여 임시 정부 대통령으로 선거하다.

① 삼균주의에 바탕을 둔 건국 강령을 발표하였다.
② 무장 투쟁을 위해 육군 주만 참의부를 조직하였다.
③ 독립군 비행사 양성을 위해 한인 비행 학교를 설립하였다.
④ 국민 대표 회의를 개최하여 독립운동의 방향을 논의하였다.
⑤ 파리 강화 회의에 대표단을 파견하여 외교 활동을 전개하였다.

▌대한민국 임시 정부의 건국 강령

✓ 정답 파헤치기

제시된 자료는 임시 정부 대통령 이승만이 임시 의정원에 의해 1925년 3월 탄핵·면직되고 이후 박은식이 임시 대통령으로 선출되었다는 내용이다.

① 대한민국 임시 정부는 충칭에서 독립운동의 방향과 독립 후의 건국 과정을 명시한 건국 강령을 발표하였다(1941). 이는 조소앙의 삼균주의에 입각한 것으로, 새로운 민주주의의 확립과 사회 계급 타파, 경제적 균등주의의 실현을 주창하였다.

✓ 선택지 분석하기

② 대한민국 임시 정부 육군 주만 참의부는 만주 지역의 독립운동가들이 조직한 대한민국 임시 정부 직할의 무장 독립군 단체이다(1924).

③ 독립운동가 김종림과 노백린은 독립 전쟁에서 공군의 중요성을 강조하며 독립군 비행사 양성을 목적으로 한인 비행 학교를 세웠다(1920).

④ 독립운동 단체 대표들이 상하이에 모여 국민 대표 회의를 통해 임시 정부의 활동과 독립운동의 방법을 놓고 격론을 벌였으나 개조파와 창조파로 분열되면서 눈에 띄는 성과를 거두지는 못하였다(1923).

⑤ 대한민국 임시 정부는 파리 강화 회의에 김규식을 파견하여 독립 청원서를 제출하는 등 외교 활동을 전개하였다(1919).

Keyword

#대한민국 임시 정부 공보 제42호　#임시 의정원　#임시 정부 대통령 이승만 각하를 탄핵　#박은식 각하를 임시 정부 대통령으로 선거

정답 ①

주제 53

1920년대 일제의 문화 통치와 경제 수탈

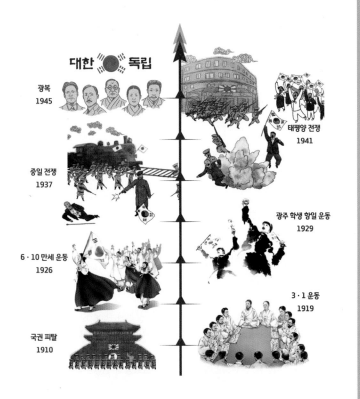

대한 독립

광복 1945

태평양 전쟁 1941

중일 전쟁 1937

광주 학생 항일 운동 1929

6·10 만세 운동 1926

국권 피탈 1910

3·1 운동 1919

합격전략

1920년대 일제의 문화 통치 정책은 1910년대 무단 통치 시기와 달라진 부분을 중점적으로 공부해야 합니다. 또한, **사료형** 문제를 통해 1920년대의 정책임을 알 수 있는 힌트를 제시하는 경우가 많으니 관련 사료들을 익혀 두어야 합니다.

---

225 **사료형** [36회 39번]

다음 법령이 공포된 이후에 있었던 사실로 옳지 않은 것은?

[3점]

> 제1조 국체를 변혁하거나 사유 재산 제도를 부인하는 것을 목적으로 결사를 조직하거나 또는 사정을 알고 이에 가입한 자는 10년 이하의 징역 또는 금고에 처한다. 전항의 미수죄도 처벌한다.
>
> 제2조 전조 제1항의 목적으로 그 목적이 되는 사항의 실행에 관하여 협의를 한 자는 7년 이하의 징역 또는 금고에 처한다.

① 박상진의 주도로 대한 광복회가 조직되었다.
② 전국적 조직인 조선 농민 총동맹이 결성되었다.
③ 민족 유일당 운동의 일환으로 신간회가 창립되었다.
④ 사회주의 세력의 활동 방향을 밝힌 정우회 선언이 발표되었다.
⑤ 노동 조건 개선을 요구하며 원산 노동자 총파업이 전개되었다.

▌문화 통치

📖 요약노트 **101**번

∨ 정답 파헤치기

자료에 제시된 치안 유지법을 통해 일제는 식민지 지배에 저항하는 민족 해방 운동과 사회주의 및 독립운동을 탄압하였다(1925).

① 대한 광복회는 박상진을 중심으로 대구에서 결성된 독립운동 단체이다(1915).

∨ 선택지 분석하기

② 조선 노농 총동맹이 조선 노동 총동맹과 조선 농민 총동맹으로 분리되었다(1927).

③·④ 1920년대 후반 민족 해방 운동 진영은 사회주의 단체인 정우회 선언(1926)을 계기로 민족주의 세력과 사회주의 세력이 합작하여 민족 유일당을 결성할 수 있다는 공감대가 형성되면서 신간회를 결성하였다(1927).

⑤ 영국인이 경영하는 회사에서 일본인 감독이 조선인 노동자를 구타하는 사건이 발단이 되어 파업이 시작되었고, 회사가 약속을 불이행하자 원산 노동 연합회를 중심으로 총파업에 들어갔다(1929).

K Keyword

#국체를 변혁 #사유 재산 제도를 부인 #결사를 조직하거나 가입한 자는 징역 또는 금고 #미수죄도 처벌

정답 ①

226 사료형 [45회 43번]

다음 문서가 작성된 당시에 실시된 일제의 정책으로 옳은 것은? [2점]

> 안으로는 세계적 불안의 여파를 받아서 우리 조선 내부의 민심도 안정되지 못하였다. …… 다른 한편으로는 지방 자치를 실시하여 민의 창달의 길을 강구하고, 교육 제도를 개정하여 교화 보급의 신기원을 이루었고, 게다가 위생적 시설의 개선을 촉진하였다. …… 일본인과 조선인 사이의 차별 대우를 철폐하고 동시에 조선인 소장층 중 유력자를 발탁하는 방법을 강구하여, 군수·학교장 등에 발탁된 자가 적지 않다.
>
> – 사이토 마코토, 「조선 통치에 대하여」 –

① 노동력 동원을 위해 국민 징용령을 시행하였다.
② 한국인에 한해 적용되는 조선 태형령을 공포하였다.
③ 쌀 수탈을 목적으로 하는 산미 증식 계획을 실시하였다.
④ 독립운동 탄압을 위한 조선 사상범 보호 관찰령을 공포하였다.
⑤ 회사 설립 시 총독의 허가를 받도록 하는 회사령을 제정하였다.

▌ 산미 증식 계획

📖 요약노트 100번

√ 정답 파헤치기

제시문은 사이토 마코토 총독이 발표한 문서로, 3·1 운동 이후 식민지 통치 방식을 무단 통치에서 문화 통치로 변화시키겠다는 내용을 담고 있다.

③ 문화 통치가 시행된 1920년대에는 자본주의 발전으로 인구가 급증하고 도시화가 진행되어 쌀값이 폭등하면서 식량 부족 문제가 발생하였다. 이에 일제는 부족한 쌀을 조선에서 수탈하기 위해 산미 증식 계획을 실시하였다(1920).

√ 선택지 분석하기

① · ④ 1930년대에 일제는 민족의 정체성을 말살하기 위해 황국 신민화 정책을 시행하였다. 이러한 정책의 일환으로 조선 사상범 보호 관찰령을 공포하여 사상 및 행동을 관찰한다는 명목으로 독립운동을 탄압하였다(1936). 또한, 일제는 중일 전쟁과 태평양 전쟁 수행에 필요한 인적 자원을 수탈하기 위해 국민 징용령을 시행하여 우리 민족을 전쟁에 강제 동원하였다(1939).

② 일제는 무단 통치기에 조선인에게만 적용되는 조선 태형령을 실시하였다(1912).

⑤ 일제는 민족 기업과 민족 자본의 성장을 억제하기 위해 회사령을 제정하여 회사 설립 시 총독의 허가를 받도록 하였다(1910).

Keyword

#교육 제도를 개정 #일본인과 조선인 사이의 차별 대우를 철폐 #조선인 소장층 중 유력자를 발탁 #사이토 마코토

정답 ③

---

227 사료형 [42회 40번]

다음 대책이 발표된 이후 일제가 시행한 정책으로 옳은 것은? [1점]

> 1. 친일 단체 조직의 필요
> …… 암암리에 조선인 중 …… 친일 인물을 물색케 하고, 그 인물로 하여금 …… 각기 계급 및 사정에 따라 각종의 친일적 단체를 만들게 한 후, 그에게 상당한 편의와 원조를 제공하여 충분히 활동토록 할 것.
> ⋮
> 1. 농촌 지도
> …… 조선 내 각 면에 ○재회 등을 조직하고 면장을 그 회장에 추대하고 여기에 간사 및 평의원 등을 두어 유지(有志)가 단체의 주도권을 잡고, 그 단체에는 국유 임야의 일부를 불하하거나 입회를 허가하는 등 당국의 양해 하에 각종 편의를 제공할 것.
>
> – 「사이토 마코토 문서」 –

① 한국인에 한해 적용되는 조선 태형령이 공포되었다.
② 사회주의 운동을 탄압하기 위한 치안 유지법이 마련되었다.
③ 기한 내에 토지를 신고하게 하는 토지 조사령이 제정되었다.
④ 헌병대 사령관이 치안을 총괄하는 경무총감부가 신설되었다.
⑤ 회사 설립 시 총독의 허가를 얻도록 하는 회사령이 발표되었다.

▌ 치안 유지법

📖 요약노트 099번

√ 정답 파헤치기

일제는 3·1 운동 이후 국제 여론의 악화를 의식하고, 무단 통치의 한계를 인식하여 기만적 문화 통치로 전환하였다. 그러나 실상은 친일파를 양성하는 등 우리 민족의 분열을 꾀한 기만적인 통치 정책에 불과하였다.

② 일제는 치안 유지법을 시행하여 식민지 지배에 저항하는 민족 해방 운동과 사회주의 및 독립운동을 탄압하였다(1925).

√ 선택지 분석하기

① 일제가 조선 태형령을 실시하면서 곳곳에 배치된 헌병 경찰들은 조선인들에게 태형을 통한 형벌을 가하였다(1912).

③ 조선 총독부는 토지 조사국을 설치하고 토지 조사령을 발표하여 일정 기간 내 토지를 신고하도록 하였다(1912).

④ 경무 총감부는 일제가 헌병 경찰제를 시행하였던 1910년대에 존속한 경찰 조직의 최고 기관이었다.

⑤ 일제는 1910년대 무단 통치기에 회사령을 공포하여 회사를 설립하거나 해산할 때 총독부의 허가를 받게 하고 민족 기업의 설립을 방해하였다(1910).

Keyword

#친일 단체 #친일 인물 #사이토 마코토

정답 ②

주제 54

1920년대 무장 독립 투쟁

합격전략

3·1 운동 이후인 1920년대에는 무장 독립 투쟁이 활발하게 이루어졌는데, 특히 국외에서 이루어진 항일 독립군들의 활동을 꼭 암기해 두어야 합니다. 또한, 의열단과 한인 애국단 활동은 소속 단원들의 의거를 **사료형**으로 제시한 뒤 해당 단체에 대한 설명으로 옳은 것을 고르는 형태로 자주 출제되니 각 단체의 의거를 구분할 수 있도록 합니다.

228 빈칸형 [43회 41번]

(가) 인물에 대한 설명으로 옳은 것은? [2점]

저는 지금 카자흐스탄 크질오르다에 있습니다. 이곳은 (가) 이/가 근무하였던 옛 고려 극장 건물입니다. 대한 독립군 총사령관이었던 그는 1937년 옛 소련의 강제 이주 정책에 의해 연해주에서 중앙아시아 지역으로 이주하였습니다. 최근 그의 유해 봉환 문제가 제기되면서 국내외 독립운동가의 예우와 선양 사업에 대한 관심이 높아지고 있습니다.

① 양기탁 등과 함께 신민회를 조직하였다.
② 광복에 대비하여 조선 건국 동맹을 결성하였다.
③ 봉오동 전투에서 일본군을 상대로 승리를 거두었다.
④ 독립군을 양성하기 위하여 신흥 강습소를 설립하였다.
⑤ 독립 투쟁 과정을 정리한 한국독립운동지혈사를 저술하였다.

봉오동 전투

📖 요약노트 107번

✓ 정답 파헤치기

③ 홍범도의 대한 독립군은 대한 국민회군, 군무도독부 등의 독립군과 연합하여 봉오동 전투에서 일본군을 상대로 큰 승리를 거두었다(1920).

✓ 선택지 분석하기

① 안창호와 이승훈, 양기탁을 중심으로 결성된 신민회는 민족 교육과 민족 산업 육성 등 다양한 방면으로 독립운동을 전개하였다.
② 여운형은 일제의 패전과 민족의 독립에 대비하기 위해 조선 건국 동맹을 결성하였으며 광복 이후 민주주의 국가 건설을 목표로 하였다.
④ 신민회의 이회영 등은 항일 무장 투쟁의 필요성을 인식하여 서간도 지역에 독립군 양성 학교인 신흥 강습소를 설립하였다.
⑤ 박은식은 갑신정변부터 3·1 운동까지의 역사에 초점을 맞춰 민족의 항일 운동 역사를 다룬 『한국독립운동지혈사』를 저술하였다.

Keyword

#카자흐스탄 크질오르다 #대한 독립군 총사령관 #독립운동가

정답 ③

229 빈칸형 [50회 38번]

(가) 전투에 대한 설명으로 옳은 것은? [2점]

> 이곳은 부산 해운대에 있는 '애국지사 강근호 길'입니다. 그는 1920년 10월 백운평, 어랑촌, 고동하 등지에서 일본군에 맞서 싸운 ___(가)___ 당시 북로 군정서 중대장으로 활약하였습니다.

① 중국 호로군과 협력하여 진행되었다.
② 미국 전략 정보국(OSS)의 지원을 받았다.
③ 대한민국 임시 정부 수립에 영향을 주었다.
④ 조국 광복회의 지원 아래 유격전으로 전개되었다.
⑤ 대한 독립군, 대한 국민군 등이 연합하여 참여하였다.

▌청산리 전투

📖 요약노트 **107**번

√ 정답 파헤치기

강근호는 1920년 북로 군정서군 중대장으로 청산리 전투에서 활약한 인물이다.

⑤ 김좌진을 중심으로 한 북로 군정서군과 홍범도가 이끄는 대한 독립군, 대한 국민군 등이 주축이 된 독립군 연합 부대가 청산리 전투에서 일본군에 큰 승리를 거두었다(1920).

√ 선택지 분석하기

① 지청천을 중심으로 북만주에서 결성된 한국 독립군은 중국 호로군과 연합하여 쌍성보 전투(1932), 사도하자 전투(1933), 대전자령 전투(1933)에서 일본군에 승리하였다.

② 충칭에서 대한민국 임시 정부의 직할 부대로 창설된 한국 광복군(1940)은 영국군의 요청을 받아 인도, 미얀마 전선에 파견되었으며 미국 전략 정보국(OSS)의 협조를 통해 국내 진공 작전을 준비하였다.

③ 3·1 운동은 각계각층의 사람들이 참여한 대규모 독립운동으로, 국내외 민족의 주체성을 확인하는 계기가 되어 대한민국 임시 정부의 수립이라는 결과를 가져왔다.

④ 1930년대 만주 지역에서는 항일 유격대의 활동이 활발하였고 김일성이 조직한 조국 광복회(1936)를 중심으로 보천보 전투를 전개하여 승리하였다(1937).

Keyword

#강근호 #1920년 #백운평·어랑촌·고동하 등지 #일본군에 맞서 싸움 #북로 군정서

정답 ⑤

230 연표형 [38회 37번]

밑줄 그은 '이 사건'이 일어난 시기를 연표에서 옳게 고른 것은? [1점]

> 얼마 전 연길 일대에서 일어난 조선인 학살 사건 소식을 들었는가? 이 사건을 취재하던 장덕준이라는 신문 기자도 희생되었다던데.

> 청산리 전투 패배로 일본군의 만행이 극에 달하고 있군.

1910		1919		1925		1931		1937		1945
	(가)		(나)		(다)		(라)		(마)	
국권 피탈		3·1 운동		미쓰야 협정		만주 사변		중·일 전쟁		8·15 광복

① (가)　　② (나)　　③ (다)　　④ (라)　　⑤ (마)

▌간도 참변

📖 요약노트 **103**번

√ 정답 파헤치기

1920년대 홍범도의 대한 독립군과 김좌진의 북로 군정서군을 중심으로 만주 지역 항일 투쟁이 전성기를 맞았다.

② 일제는 봉오동 전투와 청산리 전투 패배를 보복하기 위해 1920년 10월부터 독립군의 근거지를 소탕한다는 목적으로 간도 지역의 수많은 한국인을 학살하는 만행을 저질렀고 이를 간도 참변이라 한다.

Keyword

#연길 #조선인 학살 사건 #장덕준 #청산리 전투 패배 #일본군의 만행

정답 ②

231 사료형 [45회 39번]

밑줄 그은 '사람'이 소속된 단체에 대한 설명으로 옳은 것은? [2점]

> 어제 12일 상오 10시 20분에 조선 총독부에 폭탄 두 개가 투척되었다. 비서과 분실 인사계실에 던진 한 개는 책상 위에 떨어져서 폭발되지 아니했으며, 다시 회계 과장실에 던진 한 개는 유리창에 맞아 즉시 폭발되어 유리창은 산산이 부서지고 마루에 떨어져서 주먹 하나가 들어갈 만한 구멍을 뚫었다. 폭탄을 던진 사람은 즉시 종적을 감추었으므로 지금 엄중 탐색 중이요, 폭발 소리가 돌연히 일어나자 총독부 안은 물 끓듯 하여 한바탕 아수라장을 이루었다더라.

① 조선 혁명 선언을 활동 지침으로 삼았다.
② 윤봉길, 이봉창 등이 단원으로 활동하였다.
③ 파리 강화 회의에 독립 청원서를 제출하였다.
④ 신흥 무관 학교를 세워 독립군을 양성하였다.
⑤ 독립군 비행사 육성을 위해 한인 비행 학교를 세웠다.

232 빈칸형 [43회 43번]

(가) 단체에 대한 설명으로 옳은 것은? [2점]

> 김창숙은 동년 음력 3월 중순에 상하이에 도착하여 본래부터 친분이 있는 (가) 의 간부 김원봉, 유우근, 한봉근 등을 만나 여러 가지로 의논하였다. …… (가) 의 단원인 나석주를 조선에 잠입시켜 동양 척식 주식회사, 조선 식산 은행 등에 폭탄을 던지고 권총을 난사하여 인명을 살상케 하였다는 것인데, 김창숙은 나석주가 조선에 건너가서 암살할 자로 영남의 부호 장모, 하모, 권모 등을 지적한 일까지 있었다고 한다.

① 태평양 전쟁 발발 이후에 조직되었다.
② 고종의 밀지를 받아 결성된 비밀 단체였다.
③ 만민 공동회를 열어 민권 신장을 추구하였다.
④ 일제가 조작한 105인 사건으로 큰 타격을 입었다.
⑤ 단원 일부가 황푸 군관 학교에 입학해 군사 훈련을 받았다.

▮ 의열단 📖 요약노트 101번

✓ 정답 파헤치기

1919년 김원봉이 만주에서 조직한 의열단은 일제 요인 암살, 기관 파괴, 테러 등 직접적인 투쟁 방법으로 무장 항일 운동을 전개하였다. 의열단원 김익상은 단장 김원봉으로부터 총독을 암살하라는 밀령을 받고 전기 수리공으로 변장하여 총독부 건물에 잠입한 뒤 폭탄을 투척하였다(1921).

① 의열단은 신채호가 1923년에 작성한 조선 혁명 선언을 기본 행동 강령으로 삼고 직접적 투쟁을 통한 독립운동을 전개하였다.

✓ 선택지 분석하기

② 김구가 1931년에 조직한 한인 애국단은 적극적인 항일 무장 투쟁을 전개하였다. 단원 윤봉길은 훙커우 공원에서 열린 전승 축하 기념식에 폭탄을 투척하였고(1932), 이봉창은 도쿄에서 일본 국왕에게 폭탄을 투척하였다(1932).

③ 상하이 임시 정부의 모체인 신한 청년당은 파리 강화 회의에 김규식을 파견하여 독립 청원서를 제출하였다(1919).

④ 신민회는 장기적인 독립 전쟁 수행을 위해 국외 독립운동 기지 건설을 추진하여 남만주 삼원보에 신흥 무관 학교를 세워 독립군을 양성하였다.

⑤ 김종림과 노백린은 독립 전쟁에서 공군의 중요성을 강조하며 독립군 비행사 양성을 목적으로 한인 비행 학교를 세웠다(1920).

🔑 Keyword

#조선 총독부에 폭탄 투척 #비서과 분실 #회계 과장실

정답 ①

▮ 의열단 📖 요약노트 101번

✓ 정답 파헤치기

김원봉이 결성한 의열단은 신채호가 작성한 조선 혁명 선언을 기본 행동 강령으로 하여 직접적인 투쟁 방법인 암살, 파괴, 테러 등을 통해 독립운동을 전개하였다. 의열단원 나석주는 동양 척식 주식회사와 조선 식산 은행에 폭탄을 투척하였다.

⑤ 의열단은 기존에 전개하던 투쟁 방식으로는 한계를 느끼게 되었다. 이에 조직적 무장 투쟁으로 전환하기 위해 김원봉을 비롯한 의열단원의 일부는 황푸 군관 학교에 입학해 군사 훈련을 받았다.

✓ 선택지 분석하기

① 태평양 전쟁은 1940년대 발발하였으며 의열단은 1919년에 조직되어 1920년대 활발한 독립운동을 전개하였기 때문에 시기상 맞지 않다.

② 독립 의군부는 고종의 밀지를 받아 결성한 비밀 단체로 의병을 모으고, 조선 총독부에 국권 반환 요구서를 보내 한반도 강점의 부당함을 주장하였다.

③ 독립 협회는 만민 공동회와 관민 공동회를 개최하여 민중에게 근대적 지식과 국권·민권 사상을 고취시켰다.

④ 신민회는 일제가 조작한 105인 사건으로 인해 큰 타격을 입고 해체되었다.

🔑 Keyword

#김원봉 #나석주 #동양 척식 주식회사·조선 식산 은행 등에 폭탄

정답 ⑤

주제
55

실력 양성 운동과
만세 운동

대한 독립

광복
1945

태평양 전쟁
1941

중일 전쟁
1937

광주 학생 항일 운동
1929

6 · 10 만세 운동
1926

3 · 1 운동
1919

국권 피탈
1910

합격전략

일제의 탄압에 대항하여 전개된 실력 양성 운동은 주도 세력, 활동 내용 등 관련 정보를 골고루 암기해야 합니다. 또한, 6 · 10 만세 운동과 광주 학생 항일 운동은 단골 출제되니 꼭 비교하여 학습하도록 합니다.

---

233 사료형 [48회 43번]

다음 자료에 나타난 민족 운동에 대한 설명으로 옳은 것은?

[1점]

> 표어 모집으로 말하면 조선에 있어서는 처음 일이라 그래서 그 내용도 시원치 못하여 일등이라고 할 만한 것이 하나도 없었음은 매우 유감된 일이라 하며 이번에 당선된 것으로 말하면 이등이 셋, 삼등 넷이라는데 그중 한두 가지를 소개하면 아래와 같다.
> 2등 내 살림은 내 것으로
> 2등 조선 사람 조선 것
> 3등 우리 것으로만 살기

① 조선 노동 총동맹을 중심으로 전개되었다.
② 근우회의 주도로 여성의 권익을 옹호하였다.
③ 백정에 대한 사회적 차별 철폐를 목표로 하였다.
④ 자작회, 토산 애용 부인회 등의 단체가 활동하였다.
⑤ 국문 연구소를 세워 한글을 체계적으로 연구하였다.

▌물산 장려 운동

📖 요약노트 101번

✓ 정답 파헤치기

1920년대 회사령의 폐지 이후 한국인의 기업 활동이 증가하면서 민족 기업을 통하여 경제 자립을 이루기 위해 물산 장려 운동이 일어났다.

④ 물산 장려 운동이 일어나자 자작회는 연희 전문 학교 학생들에 의해 조직되었고(1922), 토산 애용 부인회는 박영자, 최영아 등의 주도로 조직되어 활동하였다(1923).

✓ 선택지 분석하기

① 조선 노농 총동맹이 조선 노동 총동맹과 조선 농민 총동맹으로 분리되었고(1927), 조선 노동 총동맹의 주도로 노동 운동이 추진되었다.

② 신간회의 자매 단체로 조직된 근우회는 강연회 개최 등 여성 계몽 활동과 여성 지위 향상 운동을 전개하며 여성의 권익을 옹호하였다(1927).

③ 진주에서 결성된 조선 형평사는 백정에 대한 사회적 차별의 철폐를 목표로 하여 형평 운동을 주도하였다(1923).

⑤ 지석영과 주시경을 중심으로 국문 연구소가 설립되어 한글의 정리와 국어의 이해 체계 확립에 힘썼다(1907).

K Keyword

#내 살림은 내 것으로 #조선 사람 조선 것 #우리 것으로만 살기

정답 ④

안심Touch

234 사료형 [38회 39번]

다음 취지서를 발표한 민족 운동에 대한 설명으로 옳은 것은? [3점]

발기 취지서

우리의 운명을 어떻게 개척할까? …… 민중의 보편적 지식은 보통 교육으로도 가능하지만 심오한 지식과 학문은 고등 교육이 아니면 불가하며, 사회 최고의 비판을 구하며 유능한 인물을 양성하려면 최고 학부의 존재가 가장 필요하도다. …… 그러므로 우리는 이에 느낀 바 있어 감히 만천하 동포에게 향하여 민립 대학의 설립을 제창하노니, 형제 자매는 와서 찬성하고 나아가며 이루라.

① 근우회를 중심으로 진행되었다.
② 중국의 5 · 4 운동에 영향을 주었다.
③ 이상재 등이 주도하여 모금 활동을 전개하였다.
④ 어린이날을 제정하고 잡지 어린이 등을 발간하였다.
⑤ '배우자 가르치자 다 함께 브나로드' 등의 구호를 내세웠다.

▮ 민립 대학 설립 운동

📖 요약노트 101번

∨ 정답 파헤치기

③ 1920년대에는 한국인을 위한 고등 교육 기관인 민립 대학 설립 운동이 시작되었다. 이상재 등이 중심이 되어 1923년에 조선 민립 대학 기성회를 조직하고 모금 활동을 전개하였다.

∨ 선택지 분석하기

① 근우회는 신간회의 자매 단체로 조직되어 여성 계몽 활동과 여성 지위 향상 운동을 전개하였다(1927).
② 3 · 1 운동은 고종의 인산일을 계기로 일어난 전국적인 민족 운동으로, 중국의 5 · 4 운동에 영향을 주었다.
④ 김기전, 방정환 등이 주축이 된 천도교 소년회는 1923년 5월 1일에 어린이날을 제정하고, 『어린이』라는 잡지를 간행하였다.
⑤ 언론사를 중심으로 1930년대 초 농촌 계몽 운동이 전개되었으며 조선일보는 문자 보급 운동, 동아일보는 브나로드 운동을 주도하였다.

Keyword

#고등 교육 #최고 학부 #민립 대학의 설립

정답 ③

235 설명형 [40회 40번]

밑줄 그은 '이 운동'에 대한 설명으로 옳은 것은? [2점]

이것은 안동에 있는 '항일구국열사 권오설 선생 기적비'이다. 권오설은 사회주의 진영의 중심 인물로서, 순종 인산일을 기회로 삼아 천도교 계열과 사회주의 계열이 함께 준비한 이 운동을 기획하는 데 주도적인 역할을 하였다. 정부는 그의 애국 애족 정신을 기리기 위하여 2005년에 건국 훈장 독립장을 추서하였다.

① 치안 유지법이 제정되는 결과를 가져왔다.
② 백정에 대한 사회적 차별 철폐를 목적으로 하였다.
③ 일제가 이른바 문화 통치를 실시하는 배경이 되었다.
④ 국내에서 민족 유일당 운동이 전개되는 계기가 되었다.
⑤ 배우자 가르치자 다 함께 브나로드를 구호로 내세웠다.

▮ 6 · 10 만세 운동

📖 요약노트 101번

∨ 정답 파헤치기

④ 사회주의자와 학생들은 순종의 인산일에 만세 운동을 계획하였으나 사회주의자들이 사전에 발각되어 학생들을 중심으로 순종의 국장일인 1926년 6월 10일에 서울 시내에서 만세 시위를 전개하였다. 운동의 준비 과정에서 조선 공산당을 중심으로 한 사회주의 세력과 천도교를 중심으로 한 민족주의 세력이 연대하여 민족 유일당을 결성할 수 있다는 공감대가 형성되었다.

∨ 선택지 분석하기

① 일제는 치안 유지법을 제정하여 식민지 지배에 저항하는 민족 해방 운동을 탄압하였다(1925).
② 일제 강점기에 백정들은 사회적 차별을 철폐하기 위해 조선 형평사를 결성하고 형평 운동을 전개하였다(1923).
③ 일제는 1919년 3 · 1 운동을 계기로 통치 방식을 무단 통치에서 문화 통치로 전환하였다.
⑤ 1930년대 초 언론사를 중심으로 농촌 계몽 운동이 전개되었으며 그중 동아일보는 브나로드 운동을 전개하였다.

Keyword

#권오설 #사회주의 진영 #순종 인산일 #천도교 계열과 사회주의 계열이 함께 준비

정답 ④

236 설명형 [45회 36번]

다음 기사에 보도된 사건에 대한 설명으로 옳은 것은? [2점]

□□일보

제△△호 　　　　　 ○○○○년 ○○월 ○○일

광주고보, 중학생 충돌 사건
쌍방 기세 의연 험악

　지난 3일 광주역 부근 일대에서는 광주 공립 고등 보통학교 학생과 광주 일본인 중학교 학생 각 300여 명이 다투어 쌍방에 수십 명의 부상자를 내었다. 이후 고등 보통학교 학생들은 막대를 총과 같이 어깨에 메고 시내에서 시위를 벌였다. 두 학교에서는 극도로 감정이 격앙된 학생들을 진정시키기 위해 6일까지 사흘 동안 임시 휴교를 하였다는데 쌍방 학생의 기세는 아직도 험악하다고 하더라.

① 순종의 인산일을 계기로 일어났다.
② 일제의 무단 통치를 완화시키는 배경이 되었다.
③ 대한민국 임시 정부가 수립되는 계기가 되었다.
④ 대한매일신보의 후원 속에 전국적으로 확산되었다.
⑤ 전국 각지에서 일어난 동맹 휴학의 도화선이 되었다.

▌ 광주 학생 항일 운동
📖 요약노트 101번

✔ 정답 파헤치기

광주 학생 항일 운동은 한일 학생 간의 우발적 충돌 사건을 계기로 발생하였으나(1929), 조선인 학생에 대한 차별과 식민지 교육에 저항하는 항일 운동으로 발전하였다. 이는 3·1 운동 이후 가장 큰 규모의 항일 운동이었으며 신간회가 진상 조사단을 파견하여 지원하기도 하였다.

⑤ 광주 학생 항일 운동은 일본 경찰의 편파 수사에 대한 반발로 전국적으로 확대되며 동맹 휴학의 도화선이 되었다.

✔ 선택지 분석하기

① 사회주의자와 학생들이 순종의 인산일에 만세 운동을 계획하였으나 사회주의자들이 사전에 발각되어 학생들을 중심으로 6·10 만세 운동이 전개되었다(1926).

②·③ 3·1 운동은 일제가 무단 통치를 완화하고 식민지 통치를 문화 통치 방식으로 변환하는 배경이 되었다. 또한, 독립을 체계적으로 준비하기 위해 대한민국 임시 정부를 수립하는 계기가 되었다.

④ 국채 보상 운동은 서상돈 등의 주도로 대구에서 시작된 경제적 구국 운동으로, 대한매일신보, 황성신문, 제국신문 등 언론 기관의 후원 속에 전국적으로 확산되었다(1907).

Keyword

#광주고보 　#중학생 충돌 사건 　#시내에서 시위 　#임시 휴교

정답 ⑤

237 시기 일치형 ➕ 사료형 [39회 40번]

(가), (나) 사이의 시기에 있었던 사실로 옳은 것은? [3점]

(가)
6·10 만세 사건 제1회 공판

(나)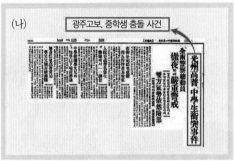
광주고보, 중학생 충돌 사건

① 3·1 운동이 전국적으로 전개되었다.
② 광복에 대비하여 조선 건국 동맹이 결성되었다.
③ 조선 혁명군이 영릉가에서 일본군에 승리하였다.
④ 민족 유일당 운동의 일환으로 신간회가 창립되었다.
⑤ 조선 민족 전선 연맹 산하에 조선 의용대가 조직되었다.

▌ 만세 운동
📖 요약노트 101번

✔ 정답 파헤치기

(가) 6·10 만세 운동(1926), (나) 광주 학생 항일 운동(1929)
④ 6·10 만세 운동 이후 사회주의 세력과 민족주의 세력이 연대하여 민족 유일당을 결성할 수 있다는 공감대가 형성되어 신간회가 결성되었다(1927).

✔ 선택지 분석하기

① 3·1 운동은 각계각층의 사람들이 참여한 대규모 독립운동으로 전국적으로 전개되었다(1919).

② 여운형을 중심으로 결성된 조선 건국 동맹(1944)은 광복 이후 민주주의 국가 건설을 목표로 하고 불문, 불언, 불명 등의 3대 원칙을 내세우고 활동을 전개하였다.

③ 남만주 지역에서 조직된 조선 혁명군은 조선 혁명당의 군사 조직으로 중국 의용군과 연합하여 흥경성, 영릉가 전투를 승리로 이끌었다(1929).

⑤ 조선 의용대는 김원봉이 주도하여 중국 국민당의 지원을 받아 중국 관내에서 결성된 최초의 한인 무장 부대로, 조선 민족 전선 연맹 산하에 있었다(1938).

Keyword

#6·10 만세 사건 　#광주고보 　#중학생 충돌 사건

정답 ④

안심Touch

주제
56

민족 유일당 운동과 사회 운동

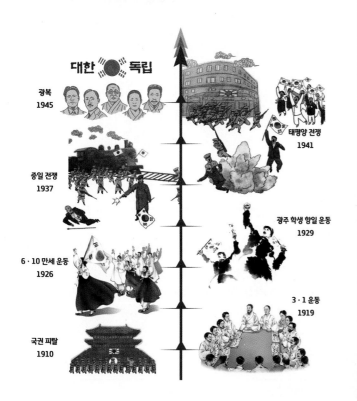

대한 독립

광복
1945

태평양 전쟁
1941

중일 전쟁
1937

광주 학생 항일 운동
1929

6·10 만세 운동
1926

3·1 운동
1919

국권 피탈
1910

합격전략

민족 유일당 운동의 일환으로 결성된 신간회의 창립 배경을 중점적으로 공부해야 하며, 사회 각계각층에서 전개된 농민·노동·소년·형평 운동을 함께 알아 두도록 합니다.

238 빈칸형 ➕ 사료형 [42회 39번]

(가) 단체에 대한 설명으로 옳은 것은? [2점]

> 지난 3일 전남 광주에서 일어난 고보학생 대 중학생의 충돌 사건에 대하여 종로에 있는 _____(가)_____ 본부에서는 제19회 중앙상무집행위원회의 결의로 장성·송정·광주 세 지회에 대하여 긴급 조사 보고를 지령하는 동시에 사태의 진전을 주시하고 있던 바, 지난 8일 밤 중요 간부들이 긴급 상의한 결과, 사건 내용을 철저히 조사하고 구금된 학생들의 석방도 교섭하기 위하여 중앙집행위원장 허헌, 서기장 황상규, 회계 김병로 세 최고 간부를 광주까지 특파하기로 하고 9일 오전 10시 특급 열차로 광주에 향하게 하였다더라.
>
> – 동아일보 –

① 조선 혁명 선언을 활동 지침으로 삼았다.
② 민족 유일당 운동의 일환으로 창립되었다.
③ 조선학 운동을 전개하여 여유당전서를 간행하였다.
④ 조소앙의 삼균주의를 기초로 기본 강령을 발표하였다.
⑤ 대성 학교와 오산 학교를 세워 민족 교육을 전개하였다.

▌신간회 📖 요약노트 **108**번

✓ 정답 파헤치기

한국인 학생과 일본인 학생 간의 충돌 사건을 계기로 조선인 학생에 대한 차별과 식민지 교육에 저항하여 발생한 광주 학생 항일 운동에 대해 신간회가 진상 조사단을 파견하여 지원하였다(1929).

② 1920년대 후반 정우회 선언을 계기로 민족주의 세력과 사회주의 세력이 합작하여 민족 유일당 운동을 전개하면서 신간회를 결성하였다(1927).

✓ 선택지 분석하기

① 김원봉이 결성한 의열단은 신채호가 작성한 조선 혁명 선언을 기본 활동 지침으로 삼고 독립운동을 전개하였다.

③ 안재홍, 정인보, 문일평이 중심이 되어 추진된 조선학 운동은 조선의 언어, 역사, 문학을 연구하는 민족 문화 운동으로, 정약용의 저술을 모은 『여유당전서』를 간행하였다.

④ 대한민국 임시 정부는 조소앙의 삼균주의를 기초로 대한민국 건국 강령을 발표하였다(1941).

⑤ 신민회는 국권 회복과 공화 정체에 바탕을 둔 근대 국가 건설을 목표로 하고 대성 학교와 오산 학교를 세워 민족 교육을 전개하였다.

Keyword

#광주 #고보학생 #긴급 조사 보고

정답 ②

239 설명형 [49회 42번]

밑줄 그은 '투쟁' 이후의 사실로 옳은 것은? [2점]

최근 개통된 천사대교를 건너면 일제 강점기 대표적인 소작 쟁의가 전개된 암태도를 만날 수 있습니다. 당시 암태도의 농민들은 고율의 소작료를 징수하는 지주 문재철에 맞서 목포까지 나가 단식을 벌이는 등 약 1년에 걸친 <u>투쟁</u>으로 소작료를 낮추는 성과를 거두었습니다.

① 회사령이 제정되었다.
② 농광 회사가 설립되었다.
③ 토지 조사 사업이 실시되었다.
④ 조선 농민 총동맹이 결성되었다.
⑤ 함경도에서 방곡령이 선포되었다.

240 사료형 [41회 41번]

다음 성명서가 발표된 이후의 사실로 옳은 것은? [3점]

금반 우리의 노동 정지는 다만 국제 통상 주식회사 원산 지점이 계약을 무시하고 부두 노동 조합 제1구에 대하여 노동을 정지시킨 것으로 인하여 각 세포 단체가 동정을 표한 것뿐이다. 그러므로 결코 동맹 파업을 행한 것은 아니다. 그럼에도 불구하고 재향 군인회, 소방대가 출동한다 하여 온 도시를 경동케 함은 실로 이해할 수 없는 현상이니 …… 또한 원산 상업 회의소가 우리 연합회 회원과 그 가족 만여 명을 비(非) 시민과 같이 보는 행동을 감행하고 있는 것이 사실임으로 …… 상업 회의소에 대하여 입회 연설회를 개최할 것을 요구하였다.
– 동아일보 –

① 조선 노동 총동맹과 조선 농민 총동맹이 성립되었다.
② 경성 고무 여자 직공 조합이 아사 동맹을 결성하였다.
③ 노동자 강주룡이 을밀대 지붕에서 고공 농성을 전개하였다.
④ 전국 단위의 노동 운동 단체인 조선 노동 공제회가 조직되었다.
⑤ 백정에 대한 차별 철폐를 요구하는 조선 형평사가 창립되었다.

▌암태도 소작 쟁의

∨ 정답 파헤치기

전라남도 신안군 암태도에서는 일제 강점기 최대의 소작 쟁의인 암태도 소작 쟁의가 발생하였다(1923). 소작농들은 일본 경찰의 비호를 받아 고율의 소작료를 징수하는 지주 문재철에 맞서 소작료 인하 투쟁을 전개하여 결국 소작료 인하를 관철시켰다.

④ 조선 노농 총동맹은 조선 노동 총동맹과 조선 농민 총동맹으로 분리되어(1927) 노동 운동을 전개하였다.

∨ 선택지 분석하기

① 일제는 민족 기업과 민족 자본의 성장을 억제하기 위해 회사 설립 시 총독의 허가를 받도록 하는 회사령을 제정하였다(1910).
② 일제가 조선의 토지를 개간한다는 구실로 조선 땅을 침탈하려 하자 이에 대항하기 위해 농광 회사가 설립되었다(1904).
③ 조선 총독부는 토지 조사국을 설치하고 토지 조사령을 발표하여 일정 기간 내 토지를 신고하도록 하는 토지 조사 사업을 실시하였다(1912).
⑤ 함경도 관찰사 조병식은 흉년으로 곡물이 부족해지자 일본으로 곡물이 유출되는 것을 막기 위해 조일 통상 장정의 조항을 토대로 방곡령을 선포하였다(1889).

Keyword

#일제 강점기 대표적인 소작 쟁의 #암태도 #고율의 소작료를 징수 #지주 문재철에 맞섬 #소작료를 낮추는 성과

정답 ④

▌원산 노동자 총파업

📖 요약노트 108번

∨ 정답 파헤치기

원산 총파업은 영국인이 경영하는 회사에서 일본인 감독이 조선인 노동자를 구타한 사건에서 시작되었는데, 파업 후 노동자의 요구를 받아주겠다던 회사가 약속을 이행하지 않자 원산 노동 연합회를 중심으로 총파업에 들어갔다(1929).

③ 평양 평원 고무 공장에 다니는 노동자였던 강주룡은 을밀대 지붕 위로 올라가 일제의 노동 착취와 수탈을 규탄하며 임금 삭감 반대와 노동 조건 개선을 주장하는 연설을 전개하였다(1931).

∨ 선택지 분석하기

① 조선 노동 총동맹 · 조선 농민 총동맹 결성(1927)
② 경성 고무 여자 직공 조합의 아사 동맹 결성(1923)
④ 조선 노동 공제회 조직(1920)
⑤ 조선 형평사 창립(1923)

Keyword

#노동 정지 #원산 #부두 노동 조합 #동맹 파업

정답 ③

241 사료형 [47회 42번]

다음 자료에 나타난 사회 운동에 대한 설명으로 옳은 것은?

[2점]

> ### 어린 동무들에게
>
> • 돋는 해와 지는 해를 반드시 보기로 합시다.
> • 어른에게는 물론이고 당신들끼리도 서로 존대하기로 합시다.
> • 뒷간이나 담벽에 글씨를 쓰거나 그림 같은 것을 그리지 말기로 합시다.
> • 길가에서 떼를 지어놀거나 유리 같은 것을 버리지 말기로 합시다.
> • 꽃이나 풀을 꺾지 말고, 동물을 사랑하기로 합시다.
> • 전차나 기차에서는 어른에게 자리를 사양하기로 합시다.
> • 입은 꼭 다물고 몸은 바르게 가지기로 합시다.
>
> – 1923년 5월 1일 어린이날 기념 선전문 –

① 통감부의 탄압으로 중단되었다.

② 김광제, 서상돈 등이 주도하였다.

③ 서당 규칙을 제정하는 계기가 되었다.

④ 천도교 세력이 중심이 되어 추진하였다.

⑤ 평양에서 시작하여 전국으로 확산되었다.

242 설명형 [46회 44번]

밑줄 그은 '이 운동'에 대한 설명으로 옳은 것은?　　　[1점]

> 이 탑은 진주에서 시작된 이 운동을 기념하기 위해 시민들이 성금을 모아 설립한 것입니다. 탑에는 이 운동을 주도한 단체가 표방한 '공평(公平)은 사회의 근본이요, 애정(愛情)은 인류의 본량(本良)이다.'라는 내용이 새겨져 있습니다.

① 잡지 동광을 발행하였다.

② 김광제 등의 발의로 시작되었다.

③ 한일 학생 간의 충돌에서 비롯되었다.

④ 백정에 대한 차별 철폐를 목표로 하였다.

⑤ 배우자 가르치자 다함께 브나로드를 구호로 내세웠다.

▌ 소년 운동

📖 요약노트 108번

✔ 정답 파헤치기

④ 동학의 제3대 교주였던 손병희는 동학을 천도교로 개칭한 뒤 교단 조직을 새롭게 정비였으며, 소년 운동을 적극적으로 지원하였다. 방정환, 김기전 등이 활동한 천도교 소년회에서는 어린이날을 제정하고 『어린이』라는 잡지를 간행하였다. 그러나 1930년대에 들어서면서 일제는 소년 운동을 애국 운동으로 간주하여 탄압하고 금지시켰다.

✔ 선택지 분석하기

① · ② 국채 보상 운동은 김광제, 서상돈 등의 제안으로 대구에서 시작된 주권 수호 운동으로, 일본에서 도입한 차관 1,300만 원을 갚아 주권을 회복하고자 하였다(1907). 각종 계몽 단체와 언론 기관의 지원을 통해 전국으로 확산되었으나 통감부의 탄압으로 중단되었다.

③ 일제의 사립 학교 규칙으로 인해 전국적으로 개량 서당 운동이 확산되자 일제는 서당 규칙을 만들어 개량 서당 설립을 방해하였다(1918).

⑤ 민족 기업을 육성하여 경제적 자립을 이루자는 물산 장려 운동은 '조선 사람 조선 것, 내 살림 내 것으로'라는 구호를 내걸고 평양에서 시작하여 전국적으로 확산되었다.

Keyword

#어린 동무들　#1923년 5월 1일 어린이날

정답 ④

▌ 형평 운동

📖 요약노트 108번

✔ 정답 파헤치기

④ 일제 강점기에 백정들은 사회적 차별을 철폐하기 위해 진주에서 조선 형평사를 결성하고 형평 운동을 전개하였다(1923).

✔ 선택지 분석하기

① 수양동우회는 안창호가 서울에서 조직한 흥사단 계열의 개량주의적 민족 운동 단체로, 기관지 『동광』을 발행하였다.

② 국채 보상 운동은 김광제, 서상돈 등의 제안으로 대구에서 시작되었다. 이후 서울에서 조직된 국채 보상 기성회를 중심으로 전국적으로 확산되어 일본에서 도입한 차관 1,300만 원을 갚아 주권을 회복하고자 하였다(1907).

③ 한국인 학생과 일본인 학생 간의 충돌이 계기가 되어 시작된 광주 학생 항일 운동은 일제의 식민지 차별 교육에 반발하여 전국적으로 확산되었다(1929).

⑤ 1930년대 초 언론사를 중심으로 농촌 계몽 운동이 전개되었으며, 동아일보는 문맹 퇴치 운동의 일환으로 브나로드 운동을 전개하였다.

Keyword

#진주에서 시작　#공평(公平)은 사회의 근본　#애정(愛情)은 인류의 본량(本良)

정답 ④

주제 57

1930년대 이후 일제의 민족 말살 통치와 전시 수탈

대한 독립

광복
1945

태평양 전쟁
1941

중일 전쟁
1937

광주 학생 항일 운동
1929

6·10 만세 운동
1926

3·1 운동
1919

국권 피탈
1910

합격전략

1930년대 이후 일제의 민족 말살 통치와 침략 전쟁 수행을 위한 물적·인적 수탈 정책은 **설명형** **사료형** 으로 출제됩니다. 1910년대, 1920년대, 1930년대 이후의 일제 식민 통치 정책을 각각 정확하게 구별할 수 있어야 합니다.

---

243 설명형 [48회 44번]

밑줄 그은 '이 시기'에 시행된 일제의 정책으로 옳지 <u>않은</u> 것은? [2점]

일본 정부가 우리 역사를 왜곡한 산업유산정보센터를 도쿄에 개관하였습니다. 중일 전쟁 이후 일제가 침략 전쟁을 확대하던 <u>이 시기</u>의 한국인 강제 동원 사실을 부정하는 전시를 하고 있어 큰 파장이 예상됩니다.

일본, 역사 왜곡 산업유산정보센터 개관

① 여자 정신 근로령을 공포하였다.
② 육군 특별 지원병제를 실시하였다.
③ 식량 배급 및 미곡 공출 제도를 시행하였다.
④ 조선 사상범 예방 구금령을 통해 독립운동을 탄압하였다.
⑤ 기한 내에 소유지를 신고하게 하는 토지 조사령을 제정하였다.

민족 말살 통치

📖 요약노트 **099**번

✓ 정답 파헤치기

일본은 2015년 메이지 산업유산을 유네스코 세계 문화유산으로 등재하면서 산업유산정보센터를 설치하여 강제 징용 피해자를 기억하는 조처를 하겠다고 약속하였다. 그러나 실제 전시 내용은 메이지 시대 산업화 성과 위주이고, 민족 말살 통치기의 한국인 강제 동원과 징용 피해에 관련된 내용은 소개되지 않았다.

⑤ 1910년대 조선 총독부는 토지 조사 사업을 위해 토지 조사국을 설치하고 토지 조사령을 발표하여 일정 기간 내 토지를 신고하도록 하였다. 신고하지 않은 토지는 총독부에서 몰수하여 일본인에게 헐값으로 불하하였다.

✓ 선택지 분석하기

① 일제는 여자 정신 근로령(1944)을 공포하여 젊은 여성들을 군수 공장 등에서 강제 노동시키거나 전선에 끌고 가 일본군 '위안부'로 삼는 만행을 저질렀다.

② 일제는 1930년대에 침략 전쟁 수행을 위해 육군 특별 지원병령과 해군 특별 지원병령 등을 공포하여 한국인을 전쟁에 강제로 동원하였다.

③ 일제는 1930년대 대륙 침략을 위해 병참 기지화 정책을 통해 물적 수탈과 군량미 확보를 위한 식량 배급 및 미곡 공출 제도를 시행하였다.

④ 일제는 1936년에는 조선 사상범 보호 관찰령을, 1941년에는 조선 사상범 예방 구금령을 공포하여 사상 및 행동을 관찰한다는 명목으로 조선인들의 독립운동을 탄압하였다.

K Keyword

#우리 역사를 왜곡 #산업유산정보센터 #중일 전쟁 이후 일제가 침략 전쟁을 확대하던 시기 #한국인 강제 동원 사실을 부정

정답 ⑤

안심Touch

244 설명형 [43회 45번]

밑줄 그은 '이 시기'에 시행된 일제의 정책으로 옳은 것은?
[1점]

> 이 국민 노무 수첩은 일제가 중일 전쟁을 일으키고 침략 전쟁을 확대하던 이 시기에 노동력을 통제하고 관리하기 위하여 발행한 것입니다. 특히, 강제 동원된 한국인의 국민 노무 수첩은 일제에 의해 수많은 한국인들이 광산 등으로 끌려가 열악한 환경에서 혹사당했음을 보여주는 자료입니다.

① 한국인에 한하여 적용하는 조선 태형령을 시행하였다.
② 민족 자본의 성장을 억제하기 위해 회사령을 공포하였다.
③ 조선 사상범 예방 구금령을 통해 독립운동을 탄압하였다.
④ 식민지 교육 방침을 규정한 제1차 조선 교육령을 제정하였다.
⑤ 근대적 토지 소유권 확립을 명분으로 토지 조사 사업을 실시하였다.

▌민족 말살 통치

📖 요약노트 099번

✔ 정답 파헤치기

1930년대 이후 중일 전쟁과 태평양 전쟁을 일으킨 일제는 국가 총동원령을 시행하여 우리 민족을 전쟁에 강제 동원하였다. 또한, 이 시기에는 사상을 통제·감시하였다.

③ 일제는 1936년에 조선 사상범 보호 관찰령을, 1941년에는 조선 사상범 예방 구금령을 시행하여 사상 및 행동을 관찰한다는 명목으로 독립운동을 탄압하였다.

✔ 선택지 분석하기

① 조선 태형령이 실시되면서 곳곳에 배치된 헌병 경찰들은 조선인들에게 태형을 통한 형벌을 가하면서 강압적 무단 통치를 단행하였다(1912).
② 무단 통치기에 일제는 회사령을 공포하여 회사를 설립하거나 해산할 때 총독부의 허가를 받게 하여 민족 기업의 성장을 방해하였다(1910).
④ 일제는 식민지 교육 방침을 규정한 제1차 조선 교육령을 통해 보통·실업·전문 기술 교육과 일본어 학습을 강요하면서 보통 교육의 수업 연한을 4년으로 단축하였다(1911).
⑤ 조선 총독부는 토지 조사국을 설치하고 토지 조사령을 발표하여 일정 기간 내에 토지를 신고하도록 하면서 근대적 토지 소유권 확립을 명분으로 토지 조사 사업을 실시하였다.

Keyword

#국민 노무 수첩 #중일 전쟁 #강제 동원된 한국인 #광산 등으로 끌려감

정답 ③

245 사료형 [44회 46번]

다음 법령이 제정된 이후에 볼 수 있는 사회 모습으로 옳은 것은?
[3점]

> 제1조 호적법의 적용을 받지 않는 연령 17년 이상 제국 신민인 남자로서 육군 병역에 복무하기를 지원하는 자는 육군 대신이 정한 바에 따라 전형 후 이를 현역 또는 제1 보충 병역에 편입할 수 있다.
> ⋮
> 제3조 보충 병역 혹은 국민 병역에 있는 자, 또는 병역을 마친 자로서 전시 또는 사변시 육군 부대 편입을 지원하는 자는 육군 대신이 정한 바에 따라 전형 후 이를 적의한 부대에 편입할 수 있다.

① 신간회의 간부로 활동하는 변호사
② 원산 총파업에 동참하는 공장 노동자
③ 부민관에 폭탄을 설치하는 대한 애국 청년당원
④ 잡지 어린이 창간호를 준비하는 천도교 소년회원
⑤ 조선 물산 장려회 발기인 대회에 참여하는 기업인

▌민족 말살 통치기의 사회상

✔ 정답 파헤치기

1930년대 일제는 침략 전쟁 수행을 대비하기 위해 육군 특별 지원병령과 해군 특별 지원병령 등을 공포하여 한국인을 전쟁에 반강제적으로 동원하였다.

③ 1945년 7월 24일 조문기, 유만수 등 대한 애국 청년당원들이 친일 단체 대의당이 개최한 아세아 민족 분격 대회가 열리던 부민관을 폭파하였다.

✔ 선택지 분석하기

① 1920년대 좌우 합작 조직으로 결성된 신간회는 광주에서 발생한 광주 학생 항일 운동에 진상 조사단을 파견하여 지원하였고 비타협 민족 운동을 지향하는 민중 대회를 계획하였으나 일제 경찰에 소속 간부들이 대거 검거되면서 무산되었다.
② 원산 총파업은 영국인이 경영하는 회사에서 일본인 감독이 조선인 노동자를 구타한 사건에서 시작되었는데, 파업 후 노동자의 요구를 받아주겠다던 회사가 약속을 이행하지 않자 원산 노동 연합회를 중심으로 총파업에 들어갔다(1929).
④ 천도교 소년회는 1923년 5월 1일에 어린이날을 제정하고, 『어린이』라는 잡지를 창간하였다.
⑤ 평양에서 조만식을 중심으로 조직된 조선 물산 장려회는 '조선 사람 조선 것'을 주장하며, 국산품 장려 운동을 통해 물산 장려 운동을 전개하였다(1920).

Keyword

#제국 신민인 남자 #육군 병역에 복무하기를 지원하는 자

정답 ③

246 설명형 [38회 44번]

밑줄 그은 '시기'에 있었던 사실로 옳은 것은? [2점]

> 이것은 태평양 전쟁이 전개되던 시기에 만들어진 포스터로, 애국반에 호적 미등재자가 없도록 하자는 수칙이 쓰여 있습니다. 특히 징병제의 대상자는 빠짐없이 호적에 등재할 것을 강조하고 있습니다.

① 회사령이 철폐되었다.
② 조선 태형령이 시행되었다.
③ 토지 조사 사업이 실시되었다.
④ 여자 정신 근로령이 공포되었다.
⑤ 제1차 조선 교육령이 발표되었다.

▌전시 수탈 체제

📖 요약노트 **100**번

✔ 정답 파헤치기

1930년대 일제는 대륙 침략을 위해 한반도를 병참 기지화하였다. 중일 전쟁과 태평양 전쟁을 일으킨 일제는 국가 총동원령을 시행하여 우리 민족을 전쟁에 강제 동원하였고, 물적 수탈을 위해 미곡 배급제와 미곡 공출을 실시하였다.

④ 일제는 국민 징용령(1939)으로 한국인 노동력을 착취하였고, 학도 지원병 제도(1943), 징병 제도(1944) 등을 실시하여 젊은이들을 전쟁터로 강제 징집하였으며, 여자 정신대 근무령(1944)을 공포하여 젊은 여성들을 일본군 위안부로 삼는 만행을 저질렀다.

✔ 선택지 분석하기

① 1920년대 문화 통치 시기의 정책에 해당한다.

② · ③ · ⑤ 1910년대 무단 통치 시기의 정책에 해당한다.

Keyword

#태평양 전쟁 #애국반 #징병제

정답 ④

---

247 설명형 [49회 43번]

밑줄 그은 '시기'에 볼 수 있는 모습으로 적절하지 않은 것은?

[1점]

역사 속 오늘

8월 14일, 일본군 '위안부' 피해자 기림의 날

1991년 8월 14일은 고(故) 김학순 할머니가 국내에서 처음으로 일본군 '위안부' 피해 사실을 공개 증언한 날이다. 그의 용기 있는 행동은 일본군 '위안부' 문제가 국제 사회에 알려지는 계기가 되었다. 정부는 이날을 〈일본군 '위안부' 피해자 기림의 날〉로 제정하여 2018년부터 매년 국가 기념일로 기리고 있다. 김학순 할머니는 일제가 국가 총동원법을 적용하여 인적 · 물적 자원을 수탈하던 시기에 일본군 '위안부'로 끌려가 참혹한 고통을 겪었다.

① 태형을 집행하는 헌병 경찰
② 신사 참배를 강요하는 교사
③ 황국 신민 서사를 암송하는 어린이
④ 학도병 출전 권고 연설을 하는 친일파 인사
⑤ 공출한 놋그릇, 수저를 정리하는 면사무소 관리

▌전시 수탈 체제

📖 요약노트 **100**번

✔ 정답 파헤치기

일제는 1930년대 이후 민족 말살 정책과 한반도 병참기지화 정책을 시행하였다. 여자 정신 근로령(1944)을 공포하여 젊은 여성들을 군수 공장 등에서 강제 노동시키거나 전선에 끌고 가 일본군 '위안부'로 삼는 만행을 저질렀다.

① 1910년대 무단 통치기에 일제는 조선인에게만 적용되는 조선 태형령을 실시하여 심한 고문을 가하였다(1912).

✔ 선택지 분석하기

② · ③ 1930년대에 일제는 우리 민족의 정체성을 말살하기 위해 황국 신민화 정책을 시행하였다. 이 정책의 일환으로 내선일체의 구호를 내세워 신사 참배 및 황국 신민 서사 암송 등을 강요하였다.

④ · ⑤ 일제는 1930~1940년대에 대륙 침략을 위한 한반도 병참 기지화 정책을 시행하여 인적 · 물적 수탈을 강행하였다. 국민 징용령으로 한국인 노동력을 착취하였으며 학도 지원병 제도(1943)를 통해 젊은이들을 전쟁터로 강제 징집하고, 군량미 확보를 위한 식량 배급 및 미곡 공출 제도를 실시하였다.

Keyword

#일본군 '위안부' 피해자 #국가 총동원법 #인적 · 물적 자원을 수탈하던 시기

정답 ①

안심Touch

주제 58

1930년대 이후 무장 독립 투쟁

대한 독립

광복 1945

중일 전쟁 1937

6·10 만세 운동 1926

국권 피탈 1910

태평양 전쟁 1941

광주 학생 항일 운동 1929

3·1 운동 1919

합격전략

국외에서 무장 독립 투쟁이 활발하게 전개되었던 1930년대 이후에는 매우 많은 독립군 단체가 등장합니다. 각 단체들의 주요 전투와 활동 내용을 구분해서 암기하는 것이 중요합니다.

---

248 사료형 [38회 43번]

다음 두 의거를 일으킨 단체에 대한 설명으로 옳은 것은?

[2점]

> ○ 오늘 아침 신년 관병식을 마치고 궁성으로 돌아가던 일왕의 행렬이 궁성 부근 앵전문(櫻田門) 앞에 이르렀을 때 군중 가운데서 돌연 한인(韓人) 한 명이 뛰쳐나와 행렬을 향해 수류탄을 투척하였다.
>
> — 시보(時報) —
>
> ○ 일왕 생일인 천장절 기념식장에 폭탄을 투척하여 다수의 일본 군부 및 정계 요인에게 부상을 입혔던 한인(韓人) 윤(尹) 지사는 현장에서 체포된 뒤 일본군 헌병대 사령부로 압송되었다.
>
> — 상해보(上海報) —

① 중일 전쟁 발발 이후에 창설되었다.
② 김구의 주도로 상하이에서 조직되었다.
③ 조선 혁명 선언을 활동 지침으로 하였다.
④ 김익상, 김상옥 등이 단원으로 활동하였다.
⑤ 일제가 꾸며낸 105인 사건으로 해체되었다.

▌한인 애국단

📖 요약노트 101번

✔ 정답 파헤치기

② 한인 애국단은 김구의 주도로 상하이에서 조직되었으며(1931), 적극적인 항일 투쟁을 전개하였다. 대표적으로 이봉창은 도쿄에서 일본 국왕의 행렬에 폭탄을 투척하였고(1932), 윤봉길은 훙커우 공원의 일왕 생일 기념식에 폭탄을 투척하였다(1932). 윤봉길의 의거로 큰 감명을 받은 중국 국민당 정부는 대한민국 임시 정부를 인정하고 활동을 지원하였다.

✔ 선택지 분석하기

① 중일 전쟁은 1937년에 발발하였다.

③·④ 김원봉이 1919년에 만주에서 조직한 의열단은 신채호가 작성한 조선 혁명 선언을 지침으로 삼고 일제에 대한 암살, 파괴, 테러 등의 직접적인 투쟁을 전개하였다. 김익상, 김상옥, 나석주 등이 주요 단원으로 활동하였다.

⑤ 신민회는 일제가 조작한 105인 사건으로 인해 타격을 입고 해산되었다(1911).

Keyword

#일왕의 행렬 #수류탄 투척 #일왕 생일 기념식장 #폭탄 투척 #일본군 헌병대 사령부로 압송

정답 ②

249 설명형 [44회 43번]

밑줄 그은 '이 부대'의 활동으로 옳은 것은? [2점]

이 건물은 승은문으로, 총사령 지청천이 이끈 이 부대가 길림 자위군과 연합하여 만주국 군대를 격파한 쌍성보 전투의 현장입니다.

① 동북 항일 연군으로 개편되어 유격전을 전개하였다.
② 대전자령 전투에서 일본군을 상대로 승리를 거두었다.
③ 간도 참변 이후 조직을 정비하고 자유시로 이동하였다.
④ 홍범도 부대와 연합하여 청산리에서 일본군과 교전하였다.
⑤ 조선 혁명당의 군사 조직으로 남만주 지역에서 활약하였다.

▌한국 독립군

📖 요약노트 109번

✔ 정답 파헤치기

② 지청천을 중심으로 1931년에 북만주에서 결성된 한국 독립군은 중국 호로군과 연합하여 쌍성보 전투, 사도하자 전투, 대전자령 전투에서 일본군에 승리를 거두었다.

✔ 선택지 분석하기

① 동북 항일 연군은 만주 지방에서 항일 무장 단체를 통합한 항일 연합 전선을 형성하기 위해 만들어진 조직으로, 활발한 유격전을 전개하였다.

③ 간도 참변 이후 연해주의 자유시로 근거지를 옮긴 대한 독립 군단은 공산당 간의 갈등으로 인해 발생한 자유시 참변으로 큰 타격을 입었다.

④ 김좌진이 이끄는 북로 군정서군과 홍범도가 이끄는 대한 독립군이 주축이 된 독립군 부대는 청산리 전투에서 일본군에 대승을 거두었다(1920).

⑤ 양세봉이 주도하여 남만주 지역에서 조선 혁명군이 조직되었다(1929). 이들은 조선 혁명당 산하의 군사 조직으로 중국 의용군과 연합하여 흥경성, 영릉가 전투를 승리로 이끌었다.

Keyword

#승은문 #총사령 지청천 #길림 자위군과 연합 #만주국 군대 격파 #쌍성보 전투

정답 ②

---

250 빈칸형 [47회 44번]

(가) 독립군 부대에 대한 설명으로 옳은 것은? [2점]

이곳은 국립현충원 애국지사 묘역에 있는 양세봉의 묘입니다. 그의 묘는 북한 애국열사릉에도 있어 그가 남북 모두로부터 추앙받는 인물임을 알 수 있습니다. 그는 남만주 일대에서 조직된 [(가)]의 총사령으로 중국 의용군과 함께 항일 투쟁을 전개하였습니다.

① 영릉가 전투에서 승리하였다.
② 중광단을 중심으로 조직되었다.
③ 자유시 참변 이후 세력이 약화되었다.
④ 조선 혁명 간부 학교를 세워 군사력을 강화하였다.
⑤ 영국군의 요청으로 인도, 미얀마 전선에 투입되었다.

▌조선 혁명군

📖 요약노트 109번

✔ 정답 파헤치기

① 남만주 지역에서 양세봉의 주도로 조직된 조선 혁명군은 중국 의용군과 연합하여 영릉가 전투에서 일본군에 승리하였다(1932).

✔ 선택지 분석하기

② 북로 군정서는 북간도에서 서일 등의 대종교도를 중심으로 결성된 중광단이 3·1 운동 직후 무장 독립운동을 수행하기 위해 정의단으로 확대·개편되면서 조직된 단체이다. 이후 김좌진이 이끄는 북로 군정서군은 일본군과의 청산리 전투에서 큰 승리를 거두었다(1920).

③ 대한 독립 군단은 간도 참변으로 인해 러시아 자유시로 근거지를 옮겼으나 군 지휘권을 둘러싼 분쟁에 휘말려 자유시 참변을 겪으며 세력이 약화되었다(1921).

④ 김원봉과 의열단 지도부는 난징에 조선 혁명 간부 학교를 설립하여 군사력을 강화하였다(1932).

⑤ 대한민국 임시 정부의 직할 부대로 창설된 한국 광복군(1940)은 영국군의 요청을 받아 인도, 미얀마 전선에 파견되었다.

Keyword

#국립현충원 애국지사 묘역 #양세봉 #북한 애국열사릉 #남만주 일대에서 조직 #중국 의용군과 함께 항일 투쟁

정답 ①

251 빈칸형 ➕ 사료형 [48회 45번]

(가) 부대에 대한 설명으로 옳은 것은? [2점]

> 30여 년이나 비밀리에 행동한 조선 혁명 청년은 지금도 중국 항일전에서 혁명 행동의 기회를 얻어, …… (가) 은/는 10월 10일 한구(漢口)에서 성립, 중앙군의 이동에 따라 계림(桂林)으로 왔다. 대장 진빈 선생[김원봉]은 금년 41세로서, 1919년 조선의 3월 운동 및 조선 총독부 파괴의 의열단 사건 등도 그들에 의한 것이다.
> – 『국민공론』 –

① 청산리에서 일본군과 교전하였다.

② 대전자령 전투에서 일본군을 격퇴하였다.

③ 일본군의 공세를 피해 자유시로 이동하였다.

④ 중국 의용군과 연합하여 흥경성 전투를 이끌었다.

⑤ 중국 관내(關內)에서 결성된 최초의 한인 무장 부대였다.

252 빈칸형 [44회 40번]

(가) 군대에 대한 설명으로 옳은 것은? [1점]

> 이것은 대한민국 임시 정부 산하의 (가) 총사령부 건물로, 지난 3월 이곳 충칭의 옛 터에 복원되었습니다. 과거 임시 정부가 중국의 도움으로 (가) 을/를 창설하였듯이, 오늘날 이 총사령부 건물도 양국의 노력으로 세울 수 있었습니다.

① 김좌진의 지휘 아래 활동하였다.

② 자유시 참변으로 큰 타격을 입었다.

③ 미국과 연계하여 국내 진공 작전을 계획하였다.

④ 중국 관내(關內)에서 결성된 최초의 한인 무장 부대였다.

⑤ 중국 호로군과 연합 작전을 통해 항일 전쟁을 전개하였다.

▌ 조선 의용대

📖 요약노트 101번

✓ 정답 파헤치기

⑤ 조선 의용대는 김원봉이 주도하여 중국 국민당의 지원을 받아 중국 관내에서 결성된 최초의 한인 무장 부대로, 조선 민족 전선 연맹 산하에 있었다(1938).

✓ 선택지 분석하기

① 김좌진이 이끄는 북로 군정서군과 홍범도가 이끄는 대한 독립군이 주축이 된 독립군 연합 부대는 청산리 전투에서 일본군에 대승을 거두었다(1920).

② 지청천을 중심으로 북만주에서 결성된 한국 독립군은 중국 호로군과 연합하여 쌍성보 전투(1932), 사도하자 전투(1933), 대전자령 전투(1933)에서 일본군에 승리하였다.

③ 대한 독립 군단은 간도 참변으로 인해 러시아 자유시로 근거지를 옮겼으나 군 지휘권을 둘러싼 분쟁에 휘말려 자유시 참변을 겪었다(1921).

④ 조선 혁명군은 조선 혁명당 산하의 군사 조직으로, 중국 의용군과 연합하여 흥경성, 영릉가 전투를 승리로 이끌었다.

▌ 한국 광복군

📖 요약노트 101번

✓ 정답 파헤치기

③ 1940년 9월 충칭에서 대한민국 임시 정부의 직할 부대로 창설된 한국 광복군은 영국군의 요청을 받아 인도, 미얀마 전선에 파견되었으며, 미국의 협조를 통해 국내 진공 작전을 계획하였다.

✓ 선택지 분석하기

① 김좌진이 지휘하는 북로 군정서군은 청산리 전투에서 일본군을 물리쳤다(1920).

② 간도 참변 이후 연해주의 자유시로 근거지를 옮긴 대한 독립군단은 공산당 간의 갈등으로 인해 발생한 자유시 참변으로 큰 타격을 입었다(1921).

④ 김원봉이 주도하여 중국 국민당의 지원을 받아 중국 관내에서 조선 민족 전선 연맹 산하의 조선 의용대가 창설되었다. 이는 중국 관내에서 결성된 최초의 한인 무장 부대였다.

⑤ 지청천을 중심으로 북만주에서 결성된 한국 독립군은 중국 호로군과 연합하여 쌍성보, 사도하자, 대전자령 전투에서 일본군에 승리를 거두었다.

Keyword

#조선 혁명 청년 #중국 항일전 #한구(漢口)에서 성립 #계림(桂林) #대장 진빈 선생[김원봉] #조선의 3월 운동 #조선 총독부 파괴의 의열단 사건 #『국민공론』

정답 ⑤

Keyword

#대한민국 임시 정부 산하 #충칭 #중국의 도움

정답 ③

주제 59

민족 문화 수호 운동

대한 독립

광복
1945

중일 전쟁
1937

6 · 10 만세 운동
1926

국권 피탈
1910

태평양 전쟁
1941

광주 학생 항일 운동
1929

3 · 1 운동
1919

합격전략

일제 강점기의 민족 문화 수호 운동은 크게 역사 연구와 국어 연구, 종교계를 중심으로 한 저항 운동이 대표적입니다. 민족정신을 고취시키기 위한 민족주의 사학자들의 역사 연구 활동은 인물과 저서를 중심으로 암기해야 하며, 각 종교에서 조직한 단체들을 구분하고 주요 활동을 숙지해야 합니다. 여러 인물이나 단체를 선택지에 함께 제시하고 해당하는 내용을 고르도록 하는 **빈칸형** 문제를 헷갈리지 않고 풀 수 있어야 합니다.

253 **설명형** [48회 41번]

다음 가상 인터뷰의 주인공에 대한 설명으로 옳은 것은?

[2점]

> 선생께서 한국독립운동지혈사를 저술하신 동기를 말씀해 주시겠습니까?

> 일제의 침략과 탄압에 맞선 우리 독립 투쟁의 역사를 구체적인 자료를 통해 보여 주고, 한국인의 긍지와 민족의식을 고양시키고자 책을 쓰게 되었습니다.

① 민족의 얼을 강조하고 조선학 운동을 추진하였다.
② 진단 학회를 설립하여 실증주의 사학을 발전시켰다.
③ 조선사 편수회에 들어가 조선사 편찬에 참여하였다.
④ 유물 사관을 바탕으로 조선사회경제사를 저술하였다.
⑤ 한국통사를 저술하고 민족주의 사학의 기초를 닦았다.

▌ 민족주의 사학(박은식)

📖 요약노트 110번

✓ 정답 파헤치기

⑤ 박은식은 갑신정변부터 3 · 1 운동까지의 역사에 초점을 맞춰 민족의 항일 운동 역사를 다룬 『한국독립운동지혈사』를 저술하였다. 또한, 독립운동의 수단으로 민족사 연구에 몰두하여 일본의 침략 과정을 서술한 『한국통사』를 저술하여 민족주의 사학의 기초를 닦았다.

✓ 선택지 분석하기

① 1930년대 정인보는 「5천 년간 조선의 얼」이라는 글을 동아일보에 연재하여 민족의 얼을 강조하면서 민족정신을 고취하였다. 이후 안재홍과 함께 조선학 운동을 주도하여 정약용의 저술을 모은 『여유당전서』를 간행하였다.

② 이병도는 손진태 등과 함께 한국 및 인근 지역 문화를 독자적으로 연구하기 위해 진단 학회를 창립하여 실증주의 사학을 발달시켰다.

③ 일제는 식민 지배를 위해 한국사 왜곡을 목적으로 조선사 편수회를 설치하여 『조선사』를 편찬 · 보급하였으며, 이 작업에 이병도, 신석호 등의 학자들도 참여하였다.

④ 백남운은 『조선사회경제사』를 통해 유물 사관을 토대로 식민 사학의 정체성론을 반박하였다.

Keyword

#『한국독립운동지혈사』 #일제의 침략과 탄압에 맞선 우리 독립 투쟁의 역사 #한국인의 긍지와 민족의식 고양

정답 ⑤

안심Touch

254 빈칸형 [37회 41번]

(가) 인물에 대한 설명으로 옳은 것은? [3점]

〈주제 : (가) 의 저술 활동과 사상〉

조선상고사에서 역사를 '아(我)와 비아(非我)의 투쟁'으로 정의하였습니다.

이순신전과 을지문덕전 등을 집필하여 애국심을 고취하고자 하였습니다.

① 여유당전서를 간행하고 조선학 운동을 전개하였다.
② 서유견문을 집필하여 서양 근대 문명을 소개하였다.
③ 한국독립운동지혈사에서 독립 투쟁 과정을 서술하였다.
④ 독사신론을 발표하여 민족을 역사 서술의 중심에 두었다.
⑤ 조선사회경제사에서 식민 사학의 정체성 이론을 반박하였다.

255 빈칸형 [46회 40번]

(가)~(마)에 들어갈 내용으로 옳은 것은? [2점]

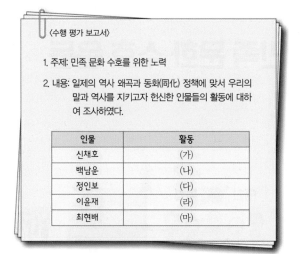

〈수행 평가 보고서〉

1. 주제: 민족 문화 수호를 위한 노력
2. 내용: 일제의 역사 왜곡과 동화(同化) 정책에 맞서 우리의 말과 역사를 지키고자 헌신한 인물들의 활동에 대하여 조사하였다.

인물	활동
신채호	(가)
백남운	(나)
정인보	(다)
이윤재	(라)
최현배	(마)

① (가) – 잡지 한글의 간행을 주도하였다.
② (나) – 한글 맞춤법 통일안 제정에 참여하였다.
③ (다) – 민족의 얼을 강조하고 조선학 운동을 추진하였다.
④ (라) – 애국심 고취를 위해 을지문덕전을 집필하였다.
⑤ (마) – 조선사회경제사에서 식민 사학의 정체성론을 반박하였다.

▮ 민족주의 사학(신채호)

📖 요약노트 110번

✓ 정답 파헤치기

④ 신채호는 『독사신론』을 저술하여 민족을 역사 서술의 중심에 두었다. 또한, 『조선사연구초』와 『조선상고사』를 통해 우리 고대 문화의 우수성과 독자성을 강조하고 과거의 사대주의적 이념에 입각하여 한국사를 서술한 유학자들과 식민주의 사가들을 비판하였다.

✓ 선택지 분석하기

① 정인보, 안재홍 등의 역사학자들이 정약용의 저술을 모은 『여유당전서』를 간행하면서 민족주의 역사가들의 조선학 운동이 본격적으로 전개되었다.
② 유길준은 『서유견문』을 집필하여 서양 근대 문물을 소개하였고, 국·한문 혼용체 보급에 기여하였다.
③ 박은식은 갑신정변부터 3·1 운동까지의 역사에 초점을 맞춰 민족의 항일 운동 역사를 다룬 『한국독립운동지혈사』를 저술하였다.
⑤ 백남운은 『조선사회경제사』를 통해 사적 유물론의 원리를 적용하여 주체적으로 역사를 해석하였다. 한국사가 세계사의 보편적인 발전 법칙에 맞게 발전하였음을 강조하면서 식민주의 사관의 정체성론을 반박하였다.

Keyword

#『조선상고사』 #『이순신전』 #『을지문덕전』

정답 ④

▮ 한국사 연구

✓ 정답 파헤치기

③ 1930년대 정인보는 민족의 얼을 강조하면서 민족정신을 고취하였고, 안재홍과 함께 조선학 운동을 주도하여 정약용의 저술을 모은 『여유당전서』를 간행하였다.

✓ 선택지 분석하기

①·② 조선어 연구회는 주시경의 영향을 받은 임경재, 장지연, 최현배, 이윤재 등을 중심으로 결성되었으며, 한글날의 시초가 된 가갸날을 제정하고 (1926), 기관지인 『한글』을 발행하여(1927) 한글 대중화에 힘썼다. 이후 조선어 연구회는 조선어 학회로 확대·개편되어 한글 맞춤법 통일안을 제정하였다(1931).
④ 신채호는 『을지문덕전』, 『이순신전』 등 위인의 전기를 저술하여 애국심을 고취시키고 민족의 독립 의지와 역사의식 함양을 위해 힘썼다.
⑤ 백남운은 『조선사회경제사』를 통해 식민주의 사관의 정체성 이론을 반박하였다.

Keyword

#일제의 역사 왜곡과 동화(同化) 정책에 맞섬 #우리의 말과 역사를 지키고자 헌신 #신채호 #백남운 #정인보 #이윤재 #최현배

정답 ③

256 빈칸형 ✚ 사료형 [44회 45번]

(가) 단체의 활동으로 옳은 것은? [1점]

예심 종결 결정문

주문(主文)

피고 이극로, 최현배 외 10명은 함흥 지방 법원 공판에 부친다. 피고 장지영 외 1명은 면소(免訴)한다.

이유(理由)

본 건(件)은 [(가)]은/는 1919년 만세 소요 사건의 실례에 비추어 조선의 독립을 장래에 기약하는 데는 문화 운동에 의하여 민족정신의 환기와 실력 양성을 급무로 삼아서, 피고인 이극로를 중심으로 하여 문화 운동 중 그 기초적 중심이 되는 어문 운동의 방법을 취하여 그 이념으로써 지도 이념을 삼아 겉으로 문화 운동의 가면을 쓰고, 조선 독립을 목적한 실력 배양 단체로서 본 건이 검거되기까지 10여 년이나 오랫동안 조선 민족에 대하여 조선의 어문 운동을 전개해 왔다. ……

① 여유당전서 간행 사업을 계기로 조직되었다.
② 한글 맞춤법 통일안과 표준어를 제정하였다.
③ 국어의 이해 체계 확립을 위해 국문 연구소를 세웠다.
④ 개벽, 신여성 등의 잡지를 간행하여 민족의식을 높였다.
⑤ 인재 육성의 일환으로 민립 대학 설립 운동을 전개하였다.

▍조선어 학회

📖 요약노트 098번

∨ 정답 파헤치기

일제는 1942년 조선어 학회를 독립운동 단체로 간주하고 관련된 인사를 체포한 후 학회를 강제 해산시켰는데, 이것이 조선어 학회 사건이다.

② 조선어 학회는 한글 맞춤법 통일안과 표준어를 제정하고 『우리말 큰사전』의 편찬을 시작하여 해방 이후 완성하였다.

∨ 선택지 분석하기

① 정인보와 안재홍 등의 역사학자들이 정약용의 저술을 모은 『여유당전서』를 간행하면서 시작된 조선학 운동을 통해 민족주의 역사가들의 활동이 본격적으로 전개되었다.

③ 지석영과 주시경을 중심으로 한글의 정리와 국어의 이해 체계 확립을 위해 국문 연구소가 설립되었다(1907).

④ 천도교는 3 · 1 운동 이후 제2의 3 · 1 운동을 계획하여 자주 독립 선언문을 발표하였고, 『개벽』, 『신여성』, 『어린이』 등의 잡지를 간행하여 민족의식을 높였다.

⑤ 1920년대 이상재, 이승훈, 윤치호 등을 중심으로 한국인을 위한 고등 교육 기관인 민립 대학 설립 운동을 전개하였으나 일제는 이를 방해하기 위해 경성 제국 대학을 설립하였다(1924).

Keyword

#이극로 #최현배 #장지영 #1919년 만세 소요 사건 #문화 운동 #어문 운동 #조선 독립을 목적한 실력 배양 단체

정답 ②

---

257 빈칸형 [42회 41번]

(가), (나)에 들어갈 내용으로 옳은 것은? [2점]

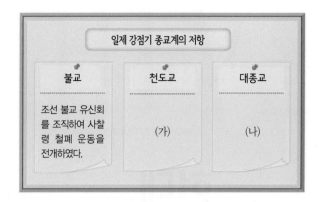

일제 강점기 종교계의 저항		
불교	천도교	대종교
조선 불교 유신회를 조직하여 사찰령 철폐 운동을 전개하였다.	(가)	(나)

① (가) – 의민단을 조직하여 무장 투쟁을 전개하였다.
② (가) – 잡지 개벽을 발행하여 민족의식을 고취하였다.
③ (나) – 경향신문을 발간하여 민중 계몽에 힘썼다.
④ (나) – 배재 학당을 세워 신학문 보급에 기여하였다.
⑤ (가), (나) – 을사오적을 처단하기 위해 자신회를 결성하였다.

▍종교계의 저항

📖 요약노트 102번

∨ 정답 파헤치기

② 동학의 제3대 교주 손병희를 중심으로 동학을 천도교로 개칭하고 교단 조직을 새롭게 정비하였다. 천도교는 『개벽』, 『어린이』, 『신여성』 등의 잡지를 간행하여 민족의식을 고취하였다.

∨ 선택지 분석하기

① 만주 지역에서 천주교도를 중심으로 독립운동 단체인 의민단이 조직되었다(1919).

③ 천주교에서 민중 계몽 운동의 일환으로 경향신문을 창간하였다(1906).

④ 배재 학당은 미국인 개신교 선교사 아펜젤러가 세운 근대적 사립 학교로, 신학문 보급에 기여하였다(1885).

⑤ 나철, 오기호 등은 을사오적을 암살하기 위해 자신회를 조직하였고(1907) 일제의 탄압에 대항하기 위해서는 국가의 기틀을 튼튼히 하고 민족을 부흥시켜야 한다고 하여 단군을 숭상하는 대종교를 창시하였다(1909).

Keyword

#조선 불교 유신회 #사찰령 철폐 운동 #천도교 #대종교

정답 ②

VIII

현대

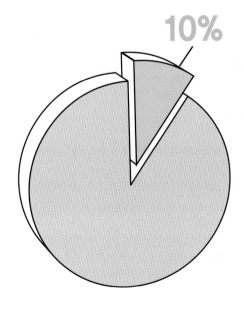

VIII단원 출제 비율(최신 10회분)

10%

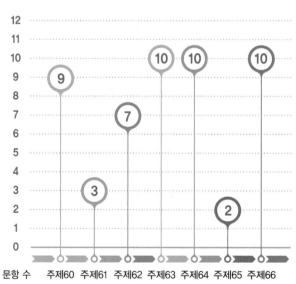

VIII단원 주제별 출제 문항 수(최신 10회분)

※순서 나열형, 시기 일치형, 합답형 등의 경우 한 문항이 여러 주제에 중복 해당되기도 합니다.

주제별 키워드

주제 60 8 · 15 광복과 대한민국 정부 수립	조선 건국 동맹, 조선 건국 준비 위원회, 좌우 합작 위원회, 모스크바 3국 외상 회의, 미 · 소 공동 위원회, 정읍 발언, 남북 협상, 여운형, 제주 4 · 3 사건, 5 · 10 총선거
주제 61 제헌 국회 활동과 6 · 25 전쟁	제헌 헌법, 농지 개혁법, 반민족 행위 처벌법, 반민 특위, 인천 상륙 작전, 1 · 4 후퇴, 휴전 협정, 삼백 산업
주제 62 이승만 정부와 4 · 19 혁명	발췌 개헌, 사사오입 개헌, 진보당 사건, 3 · 15 부정 선거, 4 · 19 혁명, 허정 과도 정부, 장면 내각
 주제 63 박정희 정부	5 · 16 군사 정변, 국가 재건 최고 회의, 3선 개헌, 한일 국교 정상화, 6 · 3 시위, 유신 헌법, 베트남 파병, 경제 개발 5개년 계획, 3 · 1 민주 구국 선언, 부 · 마 민주 항쟁
 주제 64 전두환 정부	5 · 18 민주화 운동, 박종철 고문치사 사건, 4 · 13 호헌 조치, 6월 민주 항쟁, 6 · 29 민주화 선언
주제 65 노태우 정부~현재	서울 올림픽 대회, 금융 실명제
 주제 66 통일을 위한 노력	7 · 4 남북 공동 성명, 남북 조절 위원회, 남북 이산가족 상봉, 북방 외교, 남북 기본 합의서, 남북 유엔 동시 가입, 한반도 비핵화 공동 선언, 남북 정상 회담, 6 · 15 남북 공동 선언, 개성 공단, 10 · 4 남북 공동 선언

주제 60

8·15 광복과 대한민국 정부 수립

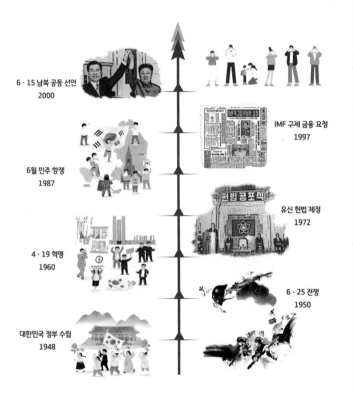

6·15 남북 공동 선언
2000

IMF 구제 금융 요청
1997

6월 민주 항쟁
1987

유신 헌법 제정
1972

4·19 혁명
1960

6·25 전쟁
1950

대한민국 정부 수립
1948

합격전략

8·15 광복 직후부터 5·10 총선거를 통해 남한에서 제헌 국회가 수립되기까지 발생한 사건들은 주로 **순서 나열형**, **시기 일치형**, **연표형**으로 출제되니 각 사건들의 전개 과정을 순서대로 암기해야 합니다. 또한, 지문 하나에 두 문제가 출제되는 세트형 문제가 종종 출제되기도 하니 빈출되는 관련 사료를 숙지해 두어야 합니다.

[258~259] 다음 자료를 읽고 물음에 답하시오.

> (가) 모스크바 삼상 회의에서 결정한 조선에 관한 제3조 제2항에 의거하여 구성된 ⊙ 이/가 3천만의 큰 희망 속에 20일 드디어 덕수궁 석조전에서 출범하였다. 조선의 진로를 좌우하는 중대한 관건을 쥐고 있는 만큼 그 추이는 자못 3천만 민중의 주목을 받고 있다.
>
> (나) 조선인이 다 아는 것과 같이 ⊙ 이/가 난관에 봉착함으로 인하여 미국 측은 조선의 독립과 통일 문제를 유엔 총회에 제출하였다. 그리고 대다수의 세계 각국은 41대 6으로 이 문제를 유엔 총회에 상정시키기로 가결하였다. …… 조선인에게 권고하고 싶은 것은 이 중요한 시간에 유엔 총회가 조선 문제를 해결할 수 있다는 믿음을 가지고 평화를 애호하는 세계의 모든 국가가 모인 총회의 결정을 전적으로 지지하여야 할 것이다.

258 빈칸형 + 사료형 [47회 47번]

⊙ 기구에 대한 설명으로 옳은 것은? [2점]

① 반공을 국시로 내건 혁명 공약을 발표하였다.
② 정치인들의 활동을 규제하고, 언론 기관을 통폐합하였다.
③ 정수의 3분의 1에 해당하는 국회의원 선출권을 행사하였다.
④ 조선 인민 공화국을 수립하고 전국 각 지역에 인민 위원회를 조직하였다.
⑤ 임시 민주 정부 수립을 위한 협의에 참여할 단체의 범위를 두고 논쟁하였다.

미·소 공동 위원회

📖 요약노트 111번

∨ 정답 파헤치기

⑤ 광복 이후 개최된 모스크바 3국 외상 회의(삼상 회의)에서 미·소 공동 위원회 설치와 최대 5년간의 신탁 통치 협정이 결정되면서 미·소 공동 위원회가 개최되었다. 제1차 미·소 공동 위원회에서 소련은 모스크바 3국 외상 회의 결정에 찬성한 단체만 참여해야 한다는 입장이었고, 미국은 모든 단체의 참여를 주장하였다.

∨ 선택지 분석하기

① · ③ 5·16 군사 정변 당시 정권을 장악한 박정희 군부 세력은 반공을 국시로 내건 혁명 공약을 발표하고 계엄을 선포하였다. 이후 박정희 정부는 장기 집권을 위해 유신 헌법을 선포하여 3분의 1에 해당하는 국회의원 선출권을 행사하였다.

② 전두환 정부는 정치인의 활동 규제, 언론 기관 통폐합, 삼청 교육대 설치 등을 통해 철권통치를 휘둘렀다.

④ 조선 건국 준비 위원회의 좌익 세력은 미군의 진주에 대비하여 서둘러 국가 체제를 갖추기 위해 조선 인민 공화국을 수립하고 각 지방에 인민 위원회를 조직하였다.

Keyword

#모스크바 삼상 회의 #덕수궁 석조전 #조선의 진로 #3천만 민중

정답 ⑤

259 시기일치형 + 사료형 [47회 48번]

(가), (나) 사이의 시기에 있었던 사실로 옳은 것은? [2점]

① 김구, 김규식 등이 남북 협상에 참석하였다.
② 반민족 행위 특별 조사 위원회가 구성되었다.
③ 좌우 합작 위원회에서 좌우 합작 7원칙을 발표하였다.
④ 유상 매수, 유상 분배 원칙의 농지 개혁법이 제정되었다.
⑤ 우리나라 최초의 보통 선거인 5 · 10 총선거가 실시되었다.

▌정부 수립을 위한 노력　　📖 요약노트 112번

√정답 파헤치기

(가) 모스크바 3국 외상 회의(삼상 회의)의 결정에 따라 서울 덕수궁 석조전에서 미 · 소 공동 위원회가 개최되었다(1946). 그러나 미국과 소련의 입장 차이로 결렬되자 이승만은 정읍 발언을 통해 남한 단독 정부 수립을 주장하였다.

(나) 제2차 미 · 소 공동 위원회마저 결렬되자 미국은 유엔 총회에 한반도 문제를 상정하였다(1947). 유엔 총회는 한반도에서 인구 비례에 따른 총선거 실시, 유엔 한국 임시 위원단 파견을 결의하였다.

③ 제1차 미 · 소 공동 위원회가 결렬된 후 이승만이 단독 정부 수립을 주장하자 여운형, 김규식 등 중도 세력들이 미군정의 지원을 받으면서 좌우 합작 위원회를 결성하였다(1946). 이들은 좌우 합작 7원칙을 발표하고 좌우 합작 운동을 전개하였다.

√선택지 분석하기

① 유엔 소총회에서 선거가 가능한 지역에서만 총선거를 실시하라는 결정이 내려지자 남북 분단을 우려한 김구와 김규식은 평양으로 가서 김일성과 남북 협상을 전개하였으나 큰 성과를 거두지는 못하였다(1948).

② 5 · 10 총선거를 통해 구성된 제헌 국회에서 일제의 잔재를 청산하고 민족 정기를 바로 잡기 위해 반민족 행위 처벌법을 제정하여 반민족 행위 특별 조사 위원회가 활동하였다.

④ 이승만 정부는 농지 개혁법을 제정하여 유상 매수, 유상 분배를 원칙으로 농지 개혁을 실시하였다(1949).

⑤ 제헌 국회를 구성하기 위해 실시한 5 · 10 총선거는 우리나라 역사상 최초의 민주적 보통 선거였으며, 38도선 이남 지역에서만 실시되었다(1948).

Ｋeyword

#조선의 독립과 통일 문제 #유엔 총회에 상정 #유엔 총회의 결정을 전적으로 지지

정답 ③

260 설명형 [38회 45번]

다음 가상 인터뷰의 주인공에 대한 설명으로 옳은 것은? [3점]

① 좌우 합작 위원회의 주축이 되었다.
② 김규식과 함께 남북 협상에 참여하였다.
③ 재미 한인을 중심으로 흥사단을 설립하였다.
④ 정읍에서 남한만의 단독 정부 수립을 주장하였다.
⑤ 중국 국민당과 협력하여 조선 의용대를 창설하였다.

▌여운형　　📖 요약노트 112번

√정답 파헤치기

여운형은 일제의 패망에 대비하여 광복 이후 민주주의 국가 건설을 목표로 조선 건국 동맹을 결성하였고(1944), 이후 일본인의 안전한 귀국을 보장하는 조건으로 조선 총독부로부터 행정권의 일부를 이양받아 조선 건국 준비 위원회를 결성하였다(1945).

① 해방 이후 좌우 대립이 격화되면서 분단의 위기감을 느낀 여운형은 김규식 등 중도파 세력들을 중심으로 좌우 합작 위원회를 수립하였다(1946). 좌우 합작 위원회는 모든 조직을 하나로 통합하여 중도적 사상의 통일 정부를 수립하기 위해 좌우 합작 7원칙을 합의하여 제정하였다.

√선택지 분석하기

② 김구는 남북 분단을 우려하여 김규식과 함께 북한에서 김일성을 만나 남북 협상을 개최하였으나 큰 성과를 거두지는 못하였다(1948).

③ 안창호는 샌프란시스코에서 재미 한인을 중심으로 민족 운동 단체인 흥사단을 설립하였다.

④ 이승만은 제1차 미 · 소 공동 위원회가 결렬되고 북한에 사실상의 정부가 수립되자 1946년 6월 정읍에서 남한 단독 정부 수립을 주장하였다.

⑤ 김원봉이 주도하여 중국 국민당의 지원 하에 중국 관내에서 창설된 조선 의용대는 충칭으로 이동하여 한국 광복군에 합류하였다.

Ｋeyword

#광복에 대비 #조선 건국 동맹 #조선 건국 준비 위원회 #완전한 독립 국가 건설

정답 ①

261 빈칸형 [39회 46번]

(가) 사건에 대한 탐구 활동으로 가장 적절한 것은? [3점]

> 저는 지금 [(가)] 70주년을 맞아 큰넓궤에 나와 있습니다. 이곳은 1948년 토벌대의 제주도 중산간 마을에 대한 초토화 작전을 피해 동광리 주민들이 두 달 가까이 은신했던 장소입니다. 하지만 결국 발각되어 많은 사람들이 학살당했습니다. 70주년 추념식에 참석한 대통령은 제주도민에게 깊은 사과와 위로를 전했습니다.

① 통일 주체 국민 회의의 역할을 알아본다.
② 국가 보위 비상 대책 위원회의 설치 배경을 찾아본다.
③ 5년 단임의 대통령 직선제가 실시된 계기를 파악한다.
④ 비상 국무 회의에서 마련한 유신 헌법의 내용을 검색한다.
⑤ 단독 정부 수립에 대한 반발로 일어난 사실들을 조사한다.

▌제주 4·3 사건

📖 요약노트 112번

√ 정답 파헤치기

⑤ 제주 4·3 사건은 남한만의 단독 정부 수립에 반대한 남로당 제주도당의 무장 봉기와 이에 대한 미군정과 경찰의 강경 진압이 원인이 되어 발생하였다(1948). 진압 과정에서 법적 절차를 거치지 않고 총기 등을 사용하여 민간인까지 사살하면서 제주도민들이 큰 피해를 입었다.

√ 선택지 분석하기

① · ④ 박정희 정부의 유신 헌법은 통일 주체 국민 회의에서 대통령을 선출하여 장기 독재를 가능하게 하였다.

② 국가 보위 비상 대책 위원회는 신군부가 5·18 민주화 운동을 무력으로 진압한 후 국가 주요 조직을 장악하고, 대통령을 보좌하기 위해 설치한 임시 행정 기구이다.

③ 6월 민주 항쟁의 결과 정부는 국민의 민주화 요구를 수용하여 6·29 민주화 선언을 통해 5년 단임의 대통령 직선제를 골자로 하는 개헌을 단행하였다.

Keyword

#큰넓궤 #1948년 토벌대 #제주도 #초토화 작전 #동광리 주민들 #학살

정답 ⑤

---

262 사료형 + 연표형 [46회 47번]

다음 결의문이 채택된 시기를 연표에서 옳게 고른 것은? [2점]

> 총회가 당면하고 있는 한국 문제는 근본적으로 한국민 자체의 문제이며 그 자유와 독립에 관련된 문제이므로 …… 총회는 한국 대표가 한국 주재 군정 당국에 의하여 지명된 자가 아니라 한국민에 의하여 실제로 정당하게 선출된 자라는 것을 감시하기 위하여, 조속히 유엔 한국 임시 위원단을 설치하여 한국에 주재케 하고, 이 위원단에게 한국 전체를 여행·감시·협의할 수 있는 권한을 부여할 것을 결의한다.

1945.8.		1945.12.		1946.3.		1946.10.		1947.5.		1948.8.
	(가)		(나)		(다)		(라)		(마)	
8·15 광복		모스크바 3국 외상 회의 개최		제1차 미·소 공동 위원회 개최		좌우 합작 7원칙 발표		제2차 미·소 공동 위원회 개최		대한민국 정부 수립

① (가) ② (나) ③ (다) ④ (라) ⑤ (마)

▌5·10 총선거

📖 요약노트 112번

√ 정답 파헤치기

⑤ 제2차 미·소 공동 위원회가 결렬되자 미국은 유엔 총회에 한반도 문제를 상정하였다. 유엔 총회는 한반도에서 인구 비례에 따른 총선거 실시와 유엔 한국 임시 위원단 파견을 결의하였다(1947). 그러나 소련이 38선 이북 지역의 입북을 거부하여 유엔 소총회에서 선거 실시가 가능한 지역에서만 선거를 실시하고 임시 위원단이 선거를 감시하라는 결정을 내렸다. 이에 따라 남한에서만 5·10 총선거가 실시되었다(1948).

Keyword

#총회 #유엔 한국 임시 위원단

정답 ⑤

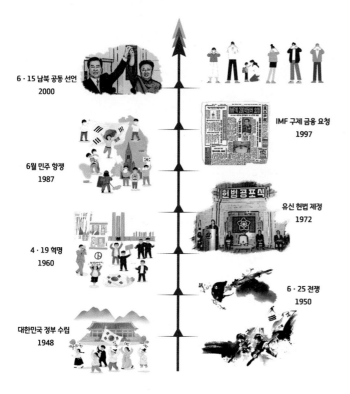

주제 61

제헌 국회 활동과 6·25 전쟁

6·15 남북 공동 선언
2000

IMF 구제 금융 요청
1997

6월 민주 항쟁
1987

헌법공포식

유신 헌법 제정
1972

4·19 혁명
1960

6·25 전쟁
1950

대한민국 정부 수립
1948

합격전략

제헌 국회의 활동 중에서는 농지 개혁법과 반민족 행위 처벌법의
제정이 주로 출제되므로 이를 중점적으로 공부해야 합니다. 또한,
6·25 전쟁은 관련 사료를 통해 주제를 추론하고 정답을 선택하는
사료형 문제, 유엔군과 중국군 참전에 따른 전선의 변화를 시기순
으로 나열하는 **순서 나열**형 문제에 대비해야 합니다.

---

263 설명형 [42회 45번]

밑줄 그은 '국회'에 대한 설명으로 옳은 것은? [2점]

> 지난 5·10 총선을 통해 구성된 국회가 반민족 행위자를 처벌할 수 있는 법
> 안을 통과시켰습니다. 이 법의 적용을 받는 자는 한일 합방에 협력한 자, 한국
> 의 주권을 침해하는 데 도움을 준 자, 일본 치하 독립운동자나 그 가족을 살
> 상·박해한 자 등입니다. 아울러 반민족 행위를 예비 조사하기 위해 특별 조
> 사 위원회를 설치하기로 했습니다.

① 민의원, 참의원의 양원으로 운영되었다.
② 한미 자유 무역 협정(FTA)을 비준하였다.
③ 초대 대통령에 한해 중임 제한을 철폐하였다.
④ 유상 매수, 유상 분배 원칙의 농지 개혁법을 제정하였다.
⑤ 의원 정수 3분의 1이 통일 주체 국민 회의에서 선출되었다.

█ 농지 개혁법

✔ 정답 파헤치기

제헌 국회는 일제의 잔재를 청산하고 민족 정기를 바로 잡기 위해 반민족 행
위 처벌법을 제정하였고, 이에 따라 반민족 행위 특별 조사 위원회가 활동하
였다.

④ 제헌 국회는 유상 매수, 유상 분배를 원칙으로 농지 개혁법을 제정하여 농
지 개혁을 실시하였다(1949).

✔ 선택지 분석하기

① 양원제 국회는 1952년 제1차 개헌(발췌 개헌)을 통해 입법화된 이후 6·25
전쟁과 자유당의 장기 집권 등으로 인해 구성되지 못하였다. 이후 제3차
개헌(내각 책임제 개헌)으로 실시된 제5대 국회의원 총선거를 통해 비로소
구성되었다.

② 노무현 정부는 미국과 자유 무역 협정(FTA)을 체결하였다(2007).

③ 1954년에 이승만 정권은 사사오입 개헌 때 초대 대통령에 한해 중임 제한
을 폐지하여 장기 집권을 시도하였다.

⑤ 유신 헌법으로 국회의원의 1/3을 대통령 추천으로 통일 주체 국민 회의에
서 선출하였다(1972).

K Keyword

#5·10 총선 #반민족 행위자 처벌 #반민족 행위를 예
비 조사 #특별 조사 위원회

정답 ④

264 사료형 [33회 48번]

다음 법령을 제정한 국회에 대한 설명으로 옳지 않은 것은?

[2점]

> 제1조 일본 정부와 통모하여 한일 합병에 적극 협력한 자, 한국의 주권을 침해하는 조약 또는 문서에 조인한 자와 모의한 자는 사형 또는 무기 징역에 처하고 그 재산과 유산의 전부 혹은 2분의 1 이상을 몰수한다.
> ┆
> 제3조 일본 치하 독립운동자나 그 가족을 악의로 살상, 박해한 자 또는 이를 지휘한 자는 사형, 무기 또는 5년 이상의 징역에 처하고 그 재산의 전부 혹은 일부를 몰수한다.

① 우리나라 최초의 보통 선거를 통해 구성되었다.

② 대통령을 행정부 수반으로 규정한 헌법을 제정하였다.

③ 유상 매수, 유상 분배 원칙의 농지 개혁법을 통과시켰다.

④ 일제가 남긴 재산 처리를 위한 귀속 재산 처리법을 제정하였다.

⑤ 초대 대통령에 한해 중임 제한을 폐지하는 내용의 개헌안을 통과시켰다.

▌ 반민족 행위 처벌법

√ 정답 파헤치기

제헌 국회에서는 일제의 잔재를 청산하고 민족 정기를 바로잡기 위해 반민족 행위 처벌법을 제정하여 반민 특위가 활동하였지만 이승만 정부의 소극적 태도로 친일파 처벌이 제대로 이뤄지지 못하였다(1948).

⑤ 3대 국회(1954.5.~1958.5.)에서 초대 대통령에 한해 중임 제한을 철폐하는 것을 골자로 하는 헌법 개정이 부결되었으나 사사오입 개헌을 통해 결국 통과되었다(1954).

√ 선택지 분석하기

① 우리나라 역사상 최초의 민주주의 선거인 5 · 10 총선거를 통해 임기 2년의 제헌 국회의원이 선출되었다.

② 제헌 국회에서 제정된 헌법에서는 대통령이 국가 원수인 동시에 행정부의 수반이 되는 대통령제 국가로 규정하였다.

③ 제헌 국회에서는 농지 개혁법을 제정하여 유상 매수, 유상 분배를 원칙으로 한 농지 개혁을 통해 소작 제도를 폐지하고 농사를 짓는 사람이 토지를 소유하도록 하였다(1949).

④ 제헌 국회에서는 귀속 재산 처리법을 제정하여 일제가 남긴 재산을 민간인 연고자에게 분배하였다(1949).

Keyword

#일본 정부와 통모 #한일 합병에 적극 협력한 자 #한국의 주권을 침해하는 조약 또는 문서에 조인한 자 #일본 치하 독립운동자나 가족을 악의로 살상 · 박해한 자 #재산의 전부 혹은 일부 몰수

정답 ⑤

265 순서 나열형 ⊕ 사료형 [36회 47번]

(가)~(다)의 전선을 전쟁이 진행된 순서대로 옳게 나열한 것은?

[1점]

지도로 보는 동족상잔의 비극, 6 · 25 전쟁

① (가) – (나) – (다)
② (가) – (다) – (나)
③ (나) – (가) – (다)
④ (나) – (다) – (가)
⑤ (다) – (가) – (나)

▌ 6 · 25 전쟁의 전개 과정

📖 요약노트 113번

√ 정답 파헤치기

(다) 북한군의 불법 남침으로 인해 3일 만에 서울을 점령당하였으며, 북한군의 진격으로 낙동강 지역까지 후퇴하여 유엔군과 함께 방어선을 구축하였다(1950.8.1.).

(가) 국군과 유엔군은 인천 상륙 작전을 감행하여 전세를 역전시켰고(1950.9.15.), 기세를 몰아 압록강 인근까지 북진하였다.

(나) 1950년 10월부터 참전한 중공군의 신정 공세로 인해 1951년 1 · 4 후퇴로 서울을 다시 빼앗긴 국군과 유엔군은 전열을 재정비하여 다시 38선 부근까지 진격하였다.

Keyword

#국군 #유엔군 #북한군 #중국군 #남침 #휴전선

정답 ⑤

266 사료형 ✚ 합답형 [42회 47번]

다음 조약에 대한 설명으로 옳은 것을 〈보기〉에서 고른 것은? [2점]

> 국제 연합군 총사령관을 한쪽 편으로 하고 조선 인민군 최고 사령관 및 중국 인민 지원군 사령원을 다른 쪽으로 하는 아래의 서명자들은 쌍방에 막대한 고통과 유혈을 초래한 한국에서의 충돌을 정지시키기 위하여, 최후적인 평화적 해결이 달성될 때까지 한국에서의 적대 행위와 일체 무장 행동의 완전한 정지를 보장하는 정전을 확립할 목적으로, 아래의 조항에 기재된 정전 조건과 규정을 접수하며 또 각자 공동 상호 동의한다. 이 조건과 규정들의 의도는 순전히 군사적 성질에 속하는 것이며 이는 오직 한국에서의 교전 쌍방에만 적용한다.

> • 보기 •
> ㄱ. 포로 송환 문제로 인해 체결이 지연되었다.
> ㄴ. 미국과 소련의 군정이 종식되는 계기가 되었다.
> ㄷ. 군사 분계선을 확정하고 비무장 지대를 설정하였다.
> ㄹ. 미국의 극동 방위선을 조정한 애치슨 선언에 영향을 주었다.

① ㄱ, ㄴ   ② ㄱ, ㄷ   ③ ㄴ, ㄷ
④ ㄴ, ㄹ   ⑤ ㄷ, ㄹ

267 사료형 [36회 46번]

다음 협정이 적용된 시기 우리나라의 경제 상황으로 옳은 것은? [2점]

> 대한민국 정부는 대한민국의 경제적 위기를 방지하며 국력 부흥을 촉진하고 국내 안정을 확보하기 위하여 미합중국 정부에 재정적, 물질적, 기술적 원조를 요청하였으며, 미합중국 의회는 …… 대한민국 국민에게 원조를 제공할 권한을 미합중국 대통령에게 부여하였고, 대한민국 정부 및 미합중국 정부는 대한민국 정부의 독립과 안전 보장에 합치되는 조건에 의한 그 원조의 제공이 …… 한국 국민과 미국 국민 간의 우호적 연대를 일층 강화할 것을 확신하므로 …… 아래와 같이 협정하였다. ……
> – 한미 원조 협정 –

① 경부 고속 국도를 개통하였다.
② 경제 협력 개발 기구(OECD)에 가입하였다.
③ 제분·제당·면방직의 삼백 산업이 성장하였다.
④ 3저 호황으로 물가가 안정되고 수출이 증가하였다.
⑤ 대통령의 긴급 명령으로 금융 실명제를 실시하였다.

▌ 휴전 협정

📖 요약노트 113번

✔ 정답 파헤치기

'국제 연합군 총사령관', '조선 인민군 최고 사령관', '중국 인민 지원군 사령원', '정전 조건' 등을 통해 6·25 전쟁의 휴전 협정임을 알 수 있다.

ㄱ. 이승만 정부는 6·25 전쟁 당시 유엔군의 휴전 협상 진행에 반대하여 반공 포로를 석방하였다.

ㄷ. 휴전 협정의 결과 무장이 금지된 완충 지대인 비무장 지대와 군사 분계선이 설치되었다.

✔ 선택지 분석하기

ㄴ. 1948년 8월에 대한민국이, 9월에 조선민주주의인민공화국이 각각 수립되면서 미국과 소련의 군정이 종식되었다.

ㄹ. 애치슨 선언은 1950년 미 국무 장관인 애치슨이 한국을 미국의 태평양 방위선에서 제외한다는 내용을 포함하여 발표한 선언으로 6·25 전쟁 발발의 원인이 되었다는 비판을 받는다.

Keyword

#국제 연합군 총사령관 #조선 인민군 최고 사령관 #중국 인민군 지원군 사령원 #쌍방에 막대한 고통과 유혈을 초래한 한국에서의 충돌 정지 #정전 조건과 규정

정답 ②

▌ 전쟁 이후 상황

📖 요약노트 117번

✔ 정답 파헤치기

③ 6·25 전쟁 이후 1950년대에는 미국의 원조에 기반을 두고 밀가루, 설탕, 면직물을 중심으로 한 삼백 산업이 활성화되고 소비재 공업이 성장하였다.

✔ 선택지 분석하기

① 박정희 정부 때 경부 고속 도로를 건설하였다(1970).

② 김영삼 정부 때 한국 경제의 세계화를 위해 경제 협력 개발 기구(OECD)에 가입하였다(1996).

④ 전두환 정부 때 저금리, 저유가, 저달러의 3저 호황으로 물가가 안정되고 수출이 증가하여 높은 경제 성장률을 기록하였다.

⑤ 김영삼 정부 때 부정부패 척결을 위해 긴급 명령으로 금융 실명제와 공직자 재산 등록제를 실시하였다(1993).

Keyword

#대한민국의 경제적 위기 #미합중국 정부의 재정적·물질적·기술적 원조 #한미 원조 협정

정답 ③

안심Touch

주제 62

이승만 정부와 4·19 혁명

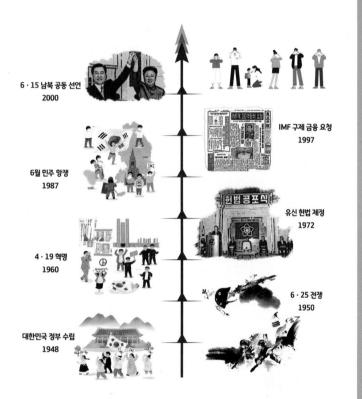

6·15 남북 공동 선언
2000

IMF 구제 금융 요청
1997

6월 민주 항쟁
1987

유신 헌법 제정
1972

4·19 혁명
1960

6·25 전쟁
1950

대한민국 정부 수립
1948

합격전략

이승만 정부 시기에는 장기 독재를 위한 헌법 개정 과정과 이에 반대하여 일어난 4·19 혁명에 대한 문제가 자주 출제됩니다. 문제에 제시되는 사료나 지문을 통해 몇 번째 개헌인지 구분할 수 있어야 하며, 4·19 혁명은 발생 배경과 결과를 중심으로 사건을 파악하는 것이 중요합니다.

268 설명형 [44회 47번]

다음 상황 이후에 전개된 사실로 옳은 것은? [2점]

> 5월 26일, 부산에서 국회의원 통근 버스가 헌병대로 강제 연행되어 탑승한 야당 의원 50여 명이 구금당하는 사태가 벌어졌다. 내각 책임제를 추진하던 주동 의원들이 체포되었으며, 국제 공산당 사건 혐의로 10여 명의 국회의원이 구속되었다.

① 북한의 전면적인 남침으로 6·25 전쟁이 발발하였다.
② 경찰이 반민족 행위 특별 조사 위원회를 습격하였다.
③ 정·부통령 직접 선거를 주 내용으로 하는 개헌이 이루어졌다.
④ 전조선 정당 사회단체 지도자 협의회가 성명서를 발표하였다.
⑤ 일제가 남긴 재산 처리를 위한 귀속 재산 처리법이 처음 제정되었다.

▌발췌 개헌

📖 요약노트 116번

✔ 정답 파헤치기

③ 제헌 헌법은 대통령을 국회에서 선출하도록 규정하였는데, 국회의원 선거에서 야당이 압승을 거두자 재선이 어렵다고 판단한 이승만은 대통령 직선제를 골자로 한 개헌안을 국회에 제출하였다. 그러나 국회가 개헌안을 부결시키자 정부는 국회 해산 요구 등 부산을 중심으로 계엄을 선포하고 일부 국회의원을 구속하였다. 이러한 여야의 대립 속에서 대통령과 부통령은 직접 선거에 의해 구성한다는 내용의 발췌 개헌이 단행되었다(1952).

✔ 선택지 분석하기

① 6·25 전쟁은 북한군의 불법 남침으로 시작되었다(1950).
② 제헌 국회가 반민족 행위 특별 조사 위원회를 구성하였으나 이승만 정권과 친일 잔재 세력의 거센 반발과 방해 공작, 경찰의 습격 등으로 사실상 제대로 된 친일파 처벌은 이루어지지 못하였다(1949).
④ 남북의 정치 지도자들이 통일 정부 수립을 목표로 남한만의 단독 선거에 반대하는 전조선 정당 사회단체 대표 연석 회의를 개최하였다(1948). 뒤이어 평양에서 남북 조선 정당·사회단체 지도자들의 협의회가 진행되어 협의 결과에 대한 성명서를 발표하였다.
⑤ 제헌 국회는 일제가 남긴 재산 처리를 위해 귀속 재산 처리법을 제정하였다(1949).

◤ Keyword

#국회의원 통근 버스 #헌병대로 강제 연행 #야당 의원 50여 명 구금 #국제 공산당 사건 혐의 #국회위원 구속

정답 ③

269 사료형 [45회 46번]

밑줄 그은 '개헌안'의 시행 결과로 옳은 것은? [2점]

> **정부, 개헌안 통과로 인정**
> – 28일 국무 회의 후, 갈 처장 발표 –
>
> 27일 국회에서 개헌안에 대하여 135표의 찬성표가 던져졌다. 그런데 민의원 재적수 203석 중 찬성표 135, 반대표 60, 기권 7, 결석 10이었다. 60표의 반대표는 총수의 3분의 1이 훨씬 되지 못한다는 사실을 잘 주의해서 보아야 한다. 민의원의 3분의 2는 정확하게 계산할 때 135⅓인 것이다. 한국은 표결에 있어서 단수(端數)*를 계산하는 데 전례가 없었으나 단수는 계산에 넣지 않아야 할 것이며 따라서 개헌안은 통과되었다는 것이 정부의 견해이다.
>
> *단수(端數): '일정한 수에 차고 남는 수'로, 여기에서는 소수점 이하의 수를 의미함

① 대통령 중심제가 의원 내각제로 바뀌었다.
② 통일 주체 국민 회의에서 대통령이 선출되었다.
③ 개헌 당시의 대통령에 한하여 중임 제한이 철폐되었다.
④ 선거인단이 선출하는 7년 단임의 대통령제가 실시되었다.
⑤ 우리나라 최초의 보통 선거인 5·10 총선거가 실시되었다.

▌사사오입 개헌
📖 요약노트 116번

✔ 정답 파헤치기

③ 이승만은 자신의 대통령 3선을 위해 초대 대통령에 한해 중임 제한을 철폐한다는 내용의 헌법 개정안을 발표하였으나 국회에서 의결 정족수의 3분의 2를 채우지 못하고 부결되었다. 그러자 1인 이하의 소수점 자리는 계산하지 않는다는 사사오입 논리로 개헌안을 통과시켜 장기 집권을 시도하였다(사사오입 개헌, 1954).

✔ 선택지 분석하기

① 이승만이 하야하고 수립된 과도 정부는 의원 내각제와 양원제를 골자로 한 3차 개헌을 단행하였다. 이에 따라 윤보선이 대통령으로 선출되고 장면이 국무총리로 지명되어 장면 내각이 성립되었다(1960).
② 박정희 정부는 제7차 개헌을 통해 유신 헌법을 발표하여 통일 주체 국민 회의에 의해 대통령을 선출하도록 규정하였다(1972).
④ 전두환 정부는 제8차 개헌을 단행하여 선거인단에서 7년 단임의 대통령을 선출하는 대통령 간선제를 실시하였다(1980).
⑤ 제헌 국회를 구성하기 위해 실시한 5·10 총선거는 우리나라 역사상 최초의 민주적 보통 선거였으며, 38도선 이남 지역에서만 실시되었다(1948).

Keyword

#개헌안 통과로 인정 #민의원의 3분의 2 #단수는 계산에 넣지 않아야 할 것

정답 ③

270 빈칸형 + 사료형 [43회 47번]

(가) 정부 시기에 있었던 사실로 옳은 것은? [2점]

> 이 사건은 '평화 통일'을 주장하는 조봉암이 제3대 대통령 선거에서 200여만 표 이상을 얻어 (가) 정권에 위협적인 정치인으로 부상하자 조봉암이 이끄는 진보당의 민의원 총선 진출을 막고 조봉암을 제거하려는 (가) 정권의 의도가 작용하여 서울시경이 조봉암 등 간부들을 국가변란 혐의로 체포하여 조사하였고, 민간인에 대한 수사권이 없는 육군 특무대가 조봉암을 간첩 혐의로 수사에 나서 재판을 통해 처형에 이르게 한 것으로 인정되는 비인도적, 반인권적 인권 유린이자 정치 탄압 사건이다.
>
> – 「진보당 조봉암 사건 결정 요지」 –

① 통일 주체 국민 회의 대의원이 선출되었다.
② 농촌 근대화를 표방한 새마을 운동이 전개되었다.
③ 사회 정화를 명분으로 삼청 교육대가 설치되었다.
④ 한·독 정부 간의 협정에 따라 서독으로 광부가 파견되었다.
⑤ 국가보안법 개정안을 통과시킨 이른바 보안법 파동이 일어났다.

▌진보당(조봉암) 사건
📖 요약노트 118번

✔ 정답 파헤치기

이승만 정부는 평화 통일을 주장한 조봉암을 비롯한 진보당의 간부들을 국가 변란, 간첩죄 혐의로 체포하였고, 조봉암의 사형을 집행하였다(진보당 사건, 1958). 그러나 2011년 1월 대법원에서 본 사건에 대해 무죄를 선고하였다.
⑤ 이승만의 자유당 정권은 정부에 대한 비판 세력과 국민 여론을 통제하기 위해 국가보안법 개정안을 마련하여 여당 단독으로 통과시켰는데, 이를 보안법 파동이라고 한다(1958).

✔ 선택지 분석하기

① 박정희 정부의 유신 헌법은 통일 주체 국민 회의에서 대통령을 선출하여 장기 독재를 가능하게 하였다.
② 박정희 정부 때인 1970년대 공업화로 인해 상대적으로 낙후된 농어촌 근대화를 목표로 새마을 운동이 추진되었다.
③ 신군부는 전두환을 상임 위원장으로 하는 국가 보위 비상 대책 위원회를 조직하고 전국 각지의 군부대 내에 삼청 교육대를 설치하여 사회 정화책이라는 명분하에 가혹 행위와 인권 유린을 자행하였다.
④ 박정희 정부는 부족한 외화를 보충하기 위해 광부와 간호사를 서독에 파견하는 정책을 추진하였다.

Keyword

#조봉암 #제3대 대통령 선거 #진보당의 민의원 총선 진출 #국가 변란 혐의 #간첩 혐의 #재판을 통해 처형에 이르게 한 것

정답 ⑤

안심Touch

271 사료형 [41회 46번]

다음 법령이 제정된 정부 시기의 사실로 옳은 것은? [2점]

> 제1조 본령은 육군 군대가 영구히 일지구에 주둔하여 당해 지구의 경비, 육군의 질서 및 군기의 감시와 육군에 속하는 건축물 기타 시설의 보호에 임함을 목적으로 한다.
>
> 제12조 위수 사령관은 재해 또는 비상사태에 제하여 지방 장관으로부터 병력의 청구를 받았을 때에는 육군 총참모장에게 상신하여 그 승인을 얻어 이에 응할 수 있다. 전항의 경우에 있어서 사태 긴급하여 육군 총참모장의 승인을 기다릴 수 없을 때에는 즉시 그 요구에 응할 수 있다.
> 단, 위수 사령관은 지체 없이 이를 육군 총참모장에게 보고하여야 한다.

① 5년 단임의 대통령 직선제 개헌이 이루어졌다.

② 부정 선거에 항거하는 4·19 혁명이 전국 각지에서 일어났다.

③ 호헌 철폐와 독재 타도 등의 구호를 내세운 시위가 전개되었다.

④ 치안본부 대공 분실에서 박종철 고문치사 사건이 발생하였다.

⑤ 신군부의 계엄 확대와 무력 진압에 저항하는 시위가 벌어졌다.

▌4·19 혁명

✔ 정답 파헤치기

위수령은 이승만 정부 시기 군부대가 자기 보호를 위해 외부 침입을 막는 것을 목적으로 제정된 대통령령이다(1950). 위수령은 계엄령과 달리 국회의 사후 승인이 필요 없기 때문에 군부대가 집회나 시위를 무력으로 진압하는 근거 법령이 되기도 하였다.

② 이승만과 자유당 정권의 3·15 부정 선거에 대한 저항으로 4·19 혁명이 발발하여 이승만이 하야하고 하와이로 망명하였다(1960).

✔ 선택지 분석하기

①·③·④ 전두환 정부 시기 박종철 고문치사 사건과 4·13 호헌 조치가 원인이 되어 6월 민주 항쟁이 전국적으로 확산되었다(1987). 시민들은 호헌 철폐와 독재 타도 등의 구호를 내세워 민주적인 헌법 개정을 요구하였고, 정부는 5년 단임의 대통령 직선제를 골자로 하는 6·29 민주화 선언을 발표하였다.

⑤ 신군부의 비상계엄 확대와 공수 부대를 동원한 무력 진압에 저항하여 광주에서 5·18 민주화 운동이 일어났다(1980).

Keyword

#위수 사령관 #재해 또는 비상사태 #육군 총참모장

정답 ②

272 설명형 [46회 46번]

밑줄 그은 '헌법'이 적용된 시기에 있었던 사실로 옳은 것은?
[3점]

> 민주당의 윤보선 의원이 국회에서 208표를 얻어 대통령에 당선되었습니다. 내각 책임제를 골자로 개정된 헌법에 따라 선출된 윤보선 대통령은 국가의 원수로서 나라를 대표하고, 국무총리 지명권과 긴급 재정 처분권, 그리고 국군 통수권 등의 권한을 가지며 임기는 5년입니다.

① 반민족 행위 처벌법이 제정되었다.

② 통일 주체 국민 회의가 조직되었다.

③ 2년 임기의 국회의원이 선출되었다.

④ 조봉암을 중심으로 진보당이 창당되었다.

⑤ 국회가 민의원, 참의원의 양원으로 운영되었다.

▌제3차 헌법 개정

📖 요약노트 116번

✔ 정답 파헤치기

⑤ 4·19 혁명으로 이승만이 하야하고 수립된 허정 과도 정부는 3·15 부정 선거를 단행한 자유당 간부들을 구속하였으며, 국회는 내각 책임제와 양원제를 골자로 한 제3차 헌법 개정을 단행하였다(1960). 이후 구성된 국회를 통해 윤보선이 대통령으로 선출되었고 장면이 국무총리로 지명되어 장면 내각이 성립되었다.

✔ 선택지 분석하기

①·③ 5·10 총선거를 통해 임기 2년의 제헌 국회 의원이 선출되어 제헌 국회를 구성하고 제헌 헌법이 제정되었다. 이 국회에서 일제의 잔재를 청산하고 민족정기를 바로 잡기 위해 반민족 행위 처벌법이 제정되었다.

② 박정희 정부는 유신 헌법을 발표하여 대통령 임기 6년과 중임 제한 조항 삭제 및 통일 주체 국민 회의를 통한 대통령 간선제의 내용을 담은 제7차 헌법 개정을 단행하였다(유신 헌법, 1972).

④ 이승만 정권 당시 조봉암은 제3대 대통령 선거에 출마하였으나 낙선하였다. 이후 진보당을 창당하여(1956) 평화 통일론을 주장하다가 국가 변란, 간첩죄 혐의로 체포되어 사형되었으며 진보당은 해체되었다(진보당 사건, 1958).

Keyword

#민주당의 윤보선 의원 #국회에서 208표 #내각 책임제를 골자로 개정된 헌법 #윤보선 대통령 #임기 5년

정답 ⑤

주제 63

박정희 정부

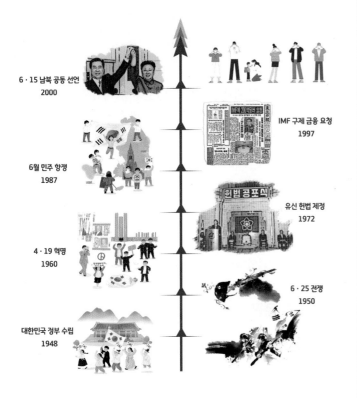

6 · 15 남북 공동 선언
2000

IMF 구제 금융 요청
1997

6월 민주 항쟁
1987

유신 헌법 제정
1972

4 · 19 혁명
1960

6 · 25 전쟁
1950

대한민국 정부 수립
1948

합격전략

박정희 정부 시기는 크게 유신 체제 전과 후로 나뉩니다. 박정희의 장기 집권을 뒷받침하기 위한 유신 헌법의 내용과 이에 맞서 전개된 민주화 운동을 함께 파악해야 합니다.

---

273 시기 일치형 ➕ 합답형 [49회 47번]

(가), (나) 사이의 시기에 있었던 사실로 옳은 것을 〈보기〉에서 고른 것은? [2점]

> (가) 국군 장교가 위원으로 선출되었으며, 3권을 장악하고 국회의 권한을 행사하는 최고 통치 기구인 국가 재건 최고 회의가 출범하였다.
> (나) 국민의 직접 선거로 대의원이 선출되었으며, 통일 정책을 최종 결정하고 대통령 선거권 등을 행사하는 통일 주체 국민 회의가 발족하였다.

─ 보기 ─
ㄱ. 장기 집권을 위한 3선 개헌안이 통과되었다.
ㄴ. 제2차 석유 파동으로 경제 불황이 심화되었다.
ㄷ. 베트남 파병에 관한 브라운 각서가 체결되었다.
ㄹ. 대통령 긴급 명령으로 금융 실명제가 실시되었다.

① ㄱ, ㄴ   ② ㄱ, ㄷ   ③ ㄴ, ㄷ
④ ㄴ, ㄹ   ⑤ ㄷ, ㄹ

박정희 정부

📖 요약노트 **117**번

정답 파헤치기

(가) 5 · 16 군사 정변으로 정권을 장악한 박정희와 군부 세력은 국가 재건 최고 회의를 구성하고 혁명 내각을 발표하여 군사 정권을 수립하였다(1961).

(나) 박정희 정부는 유신 헌법을 발표하여 대통령 임기 6년과 중임 제한 조항 삭제 및 통일 주체 국민 회의를 통한 대통령 간접 선거의 내용을 담은 제7차 헌법 개정을 단행하였다(1972).

ㄱ. 박정희 정부는 장기 집권을 위해 대통령의 3선 연임을 허용하는 3선 개헌안을 통과시켰다(1969).

ㄷ. 박정희 정부는 미국의 요청으로 베트남에 국군을 파병하면서 보상으로 한국군의 현대화, 장비 제공 및 차관 제공을 약속한 브라운 각서를 체결하였다(1966).

선택지 분석하기

ㄴ. 제2차 석유 파동으로 원유 가격이 폭등하여 경제 위기를 맞았다(1978~1980).

ㄹ. 김영삼 정부는 탈세와 부정부패를 뿌리 뽑겠다는 의지로 금융 실명제를 실시하였다(1993).

Keyword

#국군 장교가 위원으로 선출 #국가 재건 최고 회의 출범 #대의원 선출 #대통령 선거권 등을 행사 #통일 주체 국민 회의 발족

정답 ②

274 시기 일치형 + 사료형 [45회 47번]

(가), (나) 문서가 작성된 사이의 시기에 있었던 사실로 옳은 것은? [3점]

> (가)
> 1. 무상 원조에 대해 한국 측은 3억 5천만 달러, 일본 측은 2억 5천만 달러를 주장한 바 3억 달러를 10년에 걸쳐 공여하는 조건으로 양측 수뇌에게 건의함
>
> 3. 수출입 은행 차관에 대해 …… 양측 합의에 따라 국교 정상화 이전이라도 협력하도록 추진할 것을 양측 수뇌에게 건의함
>
> (나)
> 제1조 양 체약 당사국 간에 외교 및 영사 관계를 수립한다.
> 제2조 1910년 8월 22일 및 그 이전에 대한 제국과 일본 제국 간에 체결된 모든 조약 및 협정이 이미 무효임을 확인한다.
> ⋮

① 한미 상호 방위 조약이 체결되었다.
② 6·3 시위가 전개되고 비상 계엄령이 선포되었다.
③ 경찰이 반민족 행위 특별 조사 위원회를 습격하였다.
④ 평화 통일론을 주장한 진보당의 조봉암이 구속되었다.
⑤ 유상 매수, 유상 분배 원칙의 농지 개혁법이 제정되었다.

▌한일 협정

∨ 정답 파헤치기

(가) 박정희 정부 시기 경제 개발 계획에 필요한 자본을 확보하기 위한 일본과의 회담 중 김종필 중앙정보부장과 일본 오히라 외상 간에 이루어진 김종필–오히라 각서(1962)의 내용이다.

(나) 박정희 정부는 한일 협정(한일 기본 조약)을 체결하여 한일 국교 정상화를 추진하였다(1965).

② 박정희 정부가 한일 회담을 진행하면서 한일 국교 정상화 추진에 대한 협정 내용이 공개되자 학생과 야당을 주축으로 이에 반대하는 6·3 시위가 전개되었고 정부는 비상 계엄령을 선포하였다(1964).

∨ 선택지 분석하기

① 이승만 정부는 6·25 전쟁 휴전 이후 한미 상호 방위 조약을 체결하여 미국과 군사적 동맹을 맺었다(1953).

③ 제헌 국회에 의해 구성된 반민족 행위 특별 조사 위원회는 친일 경찰의 습격과 이승만 정부의 소극적 태도로 목적을 달성하지 못하였다(1948).

④ 이승만 정부는 평화 통일을 주장한 조봉암을 비롯하여 진보당의 여러 간부들을 국가 변란, 간첩죄 혐의로 구속하였다(진보당 사건, 1958).

⑤ 이승만 정부는 농지 개혁법을 제정하여 유상 매수, 유상 분배를 원칙으로 농지 개혁을 실시하였다(1949).

Keyword

#무상 원조 #한국 측 #일본 측 #3억 달러를 10년에 걸쳐 공여 #수출입 은행 차관 #국교 정상화 #대한 제국과 일본 제국 간에 체결된 모든 조약 및 협정이 이미 무효임을 확인

정답 ②

275 사료형 [44회 49번]

다음 헌법 조항이 시행된 시기의 민주화 운동으로 옳은 것은? [2점]

> 제39조 ① 대통령은 통일 주체 국민 회의에서 토론 없이 무기명 투표로 선거한다.
> 제40조 ① 통일 주체 국민 회의는 국회의원 정수의 3분의 1에 해당하는 수의 국회의원을 선거한다.
> ② 제1항의 국회의원의 후보자는 대통령이 일괄 추천하며, 후보자 전체에 대한 찬반을 투표에 부쳐 재적 대의원 과반수의 출석과 출석 대의원 과반수의 찬성으로 당선을 결정한다.
> 제47조 대통령의 임기는 6년으로 한다.
> 제59조 ① 대통령은 국회를 해산할 수 있다.

① 굴욕적 대일 외교 반대를 주장하는 6·3 시위가 일어났다.
② 긴급 조치 철폐를 요구하는 3·1 민주 구국 선언이 발표되었다.
③ 부정 선거에 항거하는 4·19 혁명이 전국 각지에서 전개되었다.
④ 4·13 호헌 조치 철폐를 요구하는 전 국민적인 저항이 벌어졌다.
⑤ 김영삼과 김대중을 공동 의장으로 한 민주화 추진 협의회가 조직되었다.

▌유신 반대 운동

📖 요약노트 115번

∨ 정답 파헤치기

② 윤보선, 김대중, 함석헌 등 재야 정치인과 기독교 목사, 대학 교수 등이 긴급 조치 철폐, 민주 인사 석방, 언론·출판·집회 등의 자유, 의회 정치 회복, 사법권의 독립, 유신 체제 퇴진을 요구하는 3·1 민주 구국 선언문을 발표하였다(1976).

∨ 선택지 분석하기

① 박정희 정부 시기 한일 국교 정상화 회담이 진행되자 학생과 야당을 주축으로 굴욕적 대일 외교를 반대하는 6·3 시위가 전개되었다(1964).

③ 이승만과 자유당 정권의 3·15 부정 선거에 대한 항거로 4·19 혁명이 발발하였다(1960).

④ 전두환이 국민들의 민주화 요구를 거부하고, 일체의 개헌 논의를 중단시킨 4·13 호헌 조치를 발표하였고 박종철 고문치사 사건이 불거지면서 6월 민주 항쟁이 전국적으로 확산되었다(1987).

⑤ 전두환 정권에 대항하여 반독재 민주화 운동을 전개하기 위해 김영삼계와 김대중계의 야당 인사들이 연합하여 민주화 추진 협의회를 조직하였다(1984).

Keyword

#통일 주체 국민 회의 #무기명 투표로 대통령 선거 #국회의원 후보자 대통령이 일괄 추천 #대통령 임기 6년 #대통령 국회 해산

정답 ②

276 설명형 [43회 48번]

다음 사실이 있었던 정부 시기의 경제 상황으로 옳은 것은? [2점]

연간 조강 생산량 1백 3만 톤 규모의 제철 일관공정을 갖춘 포항 종합 제철 공장 제1기 준공식이 대통령이 참석한 가운데 거행되었다. 총 공사비 1,200여억 원(외자 700여억 원 포함)을 들여 3년 3개월 만에 완공된 이 공장에서 생산된 철강은 조선, 기계, 자동차 등 중화학 공업 분야의 원재료로 쓰이게 된다.

① 경제 협력 개발 기구(OECD)에 가입하였다.
② 제3차 경제 개발 5개년 계획이 추진되었다.
③ 한 · 칠레 자유 무역 협정(FTA)이 체결되었다.
④ 대통령 긴급 명령으로 금융 실명제가 실시되었다.
⑤ 3저 호황으로 물가가 안정되고 수출이 증가하였다.

▌ 경제 개발 5개년 계획

📖 요약노트 117번

✓ 정답 파헤치기

② 한국의 산업화는 경제 개발 5개년 계획이 시작되면서 본격화되었다. 박정희 정부는 외국에서 자본을 끌어와 수출 산업을 지원하는 '국가 주도-대외 지향적 방식'으로 공업화 정책을 추진하였다. 제3차 경제 개발 5개년 계획은 종전까지의 성장 위주 정책을 지양하고 그 대신 안정된 기반 위에서 성장을 이룩하며 자립적 경제 구조의 확립과 지역 개발의 균형을 기하는 데 있었다.

✓ 선택지 분석하기

① 김영삼 정부 때 한국 경제의 세계화를 위해 경제 협력 개발 기구(OECD)에 가입하였다(1996).
③ 노무현 정부 때 칠레와 자유 무역 협정(FTA)을 체결하였다(2004).
④ 김영삼 정부 때 탈세와 부정부패를 없애기 위해 금융 실명제를 실시하였다(1993).
⑤ 전두환 정부 때 저금리, 저유가, 저달러의 3저 호황으로 물가가 안정되고 수출이 증가하여 높은 경제 성장률을 기록하였다.

▌K Keyword

#포항 종합 제철 공장 제1기 준공식 #중화학 공업

정답 ②

277 빈칸형 [46회 48번]

(가) 민주화 운동에 대한 설명으로 옳은 것은? [2점]

이것은 부산과 마산 지역의 시민과 학생들이 일으킨 (가) 을/를 기념하는 탑입니다. 야당 총재의 국회의원직 제명으로 촉발된 (가) 은/는 민주화에 기여한 점을 인정받아 2019년에 국가 기념일로 지정되었습니다.

① 유신 체제가 붕괴되는 배경이 되었다.
② 시민군을 조직하여 계엄군에 대항하였다.
③ 허정 과도 정부가 구성되는 결과를 가져왔다.
④ 관련 기록물이 유네스코 세계 기록 유산으로 등재되었다.
⑤ 대통령 하야를 요구하는 대학 교수단의 시위 행진이 있었다.

▌ 부 · 마 민주 항쟁

📖 요약노트 115번

✓ 정답 파헤치기

YH 무역 노동자들이 폐업에 항의하여 일으킨 농성이 신민당사 앞에서 일어나자 박정희 정부는 김영삼을 국회의원직에서 제명하였다. 이로 인해 김영삼의 정치적 근거지인 부산, 마산에서 유신 정권에 반대하는 부 · 마 민주 항쟁이 전개되었다(1979).

① 집권층 내에서 부 · 마 민주 항쟁 진압 문제를 두고 대립하던 도중 박정희가 피살되는 10 · 26 사태가 일어나면서 유신 체제가 붕괴되었다.

✓ 선택지 분석하기

② · ④ 신군부의 비상계엄 확대에 항거하여 광주에서 5 · 18 민주화 운동이 일어났다. 시위는 신군부가 공수 부대를 동원하여 무력 진압에 나서자 학생과 시민들이 시민군을 결성하여 계엄군에 대항하면서 격화되었다(1980). 5 · 18 민주화 운동은 1980년대 우리나라 민주화 운동의 밑거름이 되었고, 2011년에는 관련 기록물이 유네스코 세계 기록 유산으로 등재되었다.

③ · ⑤ 이승만의 독재와 3 · 15 부정 선거에 저항하여 4 · 19 혁명이 발발하였고 대학 교수단이 대통령의 하야를 요구하는 행진을 전개하는 등 시위는 전국적으로 확산되었다. 결국 이승만이 하야하고 내각 책임제를 기본으로 하는 허정 과도 정부가 구성되었다(1960).

▌K Keyword

#부산과 마산 지역의 시민과 학생들 #야당 총재의 국회의원직 제명으로 촉발 #민주화에 기여

정답 ①

주제
64

전두환 정부

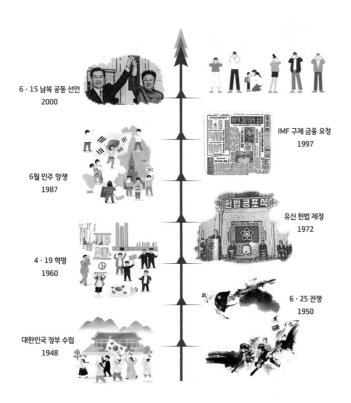

6·15 남북 공동 선언
2000

IMF 구제 금융 요청
1997

6월 민주 항쟁
1987

유신 헌법 제정
1972

4·19 혁명
1960

6·25 전쟁
1950

대한민국 정부 수립
1948

합격전략

전두환 정부 시기에는 5·18 민주화 운동과 6월 민주 항쟁 관련 문제가 가장 자주 출제됩니다. 문제에 제시된 힌트를 통해 어떤 사건인지 파악하고 정답을 고를 수 있어야 합니다.

278 빈칸형 [48회 49번]

(가) 민주화 운동에 대한 설명으로 옳은 것은?　　　　[1점]

> □□신문
>
> 제△△호　　　　　　　　　　　　　　2020년 ○○월 ○○일
>
> ### 경찰관 부당 징계 취소
>
> 경찰청은 　(가)　 40주기를 맞아 신군부의 명령을 거부하고 시민들을 보호했다는 이유 등으로 부당하게 징계를 받은 퇴직 경찰관 21명의 징계 처분을 직권 취소했다고 밝혔다. 당시 경찰관에 대한 징계는 국가 보위 비상 대책 위원회의 문책 지시에 따라 이루어졌다.
>
> 경찰청은 징계 처분이 재량권을 남용한 하자가 있는 행정 처분이라고 판단하였고, 중앙 징계 위원회를 개최하여 심의·의결을 거쳐 징계 처분을 직권 취소하게 되었다.

① 박종철과 이한열의 희생으로 확산되었다.
② 호헌 철폐와 독재 타도 등의 구호를 내세웠다.
③ 관련 기록물이 유네스코 세계 기록 유산으로 등재되었다.
④ 대통령 중심제에서 의원 내각제로 바뀌는 계기가 되었다.
⑤ 대통령 하야를 요구하며 대학 교수단이 시위행진을 벌였다.

▌5·18 민주화 운동

✔ 정답 파헤치기

12·12 쿠데타에 저항하여 '서울의 봄'이라는 대규모 민주화 운동이 일어나자 신군부는 비상계엄 조치를 전국적으로 확대하였다(1980). 5월 18일, 비상계엄 해제와 신군부 퇴진, 김대중 석방 등을 요구하는 광주 시민들의 항거가 이어지자 신군부는 공수 부대를 동원한 무력 진압을 강행하였고, 학생과 시민들이 시민군을 결성하여 이에 대항하면서 시위가 격화되었다.

③ 5·18 민주화 운동은 1980년대 우리나라 민주화 운동의 밑거름이 되었고, 2011년에는 관련 기록물이 유네스코 세계 기록 유산으로 등재되었다.

✔ 선택지 분석하기

①·② 전두환 정부 때 4·13 호헌 조치와 박종철 고문치사 사건에 반발하여 직선제 개헌과 민주 헌법 제정을 요구하는 시위가 전개되었다. 경찰의 최루탄에 맞아 연세대 재학생 이한열이 사망하자 시위는 더욱 격화되어 6월 민주 항쟁이 전국적으로 확산되었다. 시민들은 호헌 철폐와 독재 타도 등의 구호를 내세워 민주적인 헌법 개정을 요구하였다(1987).

④·⑤ 이승만의 장기 집권과 자유당 정권의 3·15 부정 선거에 저항하여 4·19 혁명이 발발하였고 대학 교수단이 대통령의 하야를 요구하는 행진을 전개하는 등 시위는 전국적으로 확산되었다(1960). 결국 이승만이 하야하고 내각 책임제를 기본으로 하는 허정 과도 정부가 구성되었다.

Keyword

#경찰관 부당 징계 취소　#신군부의 명령을 거부하고 시민들을 보호　#퇴직 경찰관 징계 처분 직권 취소　#국가 보위 비상 대책 위원회의 문책 지시

정답 ③

279 사료형 [49회 48번]

다음 헌법이 시행된 시기의 사실로 옳은 것은? [2점]

> 제39조 ① 대통령은 대통령 선거인단에서 무기명 투표로 선거한다.
> ② 대통령에 입후보하려는 자는 정당의 추천 또는 법률이 정하는 수의 대통령 선거인의 추천을 받아야 한다.
> ③ 대통령 선거인단에서 재적 대통령 선거인 과반수의 찬성을 얻은 자를 대통령 당선자로 한다.
> ⋮
> 제45조 대통령의 임기는 7년으로 하며, 중임할 수 없다.

① 긴급 조치 9호가 발동되었다.
② 국민 교육 헌장이 공포되었다.
③ 지방 자치제가 전면 시행되었다.
④ 프로 야구가 6개 구단으로 출범되었다.
⑤ 한미 자유 무역 협정(FTA)이 체결되었다.

전두환 정부 시기 사회상

✓ 정답 파헤치기

전두환 정권은 제8차 개헌을 단행하여 대통령 선거인단에서 7년 단임의 대통령을 선출하는 대통령 간선제를 실시하였다(1980).

④ 전두환 정부 때 프로 야구가 정식으로 출범하였다(1982).

✓ 선택지 분석하기

① 박정희 정부는 유신 헌법 철폐와 정권 퇴진을 요구하는 민주화 운동이 일어나자 이를 탄압하기 위해 긴급 조치 9호를 발동하여 집회·시위, 언론·방송을 금지하고 이를 어길 경우 영장 없이 체포할 수 있음을 규정하였다(1975).
② 박정희 정부는 국민 교육 헌장을 제정하여 우리나라 교육이 지향해야 할 이념과 근본 목표를 세우고자 하였다(1968).
③ 김영삼 정부 시기에는 박정희 정부 때 중단되었던 지방 자치제를 전면 시행하였다(1995).
⑤ 노무현 정부 때 한미 자유 무역 협정(FTA)이 체결되었다(2007).

Keyword

#대통령 선거인단 #대통령 임기는 7년 #중임할 수 없음

정답 ④

280 설명형 [47회 49번]

밑줄 그은 '총선' 이후의 사실로 옳은 것은? [3점]

이번 총선에서는 김대중, 김영삼이 이끈 신한 민주당이 돌풍을 일으켜 창당 한 달만에 제1 야당으로 급부상했군.

여당인 민주 정의당과 정부의 권위주의적 통치에 대한 반발과 민주화를 요구하는 시민들의 열망이 표출된 것 같아.

① 의원 내각제를 골자로 하는 개헌이 이루어졌다.
② 3·15 부정 선거로 여당 부통령 후보가 당선되었다.
③ 신군부에 의해 비상계엄이 전국으로 확대 선포되었다.
④ 직선제 개헌을 청원하는 1천만 명 서명 운동이 전개되었다.
⑤ 긴급 조치 철폐를 요구하는 3·1 민주 구국 선언이 발표되었다.

2·12 총선

✓ 정답 파헤치기

자료에 제시된 총선은 김대중과 김영삼의 합당으로 탄생한 신한 민주당(신민당)이 돌풍을 일으켰던 1985년 2·12 총선이다.

④ 1985년 총선 이후 신민당은 직선제 개헌론을 12대 국회의 중요 의제로 공식화하였다. 김대중과 김영삼은 '민주화 추진 협의회'(민추협)을 중심으로 '민주제 개헌 1천만 명서명 운동'을 추진하였다(1986).

✓ 선택지 분석하기

① 4·19 혁명 이후 허정을 중심으로 수립된 과도 정부는 의원 내각제를 기본으로 민의원과 참의원의 양원제 국회를 구성하는 3차 개헌을 단행하였다(1960).
② 이승만과 자유당 정권이 자행한 3·15 부정 선거 결과 이승만과 이기붕이 압도적인 표차로 대통령과 부통령에 당선되었다(1960).
③ 10·26 사태 이후 전두환 등 신군부 세력은 12·12 쿠데타를 일으켜 권력을 장악하였고, 1980년 5월 '서울의 봄'이라는 대규모 민주화 운동이 일어나자 비상계엄 조치를 전국으로 확대하였다.
⑤ 박정희 정부 시기 김대중, 함석헌 등의 정치인과 기독교 목사, 대학 교수 등이 유신 독재 체제에 저항하여 긴급 조치 철폐 등을 요구하는 3·1 민주 구국 선언을 발표하였다(1976).

Keyword

#김대중 #김영삼 #신한 민주당이 제1 야당으로 급부상
#여당인 민주 정의당 #권위주의적 통치에 대한 반발
#민주화 요구

정답 ④

281 사료형 [45회 49번]

다음 선언문을 발표한 민주화 운동에 대한 설명으로 옳은 것은? [2점]

> **국민 합의 배신한 4·13 호헌 조치는 무효임을 전 국민의 이름으로 선언한다.**
>
> 오늘 우리는 전 세계 이목이 우리를 주시하는 가운데 40년 독재 정치를 청산하고 희망찬 민주 국가를 건설하기 위한 거보를 전 국민과 함께 내딛는다. 국가의 미래요 소망인 꽃다운 젊은이를 야만적인 고문을 죽여 놓고 그것도 모자라 뻔뻔스럽게 국민을 속이려 했던 현 정권에게 국민의 분노가 무엇인지를 분명히 보여 주고, 국민적 여망인 개헌을 일방적으로 파기한 4·13 폭거를 철회시키기 위한 민주 장정을 시작한다.

① 장면 내각이 출범하는 배경이 되었다.

② 5년 단임의 대통령 직선제 개헌을 이끌어 냈다.

③ 3·15 부정 선거에 항의하는 시위에서 시작되었다.

④ 신군부의 비상계엄 확대가 원인이 되어 일어났다.

⑤ 3·1 민주 구국 선언을 통해 긴급 조치 철폐 등을 요구하였다.

▌6월 민주 항쟁

📖 요약노트 116번

∨ 정답 파헤치기

② 1987년 박종철 고문치사 사건과 4·13 호헌 조치를 계기로 발생한 6월 민주 항쟁의 결과, 6·29 민주화 선언이 발표되면서 5년 단임의 대통령 직선제 개헌이 이루어졌다.

∨ 선택지 분석하기

① · ③ 이승만과 자유당은 장기 독재를 위해 3·15 부정 선거를 자행하였고, 이에 저항하는 시위가 확산되며 4·19 혁명이 발발하였다(1960). 그 결과 이승만이 하야하고 과도 정부가 수립되었으며, 의원 내각제 개헌을 통해 장면 내각이 출범하였다(1960).

④ 신군부의 비상계엄 확대, 공수 부대를 동원한 무력 진압에 항거하여 광주에서 5·18 민주화 운동이 일어났다(1980).

⑤ 박정희 정부 시기 김대중, 함석헌 등이 긴급 조치 철폐 등을 요구하는 3·1 민주 구국 선언을 발표하였다(1976)

Keyword

#4·13 호헌 조치 #40년 독재 정치를 청산 #민주 국가를 건설 #국민적 여망인 개헌 #4·13 폭거를 철회

정답 ②

282 설명형 [46회 49번]

밑줄 그은 '선거'가 실시된 배경으로 가장 적절한 것은? [2점]

이번 대통령 선거에 나오는 후보들이군.

마침내 국민의 손으로 대통령을 직접 뽑을 수 있게 되었으니 신중하게 투표하세.

① 3당 합당으로 민주 자유당이 창당되었다.

② 국제 통화 기금(IMF)의 구제 금융을 받게 되었다.

③ 비상계엄이 선포된 가운데 발췌 개헌안이 통과되었다.

④ 여당 부통령 후보 당선을 위한 3·15 부정 선거가 자행되었다.

⑤ 호헌 철폐 등을 내세운 시위로 6·29 민주화 선언이 발표되었다.

▌6·29 민주화 선언

📖 요약노트 116번

∨ 정답 파헤치기

⑤ 1987년 호헌 철폐와 독재 타도 등의 구호를 내세워 민주적인 헌법 개정을 요구하는 6월 민주 항쟁이 전국적으로 확산되었다. 이에 정부는 5년 단임의 대통령 직선제를 골자로 하는 6·29 민주화 선언을 발표하였다(1987).

∨ 선택지 분석하기

① 노태우는 여소야대의 정국을 극복하기 위하여 3당 합당을 추진하였고, 1990년 1월 여당인 민주 정의당, 야당인 통일 민주당, 신민주 공화당이 민주 자유당으로 합당하였다.

② 김영삼 정부 시기인 1990년대 후반 외환 위기로 인해 국제 통화 기금(IMF)으로부터 구제 금융 지원을 받았다. 이로 인해 기업 구조 조정, 대규모 실업 등의 사태가 발생하였다.

③ 6·25 전쟁 중 이승만 정부와 자유당은 부산 지역에 비상계엄을 선포하고 대통령 직선제와 내각 책임제를 포함한 개헌안을 국회에 제출하여 토론 없이 기립 표결로 통과시키는 발췌 개헌을 단행하였다(1952).

④ 이승만 정부와 자유당은 이기붕을 부통령으로 당선시키기 위해 3·15 부정 선거를 자행하였다(1960).

Keyword

#노태우 #김영삼 #김대중 #김종필 #국민의 손으로 대통령을 직접 뽑을 수 있게 됨

정답 ⑤

주제 65

노태우 정부~현재

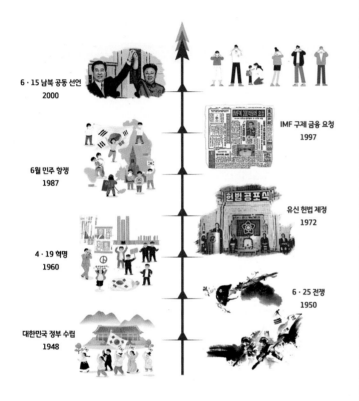

6·15 남북 공동 선언
2000

IMF 구제 금융 요청
1997

6월 민주 항쟁
1987

유신 헌법 제정
1972

4·19 혁명
1960

6·25 전쟁
1950

대한민국 정부 수립
1948

합격전략

제9차 헌법 개정 이후인 노태우 정부~현재까지는 각 정부 시기의 대표적인 정책을 위주로 출제되는 편입니다. 특히, 김영삼 정부의 금융 실명제는 단골 출제되는 정책이니 꼭 암기해 두어야 합니다.

---

283 빈칸형 ✚ 합답형 [33회 49번]

(가)에 들어갈 수 있는 사진으로 적절한 것을 〈보기〉에서 고른 것은? [2점]

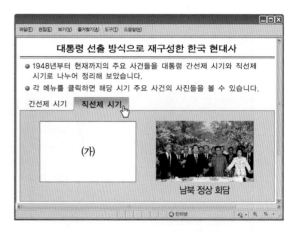

- 보기 -

ㄱ. 서울 올림픽 대회
ㄴ. 인천 상륙 작전
ㄷ. 7·4 남북 공동 성명
ㄹ. 부·마 민주 항쟁

① ㄱ, ㄴ ② ㄱ, ㄷ ③ ㄴ, ㄷ
④ ㄴ, ㄹ ⑤ ㄷ, ㄹ

대통령 직선제
📖 요약노트 116번

✓ 정답 파헤치기

ㄱ. 서울 올림픽 대회(1988): 노태우 정부(직선제)
ㄷ. 7·4 남북 공동 성명(1972): 박정희 정부(직선제)

✓ 선택지 분석하기

ㄴ. 인천 상륙 작전(1950): 이승만 정부(간선제)
ㄹ. 부·마 민주 항쟁(1979): 박정희 정부(간선제)

Keyword

#대통령 선출 방식 #간선제 #직선제

정답 ②

284 빈칸형 ✚ 합답형 [38회 49번]

(가), (나) 인물이 대통령으로 재임했던 시기에 있었던 사실로 옳은 것을 〈보기〉에서 고른 것은? [2점]

인물로 보는 한국 현대사

(가)
• 경상남도 거제 출신
• 신민당, 통일 민주당 총재
• 민주화 추진 협의회 공동 의장
• 대한민국 제14대 대통령

(나)
• 전라남도 신안 출신
• 제7대 대통령 선거 신민당 후보
• 민주화 추진 협의회 공동 의장
• 대한민국 제15대 대통령

• 보기 •
ㄱ. (가) – 남북 기본 합의서가 채택되었다.
ㄴ. (가) – 금융 실명제가 전격 시행되었다.
ㄷ. (나) – 6·15 남북 공동 선언이 발표되었다.
ㄹ. (나) – 미국과의 자유 무역 협정(FTA)이 체결되었다.

① ㄱ, ㄴ ② ㄱ, ㄷ ③ ㄴ, ㄷ
④ ㄴ, ㄹ ⑤ ㄷ, ㄹ

▌ 김영삼 · 김대중 정부

📖 요약노트 **117**번, **118**번

✔ 정답 파헤치기

ㄴ. 김영삼 정부는 경제적 부정부패와 탈세를 뿌리 뽑기 위해 금융 실명제를 실시하였다(1993).

ㄷ. 김대중 정부 출범 이후 북한과의 교류가 크게 확대되었고, 평양에서 최초로 남북 정상 회담이 이루어져 6·15 남북 공동 선언이 발표되었다(2000).

✔ 선택지 분석하기

ㄱ. 노태우 정부 때 남한의 적극적인 북방 외교 정책을 통해 남북한의 유엔 동시 가입, 남북 기본 합의서 채택과 한반도 비핵화에 관한 공동 선언이 이루어졌다(1991).

ㄹ. 노무현 정부 때 한미 자유 무역 협정(FTA)이 체결되었다(2007).

Keyword

#신민당 #통일 민주당 #제14대 대통령 #제15대 대통령

정답 ③

285 빈칸형 [47회 50번]

(가)에 들어갈 내용으로 옳은 것은? [2점]

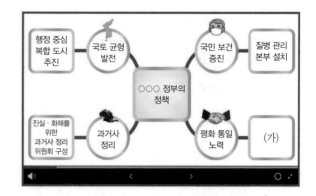

행정 중심 복합 도시 추진 — 국토 균형 발전 — ○○○ 정부의 정책 — 국민 보건 증진 — 질병 관리 본부 설치
진실·화해를 위한 과거사 정리 위원회 구성 — 과거사 정리 — 평화 통일 노력 — (가)

① 남북 기본 합의서 서명
② 남북 조절 위원회 구성
③ 10·4 남북 정상 선언 발표
④ 한반도 비핵화 공동 선언 채택
⑤ 이산가족 고향 방문 최초 성사

▌ 노무현 정부의 정책

📖 요약노트 **118**번

✔ 정답 파헤치기

노무현 정부는 국토 균형 발전을 위한 행정 수도 이전 계획에 따라 세종시를 행정 수도로 추진하였으나, 2004년 헌법재판소의 위헌 결정으로 청와대와 국회를 제외한 일부 행정 부처만 이전하는 방향으로 수정되었다. 국민 보건 증진을 위해서는 국가 전염병 연구 및 관리와 생명과학 연구를 수행하는 보건복지부 소속 기관으로 질병 관리 본부를 설립하였다(2004). 또한, 체계적인 과거사 진상 규명을 목적으로 진실·화해를 위한 과거사 정리 기본법을 제정하고, 이 법을 근거로 '진실·화해를 위한 과거사 정리 위원회'가 출범하였다(2005).

③ 노무현 정부는 제2차 남북 정상 회담을 진행하여 10·4 남북 공동 선언을 발표하였다(2007).

✔ 선택지 분석하기

①·④ 노태우 정부 시기 적극적인 북방 외교 정책을 통해 남북한의 유엔 동시 가입과 남북 기본 합의서 채택, 한반도 비핵화 공동 선언이 채택되었다(1991).

② 박정희 정부는 남북 간의 교류를 제의하여 서울과 평양에서 7·4 남북 공동 성명을 발표하고 남북 조절 위원회를 설치하였다(1972).

⑤ 전두환 정부 때 서울과 평양에서 남북한의 이산가족 상봉이 최초로 이루어졌다(1985).

Keyword

#행정 중심 복합 도시 추진 #진실·화해를 위한 과거사 정리 위원회 구성 #국민 보건 증진 #질병 관리 본부 설치 #평화 통일 노력

정답 ③

주제 66

통일을 위한 노력

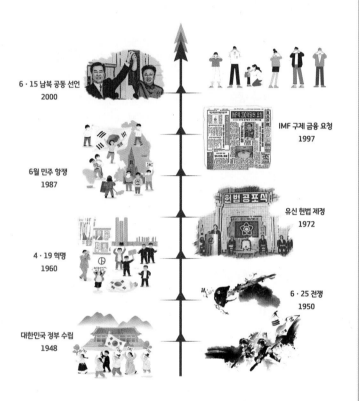

6·15 남북 공동 선언
2000

IMF 구제 금융 요청
1997

6월 민주 항쟁
1987

유신 헌법 제정
1972

4·19 혁명
1960

6·25 전쟁
1950

대한민국 정부 수립
1948

합격전략

현대 정부의 통일 노력 관련 문제는 제시된 힌트를 통해 어느 정부 시기의 통일 정책인지 파악하는 것이 가장 중요합니다. 특히, 노태우·김대중·노무현 정부 관련 문제는 거의 통일 정책 부분에서만 출제되고 있으니 꼭 알아 두어야 합니다.

---

286 사료형 ➕ 합답형 [39회 47번]

다음 자료를 발표한 정부의 통일 정책으로 옳은 것을 〈보기〉에서 고른 것은? [2점]

> 국민 여러분! 나는 오늘 다시 이 자리를 빌어 북괴에 대해 지금이라도 늦지 않았으니 우리의 평화 통일 제의를 하루 속히 수락하고, 무력과 폭력을 포기할 것을 거듭 촉구하면서 평화 통일만이 우리가 추구하는 통일의 길임을 다시 한 번 천명하는 바입니다. …… 특히 이번에 우리 대한 적십자사가 제의한 인도적 남북 회담은 1천만 흩어진 가족을 위해서 뿐만 아니라, 5천만 동포들의 오랜 갈증을 풀어 주는 복음의 제의로서 나는 이를 여러분과 함께 환영하며 그 성공을 빌어 마지않습니다.
> – 제26주년 광복절 경축사 중에서 –

● 보기 ●

ㄱ. 남북 조절 위원회를 구성하였다.

ㄴ. 남북 기본 합의서를 채택하였다.

ㄷ. 7·4 남북 공동 성명을 발표하였다.

ㄹ. 한반도 비핵화 공동 선언에 합의하였다.

① ㄱ, ㄴ   ② ㄱ, ㄷ   ③ ㄴ, ㄷ
④ ㄴ, ㄹ   ⑤ ㄷ, ㄹ

▌박정희 정부의 통일 정책
📖 요약노트 118번

✓ 정답 파헤치기

ㄱ·ㄷ. 박정희 정부 때 남북 간의 교류를 제의하여 서울과 평양에서 7·4 남북 공동 성명이 발표되었다(1972). 발표 이후 남북 직통 전화가 가설되고, 남북 조절 위원회가 설치되었다.

✓ 선택지 분석하기

ㄴ·ㄹ. 노태우 정부 때 남북 기본 합의서를 채택하였고, 한반도 비핵화에 관한 공동 선언에 합의하였다.

K eyword

#북괴 #적십자사가 제의한 인도적 남북 회담 #제26주년 광복절 경축사

정답 ②

287 설명형 [48회 50번]

다음 정부 시기의 통일 노력으로 옳은 것은? [2점]

사진으로 보는 ○○○ 정부

한국·헝가리 수교　남북한 유엔 동시 가입　한국·중국 수교

① 남북 조절 위원회를 설치하였다.
② 개성 공업 지구 조성에 합의하였다.
③ 10·4 남북 공동 선언을 발표하였다.
④ 금강산 해로 관광 사업을 시작하였다.
⑤ 한반도 비핵화 공동 선언에 서명하였다.

▌노태우 정부의 통일 정책　📖 요약노트 118번

√ 정답 파헤치기

노태우 정부는 1988년 서울 올림픽 대회의 성공적인 개최를 기점으로 중국·소련·동유럽 및 기타 사회주의 국가와 북한을 대상으로 북방 외교 정책을 추진하였다. 이에 따라 1989년 2월, 동유럽 사회주의 국가로는 처음으로 헝가리와 공식 수교를 맺고, 이를 기반으로 동유럽 사회주의권 국가들과 차례로 외교 관계를 수립하였다. 이후 1990년 6월 4일, 노태우 대통령과 고르바초프 소련 대통령의 정상 회담이 개최되었고, 같은 해 9월 30일에 한국·소련 수교가 이루어졌다. 또한, 1992년 8월에는 외교 단절로 사실상 적대국이었던 중국과의 수교도 성사되었다.

⑤ 노태우 정부의 북방 외교를 바탕으로 남북한의 유엔 동시 가입이 이루어졌으며, 남북 기본 합의서와 한반도 비핵화에 관한 공동 선언이 채택되었다(1991).

√ 선택지 분석하기

① 박정희 정부는 서울과 평양에서 7·4 남북 공동 성명을 발표하고, 남북 조절 위원회를 설치하였다(1972).

② 김대중 정부는 6·15 남북 공동 선언을 발표하고 남북 교류 협력 사업의 일환으로 개성 공업 지구 조성에 합의하였다(2000).

③ 노무현 정부는 제2차 남북 정상 회담을 진행하여 10·4 남북 공동 선언을 발표하였다(2007).

④ 김대중 정부는 햇볕 정책을 실시하여 화해와 협력을 통한 평화 통일을 추구하였으며, 이러한 정책의 일환으로 금강산 해로 관광 사업을 시작하였다(1998).

Keyword

#한국·헝가리 수교 #남북 유엔 동시 가입 #한국·중국 수교

정답 ⑤

288 설명형 [46회 50번]

다음 행사를 마련한 정부의 통일 노력으로 옳은 것은? [3점]

방송 3사 공동 특별 생방송 ○○○ 대통령, 국민과의 대화

사회 복지사: 국민 기초 생활 보장법에 대해서 말씀드리겠습니다. 기초 생활 보장법 수급 대상자로 선정되어야 함에도 그렇지 못한 경우가 많습니다. …… 보완책에 대해 말씀해 주시기 바랍니다.

○○○ 대통령: 국민 기초 생활 보장법을 지난해 10월부터 [처음] 실시했는데 아무래도 문제점이 없지 않을 겁니다. …… 어떤 경우에라도 굶주리거나 자식 교육을 못 시키거나 의료 혜택을 받지 못하는 일이 없도록 하자는 것이 국민 기초 생활 보장 제도의 취지입니다.

① 10·4 남북 공동 선언을 채택하였다.
② 남북한이 한반도 비핵화 공동 선언에 서명하였다.
③ 남북 조절 위원회를 설치하여 통일 방안을 논의하였다.
④ 남북한의 교류 협력을 위한 개성 공업 지구 건설에 합의하였다.
⑤ 최초의 이산가족 고향 방문과 예술 공연단 교환을 실현하였다.

▌김대중 정부의 통일 정책　📖 요약노트 118번

√ 정답 파헤치기

김대중 정부는 극심한 양극화를 해소하기 위해 생활 유지 능력이 없거나 생활이 어려운 국민의 최저 생활을 국가가 보장하는 국민 기초 생활 보장법을 제정하였다(1999).

④ 김대중 정부가 추진한 대북 화해 협력 정책(햇볕 정책)의 결과 2000년 6월 남북 정상 회담이 이루어졌고, 남북 경제 협력이 본격화되면서 개성 공업 지구 건설에 합의하였다.

√ 선택지 분석하기

① 노무현 정부는 제2차 남북 정상 회담을 개최하여 10·4 남북 공동 선언을 발표하였다(2007).

② 노태우 정부는 적극적인 북방 외교 정책을 추진하여 남북한의 유엔 동시 가입이 이루어졌으며, 남북 기본 합의서와 한반도 비핵화에 관한 공동 선언이 채택되었다(1991).

③ 박정희 정부 시기 남북 간의 교류를 제의하여 서울과 평양에서 7·4 남북 공동 성명이 발표되었다(1972). 발표 이후 남북 조절 위원회가 설치되어 통일 방안을 논의하게 되었다.

⑤ 전두환 정부 시기에 분단 이후 최초로 이산가족 고향 방문단 및 예술 공연단 등 총 151명이 서울과 평양을 동시에 방문하였다(1985).

Keyword

#국민 기초 생활 보장법 #교육·의료 혜택

정답 ④

289 설명형 [44회 50번]

밑줄 그은 '정부'의 통일 노력으로 옳은 것은? [1점]

□□신문
제△△호 ○○○○년 ○○월 ○○일

개성 공단 착공식 개최

정부는 30일 11시 개성 공단 착공식이 북한 개성 현지 1단계 지구에서 남측과 북측 인사 300여 명이 참석한 가운데 열린다고 발표하였다. 남북이 분단 이후 처음으로 공동 조성하는 대규모 수출 공업 단지인 개성 공단은 남측의 기술력 및 대외 무역 능력과 북측의 노동력을 바탕으로 만들어지는 남북 경협의 마중물이 될 것으로 기대된다.

① 남북한이 한반도 비핵화 공동 선언을 채택하였다.
② 최초의 이산가족 고향 방문과 예술 공연단 교환이 이루어졌다.
③ 남북한 간 최초의 공식 합의서인 남북 기본 합의서를 교환하였다.
④ 7 · 4 남북 공동 성명을 실천하기 위한 남북 조절 위원회를 구성하였다.
⑤ 제2차 남북 정상 회담을 개최하고 10 · 4 남북 공동 선언을 발표하였다.

▌노무현 정부의 통일 정책
📖 요약노트 118번

∨ 정답 파헤치기

김대중 정부 시기인 2000년에 평양에서 최초의 남북 정상 회담이 진행되어 6 · 15 남북 공동 선언이 발표되었다. 이를 바탕으로 개성 공단 건설 운영에 관한 합의서가 체결되었으나 2003년 노무현 정부 때 이르러서야 비로소 개성 공단 착공식이 이루어졌다.

⑤ 노무현 정부는 제2차 남북 정상 회담을 개최하고 남북의 경제 협력을 강조하면서 10 · 4 남북 공동 선언을 발표하였다(2007).

∨ 선택지 분석하기

① · ③ 노태우 정부 시기 남한의 적극적인 북방 외교 정책을 통해 남북한의 유엔 동시 가입과 남북 기본 합의서 채택, 한반도 비핵화에 관한 공동 선언이 이루어졌다(1991).
② 전두환 정부 시기에 분단 이후 최초로 이산가족 고향 방문단 및 예술 공연단 등 총 151명이 서울과 평양을 동시에 방문하였다(1985).
④ 박정희 정부가 남북 간의 교류를 제의하여 서울과 평양에서 7 · 4 남북 공동 성명이 발표되었고, 남북 조절 위원회가 설치되었다(1972).

Keyword

#개성 공단 착공식 #남북 분단 이후 처음으로 공동 조성하는 대규모 수출 공업 단지 #남북 경협의 마중물

정답 ⑤

290 순서 나열형 [40회 50번]

(가)~(라)의 사건을 일어난 순서대로 옳게 나열한 것은? [2점]

사진으로 보는 통일 노력

7 · 4 남북 공동 성명 발표 (가)
남북 학생 회담 요구 집회 (나)
10 · 4 남북 공동 선언 채택 (다)
정주영 북한 방문 (라)

① (가) - (나) - (다) - (라)
② (가) - (다) - (라) - (나)
③ (나) - (가) - (라) - (다)
④ (나) - (라) - (가) - (다)
⑤ (다) - (라) - (나) - (가)

▌통일 정책의 변화
📖 요약노트 118번

∨ 정답 파헤치기

(나) 4 · 19 혁명 이후 평화 통일 논의가 활성화되면서 '가자 북으로, 오라 남으로'와 같은 구호를 내세우며 남북 학생 회담을 요구하는 집회가 발생하였다(1961).
(가) 박정희 정부에서 남북 간의 교류를 제의하여 서울과 평양에서 7 · 4 남북 공동 성명을 발표하였다(1972).
(라) 정주영 현대 그룹 명예 회장은 500마리의 소떼를 싣고 판문점을 통해 북한을 방문하였다(1998).
(다) 노무현 정부는 제2차 남북 정상 회담을 진행하여 10 · 4 남북 공동 선언을 채택하였다(2007).

Keyword

#7 · 4 남북 공동 성명 #남북 학생 회담 #10 · 4 남북 공동 선언 #정주영 북한 방문

정답 ③

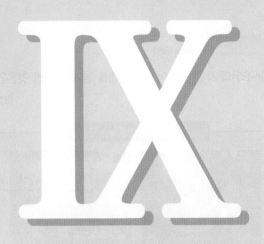

테마 한국사

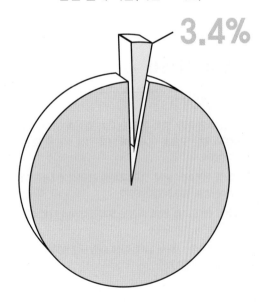

IX단원 출제 비율(최신 10회분)

3.4%

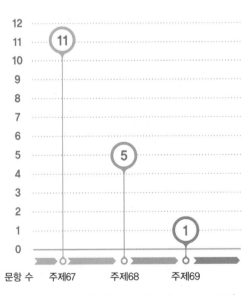

IX단원 주제별 출제 문항 수(최신 10회분)

※순서 나열형, 시기 일치형, 합답형 등의 경우 한 문항이 여러 주제에 중복 해당되기도 합니다.

주제별 키워드

주제 67 지역사	독도, 충주, 진주, 평양, 강화도, 진도, 완도, 거문도, 거제도, (절)영도, 대구
주제 68 인물사	최치원, 정약용, 안창호, 박정양, 최익현
주제 69 세시 풍속	한식, 삼짇날, 유두, 동지, 한식, 칠석, 한가위, 입동, 동지

지역사

지역사 문제는 주로 답사 계획서 형태의 지도 자료를 제시하여 빈 칸에 해당하는 지역을 추론하는 **빈칸형** + **사료형**이 주를 이룹니 다. 한 지역에 특정 시대가 아닌 여러 시대의 유물·유적지가 등장 하는 경우, 지역 자체를 메인 주제로 삼아 관련 역사를 암기하도록 합니다.

291 **빈칸**형 [45회 9번]

(가)에 해당하는 섬에 대한 설명으로 옳은 것은? [1점]

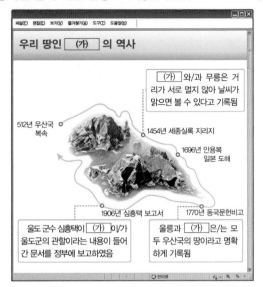

우리 땅인 (가) 의 역사

(가) 와/과 무릉은 거 리가 서로 멀지 않아 날씨가 맑으면 볼 수 있다고 기록됨

512년 우산국 복속

1454년 세종실록 지리지

1696년 안용복 일본 도해

1906년 심흥택 보고서

1770년 동국문헌비고

울도 군수 심흥택이 (가) 이/가 울도군의 관할이라는 내용이 들어 간 문서를 정부에 보고하였음

울릉과 (가) 은/는 모 두 우산국의 땅이라고 명확 하게 기록됨

① 몽골에 항전할 때 임시 수도였다.

② 정약전이 자산어보를 저술한 섬이다.

③ 하멜 일행이 표류하다가 도착한 곳이다.

④ 양헌수 부대가 프랑스군을 격퇴한 장소이다.

⑤ 대한 제국 칙령 제41호에서 관할 영토로 명시한 곳이다.

독도

정답 파헤치기

조선 왕조의 관찬 사서인 『세종실록 지리지』에는 '신라 때 우산국이라고 칭했 다.'는 기록이 남아 있다. 또한, 『동국문헌비고』의 기록을 통해 우산, 즉 독도 는 삼국 시대부터 우리 땅이었음을 재확인할 수 있다. 이후 1906년 일본이 독 도를 불법으로 편입하였다는 사실을 통보받은 울도 군수 심흥택은 독도가 울 도군의 관할이라는 내용의 문서를 정부에 보고한 바 있다.

⑤ 대한 제국은 대한 제국 칙령 제41호를 통해 울릉도를 군으로 승격시키고 독도를 관할하게 하여 우리의 영토임을 명시하였다(1900).

선택지 분석하기

① 고려는 몽골의 1차 침입 이후 강화도로 천도하여 임시 수도로 삼고 항전하 였다(1232).

② 정약전은 흑산도에서 유배 중에 인근 바다의 수산 생물 종류와 습성 등을 기록한 『자산어보』를 집필하였다(1814).

③ 조선 효종 때 네덜란드 동인도 회사 소속의 상인 하멜이 일본 나가사키로 항하던 중 일행과 함께 바다를 표류하다가 제주도에 도착하였다(1653).

④ 양헌수 부대는 병인양요 때 강화도를 공격한 프랑스 군대를 상대로 정족 산성에서 크게 활약하여 승리를 거두었다(1866).

Keyword

#우산국 #『세종실록 지리지』 #안용복 #울도 군수 심흥택
#울도군의 관할 #울릉 #『동국문헌비고』

정답 ⑤

292 빈칸형 + 사료형 [48회 25번]

(가) 지역에서 있었던 사실로 옳은 것은? [2점]

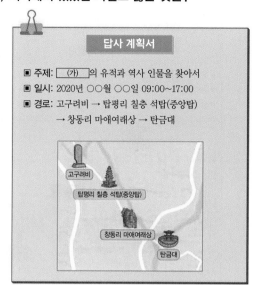

답사 계획서

■ 주제: (가) 의 유적과 역사 인물을 찾아서
■ 일시: 2020년 ○○월 ○○일 09:00~17:00
■ 경로: 고구려비 → 탑평리 칠층 석탑(중앙탑)
　　　　→ 창동리 마애여래상 → 탄금대

① 직지심체요절이 금속 활자로 간행되었다.
② 오페르트가 남연군 묘 도굴을 시도하였다.
③ 신립이 배수의 진을 치고 왜군에 항전하였다.
④ 명 신종의 제사를 지내는 만동묘가 건립되었다.
⑤ 만적을 비롯한 노비들이 신분 해방을 도모하였다.

▌충주

📖 요약노트 064번

√ 정답 파헤치기

(가) 지역은 충주이다. 국보 제205호인 충주 고구려비에서는 고구려 장수왕의 한강 유역 진출에 대한 내용을 알 수 있으며, 국보 제6호인 충주 탑평리 칠층 석탑은 통일 신라의 석탑으로, 우리나라 중앙부에 위치하여 중앙탑이라고도 부른다. 또한, 충주 창동리 마애여래상은 자연 암벽에 새겨진 마애불로, 충청북도 유형문화재 제76호로 지정되어 있다.

③ 임진왜란 당시 신립이 충주 탄금대에서 배수의 진을 치고 왜군에 맞서 싸웠으나 결국 패배하였다.

√ 선택지 분석하기

① 『직지심체요절』은 1377년 충청북도 청주시 흥덕사에서 간행한 현존하는 세계 최고(最古)의 금속 활자본으로 공인받고 있으며, 현재 프랑스 국립 도서관에 소장되어 있다.

② 병인양요 이후 독일 상인 오페르트가 충청남도 예산군에 위치한 흥선 대원군의 아버지 남연군의 묘를 도굴하려 실패한 사건이 발생하였다(1868).

④ 충청북도 괴산군에 위치한 만동묘는 명 신종과 의종의 제사를 지내기 위해 만들어졌는데, 경제적·사회적 폐단이 지속되자 흥선 대원군 때 철폐하였다.

⑤ 고려 최씨 무신 정권 시기에 최충헌의 사노비인 만적이 신분 차별에 항거하여 개경(개성)에서 반란을 도모하였으나 사전에 발각되어 실패하였다.

Keyword

#고구려비　#탑평리 칠층 석탑(중앙탑)　#창동리 마애여래상
#탄금대

정답 ③

---

293 빈칸형 + 사료형 [44회 22번]

(가) 지역에 대한 탐구 활동으로 가장 적절한 것은? [2점]

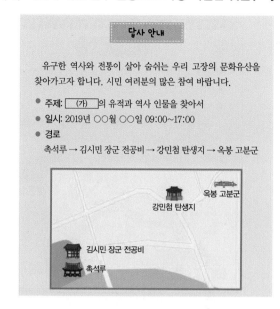

답사 안내

유구한 역사와 전통이 살아 숨쉬는 우리 고장의 문화유산을 찾아가고자 합니다. 시민 여러분의 많은 참여 바랍니다.

● 주제: (가) 의 유적과 역사 인물을 찾아서
● 일시: 2019년 ○○월 ○○일 09:00~17:00
● 경로
촉석루 → 김시민 장군 전공비 → 강민첨 탄생지 → 옥봉 고분군

① 김만덕의 빈민 구제 활동에 대해 알아본다.
② 정묘호란에서 정봉수의 활약상을 살펴본다.
③ 정약전이 자산어보를 저술한 곳을 검색한다.
④ 신립이 배수의 진을 치고 싸운 장소를 찾아본다.
⑤ 유계춘이 백낙신의 수탈에 맞서 봉기한 지역을 조사한다.

▌진주

📖 요약노트 073번

√ 정답 파헤치기

⑤ 삼정의 문란과 경상 우병사 백낙신의 수탈을 견디다 못한 진주 지역의 농민들이 몰락 양반인 유계춘을 중심으로 탐관오리의 횡포에 저항하며 봉기를 일으켰다(1862).

√ 선택지 분석하기

① 조선 후기의 상인 김만덕은 상업을 통해 모은 재산을 모두 기부하여 흉년으로 고통 받는 제주도민을 구제하였다.

② 정묘호란 때 후금이 압록강을 건너오자 정봉수와 이립은 각각 용골산성과 의주에서 의병을 조직하여 항전하면서 크게 활약하였다.

③ 정약전은 신유박해로 인해 흑산도에서 유배 중에 인근 바다의 수산 생물 종류와 습성 등을 기록한 『자산어보』를 집필하였다.

④ 임진왜란 때 왜군이 부산포로 침입하여 북상해오자 신립이 충주 탄금대에서 배수의 진을 치고 맞서 싸웠으나 패하였다.

Keyword

#촉석루　#김시민 장군 전공비　#강민첨 탄생지　#옥봉
고분군

정답 ⑤

안심Touch

294 빈칸형 + 사료형 [43회 32번]

(가) 지역에서 있었던 사실로 옳지 <u>않은</u> 것은? [3점]

> 답사 계획서
>
> ■ 주제: (가) 의 유적과 인물을 찾아서
> ■ 기간: 2019년 ○○월 ○○일~○○일
> ■ 일정 및 경로
>   • 1일차: 대동문 → 보통문 → 을밀대 → 부벽루
>   • 2일차: 안학궁 터 → 대성산성

① 제1차 미·소 공동 위원회가 개최되었다.
② 안창호가 민족 교육을 위해 대성 학교를 설립하였다.
③ 고무 공장 노동자 강주룡이 노동 쟁의를 전개하였다.
④ 미국 상선 제너럴 셔먼호가 관민들에 의해 불태워졌다.
⑤ 조만식 등을 중심으로 조선 물산 장려회가 결성되었다.

▮ 평양

∨ 정답 파헤치기

① 덕수궁 석조전은 서울의 덕수궁 안에 위치한 근대 르네상스 양식의 서양식 건물로 1946년에는 제1차 미·소 공동 위원회가 개최되기도 하였다.

∨ 선택지 분석하기

② 신민회를 조직한 안창호는 평양에 대성 학교를 설립하여 인재 양성을 통한 민족 교육을 실시하였다(1908).

③ 평양 평원 고무 공장의 여성 노동자였던 강주룡은 을밀대 지붕 위로 올라가 일제의 노동 착취와 수탈을 규탄하며 임금 삭감 반대와 노동 조건 개선을 주장하며 노동 쟁의를 전개하였다(1931).

④ 미국 상선 제너럴 셔먼호는 교역을 요구하며 평양 대동강까지 들어왔으나 평양 관민들이 이에 반대하여 배를 불태워 버렸다(1866).

⑤ 평양에서 조만식을 중심으로 조직된 조선 물산 장려회는 '조선 사람 조선 것, 내 살림 내 것으로'라는 구호를 내걸고 국산품 장려 운동을 통해 물산 장려 운동을 전개하였다(1920).

Keyword

#대동문 #보통문 #을밀대 #부벽루 #안학궁 터 #대성산성

정답 ①

295 빈칸형 + 사료형 [37회 15번]

(가) 지역에서 있었던 사실로 옳지 <u>않은</u> 것은? [2점]

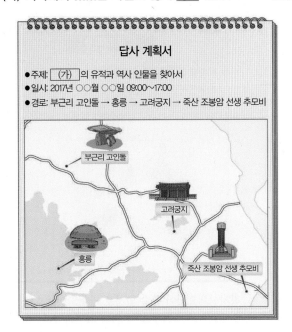

> 답사 계획서
>
> ● 주제: (가) 의 유적과 역사 인물을 찾아서
> ● 일시: 2017년 ○○월 ○○일 09:00~17:00
> ● 경로: 부근리 고인돌 → 홍릉 → 고려궁지 → 죽산 조봉암 선생 추모비

① 병자호란 때 김상용이 순절하였다.
② 프랑스군이 외규장각을 약탈하였다.
③ 정몽주가 이방원 세력에 의해 피살되었다.
④ 어재연이 이끄는 부대가 미국군에 맞서 싸웠다.
⑤ 조선왕조실록을 보관하던 사고(史庫)가 설치되었다.

▮ 강화도

∨ 정답 파헤치기

③ 고려 말 대표적 온건 개혁파인 정몽주는 개성에 위치한 선죽교에서 이방원에 의해 피살되었다.

∨ 선택지 분석하기

① 병자호란 때 강화도로 피신한 왕족들을 수행하던 김상용은 청에 의해 성이 함락되자 순절하였다.

② 병인양요 때 강화도에 침입한 프랑스군이 외규장각을 불태우고 의궤 등 각종 보물을 약탈해 갔다.

④ 제너럴 셔먼호 사건을 구실로 미국 함대가 강화도에 침입하여 초지진, 광성보 등을 점령하고 어재연이 이끄는 조선군과 전투를 벌였다.

⑤ 임진왜란으로 인해 춘추관, 충주, 전주, 성주 사고(史庫)에 있던 『조선왕조실록』이 전주 사고에 있던 실록만 제외하고 모두 소실되자 강화도 정족산, 태백산, 오대산, 적상산 지역에 사고를 설치하여 보관하였다.

Keyword

#부근리 고인돌 #홍릉 #고려궁지 #죽산 조봉암 선생 추모비

정답 ③

296 빈칸형 + 사료형 [45회 17번]

(가)~(마)에 대한 설명으로 옳은 것은? [2점]

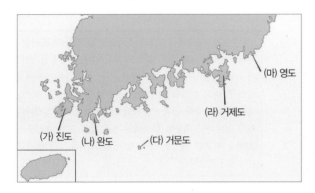

① (가) – 영국이 러시아의 남하를 구실로 불법 점령하였다.
② (나) – 통일 신라 때 장보고가 청해진을 설치하였다.
③ (다) – 6·25 전쟁 때 포로 수용소가 설치되었다.
④ (라) – 러시아가 저탄소 설치를 명분으로 조차를 요구하였다.
⑤ (마) – 삼별초가 용장성을 쌓고 몽골에 대항하였다.

297 빈칸형 + 사료형 [38회 31번]

(가)~(마) 지역에서 있었던 사실로 옳은 것은? [2점]

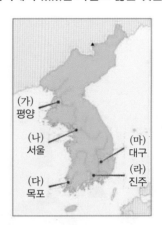

① (가) – 지주 문재철의 횡포에 맞선 소작 쟁의가 발생하였다.
② (나) – 상권 수호를 위해 황국 중앙 총상회가 조직되었다.
③ (다) – 김광제 등의 발의로 국채 보상 운동이 일어났다.
④ (라) – 토산품 애용을 위한 조선 물산 장려회가 발족되었다.
⑤ (마) – 백정에 대한 차별 철폐를 위해 조선 형평사가 창립되었다.

▎섬 지역사

√ 정답 파헤치기

② (나) 완도: 통일 신라 흥덕왕 때 장보고는 완도에 청해진을 설치하여 해상 무역을 장악하였다(828).

√ 선택지 분석하기

① (가) 진도: 임시 수도 강화도에 있던 고려 조정이 개경으로 환도하며 몽골과의 강화가 성립되자, 이에 반발한 삼별초는 진도로 근거지를 옮겨 용장성을 쌓고 몽골에 대항하였다(1243).
③ (다) 거문도: 영국은 러시아의 남하를 견제한다는 구실로 거문도를 불법 점령하였다(1885).
④ (라) 거제도: 6·25 전쟁 때 전쟁 포로 대우에 관한 제네비 협약에 따라 거제도에 포로 수용소가 설치되었다(1951).
⑤ (마) 영도: 러시아는 함대의 연료 보급을 위한 저탄소 저장소 설치를 위해 절영도(영도) 조차를 요구하였으나 좌절되었다(1898).

Keyword

#진도 #완도 #거문도 #거제도 #영도

정답 ②

▎지역사(종합)

√ 정답 파헤치기

② 서울 도성의 시전 상인들은 조청 상민 수륙 무역 장정 체결 이후 외국 상인들로 인해 어려움에 처하자 황국 중앙 총상회를 조직하여 상권 수호 운동을 전개하였다.

√ 선택지 분석하기

① 전라남도 신안군 암태도에서 일어난 암태도 소작 쟁의는 한국인 지주와 일본 경찰에 맞서 소작료 인하를 관철시켰다(1923).
③ 국채 보상 운동은 서상돈, 김광제 등의 제안으로 대구에서 시작되었다(1907).
④ 평양에서 조만식을 중심으로 조직된 조선 물산 장려회는 '조선 사람 조선 것'을 주장하며, 토산품 장려 운동인 물산 장려 운동을 전개하였다(1920).
⑤ 일제 강점기에 백정들은 사회적 차별을 철폐하기 위해 진주에서 조선 형평사를 결성하고 형평 운동을 전개하였다(1923).

Keyword

#평양 #서울 #목포 #진주 #대구

정답 ②

안심Touch

고대부터 근대까지 출제율이 높은 인물들은 인물 자체의 연표보다
관련 사건과 함께 학습하는 것이 중요합니다.

---

298 사료형 [43회 9번]

다음 글을 작성한 인물이 활동한 시기의 사실로 옳은 것은?

[2점]

> 신은 나이 12세에 중국으로 건너갔는데, 배를 타고 떠날 즈음에 아버지께서 훈계하기를 "앞으로 10년 안에 진사에 급제하지 못하면 나의 아들이라고 말하지 마라. 가서 부지런히 공부에 힘을 기울여라."라고 하였습니다. 신이 부친의 엄한 가르침을 가슴에 새겨 노력을 경주한 끝에 6년 만에 빈공과에 합격하였습니다. …… 이제 귀국하여 그동안 중국에서 지은 글을 모아 계원필경집 1부 20권을 비롯한 시·부·표·장 등의 28권을 소장(疏狀)과 함께 올리게 되었습니다.

① 김흠돌이 반란을 도모하였다.
② 최승로가 시무 28조를 올렸다.
③ 원광이 세속 5계를 제시하였다.
④ 원종과 애노가 사벌주에서 봉기하였다.
⑤ 김춘추가 진골 출신 최초로 왕위에 올랐다.

▌최치원

📖 요약노트 015번, 024번

☑ 정답 파헤치기

최치원(857~?)은 신라 말 6두품 출신 유학자로, 당에서 빈공과에 급제하여 관리 생활을 하다 귀국하여 진성 여왕에게 시무 10조를 건의하였으나 받아들여지지 않았다. 이 시기 신라는 7세기 이후 귀족 간의 권력 다툼으로 왕권이 약화된 상황이었다.

④ 통일 신라 말 진성 여왕 때 중앙 정권의 무분별한 조세 징수에 대한 반발로 사벌주에서 원종, 애노가 농민 봉기를 일으켰다(889).

☑ 선택지 분석하기

① 통일 신라 신문왕 때 왕의 장인인 김흠돌이 반란을 도모하자 신문왕은 이를 진압하고 귀족의 세력을 약화시키기 위해 다양한 정치 개혁을 단행하였다.

② 고려 성종은 최승로의 시무 28조를 받아들여 중앙의 통치 기구를 개편하고, 12목에 지방관을 파견하여 지방 세력을 견제하였다.

③ 신라 진평왕 때 원광은 화랑도의 생활 규범으로 사군이충(事君以忠)·사친이효(事親以孝)·교우이신(交友以信)·임전무퇴(臨戰無退)·살생유택(殺生有擇)의 세속 5계를 제시하였다.

⑤ 김춘추는 최초의 진골 출신 왕으로, 백제가 공격하자 고구려를 직접 찾아가 원병을 요청하였지만 실패하였고, 이후 당을 찾아가 나당 동맹을 성사시켰다.

Keyword

#중국 #빈공과 #『계원필경집』

정답 ④

299 사료형 [41회 24번]

다음 주장을 펼친 인물에 대한 설명으로 옳은 것은? [3점]

> 이제 농사를 짓는 사람은 전지(田地)를 얻게 하고 농사를 짓지 않는 사람은 전지를 얻지 못하게 하고자 한다면, 여전(閭田)의 법을 시행하여 나의 뜻을 이룰 수 있을 것이다. 무엇을 여전이라 하는가? 산골짜기와 천원(川原)의 형세로써 나누어 경계로 삼아 그 안을 여(閭)라 한다. …… 여에는 여장(閭長)을 두고 무릇 한 여의 전지는 그 여의 사람들로 하여금 다 함께 경작하게 한다. …… 추수 때에는 …… 그 양곡을 나누는데, 먼저 국가에 세를 내고 그 다음은 여장의 봉급을 주고, 그 나머지를 가지고 장부에 의해, 일한 만큼 (여민에게) 분배 한다.
>
> – 「전론」 –

① 의산문답에서 중국 중심의 세계관을 비판하였다.
② 동의수세보원을 저술하여 사상 의학을 확립하였다.
③ 우서에서 사농공상의 직업적 평등과 전문화를 주장하였다.
④ 경세유표를 저술하여 국가 제도의 개혁 방향을 제시하였다.
⑤ 북학의에서 재물을 우물에 비유하여 절약보다 소비를 권장하였다.

300 설명형 [47회 38번]

다음 방송에서 소개하는 인물에 대한 설명으로 옳은 것은? [2점]

이곳은 도산 ○○○ 기념관입니다. 이 인물에 대해 알고 있는 사실을 올려 주세요.

- 신민회 결성을 주도했어요.
- 서북 학회를 조직했어요.
- 흥사단을 창설했어요.

① 국문 연구소의 위원으로서 국문 연구에 힘썼다.
② 대성 학교를 설립하여 민족 교육을 실시하였다.
③ 도쿄에서 일왕이 탄 마차를 향해 폭탄을 던졌다.
④ 한국독립운동지혈사에서 독립 투쟁을 서술하였다.
⑤ 13도 창의군을 이끌고 서울 진공 작전을 전개하였다.

▌정약용

📖 요약노트 076번

✔ 정답 파헤치기

조선 후기 실학자 정약용은 마을 단위의 토지 공동 소유와 공동 경작, 노동력에 따른 수확물의 분배 내용이 담긴 여전론을 주장하였다.

④ 정약용의 대표 저서로는 지방 행정 개혁 방향을 제시한 『목민심서』, 중앙 행정 개혁에 대한 『경세유표』, 형법 개혁에 대한 『흠흠신서』 등이 있다.

✔ 선택지 분석하기

① 홍대용은 『의산문답』을 통해 지전설과 무한 우주론을 주장하여 중국 중심의 세계관과 성리학적 세계관을 비판하였다.
② 이제마는 『동의수세보원』을 저술하고 사상 의학을 확립하였다.
③ 유수원은 『우서』를 저술하여 상공업의 진흥과 기술의 혁신을 강조하고 사농공상의 직업적 평등과 전문화를 주장하였다.
⑤ 박제가는 『북학의』를 저술하여 청의 문물 수용과 적극적인 소비를 주장하고 수레와 배의 이용을 권장하였다.

▌Keyword

#여전(閭田) #여장(閭長) #다 함께 경작 #일한 만큼 분배 #「전론」

정답 ④

▌안창호

📖 요약노트 094번

✔ 정답 파헤치기

안창호는 양기탁 등과 함께 신민회를 결성하고 태극 서관과 자기 회사를 설립하여 민족 기업을 육성하였다. 또한, 박은식, 이동휘 등과 서북 학회를 조직하여 애국 계몽 운동을 전개하였고, 국권 회복을 위해 미국 샌프란시스코에서 흥사단을 조직하여 활동하기도 하였다.

② 안창호는 애국 계몽 운동의 일환으로 평양에 대성 학교를 세워 민족 교육을 실시하였다(1908).

✔ 선택지 분석하기

① 지석영과 주시경을 중심으로 국문 연구소를 설립하여 한글의 정리와 국어의 이해 체계 확립에 힘썼다(1907).
③ 이봉창은 한인 애국단 소속으로 활동하며 도쿄에서 일본 국왕의 마차에 폭탄을 투척하였다(1932).
④ 박은식은 갑신정변부터 3·1 운동까지의 역사에 초점을 맞춰 우리 민족의 항일 운동 역사를 다룬 『한국독립운동지혈사』를 저술하였다(1920).
⑤ 한일 신협약으로 해산된 군인들이 의병 활동을 통해 이인영을 총대장으로 추대하고 13도 창의군을 결성하여 서울 진공 작전을 전개하였다(1908).

▌Keyword

#도산 기념관 #신민회 #서북 학회 #흥사단

정답 ②

301 빈칸형 + 사료형 [44회 33번]

(가) 인물에 대한 설명으로 옳은 것은? [2점]

> 본국은 서양의 여러 나라 중 귀국과 가장 먼저 조약을 체결하였고, 우의가 돈독하여 사절이 왕래한 지 여러 해가 되었습니다. 이에 짐이 믿고 아끼는 종2품 협판 내무부사 (가) 을/를 초대 주미 공사에 임명하여, 귀국으로 가서 수도에 머물며 교섭 사무를 처리하도록 하려고 합니다. 본 대신은 충성스럽고 근실하며 매사에 꼼꼼하고 자세하므로 그 직책을 능히 감당할 수 있을 것이니, 대통령께서도 성실하게 서로 믿고 우대하는 예에 따라 대해 주시기를 바랍니다.

① 민족 교육을 위해 대성 학교를 설립하였다.
② 서유견문을 집필하여 서양 근대 문물을 소개하였다.
③ 영국인 베델과 제휴하여 대한매일신보를 창간하였다.
④ 헤이그에서 열린 만국 평화 회의에 특사로 파견되었다.
⑤ 독립 협회의 제안을 받아들여 중추원 관제 개편을 추진하였다.

▌박정양
📖 요약노트 090번

√ 정답 파헤치기

미국은 1882년 조미 수호 통상 조약의 체결로 조선이 문호를 개방한 첫 번째 서양 국가가 되었다. 박정양은 1887년 초대 주미 전권공사로 워싱턴에 부임하였으나 청의 간섭으로 1년 만에 국내로 소환되었다.

⑤ 독립 협회는 의회 설립에 의한 국민 참정 운동을 본격적으로 전개하면서 보수적 내각을 퇴진시키고 박정양 내각을 수립하게 하는 데 성공하였다. 독립 협회는 박정양 내각과 협의하여 국왕 자문 기구인 중추원을 근대적인 상원 형태로 개편하기로 하면서 만민 공동회에 정부의 대신들을 합석시켜 헌의 6조라는 건의문을 채택하였다. 고종은 이를 받아들여 중추원의 관제를 제정·공포하였다.

√ 선택지 분석하기

① 안창호는 평양에 대성 학교를 세워 인재 양성을 통한 민족 교육을 실시하였다.
② 유길준은 미국 유학을 다녀온 뒤 서양 각국의 지리, 역사, 정치, 교육 등을 다룬 『서유견문』을 집필하여 국내에 서양 근대 문물을 소개하였다.
③ 양기탁은 영국인 베델과 함께 대한매일신보를 창간하여 국채 보상 운동을 전국적으로 확산시키는 데 크게 기여하였다.
④ 을사늑약 체결 이후 고종의 밀명을 받아 이상설, 이위종, 이준이 헤이그에서 열린 만국 평화 회의에 특사로 파견되었다(1907).

Keyword

#종2품 협판 내무부사 #초대 주미 공사에 임명

정답 ⑤

---

302 빈칸형 [42회 32번]

(가)~(마)에 들어갈 내용으로 적절한 것은? [2점]

> <한국사 시민 강좌>
>
> ### 인물로 보는 우리 역사
>
> 우리 학회에서는 격동의 시대를 살았던 인물들의 삶을 살펴보는 자리를 마련하였습니다. 많은 관심과 참여 바랍니다.
>
> | 강좌 순서 | 인물 | 주제 |
> |---|---|---|
> | 제1강 | 최익현 | (가) |
> | 제2강 | 김옥균 | (나) |
> | 제3강 | 전봉준 | (다) |
> | 제4강 | 김홍집 | (라) |
> | 제5강 | 홍범도 | (마) |
>
> • 일시: 2019년 ○○월 ○○일~○○월 ○○일 14시
> • 장소: □□대학교 대강당
> • 주관: △△학회

① (가) - 반침략 기치를 들고 우금치 전투에 참여하다
② (나) - 군국기무처의 총재로 개혁을 주도하다
③ (다) - 입헌 군주제를 꿈꾸며 갑신정변을 일으키다
④ (라) - 을사늑약에 반대하여 항일 의병을 이끌다
⑤ (마) - 평민 의병장에서 대한 독립군 사령관으로 활약하다

▌근현대 인물(종합)
📖 요약노트 107번

√ 정답 파헤치기

⑤ 홍범도는 평민 포수 출신 의병장으로, 대한 독립군을 이끌며 봉오동 전투와 청산리 전투에서 큰 활약을 하였다.

√ 선택지 분석하기

① 전봉준을 중심으로 외세를 몰아내기 위해 일어난 동학 농민군은 일본군과의 우금치 전투에서 패하고 전봉준이 서울로 압송되면서 해산되었다.
② 김홍집은 갑오개혁의 시행을 위해 설치된 기구인 군국기무처의 총재관을 맡아 정치, 군사에 관한 일체의 사무를 담당하였다.
③ 김옥균은 급진 개화파 세력과 함께 일본군의 지원을 약속 받고 우정국 개국 축하연에서 갑신정변을 일으켰다.
④ 최익현은 을사늑약 체결 이후 이를 반대하는 의병 활동을 전라북도 태인에서 전개하였다.

Keyword

#최익현 #김옥균 #전봉준 #김홍집 #홍범도

정답 ⑤

주제 69

세시 풍속

합격전략

세시 풍속 문제의 경우 자주 출제되지는 않으나 특정 시대에 속하지 않는 주제이니 각각의 대표적인 풍속과 음식 등을 중심으로 암기해 두어야 합니다.

---

303 **빈칸형** [45회 30번]

(가)에 들어갈 세시 풍속으로 옳은 것은? [2점]

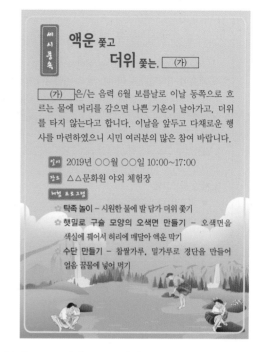

> 세시풍속
>
> ## 액운 쫓고
> ## 더위 쫓는, (가)
>
> (가) 은/는 음력 6월 보름날로 이날 동쪽으로 흐르는 물에 머리를 감으면 나쁜 기운이 날아가고, 더위를 타지 않는다고 합니다. 이날을 앞두고 다채로운 행사를 마련하였으니 시민 여러분의 많은 참여 바랍니다.
>
> ■일시 2019년 ○○월 ○○일 10:00~17:00
> ■장소 △△문화원 야외 체험장
> ■체험 프로그램
> ❀ 탁족 놀이 – 시원한 물에 발 담가 더위 쫓기
> ❀ 햇밀로 구슬 모양의 오색면 만들기 – 오색면을 색실에 꿰어서 허리에 매달아 액운 막기
> ❀ 수단 만들기 – 찹쌀가루, 밀가루로 경단을 만들어 얼음 꿀물에 넣어 먹기

① 동지 ② 한식 ③ 칠석 ④ 유두 ⑤ 삼짇날

유두

✓ 정답 파헤치기

④ 유두는 음력 6월 15일로, 이날 동쪽으로 흐르는 개울물이나 폭포에 머리를 감고 몸을 씻은 뒤 가지고 간 음식을 먹으며 서늘하게 하루를 지내면 나쁜 기운이 날아가고 더위를 먹지 않는다고 하였다. 또한, 이날에는 밀가루를 구슬 같은 모양으로 만들어 오색으로 물들인 뒤 색실에 꿰어 액운을 막거나 수단, 밀전병 등을 만들어 먹기도 하였다.

✓ 선택지 분석하기

① 동지는 일 년 중 낮이 가장 짧고 밤이 가장 긴 날이다. 예부터 이날에는 각 가정에서 팥죽을 쑤어 먹었고, 관상감에서는 달력을 만들어 벼슬아치들에게 나누어 주었다고 한다.

② 한식은 동지에서 105일째 되는 날로, 양력 4월 5, 6일경이다. 이때는 일정 기간 동안 불의 사용을 금하였고 찬 음식을 먹거나 조상의 묘를 돌보았다.

③ 칠석은 음력 7월 7일로, 견우와 직녀가 오작교에서 일 년에 한 번 만난다는 날이다. 칠석날 별을 보며 처녀들은 바느질 솜씨가 좋아지기를 빌었고, 서당의 학동들은 시를 짓거나 글공부를 잘할 수 있기를 빌었다.

⑤ 삼짇날은 음력 3월 3일로, 답청절이라고도 하며 진달래꽃을 꺾어 화전을 만들어 먹었다.

Keyword

#음력 6월 보름날 #탁족 놀이 #더위 쫓기 #오색면
#액운 막기 #수단

정답 ④

안심Touch

304 빈칸형 [37회 23번]

(가)에 들어갈 세시 풍속으로 옳은 것은? [1점]

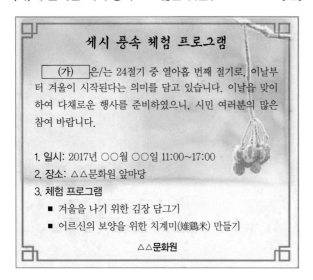

세시 풍속 체험 프로그램

[(가)]은/는 24절기 중 열아홉 번째 절기로, 이날부터 겨울이 시작된다는 의미를 담고 있습니다. 이날을 맞이하여 다채로운 행사를 준비하였으니, 시민 여러분의 많은 참여 바랍니다.

1. 일시: 2017년 ○○월 ○○일 11:00~17:00
2. 장소: △△문화원 앞마당
3. 체험 프로그램
   - 겨울을 나기 위한 김장 담그기
   - 어르신의 보양을 위한 치계미(雉鷄米) 만들기

△△문화원

① 단오　② 입동　③ 칠석　④ 대보름　⑤ 한가위

305 빈칸형 [36회 19번]

(가)에 들어갈 세시 풍속으로 옳은 것은? [1점]

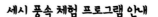

세시 풍속 체험 프로그램 안내

강남 갔던 제비가 돌아와 새봄을 알린다는 [(가)]은/는 답청절(踏靑節)이라고도 하여 들판에 나가 꽃놀이를 하고 새 풀을 밟으며 봄을 즐기는 날입니다. 이날을 맞이하여 다채로운 행사를 준비하였으니 시민 여러분의 많은 참여 바랍니다.

1. 일시: 2017년 ○○월 ○○일 10:00~17:00
2. 장소: △△문화원 야외 체험장
3. 체험 프로그램
   - **노랑나비 날리기** – 이날 노랑나비를 보면 길하다는 속설에 따라 살아있는 노랑나비를 날려 보내기
   - **화전 만들기** – 진달래꽃으로 장식한 화전 부치기
   - **풀각시놀이** – 각시풀을 추려서 한쪽 끝을 실로 묶어 머리채를 만든 다음 나뭇가지에 묶어 인형처럼 가지고 놀기

△△문화원

① 단오　② 칠석　③ 대보름　④ 삼짇날　⑤ 한가위

▌입동

✔ 정답 파헤치기

② 입동은 양력 11월 7일경으로, 겨울이 시작된다는 절기이다. 이날에는 밭에서 무와 배추를 뽑아 김장을 하거나 치계미(雉鷄米)라 하여 마을의 노인들에게 음식을 대접하기도 하였다.

✔ 선택지 분석하기

① 단오는 음력 5월 5일로, 삼한에서 수릿날에 풍년을 기원하던 행사가 세시 풍속으로 이어지면서 발전하였다. 남자들은 씨름, 택견, 활쏘기를 하였고, 여자들은 그네뛰기, 앵두로 화채 만들어 먹기, 창포물에 머리 감기 등을 하였다.

③ 칠석은 음력 7월 7일로, 견우와 직녀가 까막 까치들이 놓은 오작교에서 일 년에 한 번 만난다는 전설이 있는 날이다.

④ 대보름은 음력 1월 15일로, 한 해의 풍농을 기원하여 오곡밥을 먹고 건강의 안녕을 기원하는 의미로 땅콩이나 호두, 밤 등 부럼을 깨물기도 하였다.

⑤ 한가위는 음력 8월 15일로, 추석이라 하며 곡식을 추수하고 송편과 각종 음식을 만들어 조상들에게 차례를 지냈다.

⬛K eyword

#24절기 중 열아홉 번째 #겨울 시작 #김장 #치계미(雉鷄米)

정답 ②

▌삼짇날

✔ 정답 파헤치기

④ 음력 3월 3일인 삼짇날에는 진달래꽃을 꺾어 찹쌀가루에 반죽하여 참기름을 발라가면서 둥글게 지져 먹었으며 이것을 화전(花煎)이라고 하였다. 또한, 흰나비를 보면 그해에 상복을 입게 되고 노랑나비나 호랑나비를 보면 그해 운수가 좋다는 말이 전해진다.

✔ 선택지 분석하기

① 단오는 음력 5월 5일로, 창포물에 머리 감기, 그네뛰기, 씨름 등의 놀이를 즐기고 수리취떡을 만들어 먹었다.

② 칠석은 음력 7월 7일로, 견우와 직녀가 만난다는 날이다. 칠석날 별을 보면서 처녀들은 바느질 솜씨가 좋아지기를 빌었고, 서당의 학동들은 시를 짓거나 글공부를 잘할 수 있기를 빌었다고 한다.

③ 대보름은 음력 1월 15일로, 상원으로 불린다. 한 해의 풍농을 기원하여 쌀, 조, 수수, 팥, 콩 등을 섞은 오곡밥을 먹고 땅콩이나 호두, 밤 등 부럼을 깨물기도 하였다.

⑤ 한가위는 음력 8월 15일로, 추석이라 불리며 일 년 동안 기른 곡식을 거둬들이고 송편과 각종 음식을 만들어 조상들에게 차례를 지내고 성묘를 하였다.

⬛K eyword

#강남 갔던 제비 #새봄 #답청절(踏靑節) #노랑나비 날리기
#화전 만들기 #풀각시놀이

정답 ④

306 빈칸형 [35회 20번]

(가)에 행해지던 풍습으로 가장 적절한 것은? [1점]

우리나라의 세시 풍속

조상에 제사 지내고 성묘하는 날, (가)

1. 문헌 자료

병조에서 아뢰기를, "동지로부터 105일이 지나면, 세찬 바람과 심한 비가 있으니 (가) (이)라 부른다고 합니다. …… 원컨대, 지금부터 (가) 에는 밤낮으로 불과 연기를 일절 금지하고, 관리들이 순찰하게 하옵소서."라고 하였다.

－『세종실록』 －

2. 관련 행사

'손 없는 날' 또는 '귀신이 꼼짝 않는 날'로 여겨 산소에 손을 대도 탈이 없다고 한다. 그래서 산소에 잔디를 새로 입히는 개사초(改莎草)를 하거나, 비석 또는 상석을 세우거나 이장을 하였다.

① 진달래꽃으로 화전 부치기
② 새알심을 넣어 팥죽 만들기
③ 창포를 삶은 물로 머리 감기
④ 불을 사용하지 않고 찬 음식 먹기
⑤ 부스럼을 예방하기 위한 부럼 깨기

▌한식

∨ 정답 파헤치기

④ 한식은 동지에서 105일째 되는 날로, 양력 4월 5, 6일경이다. 이때는 일정 기간 동안 불의 사용을 금하여 찬 음식을 먹거나 성묘를 하고 조상의 묘를 돌보았다.

∨ 선택지 분석하기

① 음력 3월 3일인 삼짇날에는 진달래꽃을 꺾어 찹쌀가루에 반죽하여 참기름을 발라 둥글게 지져 먹었으며 이것을 화전이라고 하였다.

② 동지는 24절기의 하나로, 북반구에서는 일 년 중 낮이 가장 짧고 밤이 가장 길다. 예부터 이날이면 각 가정에서는 팥죽을 쑤어 먹고 관상감에서는 달력을 만들어 벼슬아치들에게 나누어 주었다고 한다.

③ 음력 5월 5일인 단오에 남자들은 씨름, 택견, 활쏘기를 하고, 여자들은 그네뛰기, 앵두로 화채 만들어 먹기, 창포물에 머리 감기 등을 하였다.

⑤ 음력 1월 15일인 정월 대보름은 상원으로도 불리며 건강과 안녕을 기원하는 의미로 땅콩이나 호두 등으로 부럼을 깨물기도 하였다.

Keyword

#조상에 제사 #성묘 #동지로부터 105일 #『세종실록』 #손 없는 날 #산소 #개사초(改莎草)

정답 ④

307 빈칸형 [34회 20번]

(가)와 관련된 세시 음식으로 가장 적절한 것은? [1점]

우리나라의 세시 풍속

일 년 중 밤이 가장 긴 날, (가)

1. 개관

이날은 태양의 부활이라는 의미를 지니고 있어서 민간에서 '작은설' 혹은 '아세(亞歲)'라고 불렀다. 또 이날은 날씨가 춥고 밤이 길어 호랑이가 교미한다고 하여 '호랑이 장가가는 날'이라고도 하였다.

2. 문헌 자료

관상감에서는 임금에게 (새해) 달력을 올린다. 그러면 임금은 백관에게 황색 표지 달력과 백색 표지 달력에 '동문지보(同文之寶)'를 찍어 하사하였다.

－『동국세시기』 －

① 송편

② 팥죽

③ 화전

④ 오곡밥

⑤ 수리취떡

▌동지

∨ 정답 파헤치기

② 24절기의 하나인 동지는 북반구에서 일 년 중 낮이 가장 짧고 밤이 가장 긴 날로, 양력 12월 22일이나 23일경이다. 이날이면 가정에서는 팥죽을 쑤어 먹었고 관상감에서는 달력을 만들어 벼슬아치들에게 나누어 주었다고 한다.

∨ 선택지 분석하기

① 음력 8월 15일인 추석에는 송편과 각종 음식을 만들어 조상들에게 차례를 지내고 성묘를 하였다.

③ 음력 3월 3일인 삼짇날에는 진달래꽃을 꺾어 찹쌀가루에 반죽하여 화전을 만들어 먹었다.

④ 대보름은 음력 1월 15일로 상원으로 불린다. 한 해의 풍농을 기원하여 쌀, 조, 수수, 팥, 콩 등을 섞은 오곡밥을 먹었다.

⑤ 단오는 음력 5월 5일로, 창포물에 머리 감기, 그네뛰기, 씨름 등의 놀이를 즐기고 수리취떡을 만들어 먹었다.

Keyword

#밤이 가장 긴 날 #작은설 #아세(亞歲) #호랑이 장가가는 날 #관상감 #동문지보(同文之寶) #『동국세시기』

정답 ②

안심Touch

MEMO

Always with you

좋은 책을 만드는 길
독자님과 함께하겠습니다.

도서나 동영상에 궁금한 점, 아쉬운 점, 만족스러운 점이
있으시다면 어떤 의견이라도 말씀해 주세요.
시대고시기획은 독자님의 의견을 모아 더 좋은 책으로 보답하겠습니다.

www.sidaegosi.com

2022 PASSCODE 한국사능력검정시험 시대별·유형별 기출 307제 심화(1·2·3급)

개정1판1쇄 발행	2021년 08월 05일 (인쇄 2021년 07월 08일)
초 판 발 행	2021년 01월 05일 (인쇄 2020년 12월 10일)
발 행 인	박영일
책 임 편 집	이해욱
편 저	한국사수험연구소
편 집 진 행	이미림 · 김채원 · 고수국 · 정윤정
표지디자인	이미애
편집디자인	하한우 · 최혜윤 · 안아현
발 행 처	(주)시대고시기획
출 판 등 록	제 10-1521호
주 소	서울시 마포구 큰우물로 75 [도화동 538 성지 B/D] 9F
전 화	1600-3600
팩 스	02-701-8823
홈 페 이 지	www.sidaegosi.com
I S B N	979-11-383-0229-6(13900)
정 가	16,000원

시대고시기획 한국사능력검정시험 대비서 시리즈
나에게 딱 맞는 한능검 교재를
선택하고 합격하자!!

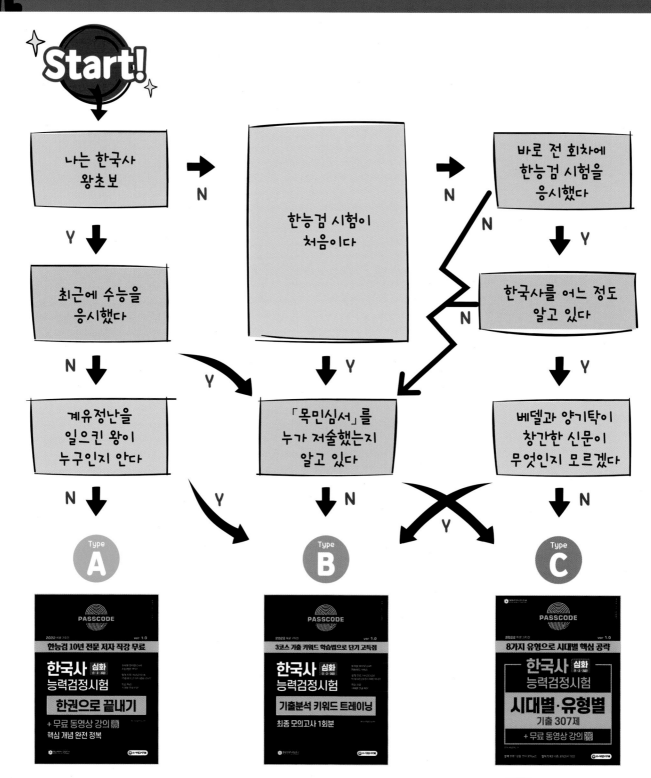

Start!

나는 한국사
왕초보

→ N

Y ↓

최근에 수능을
응시했다

N ↓

계유정난을
일으킨 왕이
누구인지 안다

N ↓

한능검 시험이
처음이다

Y ↓

「목민심서」를
누가 저술했는지
알고 있다

N ↓

바로 전 회차에
한능검 시험을
응시했다

N ↓ Y

한국사를 어느 정도
알고 있다

N / Y ↓

베델과 양기탁이
창간한 신문이
무엇인지 모르겠다

N ↓

Type **A**

Type **B**

Type **C**

PASSCODE
2022 최신 개정판
ver 1.0
한능검 10년 전문 저자 직강 무료
한국사 심화 (1·2·3급)
능력검정시험
한권으로 끝내기
+ 무료 동영상 강의
핵심 개념 완전 정복

PASSCODE
2022 최신 개정판
ver 1.0
3코스 기출 키워드 학습법으로 단기 고득점
한국사 심화 (1·2·3급)
능력검정시험
기출분석 키워드 트레이닝
최종 모의고사 1회분

PASSCODE
2022 최신 개정판
ver 1.0
8가지 유형으로 시대별 핵심 공략
한국사 심화 (1·2·3급)
능력검정시험
시대별·유형별
기출 307제
+ 무료 동영상 강의

※도서의 구성과 이미지는 변경될 수 있습니다.

옆 페이지로 결과보러가기

Type A	Type B	Type C
한국사능력검정시험 심화(1·2·3급) **한권으로 끝내기**	한국사능력검정시험 심화(1·2·3급) **기출 분석 키워드 트레이닝**	한국사능력검정시험 심화(1·2·3급) **시대별·유형별 기출 307제**

Type A

황의방 교수 저자 직강 무료

- 알짜만 모은 시대별 핵심 이론으로 한국사능력검정시험 심화(1·2·3급) 완벽 대비
- 시험에 자주 등장하는 단골 키워드를 제시하여 철저한 기출문제 분석
- 오답부터 정답까지 정확하고 상세한 해설을 통해 완벽한 문제 이해
- 한능검을 정복하는 20가지 유형별 문제 풀이 스킬을 제시하여 문제 풀이 자신감 UP!
- 최종 모의고사 1회분을 통해 마지막 실력 점검 기회 제공

Type B

이론 + 기출로 합격에 필요한 키워드만 트레이닝하는 효율적인 전략서!

- 한능검 기출 키워드 빅데이터 분석으로 50개의 소주제 분류!
- 나온 놈이 또 나온다! 50개 주제 스피드 핵심 이론, 1,110개의 키워드 연결 트레이닝, 200개의 기출 완전 정복으로 반복 학습!
- 실제 크기 기출 동형 최종 모의고사로 마지막 실전 점검하고 합격!

Type C

기출문제를 시대별 + 유형별로 똑똑하게 공략하자!

- 시대별로 분류된 기출문제를 통해 시대 흐름을 효율적으로 학습
- 문제 유형 제시를 통해 내가 많이 틀리는 유형을 단번에 파악
- 부록 암기노트로 필수 개념과 암기 사료를 꼼꼼히 정리
- 모의고사 1회분을 풀어보며 시험 직전 최종 마무리

나의 타입과 병행해서 봐요~!

시간이 많아, 최대한 많이 풀자!

 16회분

기출문제집 16회분
심화(1·2·3급)

or

시간이 없어, 최신 기출만 풀자!

8회분

기출문제집 8회분
심화(1·2·3급)

최종 마무리!

봉투 모의고사 4회분 심화(1·2·3급)

합격을 위한 시험 직전 최종 마무리 교재!

- 난이도별(2회분 + 2회분) 기출문제 재구성!
- 실제 시험지 크기 모의고사와 OMR 답안지로 마지막 실력 점검하고 합격!
- 오답 선지들에 대한 상세한 해설과 다양한 참고 자료들을 통해 꼼꼼한 학습이 가능

WHY?

왜 한국사능력검정시험인가?

응시자격 부여
- 5급 국가공무원
- 외교관후보자 선발
- 교원임용
- 7급 지역인재 수습직원

국사시험 대체
- 군무원
- 7급 국가공무원
- 경찰 공무원(2022년 예정)

활용할 수 있는 곳이 무궁무진

가산점 부여
- 일부 대학의 수시모집
- 사관학교 입시

기타
일부 기업 사원 채용이나
승진 시 반영

인증 등급 》 1급(80점 이상) / 2급(70~79점) / 3급(60~69점)

문항 수 / 시간 》 50문항(5지 택1형) / 80분

한국사능력검정시험 무료 동영상과 함께 학습하세요!

유튜브 접속 ▶▶▶▶ 시대에듀 채널 구독 ▶▶▶▶ '핵심 이론' + '기출 해설 특강' 강의 보기

※ 해당 동영상 강의는 시대플러스(sdedu.co.kr/plus)에서도 동일하게 제공됩니다.